中國學術思想

研究輯刊

五 編

林 慶 彰 主編

第 18 冊

《左傳》論禮

王 乃 俐 著

花木蘭文化出版社

國家圖書館出版品預行編目資料

《左傳》論禮／王乃俐 著 — 初版 — 台北縣永和市：花木蘭文
化出版社，2009〔民98〕
目 2+232 面；19×26 公分
（中國學術思想研究輯刊 五編；第 18 冊）
ISBN：978-986-254-047-3（精裝）
1. 左傳　2. 禮儀　3. 研究考訂
621.737　　　　　　　　　　　　　　　　　98014971

ISBN - 978-986-2540-47-3

中國學術思想研究輯刊
五 編 第十八冊　　　　　　　　ISBN：978-986-254-047-3

《左傳》論禮

作　　者	王乃俐
主　　編	林慶彰
總 編 輯	杜潔祥
出　　版	花木蘭文化出版社
發 行 所	花木蘭文化出版社
發 行 人	高小娟
聯絡地址	台北縣永和市中正路五九五號七樓之三
	電話：02-2923-1455／傳眞：02-2923-1452
網　　址	http://www.huamulan.tw 信箱 sut81518@ms59.hinet.net
印　　刷	普羅文化出版廣告事業
封面設計	劉開工作室
初　　版	2009 年 9 月
定　　價	五編 20 冊（精裝）新台幣 33,000 元

《左傳》論禮

王乃俐　著

作者簡介

王乃俐，臺灣省臺中縣人，一九七八年生。曾就學於臺中市私立曉明女中、國立臺灣師範大學國文系（心理輔導輔系）、國立中興大學中文系研究所碩士班。在學期間，對傳統禮俗、墓葬建築、夢的解析及童話治療很感興趣，曾選修相關課程並且實地走訪過明十三陵。就讀碩士班期間，跟隨江乾益老師從事經學研究，著有碩士論文《左傳論禮》。作者曾任教於彰化市正德高中，現為國立臺中高農國文科教師。

提　　要

　　本篇論文根據《左傳》對五倫與五禮之記載來探討先秦時期禮學發展之原始樣貌及時人對禮意之詮釋與實踐情形。論文共分五章：

　　第一章是緒論，旨在說明《左傳》禮學與先秦禮學的研究現況，以及本文研究範圍與希望討論的各種問題。

　　第二章泛論春秋時人對「禮」之概念，包括「禮之根源」、「禮之功用」以及「禮儀之分」等。

　　第三章以春秋時代的五倫關係來看當時的生活規範。從君臣之禮看政治倫理及社會各階層的責任與義務；從父子之禮看親子之間從生到死緊密相連的血緣關係；從夫婦之禮看古代的男女之別以及兩性之間互相扶持的分工關係；從兄弟之禮看長幼有序的孝悌之德；從朋友之禮看同儕間相互規勸、相敬相惜的友情。

　　第四章從五禮來看當時的儀節制度，從吉禮知祭祀與政治之關係以及禮敬鬼神之道；由凶禮知哀悼死亡、救助災難之儀節；由賓禮知朝覲、會盟、聘問等外交禮儀之意義；由軍禮知征伐、田獵、賦稅、勞役之制度；由嘉禮知婚冠、燕饗、脤膰、賀慶等禮儀在春秋時代實行之情形。

　　第五章為結論，概略總結本篇論文之觀點，探討《左傳》所論之禮儀對現代的意義。

目

次

第一章　緒　論

第一節　前人研究與論題提出

　　春秋時代爲我國文化之起源時期，後世之倫理思想、社會制度大柢皆根源於此。然春秋距今二千五百多年，當時之史事已多不可考，而孔子所作之《春秋》又過於簡略、隱微，欲詳春秋二百四十二年之事，不能不讀《左傳》。《左傳》成書在《公羊》、《穀梁》之前，爲《春秋》最早之注解本。十三經之中，又以《左傳》篇幅最大，且內容詳盡豐富、文字靈活典麗，深具經學、史學及文學價值，故歷來研究《左傳》之學者很多。《左傳》一書，以禮爲核心，徐復觀曾說：

> 通過《左傳》、《國語》來看春秋二百四十二年的歷史，不難發現在此一時代中，有個共同的理念，不僅範圍了人生，而且也範圍了宇宙；這即是禮。……春秋是禮的世紀，也即是人文的世紀，這是繼承《詩經》時代宗教墜落以後的必然地發展。此一發展傾向，代表了中國文化發展的主要方向。〔註1〕

徐氏認爲：在《詩經》時代的晚期，宗教迷信觀念日漸薄弱，人們開始重視儀節所蘊含的人文因素，於是「禮」的觀念開始顯著。春秋時代的人，將禮的範圍擴展到宇宙、人生。治國、安邦、揖讓、周旋莫不以禮爲準則，此一發展傾向成爲中國文化發展的主要方向。

〔註1〕　徐復觀：《中國人性論史——先秦篇》（臺北：臺灣商務印書館，2003 年 10 月），頁 47。

　　春秋時代重禮之精神在《左傳》一書中充份顯現，鄭玄《六藝論》云：「左氏善於禮。」〔註2〕欲詳中國禮學之本源，不能不研究《左傳》。關於《左傳》與先秦禮學之研究主要分為：經學、史學、語言學以及禮學之研究。經學之研究包括《左傳》在經學史上的地位及發展〔註3〕、專家之《左傳》學思想〔註4〕以及《左傳》引經、解經之研究〔註5〕等。《左傳》引經研究以引《詩經》之研究為主，因為春秋時代，詩為外交語言，且《左傳》對經典的引用也以《詩經》之數量最多，另有學者運用西方語言學之理論對「《左傳》引詩」作語用學之研究。〔註6〕

　　史學之研究是從歷史的角度去探討古代禮樂之發展及其影響，〔註7〕或將《左傳》視為珍貴的史料，分析其在歷史學上之意義。〔註8〕亦有部份學者引用近代倫理學之觀點研討《左傳》之倫理觀念及五倫間相對待之禮儀。〔註9〕

〔註2〕　見鄭玄《六藝論》，收於清嚴可均校輯《全上古三代秦漢三國六朝文》第一冊（北京：中華書局，1999年6月），頁928。

〔註3〕　如：沈師秋雄：《三國兩晉南北朝春秋左傳學佚書考》（臺北：臺灣師範大學國文研究所博士論文，1981年）、李平：《論春秋左氏傳的形成—從左丘明到劉歆》（臺北：政治大學歷史研究所碩士論文，1988年）。

〔註4〕　如：宋惠如：《劉師培《春秋左傳》學之研究》（中壢：中央大學中國文學研究所碩士論文，1996年）、黃翠芬：《高本漢《左傳注釋》研究》（臺北：臺灣師範大學國文研究所博士論文，1999年）、姜義泰：《葉夢得《春秋傳》研究》（臺中：中興大學中國文學研究所碩士論文，2005年）。

〔註5〕　如：夏鐵生：《《左傳》《國語》引詩之研究》（臺北：臺灣大學中國文學研究所碩士論文，1966年）、白中道：《《左傳》引詩研究》（臺北：臺灣大學中國文學研究所碩士論文，1968年）、奚敏芳：《《左傳賦詩引詩之研究》（臺北：臺灣師範大學國文研究所碩士論文，1982年）、張素卿：《左傳稱詩研究》（臺北：臺灣大學中國文學研究所碩士論文，1990年）、曾勤良：《《左傳》引《詩》賦《詩》之《詩》教研究》（臺北：文津出版社，1993年1月）、張素卿：《敘事與解釋——《左傳》經解研究》（臺北：臺灣大學中國文學研究所博士論文，1997年）、張林川、周春健：《《左傳》引《詩》的文獻學考察》，《國文天地》第19卷第2期（2003年7月）、鄭靖暄：《先秦稱詩及其詩經詮釋之研究》（臺北：臺灣大學中國文學研究所碩士論文，2004年）等。

〔註6〕　如：陳致宏：《語用學與《左傳》外交辭令》（臺南：成功大學中文研究所碩士論文，1999年）。

〔註7〕　如：黃如敏：《先秦時期的樂教思想研究》（雲林：雲林科技大學漢學資料整理研究所碩士論文，2005年）。

〔註8〕　如：白慕唐：《左傳中關於禮的史料之分析》（臺北：臺灣大學歷史學研究所碩士論文，1972年）、楊寬：《西周史》（臺北：商務印書館1999年4月）。

〔註9〕　如：楊美玲：《左傳倫理精神研究》（高雄：高雄師範大學中國文學研究所碩士論文，1983年）、李新霖：《從左傳論春秋時代之政治倫理》（臺北：文津出

　　禮學研究包括通論禮學〔註 10〕、對《左傳》議禮篇章之分析〔註 11〕以及對各種專禮〔註 12〕、禮制〔註 13〕之探討。在通論禮學的研究中：高明的《禮學新探》，收集多篇探討古禮的短篇論文，對古代政制之根源以及歷代學者對禮之討論多所闡發。劉師瑞箏之〈《左傳》禮意研究〉從人倫、軍事與舞樂三方面探討《左傳》之禮意；在《左傳》議禮研究中，小林茂之《春秋左氏議禮考述》將《左傳》議禮之篇章綜合整理，歸納爲冠、昏、饗、宴、朝、聘、喪、祭等禮儀再加以考據、分析；關於專禮的部份，研究篇數以賓禮最多，其次爲軍禮，吉禮與嘉禮之篇數較少，凶禮中僅喪禮較受學者注意。

　　先秦時期的禮儀涵蓋範圍甚廣，人們之立身處世、行爲標準皆繫於禮，禮在先秦時期或是在《左傳》之中皆有其特殊意義，《左傳》中的禮儀不同於

版社，1991 年 8 月）、紀慶豐：《左傳忠義史觀研究》（新竹：玄奘大學中國語文研究所碩士論文，2005 年）以及姚儀敏〈周代「休妻」與「再醮」婚姻問題探討〉，《復興崗學報》第 83 期（2005 年 5 月）等。

〔註 10〕如：高明：《禮學新探》（臺北：臺灣學生書局，1977 年 10 月）以及劉師瑞箏：《左傳》禮意研究》（臺北：臺灣師範大學國文研究所博士論文，1998 年）、常金倉：《周代禮俗研究》（臺北：文津出版社，1993 年 2 月）。

〔註 11〕如：小林茂：《春秋左氏議禮考述》（臺北：臺灣師範大學國文研究所碩士論文，1971 年）、駱玄琦：《《左傳》議禮七事考》，（臺北：正大印書館，1988 年）。

〔註 12〕如：周師一田：《春秋吉禮考辨》（臺北：臺灣師範大學中國文學研究所碩士論文，1967 年）、宋鼎宗：《春秋左氏傳賓禮嘉禮考》（臺北：臺灣師範大學國文研究所碩士論文，1971 年）、廖秀珍：《春秋左氏傳會盟研究》（臺北：臺灣師範大學國文研究所碩士論文，1983 年）、周聰俊：《饗禮考辨》（臺北：臺灣師範大學中國文學研究所博士論文，1988 年）、張鶴泉：《周代祭祀研究》（臺北：文津出版社，1993 年 5 月）、蒲慕州：《墓葬與生死——中國古代宗教之省思》（臺北：聯經出版社，1993 年 6 月）、鄭定國：《周禮夏官的軍禮思想》（臺北：文史哲出版社，1995 年 8 月）、林素英：《古代祭禮中之政教觀》（台北：文津出版社，1997 年 9 月）、洪春音：〈《左傳》中所見聘禮儀節研究〉，《孔孟學報》第 76 期（1998 年 9 月）、吳安安：《五禮名義考辨》（臺北：臺灣師範大學國文研究所碩士論文，1999 年）、林素英：《喪服制度的文化意義——以《儀禮·喪服》爲討論中心》（臺北：文津出版社，2000 年 10 月）、郁台紅：《春秋朝聘研究》（新竹：玄奘人文社會學院中國語文研究所碩士論文，2003 年）、陳高志：〈《左傳》與軍禮〉，《內湖高工學報》第 16 期（2005 年 4 月）、韓師碧琴：〈儀禮觀禮儀節研究〉，《興大中文學報》第 17 期（2005 年 6 月）、熊曉惠：《《周禮》與《司馬法》軍禮比較研究》（臺中：逢甲大學中國文學系碩士論文，2006 年）、莊麗卿：《先秦摯見禮探論》（臺中：中興大學中國文學研究所碩士論文，2007 年）。

〔註 13〕如：林耀曾：《周禮賦稅考》（臺北：學海出版社，1977 年 9 月）、許秀霞：《《左傳》職官考述》（臺北：臺灣師範大學國文研究所博士論文，1999 年）。

後人歸納、整理的禮書，它是一種接近眞實的社會記錄，較能呈現先秦禮儀的原始樣貌，故本文之題目定爲《《左傳》論禮》，擬由五倫及五禮的角度切入，探討《左傳》中各種禮儀實行的情形，希望能對古代禮儀之理論與實踐有更深一層的認識。

第二節　研究範圍與研究目的

　　本文研究之範圍爲《左傳》一書，原典資料以藝文印書館《十三經注疏・左傳》爲主，因其年代較早且有詳細之注疏，爲經學研究中較完備之典籍。在注疏方面參酌楊伯峻之《春秋左傳注》及竹添光鴻之《左傳會箋》以便於理解傳文。楊氏之《春秋左傳注》常將春秋三傳之記載互相比較，且運用考古出土之資料來印證典籍，對《左傳》有相當深刻的解讀。竹添氏則以最早的《左傳》版本——隋唐舊鈔本與與唐石經本、宋本相互參校以校正《左傳》版本及杜《注》之謬誤，竹添氏之《左傳會箋》對古代典章制度常有獨創之新解，其對禮制之補充頗值得參考。關於周代禮儀之規定，本文援引《周禮》、《儀禮》、《禮記》之記載以爲補充或作比較。三禮雖爲後人整理而成，但其內容根據西周貴族教育之教材及先秦各國之禮儀記錄，再由後代學者彙集成書，爲研究西周禮儀時重要之參考資料。

　　本文以「《左傳》論禮」爲題目，欲以《左傳》爲一橫切面，透過《左傳》對禮儀之記載來探討先秦時期禮學發展之原始樣貌，經由探討《左傳》中關於五倫與五禮之記載，希望能對下列幾點作更深入的思考。

　　　一、對先秦時期之倫理觀念有較多的認識。《左傳》記載春秋時期貴族階層之生活，當時的人倫關係反映其社會道德、價值判斷及兩性相處的情形，有助於理解先秦時期之倫理觀念。

　　　二、將《周禮・春官・大宗伯》中關於五禮的記載與《左傳》相互印證、比較。禮儀觀念的「出現」到「成文」到「成書」再成爲「經典」須經歷漫長的時間，將《周禮》中五禮之記載與《左傳》之內容相互印證、比較，可以更清楚地觀察五禮觀念的形成及其在春秋時期實行的情況。

　　　三、透過西方民族學及文化人類學之觀點探討中國古代禮儀，作爲《左傳》禮學之補充。參看西方學者研究的資料可以發現——人類發展的

過程之中，各民族間有許多共通之處。將西方文化加入比較，能協助我們理解儀式底下蘊藏的深刻意涵。

四、探討古禮之精神內涵，並比較古今之差異，作為今人實踐禮儀之參考。周禮為中國禮學之本源，然傳統之禮儀經長時間的演變、流傳，當初制禮之精神已不為人知。探索禮儀之根源，明瞭其價值及功用可以作為今人立身、行事之依歸。

第二章 《左傳》論禮之要意

「禮」是《左傳》一書最為重視之行為準則，也是先秦時期社會文化之主要特色。「禮」所涵蓋的範圍非常廣大，大至國際關係、社會、政治小至個人行為、宗教信仰，甚至是衣服、宮室、飲食、文化皆與禮息息相關。但「古人論禮往往是臨事取義」，〔註1〕因此，關於「禮」的記載往往散亂無序且因時、因地、因人之不同而有所改變。本章章名定為「《左傳》論禮」，因為春秋時期，禮制仍在流動變化中，前代制定之禮有部份已遭破壞，後世通行之禮也只初具雛型，且當時尚未有完整的「禮經」出現，〔註2〕所以《左傳》所論之禮，屬於中國禮制史上的醞釀形成時期，是後世禮儀的源頭。

《左傳》中關於禮儀的記載十分繁多，本文將分別從「禮之根源」、「禮之功用」、「禮、儀之分」等角度探討《左傳》記載之禮儀，並對當時貴族階層行禮的風尚和心理以及禮制在社會變遷中所產生的變化加以論述，以期梳理禮儀的流變及禮儀制定之初的原始樣貌及含意。

「《左傳》論禮之要意」旨在泛論春秋時人對禮的看法，包括「禮之根源」、「禮之功用」、「行禮之準則」。透過《左傳》的記載，我們可以探討當時貴族階層對禮的觀點及運用。

〔註1〕 常金倉：《周代禮俗研究》（1989年吉林大學博士論文）（臺北：文津出版社，1993年2月），頁1。

〔註2〕 《禮記‧雜記下》：「恤由之喪，哀公使孺悲之孔子學士喪禮，〈士喪禮〉於是乎書。」可見恤由去世後，魯哀公派遣孺悲到孔子那裡學習士喪亡的禮儀，〈士喪禮〉才有文獻記載。而司馬遷在《史記‧儒林列傳》中也說：「禮固自孔子時，而其經不具。及至秦焚書，書散亂益多。」，由此可知——春秋時期，尚未有完整的禮經，禮書的形成應是儒者們在禮崩樂壞的時代裡，為了力挽狂瀾而將過去的禮儀加以整理記載而產生的。

第一節　《左傳》論禮之根源

　　中國素稱「禮儀之邦」，先民對「禮」之重視在世界上其它民族中罕見其匹。早在先秦時期，「禮」就是個不斷被引用的完整概念。在當時的社會裡，禮幾乎無所不在，春秋時代人們對「禮」的概念，甚至被稱爲「泛禮主義」。〔註3〕禮儀除了功用廣泛，能夠協助人們治理國家、規範行爲之外，更是先民原始生活的遺留。常金倉在《周代禮俗研究》中提到：

> 自然狀態下社會生活儀式化的特點仍然在這個社會上保留了它的原
> 始風貌，人們不肯把社會的意志通過直截了當的和盤托出，而總是
> 把它深深地隱藏在一些儀式之中，只要人們反復不斷舉行這一系列
> 的儀式，對社會的意志便可以心領神會，這些儀式所表達的意思歷
> 來是不言而喻的。〔註4〕

由這段話之中，我們可以知道：常氏認爲「禮儀」是「社會生活儀式化」的產物，透過實行禮儀，我們可以體會到「社會的意志」。也就是說，禮的某些儀式，與原始社會之生活模式有關，但它的原始意義早已被人們遺忘，透過代代相傳不斷實行禮儀，我們也連帶繼承了先人幽深的文化意志。

　　禮是先民留給後世的珍貴遺產，然其根源究竟爲何？在今的文獻中已多不可考。《左傳》中關於「禮之根源」有以下兩種說法：

一、禮根源於天

　　在《左傳》中，記載「天」與「禮」的關係，最早見於魯隱公十一年，齊、魯、鄭三國攻打許國。攻下許國後，鄭莊公不敢佔有許國，而讓許國大夫百里事奉許叔，其言曰：「天禍許國，鬼神實不逞于許君，而假手于我寡人，寡人唯是一二父兄不能共億，其敢以許自爲功乎？……若寡人得沒于地，天其以禮悔禍于許，無寧茲許公復奉其社稷……。」〔註5〕「天禍許國」此處的「天」是

〔註3〕　所謂的「泛禮主義」是指：天地萬物的生長、位置、秩序、相互關係，都是按照禮所安排的，甚至是陰陽五行學說也與禮學相結合，因此先民「以禮代法」、「以禮立國」，禮的範圍廣大，從生到死、從小至大，幾乎無所不包。（詳見：王貴民：《中國禮俗史》（台北：文津出版社，1993 年 7 月），頁 7～9）。

〔註4〕　常金倉：《周代禮俗研究》（1989 年吉林大學博士論文）（臺北：文津出版社，1993 年 2 月），頁 4。

〔註5〕　晉・杜預注，唐・孔穎達等正義：《春秋左傳正義》，收入《十三經注疏》（臺北：藝文印書館，2001 年 12 月），頁 80。

人格化的天，與鬼神相通。當時人們相信「天」會因「人」之作爲而賜福或降禍，也會「依禮撤回災禍」，禮根源於天，行禮即是順應天道。魯文公十五年，齊國因曹國朝見魯國而侵略魯國西部邊境。接著又率兵攻打曹國，進入曹都外城。季文子曰：「齊侯其不免乎？……禮以順天，天之道也。……《詩》曰：『胡不相畏？不畏于天。』君子之不虐幼賤，畏于天也。在《周頌》曰：『畏天之威，于時保之。』不畏于天，將何能保？以亂取國，奉禮以守，猶懼不終；多行無禮，弗能在矣。」〔註6〕鄭莊公的話說明「天道依禮而行」，季文子之言則顯示「行禮即是順服上天」，「天」與「禮」的關係緊密相連，行禮即是遵循天道。然禮儀究竟爲何而制定？其功用爲何？魯成公十三年，劉子曰：「吾聞之：民受天地之中以生，所謂命也，是以有動作禮義威儀之則，以定命也。」〔註7〕此處提出「禮以定命」之觀點。人民受天地之間陰陽中和之氣而生，而行爲、禮義、威儀的規範即是爲了安定生命。在魯昭公二十六年的記載中，晏子更進一步提出「禮能治國」的論點。晏子曰：「禮之可以爲國也久矣，與天地並……。」〔註8〕又曰：「（禮是）先王所稟於天地以爲其民也，是以先王上之。」〔註9〕杜《注》曰：「有天地則禮義興。」〔註10〕禮儀是人類由原始邁入文明後的產物，說禮儀與天地並存，或是「有天地則禮義興」都是過於誇大的說法。但先民處於原始自然的生活環境中，時時感受到自然的律動，因而體認到人與自然的關係，並進而思考順應環境、安身立命的規範及準則，這是可能存在的情況。此時所產生的禮儀應是最原始的禮儀，或者說，依循自然的規則行事，應是先民最初的行爲規範。

二、禮根源於義

關於禮的根源，在《左傳》的記載中，有另一種說法。晉穆侯的夫人姜

〔註6〕 晉・杜預注，唐・孔穎達等正義：《春秋左傳正義》，收入《十三經注疏》（臺北：藝文印書館，2001 年 12 月），頁 340。

〔註7〕 晉・杜預注，唐・孔穎達等正義：《春秋左傳正義》，收入《十三經注疏》（臺北：藝文印書館，2001 年 12 月），頁 460。

〔註8〕 晉・杜預注，唐・孔穎達等正義：《春秋左傳正義》，收入《十三經注疏》（臺北：藝文印書館，2001 年 12 月），頁 906。

〔註9〕 晉・杜預注，唐・孔穎達等正義：《春秋左傳正義》，收入《十三經注疏》（臺北：藝文印書館，2001 年 12 月），頁 906。

〔註10〕 晉・杜預注，唐・孔穎達等正義：《春秋左傳正義》，收入《十三經注疏》（臺北：藝文印書館，2001 年 12 月），頁 906。

氏，在條之役生了太子，因戰爭失敗而給兒子命名為仇。仇的弟弟是在千畝之戰時出生的，因戰爭勝利而給兒子命名為成師。晉國大夫師服說：「夫名以制義，義以出禮，禮以體政，政以正民，是以政成而民聽。易則生亂。……今君命大子曰仇，弟曰成師，始兆亂矣。兄其替乎！」〔註11〕《左傳》常由極小處暗示動亂的根源，此處追敘晉國自穆侯以來的歷史，就從仇和成師的命名，預告晉國的動亂。師服曰：「名以制義，義以出禮」因此「義」是「禮」的根源，禮由義出。魯成公二年，孔子曰：「禮以行義，義以生利，利以平民，政之大節也。」〔註12〕杜《注》曰：「尊卑有禮，各得其宜。」〔註13〕禮用來推行義，義會產生利，利可以平定百姓，此為政權之關鍵。根據杜《注》，「義」為「合宜」之義，「禮以行義」是指「尊卑上下各有其禮，且各得其宜」。禮為個人行為之規範，其作用相當於「法」，面對外在的規範，人有「合宜」的渴望。魯僖公二十八年，也有「禮以行義，信以守禮」〔註14〕的說法，若將「義」解釋為「正義」，則禮是用來推行正義，信則用來維護禮制。綜合《左傳》的記載，「禮」之根源有二，一為天，一為義。無論是順應自然、安定生命，或是推行正義、尋求合宜之規範，似乎都與政治脫離不了關係。當人群居形成社會，就需要「禮」來「協調」人際關係，以達到和平共處的境界，而「家」是社會最小的單位，因此對於「禮」產生的時間，我們可以推論：「當社會上出現穩定的家庭時，禮才有產生的可能性」，〔註15〕而原始禮儀之制定，應符合自然運行的道理，並能滿足人們心中對合宜行為之渴望。

第二節　《左傳》論禮之功用

先秦時代不惟宣揚禮儀，更著眼於禮治，禮在政治上發揮很大的功用。《左

〔註11〕晉・杜預注，唐・孔穎達等正義：《春秋左傳正義》，收入《十三經注疏》（臺北：藝文印書館，2001 年 12 月），頁 96～97。

〔註12〕晉・杜預注，唐・孔穎達等正義：《春秋左傳正義》，收入《十三經注疏》（臺北：藝文印書館，2001 年 12 月），頁 422。

〔註13〕晉・杜預注，唐・孔穎達等正義：《春秋左傳正義》，收入《十三經注疏》（臺北：藝文印書館，2001 年 12 月），頁 422。

〔註14〕晉・杜預注，唐・孔穎達等正義：《春秋左傳正義》，收入《十三經注疏》（臺北：藝文印書館，2001 年 12 月），卷十六，頁 277。

〔註15〕常金倉：《周代禮俗研究》（1989 年吉林大學博士論文）（臺北：文津出版社，1993 年 2 月），頁 19。

傳・隱公十一年》君子曰：「禮，經國家，定社稷，序民人，利後嗣者也。」
〔註16〕禮爲治理國家、安定社稷、使百姓有秩序，並且有利於後嗣的根本法則。對國家而言，發展禮治可以維護國家對人民的統治，長保政權；對國際關係而言，遵守禮儀能減少磨擦、促進友好關係，《左傳》記載中「禮」之功用大略如下：

一、禮能整民

魯莊公二十三年，夏，莊公至齊國觀看祭祀社神，此舉不合禮法。曹劌諫曰：「不可。夫禮，所以整民也。故會以訓上下之則，制財用之節；朝以正班爵之義，帥長幼之序；征伐以討其不然。諸侯有土，王有巡守，以大習之。非是，君不舉矣。君舉必書。書而不法，後嗣何觀？」〔註17〕由曹劌之諫言可知：當時諸侯的主要活動包括：會、朝、征伐、諸侯朝見周天子、周天子視察諸侯，每一個活動皆有其意義，且對人民起示範作用。因此，除了上述五種活動，諸侯不能任意有所舉動，因爲諸侯的舉動都將被記錄下來，所以統治者必須遵守禮制、舉止合宜，才能整頓人民，讓後嗣效法。

二、禮以保國

魯閔公元年，冬天齊國的仲孫湫來魯國省難。因爲莊公的嫡子子般即位不到二個月就被慶父派人殺害。仲孫歸國後和齊桓公討論此事，齊桓公想趁機攻取魯國，仲孫曰：「不可。猶秉周禮。周禮，所以本也。臣聞之：『國將亡，本必先顚，而後枝葉從之。』魯不棄周禮，未可動也。」〔註18〕仲孫認爲「周禮」是魯國的根本，只要魯國不棄周禮，就未能攻取。所以「禮」在此形成一種指標，國家雖然動亂，只要堅守禮制，敵國就不敢輕舉妄動。魯襄公三十一年，北宮文子輔佐衛襄公到楚國去朝聘，經過鄭國，受鄭國慰勞，北宮文子曰：「鄭有禮，其數世之福也，其無大國之討乎！《詩》云：『誰能執熱，逝不以濯？』禮之於政，如熱之有濯也。濯以救熱，何患之有？」

〔註16〕晉・杜預注，唐・孔穎達等正義：《春秋左傳正義》，收入《十三經注疏》（臺北：藝文印書館，2001年12月），頁81。

〔註17〕晉・杜預注，唐・孔穎達等正義：《春秋左傳正義》，收入《十三經注疏》（臺北：藝文印書館，2001年12月），頁171。

〔註18〕晉・杜預注，唐・孔穎達等正義：《春秋左傳正義》，收入《十三經注疏》（臺北：藝文印書館，2001年12月），頁187。

〔註 19〕禮儀對於政治，就像天熱時洗澡沖涼一樣，凡事依禮而行，就能將危險降到最低，讓國家安定無憂。

　　禮能保國，因此國若將亡，則禮先消失。《左傳・僖公二十二年》曰：「初，平王之東遷也，辛有適伊川，見被髮而祭於野者，曰：『不及百年，此其戎乎！其禮先亡矣。』秋，秦、晉遷陸渾之戎于伊川。」〔註20〕辛有判斷伊川將爲西戎人所有，依據的就是「禮先亡矣」，禮是文化的象徵，禮俗消失，則其地不保。

三、禮以定位

　　從古至今，國際社會間「以大欺小」、「以強凌弱」之事不曾間斷。小國面對大國的欺壓或是不合理的要求，常常會心生畏懼、默默忍受。春秋末期的鄭國，也成爲大國奴役的對象，幸虧子產堅持原則、以禮相拒，才使國家轉危爲安。魯昭公十六年，晉國的大臣韓起到鄭國訪問。韓起有一副玉環，其中之一在鄭國商人手裡，韓起希望透過鄭伯得到那只玉環。其它大臣都勸子產把玉環給韓起，但子產認爲：韓起的貪婪不應助長，大國不合理的要求也不應獲得滿足，因此委婉地加以拒絕。子產曰：

> 僑聞爲國非不能事大字小之難，無禮以定其位之患。夫大國之人令於小國，而皆獲其求，將何以給之？一共一否，爲罪滋大。大國之求，無禮以斥之，何饜之有？吾且爲鄙邑，則失位矣。若韓子奉命以使而求玉焉，貪淫甚矣，獨非罪乎？出一玉以起二罪，吾又失位，韓子成貪，將焉用之？〔註21〕

所謂的「以禮定其位」應該是一種「不卑不亢」的態度。不因面對強權而畏懼，也不因國家弱小就任人家予取予求，子產愛人以德、堅守國格，突破了「弱國無外交」的困境！

四、禮防爭奪

　　魯昭公六年，鄭人鑄刑書。叔向寫信指責子產，認爲先王不制定刑法是

〔註 19〕晉・杜預注，唐・孔穎達等正義：《春秋左傳正義》，收入《十三經注疏》（臺北：藝文印書館，2001 年 12 月），頁 688。

〔註 20〕晉・杜預注，唐・孔穎達等正義：《春秋左傳正義》，收入《十三經注疏》（臺北：藝文印書館，2001 年 12 月），頁 247。

〔註 21〕晉・杜預注，唐・孔穎達等正義：《春秋左傳正義》，收入《十三經注疏》（臺北：藝文印書館，2001 年 12 月），頁 827。

害怕百姓有爭奪之心。現在子產制定刑法，人民將丟棄禮儀而徵引刑書，一字一句去爭論，使得國家動亂、觸犯法律的案件增多。叔向曰：

> 夏有亂政，而作禹刑；商有亂政，而作湯刑；周有亂政，而作九刑：三辟之興，皆叔世也。今吾子相鄭國，作封洫，立謗政，制參辟，鑄刑書，將以靖民，不亦難乎？……民知爭端矣，將棄禮而徵於書，錐刀之末，將盡爭之。亂獄滋豐，賄賂並行。終子之世，鄭其敗乎？
> 〔註22〕

其實，真正造成國家滅亡的原因常常不是「民知爭端」或是「棄禮而徵於書」而是統治階層的腐敗、墮落。「禮」與「法」都是「維持社會秩序的行為規範」，「禮」需要長期教化、薰陶才能有成效，「法」則能產生速效，子產處亂世，面對仁義禮智蕩然無存的社會，只能用刑法來挽救時局。但「法」是外在、強制的規範，易使人產生被動、逃避的心理；「禮」則能內化為人格的一部份，而使人自發地約束自我的行為，這也是叔向堅持禮義反對刑法的原因。

第三節　《左傳》論禮與儀之分

在先秦時期，人們就已發覺禮有「形式」與「精神」之區別。《禮記‧郊特牲》曰：「禮之所尊，尊其義也。失其義，陳其數，祝史之事也。故其數可陳也，其義難知也。知其義而敬守之，天子之所以治天下也。」〔註23〕禮之所以值得尊重，在於其精微之內涵。但人們往往記住禮器的規格數目以及行禮的儀節，而忽略掉蘊藏在形式之下的精微之理以致失去行禮的原意。

魯昭公五年，魯昭公到晉國。從接受郊勞一直到贈送財貨都沒有失禮。晉侯認為魯侯精通禮儀。女叔齊駁曰：

> 是儀也，不可謂禮。禮，所以守其國、行其政令、無失其民者也。今政令在家，不能取也；有子家羈，弗能用也；奸大國之盟，陵虐小國；利人之難，不知其私。公室四分，民食於他。思莫在公，不圖其終。為國君，難將及身，不恤其所。禮之本末將於此乎在，而

〔註22〕晉‧杜預注，唐‧孔穎達等正義：《春秋左傳正義》，收入《十三經注疏》（臺北：藝文印書館，2001年12月），頁750～751。

〔註23〕漢‧鄭玄注，唐‧孔穎達等正義：《禮記正義》，收入《十三經注疏》（臺北：藝文印書館，2001年12月），頁504。

屑屑焉習儀以亟。言善於禮，不亦遠乎？〔註24〕

女叔齊認爲：國君以恤民、憂國爲重，故知禮之君能保有國家、推行政令而不失其民，然魯君之政權旁落私家、國有賢才而不能用、外失盟國、內失民心，「而屑屑焉習儀以亟」，其所重者已本末倒置，不能算是精通禮儀之人。

《左傳·昭公二十五年》記載：「子大叔見趙簡子，簡子問揖讓、周旋之禮焉。對曰：『是儀也，非禮也。』簡子曰：『敢問，何謂禮？』對曰：『吉也聞諸先大夫子產曰：『夫禮，天之經也，地之義也，民之行也。……』』」〔註25〕子大叔認爲揖讓、周旋之禮屬於「儀」的範疇，不該被歸類爲「禮」。他認爲「禮」是上天的規範、大地的準則與百姓行動的依據。子大叔將「五行思想」、飲食、音樂以及人倫關係、刑罰等都納入禮的內容中，使禮的範圍擴大到無所不包的境界，並且提出：當人從不同天性達到禮的境界時，就謂之「成人」。由子大叔之言可知：春秋時期之禮，已融入陰陽五行觀。〔註26〕五行是古人對天道的理解，根據五行而制定五味、五色、五聲，代表一種天人相應的思想。另外，禮的制定具有濃厚的政治色彩，它是貴族階層爲維護社會秩序、階級倫理而訂定之行爲規範。制定的原則是根據人的喜怒哀樂加以引導，使人的行爲合宜而不過度並且將感情修養融入禮儀之中，以達到中正和諧的境界。

《左傳》在昭公五年及昭公二十五年的記載中，將「儀」定位爲「形式」；「禮」定位爲「內涵」。「儀」是禮的外在表現，「禮」是儀的精神內涵。但其實「儀」既是形式也是內涵，若無「儀」則無「禮」存在，古人強調「儀」與「禮」之區別，是爲了提醒人們：在行禮的同時，不能忽略隱藏在儀式中的精微之理。

一、行禮之準則

若將禮、儀加以區分，則《左傳》中對於禮之精神內涵的記載大約可歸

〔註24〕晉·杜預注，唐·孔穎達等正義：《春秋左傳正義》，收入《十三經注疏》（臺北：藝文印書館，2001年12月），頁745。

〔註25〕晉·杜預注，唐·孔穎達等正義：《春秋左傳正義》，收入《十三經注疏》（臺北：藝文印書館，2001年12月），頁888。

〔註26〕子大叔曰：「則天之明，因地之性，生其六氣，用其五行。氣爲五味，發爲五色，章爲五聲。淫則昏亂，民失其性。是故爲禮以奉之：爲六畜、五牲、三犧，以奉五味；爲九文、六采、五章，以奉五色；爲九歌、八風、七音、六律，以奉五聲。」（晉·杜預注，唐·孔穎達等正義：《春秋左傳正義》，收入《十三經注疏》（臺北：藝文印書館，2001年12月），頁888～890。）

納爲下列幾項準則：

（一）講求信用

周王室東遷後，鄭成爲東方距離周王室最近之諸侯國，自鄭武公時，鄭國即爲周平王之卿士，爲周朝執掌朝政。周、鄭不睦後，平王將政權託付給虢公。後以「周鄭交質」平息衝突。周平王去世後，周人仍將朝政交付給虢公，鄭國割取周王室在溫地及成周的穀物來報復，於是周、鄭交惡。《左傳·隱公三年》君子曰：「信不由中，質無益也。明恕而行，要之以禮，雖無有質，誰能間之？苟有明信，澗、溪、沼、沚之毛，蘋、蘩、薀、藻之菜，筐、筥、錡、釜之器，潢、汙、行、潦之水，可薦於鬼神，可羞於王公，而況君子結二國之信，行之以禮，又焉用質？」〔註27〕對於「周鄭交質」之事，君子認爲「信不由中，質無益也」。若不是發自內心的信任對方，即使是交換人質也無法維持兩國友好關係。相反地，如果有顯著的誠信，即使是常見的野菜也可以拿來祭鬼神、奉王公。因此「信」爲「行禮」時重要的準則。《左傳·成公十五年》曰：「信以守禮，禮以庇身，信、禮之亡，欲免，得乎？」。〔註28〕「禮」指「兩國之盟」，「信」是盟約得以繼續維持的關鍵，「信以守禮」，若無「信」，則「禮」將失去效用。

（二）恭敬謙讓

《左傳·成公十三年》曰：「勤禮莫如致敬」，〔註29〕《左傳·僖公十一年》又曰：「禮，國之幹也；敬，禮之輿也。」〔註30〕「恭敬」爲施行禮之重要條件，惟有在「恭敬的心境下」行禮的意義才能眞正發揮。

魯成公十三年春天，晉厲公派郤錡到魯國來請求出兵伐秦，他辦事不恭敬。魯卿孟獻子曰：「郤氏其亡乎！禮，身之幹也；敬，身之基也。郤子無基。且先君之嗣卿也，受命以求師，將社稷是衛，而惰，棄君命也，不亡何爲？」〔註31〕孟卿子將「禮」比喻爲身體的軀幹，「敬」則是身體的基礎，一個人若

〔註27〕晉·杜預注，唐·孔穎達等正義：《春秋左傳正義》，收入《十三經注疏》（臺北：藝文印書館，2001年12月），頁51～52。
〔註28〕晉·杜預注，唐·孔穎達等正義：《春秋左傳正義》，收入《十三經注疏》（臺北：藝文印書館，2001年12月），頁466。
〔註29〕晉·杜預注，唐·孔穎達等正義：《春秋左傳正義》，收入《十三經注疏》（臺北：藝文印書館，2001年12月），頁460。
〔註30〕晉·杜預注，唐·孔穎達等正義：《春秋左傳正義》，收入《十三經注疏》（臺北：藝文印書館，2001年12月），頁222。
〔註31〕晉·杜預注，唐·孔穎達等正義：《春秋左傳正義》，收入《十三經注疏》（臺

無恭敬之心，將凡事怠惰而趨於滅亡。

「恭敬的心」會產生「謙讓」的美德。魯僖公十二年冬天，齊桓公派管仲調停戎狄和周王室的糾紛，周襄王以接待上卿的禮儀來宴請管仲，但管仲堅持受下卿之禮。君子曰：「管氏之世祀也宜哉！讓不忘其上。《詩》曰：『愷悌君子，神所勞矣。』」〔註32〕《詩經‧大雅‧旱麓》曰：「愷悌君子，神所勞矣。」就心理學的角度來看，過於驕傲的人行為放縱，容易樂極生悲、招致禍患。擁有「謙讓」美德的人則隨時保持一種「冷靜」、「謹慎」的態度，所以能致福避禍。

（三）合乎順序

魯襄公二年，成公夫人齊姜去世。在此之前，魯宣公夫人穆姜派人以上好的檟木為自己製作內棺和頌琴，季文子將它拿來安葬齊姜。君子曰：「非禮也。禮無所逆。婦，養姑者也。虧姑以成婦，逆莫大焉。……且姜氏，君之姑也。《詩》曰：『為酒為醴，烝畀祖妣，以洽百禮，降福孔偕。』」〔註33〕「禮」在古代的作用是維持尊卑、長幼之次序，所以「禮無所逆」，季文子將穆姜為自己準備的棺材拿來給齊姜用，是違背禮法的行為。

除了行事作為要依照尊卑、長幼之次序外，祭祀也應依照次序而行。魯文公二年秋天，魯國在太廟大祭，將僖公的牌位升到閔公之上，這是顛倒次序的逆祀。「君子以為失禮。禮無不順。祀，國之大事也，而逆之，可謂禮乎？子雖齊聖，不先父食久矣。故禹不先鯀，湯不先契，文、武不先不窋。……《詩》曰：『問我諸姑，遂及伯姊。』君子曰：『禮，謂其姊親而先姑也。』」〔註34〕在祭祀時，神主牌位的次序是依照血統的傳承而非才能，所以無論後代的君主多麼聖明賢能，他的神主牌位都不能放在父祖之前。〔註35〕

〔註32〕晉‧杜預注，唐‧孔穎達等正義：《春秋左傳正義》，收入《十三經注疏》（臺北：藝文印書館，2001年12月），頁223。

〔註33〕晉‧杜預注，唐‧孔穎達等正義：《春秋左傳正義》，收入《十三經注疏》（臺北：藝文印書館，2001年12月），頁498。

〔註34〕晉‧杜預注，唐‧孔穎達等正義：《春秋左傳正義》，收入《十三經注疏》（臺北：藝文印書館，2001年12月），頁303。

〔註35〕在祭祀中，反對逆祀的概念應是魯人的普遍意識，所以後來，魯人又將閔公與僖公之位次調整回來。《左傳‧定公八年》：「冬十月，順祀先公而祈焉。」即是記載此事。（晉‧杜預注，唐‧孔穎達等正義：《春秋左傳正義》，收入《十三經注疏》（臺北：藝文印書館，2001年12月），頁965。）

（四）克制慾望

依「禮」而行是為了避免過與不及的行為，所以「克制慾望」避免放縱，是行禮的準則之一。魯昭公十年，晉平公去世，鄭國的子皮準備了財禮前去，子產勸他不要帶財物去參加喪禮以免浪費，子皮堅持帶去。子皮歸國後對子羽說：「非知之實難，將在行之。夫子知之矣，我則不足。《書》曰：『欲敗度，縱敗禮』，我之謂矣。夫子知度與禮矣，我實縱欲，而不能自克也。」〔註36〕欲望敗壞法度，放縱敗壞禮法，這樣的道理大家都懂，但是往往知易行難，因此像子產這樣處處依禮而行的君子才更顯得難能可貴。

《左傳·昭公十二年》記載楚國右尹子革，用〈祈招〉這首詩諷諫楚靈王，讓狂妄自大、野心勃勃的楚王「饋不食，寢不寐，數日，不能自克」〔註37〕最後自縊而死。孔子評論此事曰：「古也有志：『克己復禮，仁也。』信善哉！楚靈王若能如是，豈其辱於乾谿？」〔註38〕一個放縱慾望的君王將帶領國家走向滅亡之路，楚靈王聽右尹子革之言而不吃不睡，想必亦後悔其過去之作為，可惜為時已晚。

（五）顧全他人

《左傳·昭公十二年》曰：

> 鄭簡公卒。將為葬除……司墓之室有當道者，毀之，則朝而堋；弗毀，則日中而堋。子大叔請毀之，曰：「無若諸侯之賓何？」子產曰：「諸侯之賓能來會吾喪，豈憚日中？無損於賓，而民不害，何故不為？」遂弗毀，日中而葬。君子謂子產於是乎知禮。禮，無毀人以自成也。〔註39〕

在古代的封建社會中，像子產這樣為人民著想的執政者並不多，大多數的貴族只顧自己享樂，枉顧人民利益。子產為了保全「司墓之室」不怕讓各國賓客久等而將下葬的時間延遲到中午，這樣勇於承擔、顧全他人的執政者十分

〔註36〕晉·杜預注，唐·孔穎達等正義：《春秋左傳正義》，收入《十三經注疏》（臺北：藝文印書館，2001 年 12 月），頁 783～784。

〔註37〕晉·杜預注，唐·孔穎達等正義：《春秋左傳正義》，收入《十三經注疏》（臺北：藝文印書館，2001 年 12 月），頁 794。

〔註38〕晉·杜預注，唐·孔穎達等正義：《春秋左傳正義》，收入《十三經注疏》（臺北：藝文印書館，2001 年 12 月），頁 794。

〔註39〕晉·杜預注，唐·孔穎達等正義：《春秋左傳正義》，收入《十三經注疏》（臺北：藝文印書館，2001 年 12 月），頁 789。

令人尊敬，他的處事態度值得後世效法、學習。

二、儀式之規定

　　關於禮的表現形式，可以劃分為儀式與器物兩大部份，儀式由動儀、禮容和禮辭所構成。動儀指的是行禮時的動作，禮容是行禮時的表情，禮辭則是在不同行禮場合時使用的一套特殊語言。〔註40〕關於儀式的各項規定在當時頗受人們重視，《左傳》中就有大量以儀式中的表現判斷吉凶的記載。在這些記載中，因各項儀式中的禮辭及器物過於繁雜，故本文僅就動儀、禮容及不同身份之禮儀規定加以說明：

（一）動儀合乎法度

　　魯定公十五年邾隱公來魯國朝見。子貢在旁觀禮，見邾隱公拿玉時高高舉起，臉往上仰；魯定公低低受玉，臉向下俯視。子貢曰：

> 以禮觀之，二君者，皆有死亡焉。夫禮，死生存亡之體也，將左右、
> 周旋，進退、俯仰，於是乎取之；朝、祀、喪、戎，於是乎觀之。
> 今正月相朝，而皆不度，心已亡矣。嘉事不體，何以能久？高、仰，
> 驕也；卑、俯，替也。驕近亂，替近疾，君為主，其先亡乎！〔註41〕

玉為諸侯相見之贄，諸侯朝見時，舉玉及受玉之態度皆有規定，邾子執玉高是驕傲的象徵，定公受玉卑是衰廢的象徵，兩君心中都沒有禮的存在，所以子貢判斷他們有死亡之象。動作行為是心理的反映，而心理狀態會影響未來的發展，所以動儀是否合乎法度，除了表現出行禮之人對禮儀的重視程度，還能預測行禮者未來之發展。

（二）禮容哀樂適時

　　《左傳‧昭公二十五年》記載宋元公與叔孫婼在氣氛和樂的燕饗中飲酒賦詩，說話時卻相對掉淚。樂祁協助主持宴會，他後來告訴別人說：「今茲君與叔孫其皆死乎！吾聞之：『哀樂而樂哀，皆喪心也。』心之精爽，是謂魂魄。魂魄去之，何以能久？」〔註42〕在該高興場合感到悲傷或是在悲傷的場合感

〔註40〕常金倉：《周代禮俗研究》（1989 年吉林大學博士論文）（臺北：文津出版社，1993 年 2 月），頁 6。

〔註41〕晉‧杜預注，唐‧孔穎達等正義：《春秋左傳正義》，收入《十三經注疏》（臺北：藝文印書館，2001 年 12 月），頁 985。

〔註42〕晉‧杜預注，唐‧孔穎達等正義：《春秋左傳正義》，收入《十三經注疏》（臺

到高興，都是喪失心神，這樣不恰當的行為不僅失禮，也被人認為是生命不長久的象徵。此時人們已有魂魄的觀念，樂祁認為「魂魄」是「心之精爽」，「哀樂而樂哀」是「魂魄去之」的表現，當生命的精髓離開身體，生命就不能長久。

　　魯襄公三十一年，國君去世。魯國改立公子裯為國君，穆叔不同意，其言曰：「太子死，有母弟則立之，無則長立。年鈞擇賢，義鈞則卜，古之道也。非適嗣，何必娣之子？且是人也，居喪而不哀，在慼而有嘉容，是謂不度。不度之人，鮮不為患。若果立之，必為季氏憂。」〔註43〕穆叔舉古代的「立嗣之法」來勸季武子，認為公子裯非嫡嗣，不該被立為君。其實穆叔真正反對他當國君的原因是其「居喪而不哀，在慼而有嘉容」。父親去世，昭公絲毫不哀傷，年十九仍猶如頑童，三換喪服衣襟還髒如舊衣，如此不肖之人，如何能成為國君？但季武子不聽勸告，堅持立他為君，使魯國的政治更加腐朽、衰敗。對古人而言，樂哀之人失去生命力，哀樂之人失去仁德之心，兩種人都不能善終。

（三）名位不同，禮亦異數

　　在封建社會中，階級之分是非常重要的。最明顯的階級之分就是禮數的差別。《左傳》記載：魯莊公十八年，春天，虢公和晉獻公朝觀周惠王。惠王對他們都賞賜白玉五對、馬三匹，這是不合於禮的。「王命諸侯，名位不同，禮亦異數，不以禮假人。」〔註44〕周惠王於此年即位，晉獻公也於此時初即位，或許因為一時高興，周惠王對晉獻公的賞賜超越禮制，《左傳》因此提出批評。天子賞賜諸侯，按照官爵名位不同，禮儀也有不同，不能全部一視同仁，否則將混亂體制。

　　除了賞賜須按爵位尊卑而有區別外，哀悼時也應按親疏遠近而有不同。《左傳・文公四年》：「楚人滅江，秦伯為之降服，出次，不舉，過數。」〔註45〕江國被楚人所滅，秦穆公為此改穿白色素服、離開正寢，出居別室，且減少膳食、

　　　　北：藝文印書館，2001年12月），頁887。
〔註43〕　晉・杜預注，唐・孔穎達等正義：《春秋左傳正義》，收入《十三經注疏》（臺
　　　　北：藝文印書館，2001年12月），頁685～686。
〔註44〕　晉・杜預注，唐・孔穎達等正義：《春秋左傳正義》，收入《十三經注疏》（臺
　　　　北：藝文印書館，2001年12月），頁158～159。
〔註45〕　晉・杜預注，唐・孔穎達等正義：《春秋左傳正義》，收入《十三經注疏》（臺
　　　　北：藝文印書館，2001年12月），頁306。

撤掉音樂。這些舉動超過哀悼江國的禮數，所以遭到群臣反對。由此二則記載可知，古人根據「尊卑」及「親疏」而在禮數上有所區別，這樣的區別是為了確保政治倫理上的尊卑關係可以代代相傳、不被破壞。

（四）男女有別

　　《禮記・郊特牲》曰：「男女有別，然後父子親，父子親然後義生，義生然後禮作，禮作然後萬物安。」〔註46〕古人很早就注意到天地間陰陽對立的關係，男女結合後而有家庭，然後才有父子、兄弟關係，所以人倫之禮肇端乎夫婦。「男女有別」的觀念反映在禮制上，呈現出「男尊女卑」的觀念以及「男女授受不親」的思想。當時的分工方式主要是「男主外，女主內」且「男不言內，女不言外」〔註47〕、「內言不出，外言不入」〔註48〕男女之分非常明顯。

　　魯莊公二十四年秋天，夫人哀姜來到魯國。莊公讓同姓大夫之夫人與哀姜相見，進見時以玉帛為贄，這在當時是不合禮制的。「御孫曰：『男贄，大者玉帛，小者禽鳥，以章物也。女贄，不過榛、栗、棗、脩，以告虔也。今男女同贄，是無別也。男女之別，國之大節也；而由夫人亂之，無乃不可乎？』」〔註49〕貴族之間相見用「贄」，有識別尊卑之作用在，男贄用玉帛或禽鳥識別貴賤等級，女贄用榛、栗、棗、脩來表示誠敬。男女用贄之不同，可能反映出遠古時代男性狩獵、女性採集野果的生活方式，而男贄比女贄珍貴，亦可看出此時男性社會地位高於女性。

　　魯定公四年，楚昭王曾帶她的妹妹季羋逃亡出郢都。當時季羋由鍾建背負著逃亡。魯定公五年，楚昭王打算讓季羋出嫁，季羋辭曰：「所以為女子，遠丈夫也。鍾建負我矣。」〔註50〕後來昭王將她嫁給鍾建為妻，並且讓鍾建成為掌管音樂的大夫。季羋以自己被鍾建背負過而堅持嫁給鍾建，反映出當時婦女深受「男女授受不親」之觀念影響，且當時貴族婦女已有守貞之思想。

〔註46〕漢・鄭玄注，唐・孔穎達等正義：《禮記正義》，收入《十三經注疏》（臺北：藝文印書館，2001 年 12 月），頁 506。

〔註47〕漢・鄭玄注，唐・孔穎達等正義：《禮記正義・內則》，收入《十三經注疏》（臺北：藝文印書館，2001 年 12 月），頁 520。

〔註48〕漢・鄭玄注，唐・孔穎達等正義：《禮記正義・內則》，收入《十三經注疏》（臺北：藝文印書館，2001 年 12 月），頁 520。

〔註49〕晉・杜預注，唐・孔穎達等正義：《春秋左傳正義》，收入《十三經注疏》（臺北：藝文印書館，2001 年 12 月），頁 172～173。

〔註50〕晉・杜預注，唐・孔穎達等正義：《春秋左傳正義》，收入《十三經注疏》（臺北：藝文印書館，2001 年 12 月），頁 959。

　　《左傳》記載：魯僖公二十二年，鄭文公的夫人羋氏、姜氏在鄭地柯澤慰勞楚成王。楚成王讓師縉把被俘虜的宋國士兵和宋兵被割下的左耳展示給夫人看。「君子曰：『非禮也。婦人送迎不出門，見兄弟不踰閾，戎事不邇女器。』丁丑，楚子入饗于鄭……。饗畢，夜出，文羋送于軍。取鄭二姬以歸。叔詹曰：『楚王其不沒乎！為禮卒於無別。無別不可謂禮。將何以沒？』諸侯是以知其不遂霸也。」〔註51〕古代對婦女之言行舉止有很嚴格的規定，所以楚王對鄭文公的夫人展示宋兵被割之左耳或是文羋送楚王回軍營、楚王娶鄭二姬以歸，都是男女不分且不合禮制之事。一個行為無禮之人將受到國際社會的鄙視，因此鄭大夫叔詹批評楚王無法善終，諸侯也由此判斷楚成王不能完成霸業。

　　先秦時期，人們已十分重視禮在形式與精神之區別，且對行禮時之動作、態度與精神內涵有一定之要求。此時的禮有規範行為、區分階級的作用，行禮時，動作須合乎法度，表情須哀樂適時，且依爵位之尊卑，禮數亦有不同，禮儀的實行使社會安定、尊卑關係不致紊亂。此外，男女之禮不同，反映出當時社會存在著「男主外，女主內」以及「男尊女卑」的觀念。兩性在禮儀上的差異，代表當時社會對男性與女性的不同期許，男性專精的禮儀大都與政治、外交、軍事有關，女性則以家庭為主，此時的男女之分非常明顯，避免兩性關係混亂，顯現出家庭倫理觀念的成熟。

〔註51〕 晉・杜預注，唐・孔穎達等正義：《春秋左傳正義》，收入《十三經注疏》（臺北：藝文印書館，2001 年 12 月），頁 249。

第三章 《左傳》論通禮

　　《禮記・表記》曰：「殷人尊神，率民以事神，先鬼而後禮」〔註1〕又云：「周人尊禮尚施，事鬼敬神而遠之」〔註2〕周朝與商朝最大的不同在於商朝重視「鬼神」，「先鬼而後禮」，周朝重視「人」，發揮「禮治」的作用，逐漸脫離宗教而產生人文道德的價值。由殷到周，「禮」的概念由「事神」轉爲「事人」，成爲封建社會維護階級制度的基礎。春秋戰國時代，封建政治由盛轉衰，禮也由爲統治者服務轉而爲人民服務，從強制的社會規範逐漸轉成發自內心的人生規範。禮在社會人倫上的作用，大體不出君臣、父子、夫婦、兄弟、朋友這「五倫」的範圍。劉師瑞箏曾說：「在中國禮學思想中，五倫被認爲是道德的基礎，因爲倫理是發自於人心的自覺，透過理性的行爲所展現出來的社會規範。它建立了人與人之間應有的對待態度和責任義務，構成親密而諧和的群己關係。」〔註3〕這樣「親密而諧和的群己關係」並非單向的「由上制下」、「以尊制卑」；而是一種彼此尊重、相互付出的關係。《左傳・昭公二十六年》曾對此理想狀態加以描述，其言曰：「君令臣共，父慈子孝，兄愛弟敬，夫和妻柔，姑慈婦聽，禮也。君令而不違，臣共而不貳；父慈而教，子孝而箴；兄愛而友，弟敬而順；夫和而義，妻柔而正；姑慈而從，婦聽而婉」〔註4〕當尊長者仁厚、慈惠、和

〔註1〕 漢・鄭玄注，唐・孔穎達等正義：《禮記正義》，收入《十三經注疏》（臺北：藝文印書館，2001 年 12 月），頁 915。

〔註2〕 漢・鄭玄注，唐・孔穎達等正義：《禮記正義》，收入《十三經注疏》（臺北：藝文印書館，2001 年 12 月），頁 916。

〔註3〕 劉瑞箏：《左傳禮意研究》（臺北：臺灣師範大學國文所博士論文，1997 年），頁 64。

〔註4〕 晉・杜預注，唐・孔穎達等正義：《春秋左傳正義》，收入《十三經注疏》（臺

藹時，卑幼者才可能恭敬、孝順、溫柔，如果人人都能履行自己的義務及職份，社會就能減少衝突、充滿和諧、美好的氣氛。

第一節 《左傳》論君臣之禮

五倫之中以「君臣」爲首。蓋封建社會，君主上承天命，下治萬民，爲政治地位最高之領導者，故五倫之中以「君臣」爲先，且其它四倫與「君臣」關係相衝突時，大多以「君臣」關係爲重。春秋戰國時代，確立君臣關係之禮爲：策名、委質。《左傳‧僖公二十三年》記載：晉惠公去世後，晉懷公即位，下令人們不准跟隨在外逃亡的公子重耳，並且規定一個期限，若是這些人超過期限還不回國，就不赦免死罪。那一年的冬天，晉懷公拘捕狐突，要他命令當時跟隨重耳逃亡在外的兩個兒子狐毛、狐偃回國，否則將殺了他。狐突回答說：「子之能仕，父教之忠，古之制也。策名、委質，貳乃辟也。今臣之子，名在重耳，有年數矣。若又召之，教之貳也。父教子貳，何以事君？」〔註5〕楊伯峻曰：「古者始仕，必先書其名於策謂之『策名』；『（古者）凡贄必相授受，唯臣之於君，則不親授，置之於庭，不敢送於君前也。』」〔註6〕簡言之，「策名、委贄」即是「臣下將名字書於策上，將贄置於庭，以確立君臣關係之禮」。這種禮節在春秋戰國時期十分流行，故《孟子‧滕文公下》形容孔子：「三月無君，則皇皇如也，出疆必載質。」〔註7〕因無質（贄）即不能爲人臣，故須載質而行，以委贄於可事之君。「委質」之後，臣子必須忠貞地事奉君主無有貳心，至死方休，〔註8〕但是到了戰國時代，委質已不必死于其君。《呂氏春秋‧執一》篇有：「釋璽辭官」〔註9〕的說法，「釋璽辭官」即是解除君臣關係，由此可見君臣關係隨著時代不同而有轉變。本文將君臣關係分爲「君道」與「臣道」加以討論，君道先論天子對諸侯，再論諸侯對卿大

北：藝文印書館，2001 年 12 月），頁 905～906。
〔註5〕 晉‧杜預注，唐‧孔穎達等正義：《春秋左傳正義》，收入《十三經注疏》（臺北：藝文印書館，2001 年 12 月），頁 250。
〔註6〕 楊伯峻：《春秋左傳注》（臺北：漢京文化事業，1987 年 1 月），頁 403。
〔註7〕 朱熹：《四書集註》（臺北：學海出版社，1991 年 3 月），頁 266。
〔註8〕 《國語‧晉語九》：「臣聞之，委質爲臣，無有二心；委質而策死，古之法也。」（見三國‧韋昭注：《天聖明道本國語》（臺北：藝文印書館，1974 年 3 月），頁 349。）。
〔註9〕 呂不韋輯，畢沅輯校：《呂氏春秋》（北京：中華書局，1991 年 11 月），頁 18。

夫；臣道先論諸侯事天子、卿大夫事諸侯再論家臣事卿大夫。

一、君　道

　　春秋時期已有「民貴君親」之觀念，認爲天生萬民而立其君，君之職責在治民、養民，勿使失性，若遇無道之君，人民可以將他放逐。《左傳‧襄公十四年》記載晉悼公問師曠衛人出君之事，師曠認爲國君身爲神靈之主祭，在政治上具有宗主的地位，應該賞善刑淫、養民如子，才能獲得人民的愛戴。若國君只知放縱私慾、胡作非爲，則「天之愛民甚矣，豈其使一人肆於民上，以從其淫，而棄天地之性？必不然矣。」〔註10〕所以衛人放逐他們的國君，在師曠看來是合情合理的事情。

　　關於國君的職責，師曠提出三點，即：賞善刑淫、治民、養民，《左傳‧襄公二十六年》記載蔡國聲子與楚國令尹子木討論楚國政治情況時，也有類似的說法：「古之治民者，勸賞而畏刑，恤民不倦。賞以春夏，刑以秋冬。是以將賞，爲之加膳，加膳則飫賜，此以知其勸賞也。將刑，爲之不舉，不舉則徹樂，此以知其畏刑也。夙興夜寐，朝夕臨政，此以知其恤民也。三者，禮之大節也。」〔註11〕古之治民者，勸賞而畏刑之原因在於過份賞賜頂多賞到惡人，濫用刑罰卻可能傷害賢臣，當時的楚國就因濫刑而使國內大夫逃亡四方，成爲別國之謀士，形成楚國之危機，故古之治民者大多樂賞而愼刑。下文就先由周天子對諸侯之錫命與恩寵談起。

（一）天子對諸侯之禮

　　《詩經‧小雅‧北山》曰：「溥天之下，莫非王土；率土之濱，莫非王臣」〔註12〕天子爲萬民之首，故君道由天子開始談起。在周代的宗法制度下，政令出自天子，「錫命」之禮最能具體顯現春秋時代天子與諸侯之君臣關係。錫命時有策，故錫命亦曰策命。所謂錫命，是天子封建諸侯、任命百官、賞賚有功時所行之禮，命者爲君，所命者爲臣，各有應盡之權利與義務，肯定彼

〔註10〕晉‧杜預注，唐‧孔穎達等正義：《春秋左傳正義》，收入《十三經注疏》（臺北：藝文印書館，2001年12月），頁562～563。

〔註11〕晉‧杜預注，唐‧孔穎達等正義：《春秋左傳正義》，收入《十三經注疏》（臺北：藝文印書館，2001年12月），頁635。

〔註12〕漢‧毛亨傳、漢‧鄭玄箋、唐‧孔穎達等正義：《毛詩正義》收入《十三經注疏》（臺北：藝文印書館，2001年12月），頁444。

此之主從關係。〔註 13〕錫命通常分為兩部份，一部份是天子對諸侯之訓令，另一部份則是天子的賞賜。如《左傳・僖公二十八年》曰：

> 王命尹氏及王子虎、內史叔興父策命晉侯為侯伯，賜之大輅之服、戎輅之服，彤弓一、彤矢百，玈弓矢千，秬鬯一卣，虎賁三百人，曰：「王謂叔父：敬服王命，以綏四國，糾逖王慝。」晉侯三辭，從命，曰：「重耳敢再拜稽首，奉揚天子之丕顯休命。」受策以出。出入三覲。〔註 14〕

在此段記載中，天子對晉侯的賞賜包括：大輅車、戎輅車和相應的冕服、戎服以及飾物和儀仗，還有紅弓、紅箭、黑弓、黑劍、香酒以及勇猛的衛士三百人。對其之訓令為：「敬服王命，以綏四國，糾逖王慝」。天子錫命諸侯，原是一種權位的授予及賞賜，經天子錫之以策命，寵之以章服，諸侯始得為君，但是到了春秋時代，周天子的地位下降，諸侯已不再親受命於天子，都是王室遣使致命，且錫命之對象，不見得確實有功、有德，有些被錫命之諸侯甚至是天子迫於無奈下追認其政權。如：晉國分裂六十七年，其間曲沃與天子和戰不一，至魯莊公十六年，王使虢公命曲沃伯以一軍為晉侯，即是囿於情勢，故追認其政權。除了錫命之外，天子對王臣之禮遇還包括：賜胙〔註15〕、賜田邑〔註16〕、喪事之慰問〔註17〕等。〔註18〕此時周王室衰微，對諸侯日漸失去控制力，只能經由這些作法來攏絡諸侯。但是「忠君」的觀念仍未改變，諸侯仍以受到天子之恩寵為榮，並能藉此提高一己之政治地位。

〔註13〕 參考：李新霖：《從左傳論春秋時代之政治倫理》（臺北：文津出版社，1991年8月），頁36。

〔註14〕 晉・杜預注，唐・孔穎達等正義：《春秋左傳正義》，收入《十三經注疏》（臺北：藝文印書館，2001年12月），頁273～274。

〔註15〕 如：《左傳・僖公九年》：「王使宰孔賜齊侯胙。」（見晉・杜預注，唐・孔穎達等正義：《春秋左傳正義》，收入《十三經注疏》（臺北：藝文印書館，2001年12月），頁218。）。

〔註16〕 如：《左傳・莊公二十一年》記載：周惠王因鄭伯、虢公平王子頹之亂，而賜虢公周邑酒泉，賜鄭伯虎牢以東之地。（見晉・杜預注，唐・孔穎達等正義：《春秋左傳正義》，收入《十三經注疏》（臺北：藝文印書館，2001年12月），頁161～162。）。

〔註17〕 如《左傳・文公五年》：「王使榮叔來含且賵，召昭公來會葬，禮也。」（見晉・杜預注，唐・孔穎達等正義：《春秋左傳正義》，收入《十三經注疏》（臺北：藝文印書館，2001年12月），頁311。）。

〔註18〕 此段資料參考：李新霖：《從左傳論春秋時代之政治倫理》（臺北：文津出版社，1991年8月），頁42。

（二）諸侯對公臣之禮

春秋時代，諸侯主動朝覲周天子之次數不如西周，且周天子行事多處不合禮法，〔註19〕故除「錫命」之外，較難具體描述周天子所展現之君德。關於諸侯對公臣之禮，以下將從誠信體恤、察納雅言及賞善罰惡三點，舉例加以說明。

1. 誠信體恤

魯宣公十四年，楚莊王使申舟聘于齊。並要他不行借道通行之禮藉此挑釁。申舟因宋不解事且孟諸澤之役他曾鞭笞宋昭公之御者，而認為宋必殺己。王曰：「殺女，我伐之。」申舟引其子拜見楚王後出使。至宋，果被殺。「楚子聞之，投袂而起。屨及於窒皇，劍及於寢門之外，車及於蒲胥之市。秋，九月，楚子圍宋。」〔註20〕楚莊王聞訊後憤怒哀傷之心情，《左傳》寫得細膩而深刻，楚子怒而起，起而走，不及著屨，送屨者追而及之，送劍者追及寢門之外，始進劍，至市，車駕始及之。秋九月，楚子果圍宋。楚莊王對臣下之誠信憐恤，正是其成就霸業的原因之一。

2. 察納雅言

《尚書‧洪範》篇云：「汝則有大疑，謀及乃心，謀及卿士，謀及庶人，謀及卜筮」，〔註21〕君人者以一己之智，決國家大事恐有疏失，遇疑難困惑之事，常難以抉擇，故尚書云：「謀及乃心，謀及卿士，謀及庶人、謀及卜筮」，大臣、民意及卜筮都是君王參考的對象。魯成公六年，晉國人商議遷都至郇邑、瑕邑，因其肥沃富饒而近鹽池，大夫們認為遷都對國家有利且使國君安樂。晉景公和韓獻子商量，韓獻子曰：

> 不可。郇、瑕氏土薄水淺，其惡易覯。易覯則民愁，民愁則墊隘，

〔註19〕 《左傳》描述周天子失禮之處，如：隱公元年，天王使宰咺來歸惠公、仲子之賵，此為「贈死不及尸，弔生不及哀，豫凶事，非禮也。」、桓公十五年，天王使家父來求車，「非禮也。諸侯不貢車服，天子不求私財。」莊公十八年，虢公、晉侯朝王，王皆賜玉五瑴，馬三匹，「非禮也。王命諸侯，名位不同，禮亦異數，不以禮假人。」周天子為君不尊，莫怪乎諸侯犯上不臣。（見晉‧杜預注，唐‧孔穎達等正義：《春秋左傳正義》，收入《十三經注疏》（臺北：藝文印書館，2001 年 12 月），頁 39、127、159。）

〔註20〕 晉‧杜預注，唐‧孔穎達等正義：《春秋左傳正義》，收入《十三經注疏》（臺北：藝文印書館，2001 年 12 月），頁 405。

〔註21〕 漢‧孔安國傳，唐‧孔穎達等正義：《尚書正義》收入《十三經注疏》（臺北：藝文印書館，2001 年 12 月），頁 175。

於是乎有沈溺重膇之疾。不如新田，土厚水深，居之不疾，有汾、
澮以流其惡，且民從教，十世之利也。夫山、澤、林、鹽，國之寶
也。國饒，則民驕佚。近寶，公室乃貧。不可謂樂。〔註22〕

都城爲國家政權的重心，因此遷都之事不可不愼。群臣皆以郇、瑕爲優，以
其富饒且近鹽池，韓獻子認爲土薄水淺之處，污濁之物易屯積，不利人民健
康。且近鹽池則富饒，富饒會使人民爭利，國家反而會貧困，不可謂樂。晉
景公通盤考量後，接納韓獻子之言，遷都新田。

3. 賞善罰惡

古之君王執刑賞二柄以御群臣，然「賞僭，則懼及淫人；刑濫，則懼及
善人。若不幸而過，寧僭，無濫。與其失善，寧其利淫。無善人，則國從之。」
〔註23〕故古之治民者，勸賞而畏刑，恐刑罰泛濫，禍及善人，則國從之亡。
賞善可以鼓勵臣子建功，罰惡則能殺一儆百，杜絕犯罪。《左傳》中善用刑賞
之國君如：魯僖公二十八年，城濮之戰，晉文公之刑賞。晉文公流浪在外時，
曹共公對晉文公無禮，但曹國的僖負羈曾饋送食物給晉文公，故攻曹時，文
公下令士兵不許進入僖負羈之家，而魏犨、顚頡二人卻放火燒僖負羈之家。
晉文公愛惜魏犨之才幹不忍殺他，處決了顚頡。後來作戰時，祁瞞犯軍令被
執法官處死、舟之僑未獲命令擅自回國，戰後也被處死。晉軍得勝回國後，
對有功之臣皆能論功行賞，故「君子謂文公其能刑矣，三罪而民服。《詩》云：
『惠此中國，以綏四方』，不失賞、刑之謂也。」〔註24〕晉文公在此次戰役中，
處死三位有罪之臣使人民信服；對有功之臣也都能獎勵，使全國士氣高昂、
團結一致，是春秋時代刑賞適中之具體例證。

二、臣　道

古代君臣關係是父子關係的擴大和延伸，子對父之孝順、尊敬擴大到君臣
之間，轉爲一種絕對的服從。眞正的良臣不僅自己敬愛國君，更能感染別人敬
愛其君。所以臣子事奉國君時，「見有禮於其君者，事之，如孝子之養父母也；

〔註22〕晉・杜預注，唐・孔穎達等正義：《春秋左傳正義》，收入《十三經注疏》（臺
　　　　北：藝文印書館，2001 年 12 月），頁 441～442。

〔註23〕晉・杜預注，唐・孔穎達等正義：《春秋左傳正義》，收入《十三經注疏》（臺
　　　　北：藝文印書館，2001 年 12 月），頁 635。

〔註24〕晉・杜預注，唐・孔穎達等正義：《春秋左傳正義》，收入《十三經注疏》（臺
　　　　北：藝文印書館，2001 年 12 月），頁 276。

見無禮於其君者，誅之，如鷹鸇之逐鳥雀也。」〔註25〕臣子對國君的敬愛擴及到所有接觸國君的人身上，凡是有禮於其君者，就以孝子奉養父母的態度對待他，無禮於其君者，則「誅之，如鷹鸇之逐鳥雀」。為臣者如此強烈的愛恨表現，將迫使接觸國君者慎重有禮、不敢輕慢，這是古代的為臣之道。

在傳統的封建制度下，當父子關係與君臣關係產生矛盾、衝突時，人們多以君臣關係為重。例如：《左傳・定公四年》曰：

> 鄖公辛之弟懷將弒王，曰：「平王殺吾父，我殺其子，不亦可乎？」
> 辛曰：「君討臣，誰敢讎之？君命，天也。若死天命，將誰讎？《詩》
> 曰：『柔亦不茹，剛亦不吐。不侮矜寡，不畏強禦』，唯仁者能之。
> 違強陵弱，非勇也；乘人之約，非仁也；滅宗廢祀，非孝也；動無
> 令名，非知也。必犯是，余將殺女。」〔註26〕

古人認為國君的意志即天命，故「君要臣死，臣不敢不死」，「若死天命，將誰讎？」再者，冒犯國君不僅危及自己的生命，更是「滅宗廢祀」的不智之舉，故君命大如天命，臣子必須服從君命，當父子關係與君臣關係相衝突時，以君臣關係為重。

（一）諸侯對周天子之禮

1. 朝聘之禮

最能顯現出諸侯服從周天子的禮節為「朝聘」之禮。《左傳》記載諸侯親見周天子，曰朝。〔註27〕如：魯隱公六年，鄭莊公朝周桓王、魯隱公八年，鄭莊公率齊僖公朝桓王、魯成公十三年，成公及諸侯朝王、魯莊公十八年，虢公、晉侯朝惠王、魯僖公二十五年，晉侯朝襄王、魯僖公二十八年，僖公朝于王所、魯文公元年，晉侯朝襄王於溫、魯成公十三年，成公朝襄王。諸侯若不能親見天子，而使卿大夫往，曰聘。〔註28〕如：魯僖公十三年，齊使

〔註25〕晉・杜預注，唐・孔穎達等正義：《春秋左傳正義・文公十八年》，收入《十三經注疏》（臺北：藝文印書館，2001 年 12 月），頁 352。

〔註26〕晉・杜預注，唐・孔穎達等正義：《春秋左傳正義》，收入《十三經注疏》（臺北：藝文印書館，2001 年 12 月），頁 952。

〔註27〕除了諸侯親見周天子，曰朝；小國朝見大國也曰朝，如：滕侯、薛侯、邾子、曹伯、杞侯皆曾朝于魯國。

〔註28〕天子遣使見諸侯也曰聘，如：《春秋》記載：魯隱公九年，天子使南季來聘；諸侯遣使見諸侯也曰聘，如：魯宣公十年，魯國季文子初聘于齊。（見晉・杜預注，唐・孔穎達等正義：《春秋左傳正義》，收入《十三經注疏》（臺北：藝文印書館，2001 年 12 月），頁 76 以及 382。）

仲孫湫聘于周、魯宣公九年，魯孟獻子聘于周、魯成公十七年，晉郤至聘于周、魯襄公二十六年，晉韓宣子聘于周。「聘」有保持友好、傳達訊息、訂定盟約、締結婚姻等功用。東周以降，王室衰微，諸侯朝聘的次數逐漸減少，故《左傳》魯宣公九年記載：王使來徵聘，魯國派遣孟獻子聘于周，王厚賄之。且周天子在接受卿大夫朝聘之後，還依禮遣使「報聘」，故魯宣公十年，劉康公來魯國報聘。

諸侯朝見周天子有臣服之意；周天子接受朝見，則有公開肯定此爲合法政權之意。魯隱公四年，衛國州吁殺死衛桓公後，未能和其民。石厚向父親石碏詢問安定君位之法，石碏回答他：「王覲爲可。」可見當時周天子地位雖然下降，但尊君的觀念未變，朝覲天子仍被視爲取得合法地位的正當方法。另外，朝覲既有臣服之意，「不朝」也就意味著「不再臣服」，所以魯桓公五年，周桓王解除鄭莊公執掌王政的卿士職務，鄭伯不朝。「不朝」表示正式與王室決裂，故桓王率諸侯攻鄭。

根據《左傳》的記載，諸侯朝覲時，有「授玉」、「受玉」的儀式。魯成公三年，「齊侯朝于晉，將授玉。郤克趨進曰：『此行也，君爲婦人之笑辱也，寡君未之敢任。』」〔註29〕郤克於魯宣公十七年出使齊國，受婦人笑辱，故出語阻止齊侯與晉侯授、受玉之儀式。《左傳・成公六年》對此儀式描述得更爲詳細、清楚。「六年，春，鄭伯如晉拜成，子游相，授玉于東楹之東。士貞伯曰：『鄭伯其死乎！自棄也已。』視流而行速，不安其位，宜不能久。」〔註30〕根據孔穎達的說法，鄭伯與晉侯的地位相當，授玉當在兩楹之間，但鄭伯行進過快，以致於授玉於東楹之東。授玉的地點代表賓主之間地位的高下，東楹之東是地位次於主人的賓客授玉之處，鄭伯授玉於此處，貶低自己的身份地位，故士貞伯批評他「自棄」且「不安其位」「宜不能久」。除了授、受玉的地點有一定規定外，執玉之高低、行進時身體的姿態、神色及腳步都必須莊重合度。楊寬曰：「在朝聘之禮中，『執玉』所以要小心謹愼地合於規矩，就是爲了表示敬讓。更重要的，是爲了正確表明雙方的地位、等級和名份以及彼此之間的關係，從而維護當時原有的統治制度，鞏固貴族的統治。」〔註31〕所以每一次朝聘的儀式

〔註29〕晉・杜預注，唐・孔穎達等正義：《春秋左傳正義》，收入《十三經注疏》（臺北：藝文印書館，2001年12月），頁438。

〔註30〕晉・杜預注，唐・孔穎達等正義：《春秋左傳正義》，收入《十三經注疏》（臺北：藝文印書館，2001年12月），頁441。

〔註31〕楊寬：《西周史》（臺北：商務印書館1999年4月），頁777～778。

都是賓主雙方地位、等級、名份以及彼此關係的「再確認」，而「玉」則是確認時的「信物」，故執玉時之精神態度必須莊敬謹慎，因爲這代表著賓主雙方對彼此關係之重視程度。

2. 貢　賦

　　周代施行封建政治，分封諸侯國的同時也將祭祀權分封出去，所以祭祀權與封土關係密切，《禮記·祭法》曰：「諸侯在其地則祭之，亡其地則不祭。」，〔註32〕將祭祀權加以分封又稱爲「命祀」。〔註33〕祭祀權在古代的重要性和行政權相當，《左傳·襄公二十六年》衛獻公甚至說出：「苟反，政由甯氏，祭則寡人。」〔註34〕這雖是衛獻公爲求復位而出於無奈之言，但由此言亦可知祭祀權之重要性不亞於行政權。張鶴泉云：「『命祀』在國家事務中具有如此的重要性，因爲它是周天子利用祭祀控制諸侯國的重要方式。……凡被天子授予祭祀權的諸侯國，都要以貢納的形式，爲天子提供祭品。」〔註35〕可見周天子藉祀神的名義，確保諸侯國實行納貢的義務，在分封祭祀權的同時，周天子對諸侯的控制也隨之增強。《周禮·天官·冢宰》記載：「以九貢致邦國之用。一曰祀貢，二曰嬪貢，三曰器貢……」〔註36〕諸侯對周天子貢賦的內容很廣，包括祭品、皮帛、宗廟之器、當地產物等，這些貢品又以祀貢爲首要，祀貢在周代有諸侯國服從天子統治的意義在。魯僖公四年，管仲就是以「爾貢包茅不入，王祭不共，無以縮酒」〔註37〕爲藉口來討伐楚國，楚國對曰：「貢之不入，寡君之罪也，敢不共給？」〔註38〕楚國明知這是個征伐的

〔註32〕漢·鄭玄注，唐·孔穎達等正義：《禮記正義》，收入《十三經注疏》（臺北：藝文印書館，2001 年 12 月），頁 797。

〔註33〕《左傳·僖公三十一年》甯武子曰：「不可以間成王、周公之命祀。」又《左傳·哀公六年》王曰：「三代命祀，祭不越望。」可見周代有「命祀」之說。（見晉·杜預注，唐·孔穎達等正義：《春秋左傳正義》，收入《十三經注疏》（臺北：藝文印書館，2001 年 12 月），頁 287、1007。）。

〔註34〕晉·杜預注，唐·孔穎達等正義：《春秋左傳正義》，收入《十三經注疏》（臺北：藝文印書館，2001 年 12 月），頁 630。

〔註35〕張鶴泉：《周代祭祀研究》（1989 年吉林大學博士論文）（臺北：文津出版社，1993 年 5 月），頁 21。

〔註36〕漢·鄭玄注，唐·賈公彥疏：《周禮注疏》，收入《十三經注疏》（臺北：藝文印書館，2001 年 12 月），頁 32。

〔註37〕晉·杜預注，唐·孔穎達等正義：《春秋左傳正義》，收入《十三經注疏》（臺北：藝文印書館，2001 年 12 月），頁 202。

〔註38〕晉·杜預注，唐·孔穎達等正義：《春秋左傳正義》，收入《十三經注疏》（臺北：藝文印書館，2001 年 12 月），頁 202。

藉口，仍不得不認罪，可見納貢在當時被視爲是諸侯重要的義務。

3. 救 災

除了貢賦外，諸侯對天子還有救災之責任。《左傳・隱公六年》曰：「冬，京師來告饑，公爲之請糴於宋、衛、齊、鄭，禮也。」〔註39〕魯隱公得知京城鬧饑荒後，因自己國內糧食不足，故代周王朝向他國購買糧食，這是合於禮的。其實不僅是對天子，諸侯國之間發生災禍時，基於人道，都會予以救援。不管是饑荒、火災或是國內動亂，鄰近的國家都會致上慰問或給予協助，這是基於「天災流行，國家代有。救災恤鄰，道也。行道有福」〔註40〕的概念。

4. 服 役

諸侯對天子有服役的義務，服役分爲「服兵役」及「服勞役」。「服兵役」是爲王室出兵，「服勞役」則是協助周王朝進行土木工程。諸侯「服兵役」又分爲兩種情況，一爲討伐不臣者，如《左傳・隱公九年》曰：「宋公不王，鄭伯爲王左卿士，以王命討之。伐宋。」〔註41〕或爲王室平亂，如：魯昭公二十四年，鄭國召集諸侯協助平定王子朝之亂。「服勞役」則如：《左傳・昭公三十二年》記載士彌牟營成周時，「計丈數，揣高卑，度厚薄，仞溝洫，物土方，議遠邇，量事期，計徒庸，慮材用，書餱糧，以令役於諸侯。屬役賦丈，書以授帥，而效諸劉子。韓簡子臨之，以爲成命。」〔註42〕由此段記載可知當時築城之概況：先計算工程長度、估計城牆高低、厚薄、丈量壕溝深淺，考察取土的遠近及用土的數量，再預估完工的日期、計算所需之人工、材料及糧食，把總表上報給周卿劉子，再由晉國的韓簡子監督工程進行。此次「築城」顯示出諸侯對於自身應盡的義務仍不敢懈怠，在晉國的帶領下，義不容辭的完成任務。但周天子希望藉由城成周來維護統治，恐怕是徒勞的，因爲他完全仰賴晉國的力量來號召諸侯，晉國魏舒竟然敢坐在面向南的君位上傳令修築成周，這樣僭越的行爲，更顯示出周天子之地位已一落千丈。

〔註39〕 晉・杜預注，唐・孔穎達等正義：《春秋左傳正義》，收入《十三經注疏》（臺北：藝文印書館，2001 年 12 月），頁 71。

〔註40〕 晉・杜預注，唐・孔穎達等正義：《春秋左傳正義》，收入《十三經注疏》（臺北：藝文印書館，2001 年 12 月），頁 223～224。

〔註41〕 晉・杜預注，唐・孔穎達等正義：《春秋左傳正義》，收入《十三經注疏》（臺北：藝文印書館，2001 年 12 月），頁 76。

〔註42〕 晉・杜預注，唐・孔穎達等正義：《春秋左傳正義》，收入《十三經注疏》（臺北：藝文印書館，2001 年 12 月），頁 933。

（二）公臣對諸侯之禮

1. 匡正君惡

《左傳‧襄公十四年》記載，師曠對晉悼公說明天子有公、諸侯有卿、卿置側室、大夫有貳宗、士有朋友的意義在於：「善則賞之，過則匡之，患則救之，失則革之。」〔註43〕因為有輔佐者的幫助，在上位者的行為才能合宜而不過度。因此公臣對諸侯有匡過、革失之責。魯桓公二年，魯桓公把宋國賄賂的郜國大鼎放入太廟，大夫臧哀伯諫曰：「君人者，將昭德塞違，以臨照百官，猶懼或失之，……今滅德立違，而實其賂器於太廟，以明示百官。百官象之，其又何誅焉？國家之敗由官邪也，官之失德，寵賂章也。郜鼎在廟，章孰甚焉？」〔註44〕國君不聽。周內史聞之曰：「臧孫達其有後於魯乎！君違，不忘諫之以德。」〔註45〕身為國君，應該發揚道德，阻塞邪惡，以此來監察官員。但魯桓公卻將受賄之器放入太廟，昭示百官，這是對臣下作出最不好的示範。臧哀伯在國君違反體制時，用道德來勸諫他，這是身為臣子匡正君惡的表現。

2. 保國安民

古之良臣不僅將生命奉獻給君王更要奉獻給他的國家。在動蕩不安的春秋時代裡，克服國小民弱、內憂外患，而達到保國安民之功者，當推鄭國子產。子產掌政期間，安定強族、從事建設、增加賦稅、充實軍備，並且鑄造刑書，推行法治。人民對他的態度也從怨恨、怒罵轉變成尊敬、感激，他在外交場合以不卑不亢的態度、隨機應變的膽識及高明的外交手腕來化解鄭國的危機，亦讓當時弱小的國家蒙受恩惠。子產的一生唯鄭國富強是務，及其將死仍不忘為鄭國謀。魯昭公二十年，子產重病，對了大叔曰：「我死，子必為政。唯有德者能以寬服民，其次莫如猛。夫火烈，民望而畏之，故鮮死焉；水懦弱，民狎而翫之，則多死焉，故寬難。」〔註46〕子產卒後，大叔為政，不忍猛而寬。鄭國多盜，取人於萑苻之澤。大叔悔之，曰：「吾早從夫子，不

〔註43〕晉‧杜預注，唐‧孔穎達等正義：《春秋左傳正義》，收入《十三經注疏》（臺北：藝文印書館，2001 年 12 月），頁 562。

〔註44〕晉‧杜預注，唐‧孔穎達等正義：《春秋左傳正義》，收入《十三經注疏》（臺北：藝文印書館，2001 年 12 月），頁 91～95。

〔註45〕晉‧杜預注，唐‧孔穎達等正義：《春秋左傳正義》，收入《十三經注疏》（臺北：藝文印書館，2001 年 12 月），頁 95。

〔註46〕晉‧杜預注，唐‧孔穎達等正義：《春秋左傳正義》，收入《十三經注疏》（臺北：藝文印書館，2001 年 12 月），頁 861。

及此。」〔註47〕《左傳》記錄子產去世前交待子大叔之言及子大叔掌政後之政治情況，兩相印證之下，更可見子產之深謀遠見及愛國深切，莫怪乎仲尼稱其爲「古之遺愛」。

3. 堅守職份

魯昭公元年，楚、晉、魯、宋、齊、陳、蔡、鄭、曹等國在虢地會見，重申之前在宋國的弭兵之盟。盟會尙在舉行，魯國的季武子就攻打莒國，佔取鄆地。莒國被侵後，至盟會處向楚國尋求庇護，楚國爲炫耀自己的威勢，要求殺死魯國與會的使者叔孫豹。晉國的樂王鮒向叔孫豹索取賄賂，表示願意爲他向趙文子說情。叔孫豹認爲：諸侯盟會本爲保衛國家，若用財物免除自己的誅罰，則魯國將遭受軍隊進攻。身爲魯國的使者，本該保衛國家，怎可懼禍而爲國家帶來災難？雖然不滿季孫氏的作爲，但是魯國無辜，所以自己被殺也沒有怨言。叔孫豹堅守職份的作爲感動趙孟，趙孟聞之曰：「臨患不忘國，忠也；思難不越官，信也；圖國忘死，貞也；謀主三者，義也。有是四者，又可戮乎？」〔註48〕於是趙孟向楚國請求赦免魯國的罪過以獎賞賢能的叔孫豹。

4. 選賢舉能

一個國家要安定，必須建立良善完好的制度，但是良好的制度要延續，必須依靠賢能的人才。國家的富強若只有曇花一現，那是因爲優秀的執政者沒有合適的接替者。所以「選賢舉能」是臣子重要的責任，因爲人才的接替與培訓，關係著國家未來的發展。《左傳·魯襄公三年》曰：

> 祁奚請老，晉侯問嗣焉。稱解狐，其讎也，將立之而卒。又問焉。對曰：「午也可。」於是羊舌職死矣，晉侯曰：「孰可以代之？」對曰：「赤也可。」於是使祁午爲中軍尉，羊舌赤佐之。君子謂祁奚於是能舉善矣。稱其讎，不爲諂；立其子，不爲比；舉其偏，不爲黨。
>
> 〔註49〕

此段傳文說明選賢舉能的原則在於：舉賢不避仇、選能不避親，且挑選副手時，不能結黨營私，朋比爲奸。

〔註47〕 晉·杜預注，唐·孔穎達等正義：《春秋左傳正義》，收入《十三經注疏》（臺北：藝文印書館，2001 年 12 月），頁 861。

〔註48〕 晉·杜預注，唐·孔穎達等正義：《春秋左傳正義》，收入《十三經注疏》（臺北：藝文印書館，2001 年 12 月），頁 699～700。

〔註49〕 晉·杜預注，唐·孔穎達等正義：《春秋左傳正義》，收入《十三經注疏》（臺北：藝文印書館，2001 年 12 月），頁 501。

5. 公而忘私

　　一個人的生命價值及尊嚴往往在遇到危難的時刻顯現出來。當人將衡量得失的眼光著眼於一己之身時，常會顯得脆弱而膽怯，但若將生死置之度外，一切以國家人民爲考量就能夠表現出大無畏的精神。魯昭公五年，楚靈王帶領諸侯攻打吳國，吳王使其弟蹶由犒師，楚人執之，將以釁鼓。狂妄驕傲的楚王問蹶由：「女卜來吉乎？」蹶由對曰：「吉。」因爲派遣使者勞軍可知楚王之心意而加以戒備。若楚國善待使者，則吳國將懈怠而忘記危險，若楚國殺害使者以之釁鼓，則吳國將修繕城牆、準備武器以便應戰。蹶由認爲：「吳社稷是卜，豈爲一人？使臣獲釁軍鼓，而敝邑知備，以禦不虞，其爲吉，孰大焉？國之守龜，其何事不卜？一臧一否，其誰能常之？城濮之兆，其報在邲。今此行也，其庸有報志？」〔註 50〕面對楚國的虐待及侮辱，蹶由臨危不亂。他機智巧妙地告訴楚王，若殺害他將使吳國戒懼而加強戰備免於滅亡，對國家而言，蹶由犧牲生命也是吉利的。這樣勇敢的回答透露出吳國早有防備，因此楚王最後釋放蹶由，無功而返。

（三）家臣對卿大夫之禮

1. 唯家是保

　　在周代之宗法封建制度中，由上而下之君臣關係分別是：諸侯尊奉周天子、卿大夫服從諸侯、家臣效忠卿大夫。然家臣與卿大夫之關係不同於上兩種階層之君臣關係，因爲諸侯與卿大夫均擁有土地與人民，雖須服從君主，但在政治及經濟上具有一定之自主權，故君臣關係較鬆散。家臣之經濟須仰賴卿大夫，故唯主是從，唯家是保之倫理觀，因此產生。〔註 51〕魯昭公二十五年，昭公欲去季氏，「叔孫氏之司馬鬷戾言於其眾曰：『若之何？』莫對。又曰：『我，家臣也，不敢知國。凡有季氏與無，於我孰利？』皆曰：『無季氏，是無叔孫氏也。』」〔註 52〕遂帥眾往救季孫氏。在家臣的心中，私家利益重於公室，故面對國君欲剷除權臣時，司馬鬷戾是否救季孫氏取決於哪種行

〔註 50〕晉・杜預注，唐・孔穎達等正義：《春秋左傳正義》，收入《十三經注疏》（臺北：藝文印書館，2001 年 12 月），頁 748～749。

〔註 51〕參考：李新霖：《從左傳論春秋時代之政治倫理》（臺北：文津出版社，1991年 8 月），頁 244～247。

〔註 52〕晉・杜預注，唐・孔穎達等正義：《春秋左傳正義》，收入《十三經注疏》（臺北：藝文印書館，2001 年 12 月），頁 894。

動對叔孫氏有利。「家臣不敢知國」的觀念看似忠於卿大夫,唯家是保,不敢僭越職權,實際上是反映出當時私家爭權奪利、公室卑微的情形。

2. 不避君難

春秋時代常見家臣對卿大夫「委贄不貳」甚至為其效死之例。魯哀公十五年蒯聵之亂,子路聞訊從外地守邑趕至都城,「遇子羔將出,曰:『門已閉矣。』季子曰:『吾姑至焉。』子羔曰:『弗及,不踐其難!』季子曰:『食焉,不辟其難。』子羔遂出子路入。」〔註53〕「食人之祿,忠人之事」的觀念使子路在危急之時決定進城與蒯聵之部下作戰,最後結纓而死,這樣忠勇的行為正是家臣效死不貳的具體表現。

第二節　《左傳》論父子之禮

一、父對子之禮

(一) 接子命名

親子關係是人一生當中最初且最親密之人倫關係,而名字是父親送給兒子的第一個禮物。「通常在人降生後經過很短時期給他取的第一個名字,只不過是一種神祕的記錄罷了;它標誌著確定的存在的開端。從此以後,他在家庭和社會集體中將有一個得到承認的地位。」〔註54〕「名字」是「確定的存在的開端」,被命名的嬰兒在家庭和社會之中,「有一個得到承認的地位」。《左傳》有一段關於諸侯「接子命名之禮」的記載,見於魯桓公六年,其言曰:

> 九月丁卯,子同生。以大子生之禮舉之,接以大牢,卜士負之,士妻食之,公與文姜、宗婦命之。公問名於申繻。對曰:「名有五:有信,有義,有象,有假,有類。……不以國,不以官,不以山川,不以隱疾,不以畜牲,不以器幣……」公曰:「是其生也,與吾同物,命之曰同。」〔註55〕

〔註53〕晉・杜預注,唐・孔穎達等正義:《春秋左傳正義》,收入《十三經注疏》(臺北:藝文印書館,2001年12月),頁1036。

〔註54〕路先・列維—布留爾(Lucién Lévy-Brühl):《原始思維》(《Первобытное мышление》,Под редакцией проф・В・К・Никольского и А・В・Киссина,Атеист,Москва,1930г・)(臺北:臺灣商務印書館,2001年2月),頁347。

〔註55〕晉・杜預注,唐・孔穎達等正義:《春秋左傳正義》,收入《十三經注疏》(臺

由這段記載可知：諸侯初次接見兒子須用大牢（牛、羊、豕），並且占卜背負他之士與餵食他之士妻，然後由桓公、夫人與同宗婦人爲他命名。魯大夫申繻提出「信」、「義」、「象」、「假」、「類」五種命名之法：用出生之情形來命名爲信、用祥瑞之字來命名爲義、用類似之字來命名是象、假借萬物的名稱來命名爲假、用跟父親相關之事來命名是類。命名時，須避開國名、官名、山川之名、疾病名、牲畜名以及禮器、玉帛之名。因爲周人重視避諱，名字在死後將避諱，爲了避免廢棄這些事物，所以不可用重要事物來命名。父爲子命名，是父親公開確認父子之關係，而名字更代表著父親對孩子的祝福與期許。

從接子儀式中負子之士須經占卜來加以選擇，即可知禮儀之隆重。《禮記·內則》篇對此禮之記載更爲詳盡。妻將分娩，移居側室，至嬰兒出生後三天，才抱嬰孩出房門。若生男孩則行射禮，由射人以桑弧、蓬矢射天地四方，生女孩則不行射禮。〔註56〕《禮記》記載妻自懷胎足月之初朔日起與丈夫分房居住，這應是原始習俗的遺留。在遠古的母系社會中，人們只知有母不知有父，隨著文明的演進，才逐漸產生男女結合孕育子女之觀念，所以古代會有「父親認子」之習俗。

（二）傳承官職

根據楊寬的說法，「西周長期實行重要官爵世襲制，最顯著的例子就是虢季氏世代爲師和微氏世代爲史。」〔註57〕因爲官爵世襲，所以父對子之教育有很大一部份是將世代相傳之職業傳承給兒子。在周代，「子承父業」是理所當然之事，而「守其官職，保族宜家」〔註58〕更是嫡長子不可推卸的責任。例如：《左傳·成公九年》記載：「晉侯觀于軍府，見鍾儀。問之曰：『南冠而縶者，誰也？』有司對曰：『鄭人所獻楚囚也。』使稅之。召而弔之。再拜稽首。問其族。對曰：『泠人也。』公曰：『能樂乎？』對曰：『先父之職官也，敢有二事？』」〔註59〕因爲職業世襲，所以父親將專業技術及經驗傳承給兒子

北：藝文印書館，2001年12月），頁112～114。

〔註56〕漢·鄭玄注，唐·孔穎達等正義：《禮記正義》，收入《十三經注疏》（臺北：藝文印書館，2001年12月），頁534。

〔註57〕楊寬：《西周史》（臺北：商務印書館1999年4月），頁345。

〔註58〕晉·杜預注，唐·孔穎達等正義：《春秋左傳正義·襄公三十一年》，收入《十三經注疏》（臺北：藝文印書館，2001年12月），頁690。

〔註59〕晉·杜預注，唐·孔穎達等正義：《春秋左傳正義》，收入《十三經注疏》（臺

時，也將這個官職應肩負之責任移交給兒子，兒子在繼承官職時，連帶繼承祖先忠於職守的精神，將堅守職份視爲一生的榮譽。魯襄公二十五年，崔杼弑齊莊公，「大史書曰：『崔杼弑其君。』崔子殺之。其弟嗣書，而死者二人。其弟又書，乃舍之。」〔註60〕齊國的太史前仆後繼地犧牲生命以守護史官之職責，他們的堅持，使眞相得以流傳後世。從這則記載看來，當嫡長子不幸去世時，其弟可繼承其官職，繼續完成職務。

在古代貴族社會中，父子兼有血緣與政治之關係，父親在處理政治上的難題時，有時會犧牲自己的兒子。魯文公十六年「初，司城蕩卒，公孫壽辭司城，請使意諸爲之。既而告人曰：『君無道，吾官近，懼及焉。棄官，則族無所庇。子，身之貳也，姑紓死焉。雖亡子，猶不亡族。』」〔註61〕公孫壽在父親公子蕩去世後，不願接任司城這個職務，而使自己的兒子蕩意諸代替自己接任司城，理由是：君無道，司城恐及君難，故使意諸爲之，亡子猶不亡族。嫡長子具有繼承宗主之資格，故父親不願犧牲生命時，就以嫡長子代替自己犧牲。〔註62〕

（三）為子主婚

中國自古以來就有父母爲子女主婚的習俗，《儀禮·士昏禮》記載男子舉行親迎之禮前，「父醮子，命之曰：『往迎爾相，承我宗事，勗帥以敬先妣之

北：藝文印書館，2001 年 12 月），頁 448。

〔註60〕晉·杜預注，唐·孔穎達等正義：《春秋左傳正義》，收入《十三經注疏》（臺北：藝文印書館，2001 年 12 月），頁 619。

〔註61〕晉·杜預注，唐·孔穎達等正義：《春秋左傳正義》，收入《十三經注疏》（臺北：藝文印書館，2001 年 12 月），頁 348。

〔註62〕人類學家弗雷澤在《金枝》這本書中提到：在早期的社會裡，人們相信國王具有超自然的能力，當國王的能力衰退時，整個部族將因此而受到損害，所以人們會在國王顯現衰退的跡象時，就將國王殺害，尋求新的國王，以確保部族的福祉。若國王不願犧牲，就必須尋找替身，最適合代表國王的神性，爲國王及全體人民而死的，就是國王的兒子。例如：塞薩里的國王，爲了全國的利益，必須成爲拉菲斯蒂的宙斯的神的祭品，但他們通常以長子獻祭。又如：亞洲西部的閃米特人，國王在國家危難時，有時須讓自己的兒子爲全體人民獻祭而死去。（弗雷澤（Frazer, J.G.），汪培基譯：《金枝》（The Golden Bough：A Study in Magic and Religion）（上）（臺北：桂冠圖書公司，2004 年 5 月），頁 429～433。）從《左傳》與《金枝》的論述看來，長子代替父親犧牲生命常是爲了全體人民的福利。而父親能以長子代替自己犧牲的原因是：長子繼承了父親的血緣，在宗族上有承繼族長的權利，所以長子具有「替身」的資格，且長子的死和父親的死能達到相同的目的，故族長常以長子爲犧牲者。

嗣，若則有常。』子曰：『諾！唯死弗堪，不敢忘命。』」〔註63〕婚姻爲承繼宗廟之大事，故由父親爲子主婚。《左傳》中有多處記載父母爲兒女決定婚事，如：魯桓公十六年，衛宣公爲其子（急子）迎娶齊女〔註64〕、魯定公九年，「敝無存之父將室之，辭，以與其弟，曰：『此役也，不死，反，必娶於高、國。』」〔註65〕等等，可見春秋時代透過父母之命、媒妁之言締結婚姻者已不在少數，惟國君娶親仍由公侯主婚，大臣負責迎娶，並非父母主婚。

二、子對父之禮

（一）敬恭父命

依照春秋時代立繼承人之原則，若無嫡子則立庶子之長者，季武子無嫡子，公鉏年長，悼子年幼，但季氏立悼子爲繼承者而以公鉏爲馬正。公鉏慍而不出，閔子馬對之曰：「子無然。禍福無門，唯人所召。爲人子者，患不孝不患無所。敬共父命，何常之有？若能孝敬，富倍季氏可也。姦回不軌，禍涪下民可也。」〔註66〕公鉏遵行其言，敬恭父命，後爲魯公左宰。

「恭敬」雖爲孝順之本，但父親之命令若有違背義理之處，子女仍須審慎考量，再決定是否遵循。魯宣公十五年，秦桓公攻晉，晉國武將魏顆在輔氏擊敗秦軍，俘虜秦之力士杜回，《左傳》記錄此事之緣由：

> 初，魏武子有嬖妾，無子。武子疾，命顆曰：「必嫁是。」疾病，則曰：「必以爲殉！」及卒，顆嫁之，曰：「疾病則亂，吾從其治也。」及輔氏之役，顆見老人結草以亢杜回。杜回躓而顛，故獲之。夜夢之曰：「余，而所嫁婦人之父也。爾用先人之治命，余是以報。」〔註67〕

魏顆從先人之治命，嫁魏武子之嬖妾，故嬖妾之父結草以報，使其俘獲杜回。老人「結草」報恩之故事，顯示當時人們之靈魂觀。人們相信：靈魂能對活

〔註63〕漢・鄭玄注，唐・賈公彥疏：《儀禮注疏》，收入《十三經注疏》（臺北：藝文印書館 2001 年 12 月），頁 64。

〔註64〕晉・杜預注，唐・孔穎達等正義：《春秋左傳正義》，收入《十三經注疏》（臺北：藝文印書館，2001 年 12 月），頁 128。

〔註65〕晉・杜預注，唐・孔穎達等正義：《春秋左傳正義》，收入《十三經注疏》（臺北：藝文印書館，2001 年 12 月），頁 968。

〔註66〕晉・杜預注，唐・孔穎達等正義：《春秋左傳正義》，收入《十三經注疏》（臺北：藝文印書館，2001 年 12 月），頁 605。

〔註67〕晉・杜預注，唐・孔穎達等正義：《春秋左傳正義》，收入《十三經注疏》（臺北：藝文印書館，2001 年 12 月），頁 409。

人有報恩或報仇之行動，且人去世後，其親屬關係依舊和生前一樣。

（二）為父報仇

中國自古即有「殺父之仇不共戴天」的觀念，春秋時代，吳伐越，越臣靈姑浮以戈擊闔廬，闔廬傷將指，卒於陘。「（闔廬之子）夫差使人立於庭，苟出入，必謂己曰：『夫差！而忘越王之殺而父乎？』則對曰：『唯。不敢忘！』三年乃報越。」〔註68〕夫差派人不斷提醒自己為父報仇，三年後果然殲滅越國。

父親被人殺死，子女自然要為父報仇，但殺父仇人若為本國之君王，則弒君有違臣子之義，逃亡又負骨肉之情，為人子女者將陷入兩難。春秋時代遇此情況，似乎仍以君臣之義為優先。魯襄公二十二年，楚王將殺令尹子南，子南之子棄疾為王御士，王每見之，必泣。棄疾得知楚王將殺其父，不敢洩密亦不願繼續為楚效力。子南被殺後，「子南之臣謂棄疾：『請徙子尸於朝。』曰：『君臣有禮，唯二三子。』三日，棄疾請尸。王許之。既葬，其徒曰：『行乎？』曰：『吾與殺吾父，行將焉入？』曰：『然則臣王乎？』曰：『棄父事讎，吾弗忍也。』遂縊而死。」〔註69〕棄疾自縊而死的原因是——預先得知父親將被殺，等於參與殺父之預謀，就算逃亡也無處可去。君王殺其父，為人子女者不能棄父事仇，只好自縊身亡。〔註70〕

三、其它與父子相關之記載

《禮記·祭義》曰：「君子生則敬養，死則敬享，思終身弗辱也。」〔註71〕

〔註68〕 晉·杜預注，唐·孔穎達等正義：《春秋左傳正義》，收入《十三經注疏》（臺北：藝文印書館，2001 年 12 月），頁 984。

〔註69〕 晉·杜預注，唐·孔穎達等正義：《春秋左傳正義》，收入《十三經注疏》（臺北：藝文印書館，2001 年 12 月），頁 600。

〔註70〕 父親被君王所殺，到底應該等待時機為父報仇或是對君盡忠，不報父仇？這兩種截然不同的處理方式在《左傳》之中都可以見到。魯定公四年，鄖公辛之弟懷將弒王為父報仇，鄖公辛曰：「君討臣，誰敢讎之？君命，天也。若死天命，將誰讎？」（晉·杜預注，唐·孔穎達等正義：《春秋左傳正義》，收入《十三經注疏》（臺北：藝文印書館，2001 年 12 月），頁 952。）此處將君命等同於天命，故父親被君所殺，子女亦不敢讎之。但魯昭公二十年，楚王殺伍奢，伍員則逃往吳國為父報仇。（晉·杜預注，唐·孔穎達等正義：《春秋左傳正義》，收入《十三經注疏》（臺北：藝文印書館，2001 年 12 月），頁 853。）兩種不同的抉擇，似乎取決於君王的德行，若賢君殺父，則子不報仇；昏君殺父，子則弒君。

〔註71〕 漢·鄭玄注，唐·孔穎達等正義：《禮記正義》，收入《十三經注疏》（臺北：

又曰：「父母既沒，愼行其身，不遺父母惡名，可謂能終矣。」〔註72〕古之孝子一生謹言愼行惟恐辱及父母之聲名，不僅父母在世時如此，父母去世後更是如此，因爲「辱及先人」須背負「不孝」的罪名。例如：魯昭公四年，人民以誹謗子國來對子產表達不滿。「鄭子產作丘賦，國人謗之曰：『其父死於路，己爲蠆尾，以令於國，國將若之何？』子寬以告。子產曰：『何害？苟利社稷，死生以之。且吾聞爲善者不改其度，故能有濟也。民不可逞，度不可改。詩曰：『禮義不愆，何恤於人言？』吾不遷矣。』」〔註73〕子產執政後，作丘賦以增加國家稅收，民以爲貪，故謗之。人民認爲子國（子產之父）被尉氏所殺，子產就加重賦稅，毒害百姓。豁達的子產堅持「爲善者不改其度」，不因人民之誹謗而改變其政策。

親子之間關係非常密切，子女的行爲影響父母之名聲，父母的所作所爲亦能左右人們對子女之觀感。晉國的臼季路過冀邑，見郤缺賢能，向晉文公推舉他，「公曰：『其父有罪，可乎？』對曰：『舜之罪也殛鯀，其舉也興禹。管敬仲，桓之賊也，實相以濟。……《詩》曰：『采葑采菲，無以下體。』君取節焉可也。』」〔註74〕郤缺之父郤芮爲晉惠公舊臣，魯僖公二十四年晉文公回國爲君，郤芮欲害文公，被秦穆公所殺，故文公曰：「其父有罪，可乎？」。臼季要晉文公不要因父親有罪就捨棄其子而不用，應該放開心胸任用賢才，後來郤缺在戰場上獲白狄子，爲國建功。

古代婦女的「三從四德」中，「三從」是「未嫁從父，既嫁從夫，夫死從子」，當父與夫發生衝突時，已出嫁之女子究竟應維護哪一方？《左傳》中有一則記載與此相關。魯桓公十五年，祭仲在鄭國專權，鄭伯爲此十分憂慮，派祭仲的女婿雍糾去殺他。雍糾將於郊外宴請岳父而殺他。《左傳》記載：

> 雍姬知之，謂其母曰：「父與夫孰親？」其母曰：「人盡夫也，父一而已，胡可比也？」遂告祭仲曰：「雍氏舍其室而將享子於郊，吾惑之，以告。」祭仲殺雍糾，尸諸周氏之汪。公載以出，曰：「謀及婦

藝文印書館，2001 年 12 月），頁 808。
〔註72〕漢・鄭玄注，唐・孔穎達等正義：《禮記正義》，收入《十三經注疏》（臺北：藝文印書館，2001 年 12 月），頁 821。
〔註73〕晉・杜預注，唐・孔穎達等正義：《春秋左傳正義》，收入《十三經注疏》（臺北：藝文印書館，2001 年 12 月），頁 732。
〔註74〕晉・杜預注，唐・孔穎達等正義：《春秋左傳正義》，收入《十三經注疏》（臺北：藝文印書館，2001 年 12 月），頁 291。

人，宜其死也。」夏，厲公出奔蔡。〔註75〕

雍姬給父親暗示，使得丈夫被殺。所謂「人盡夫也，父一而已」是指──女子出嫁前，許多人都可能是她婚配的適合人選，但父親只有一個，所以丈夫的重要性不及父親。這樣的觀念使得雍姬在這場政治鬥爭中選擇幫助父親，背叛了她的丈夫。

第三節　《左傳》論夫婦之禮

一、夫妻相處之道

（一）堅守本份，互敬互愛

《左傳・昭公元年》曰：「夫夫婦婦，所謂順也。」〔註76〕夫與婦在社會與家庭中各有各的本份和職責，惟有「夫夫婦婦」才能分工合作，運作協調。魯桓公十八年，公與夫人姜氏前往齊國。「申繻曰：『女有家，男有室，無相瀆也。謂之有禮。易此必敗。』公會齊侯于濼，遂及文姜如齊。齊侯通焉。公謫之。以告。夏四月，丙子，享公。使公子彭生乘公，公薨于車。」〔註77〕桓公死於齊最主要的原因是──過於懦弱，不能防止文姜淫亂。文姜為齊侯之妹，嘗與齊侯私通，魯僖公時嫁為魯桓公婦。桓公會齊侯，本不必帶夫人同行，既帶夫人如齊，就該防備禁止齊侯與其私通，然桓公放任妻子放蕩的行為，終致殺身之禍。

春秋時代，雖是夫權至上，婦女須處處以夫為貴，然「夫妻相敬如賓」的相處方式仍受到人們的肯定、讚揚。魯僖公三十三年，「初，臼季使，過冀，見冀缺耨，其妻饁之，敬，相待如賓。與之歸，言諸文公曰：『敬，德之聚也。能敬必有德。德以治民，君請用之！臣聞之：出門如賓，承事如祭，仁之則也。』」〔註78〕冀本為小國，被晉所滅，後為郤氏之食邑。郤缺因食邑於冀，

〔註75〕晉・杜預注，唐・孔穎達等正義：《春秋左傳正義》，收入《十三經注疏》（臺北：藝文印書館，2001 年 12 月），頁 127。

〔註76〕晉・杜預注，唐・孔穎達等正義：《春秋左傳正義》，收入《十三經注疏》（臺北：藝文印書館，2001 年 12 月），頁 702～703。

〔註77〕晉・杜預注，唐・孔穎達等正義：《春秋左傳正義》，收入《十三經注疏》（臺北：藝文印書館，2001 年 12 月），頁 130。

〔註78〕晉・杜預注，唐・孔穎達等正義：《春秋左傳正義》，收入《十三經注疏》（臺北：藝文印書館，2001 年 12 月），頁 291。

又稱冀缺。臼季向文公推薦冀缺是因爲見到冀缺與妻子相敬如賓。能敬必有德，有德則足以治民，可見夫妻之間互敬互愛是德行良好的表現。

（二）尊重對方，不踰矩度

《左傳・僖公二十三年》記載：晉公子重耳在外流亡時，至秦國，「秦伯納女五人，懷嬴與焉。奉匜沃盥，既而揮之。怒，曰：『秦、晉，匹也，何以卑我？』公子懼，降服而囚。」〔註79〕秦穆公納女五人，是以文嬴爲妻，其它四女爲媵妾，故懷嬴奉匜沃盥服侍重耳。晉惠公太子圉至秦國爲人質時，秦穆公曾以懷嬴妻之，太子圉後逃歸繼位爲晉懷公，故稱懷嬴。晉公子重耳洗手後，以水揮懷嬴是輕賤她的舉動，故懷嬴怒曰：「秦、晉，匹也，何以卑我？」使公子降服而囚，向她謝罪。懷嬴不卑不亢的言辭促使重耳反省、修正；夫妻之間若能在對方踰越尺度時，適時提醒，當能避免許多誤會與衝突。

夫妻間的衝突，常起於笑鬧，因鬧生怒，終致不可收拾。《左傳・僖公三年》：「齊侯與蔡姬乘舟于囿，蕩公。公懼，變色；禁之，不可。公怒，歸之，未絕之也。蔡人嫁之。」〔註80〕齊侯與蔡姬於苑囿乘舟，蔡姬或因遊玩過於快樂而故意盪舟，齊侯害怕，但蔡姬不肯停止，最後齊侯發怒將她送回蔡國。齊侯並未與蔡姬斷絕婚姻關係，只是希望給她一個教訓，但蔡國見蔡姬被送回，大概覺得顏面盡失，所以將她改嫁。隔年，齊侯攻蔡國，兩個結親友好的國家，竟因小事而反目相向，兵戎相見，這大概是蔡姬盪舟時始料未及的。

二、妻 道

（一）深明大義，識見過人

中國傳統之觀念認爲妻子應以夫爲貴，一生之榮辱幸福都牽繫在丈夫身上，而婦女的才華及識見也必須透過丈夫才得以顯現，因此《左傳》作者筆下那些聰慧、勇敢的女子，她們在歷史上所扮演的角色往往是丈夫的賢內助。魯僖公二十三年，晉公子重耳至齊國，齊桓公爲其娶妻，使其安住齊國而不

〔註79〕晉・杜預注，唐・孔穎達等正義：《春秋左傳正義》，收入《十三經注疏》（臺北：藝文印書館，2001年12月），頁252～253。

〔註80〕晉・杜預注，唐・孔穎達等正義：《春秋左傳正義》，收入《十三經注疏》（臺北：藝文印書館，2001年12月），頁200。

思回國爭取君位。《左傳》曰：

> 公子安之，從者以爲不可。將行，謀於桑下。蠶妾在其上，以告姜
> 氏。姜氏殺之，而謂公子曰：「子有四方之志，其聞之者，吾殺之矣。」
> 公子曰：「無之。」姜曰：「行也！懷與安，實敗名。」公子不可。
> 姜與子犯謀，醉而遣之。醒，以戈逐子犯。〔註81〕

姜氏聽到重耳即將離去，不但沒有想辦法阻止，還殺死蠶妾，勸丈夫離去。
丈夫不肯，姜氏甚至與子犯商量，將重耳灌醉後，送他離開。姜氏的作爲不
同於一般眷戀兒女私情的女子，她一心期望丈夫能有所作爲，她的深明大義
促成晉文公不再貪圖安逸轉而開展霸業。

魯僖公二十三年，晉公子重耳至曹國。曹共公聞重耳駢脅，欲觀其裸體。
趁重耳洗浴之時，靠近簾子觀看。「僖負羈之妻曰：『吾觀晉公子之從者，皆
足以相國。若以相，夫子必反其國。反其國，必得志於諸侯。得志於諸侯，
而誅無禮，曹其首也。子盍蚤自貳焉！』乃饋盤飧、寘璧焉。公子受飧反璧。」
〔註82〕僖負羈之妻深具識人之明，她的眼光很遠，由重耳之從者皆足以相國，
判斷晉公子必反其國，且必得志於諸侯。又見曹共公對公子無禮，知曹國將
被報復，故催促丈夫早一點向晉公子表示敬意。其後事情的發展，完全符合
僖負羈之妻的預測。魯僖公二十八年，晉攻曹，下令不許進入僖負羈之家，
且赦免他的族人，這都要歸功於僖負羈之妻的眼光深遠。

楚王夫人鄧曼是歷史上有名之聰慧女子，她對楚國朝政瞭若指掌且能見
微知著、明察秋毫。魯桓公十三年，楚國的莫敖屈瑕攻打羅國，大夫鬥伯比
送行。鬥伯比回來後，對其御者曰：「莫敖必敗。舉趾高，心不固矣。」並且
對楚王提出增派軍隊的要求。楚王拒絕他，入告夫人鄧曼。鄧曼曰：

> 大夫其非眾之謂，其謂君撫小民以信，訓諸司以德，而威莫敖以刑
> 也。莫敖狃於蒲騷之役，將自用也，必小羅。君若不鎮撫，其不設
> 備乎！夫固謂君訓眾而好鎮撫之，召諸司而勸之以令德，見莫敖而
> 告諸天之不假易也。不然，夫豈不知楚師之盡行也？〔註83〕

〔註81〕晉・杜預注，唐・孔穎達等正義：《春秋左傳正義》，收入《十三經注疏》（臺
北：藝文印書館，2001 年 12 月），頁 251。

〔註82〕晉・杜預注，唐・孔穎達等正義：《春秋左傳正義》，收入《十三經注疏》（臺
北：藝文印書館，2001 年 12 月），頁 251～252。

〔註83〕晉・杜預注，唐・孔穎達等正義：《春秋左傳正義》，收入《十三經注疏》（臺
北：藝文印書館，2001 年 12 月），頁 124～125。

後來楚王派人追趕屈瑕，沒有追上，攻羅之役的結局是——楚軍大敗，屈瑕
吊死於荒谷。此事之背景是——魯桓公十一年，莫敖屈瑕於蒲騷大敗鄖軍，
因此屈瑕志得意滿，且受到楚王重用。大夫鬭伯比於送行時，見莫敖趾高氣
昂之模樣，已知楚軍必敗，但又不方便對楚王明言，只好請求楚王增兵來加
以暗示。聰慧的鄧曼深知屈瑕之驕傲且完全明白鬭伯比請求增兵之用意，楚
軍盡出，這是眾人皆知的事情，鬭伯比卻故意請求增兵，這顯然是屈瑕的行
為不當，將導致楚軍大敗。鄧曼之識見高遠、判斷準確，故能在關鍵時刻洞
悉局勢，提供楚王意見。

　　另一則關於鄧曼的故事發生在魯莊公四年，從這則記載中可以見到鄧曼
對丈夫的直言不諱，以及楚國將領的果敢、英明。《左傳》曰：

> 楚武王荊尸，授師孑焉，以伐隨。將齊，入告夫人鄧曼曰：「余心蕩。」
> 鄧曼歎曰：「王祿盡矣。盈而蕩，天之道也。先君其知之矣，故臨武
> 事，將發大命，而蕩王心焉。若師徒無虧，王薨於行，國之福也。」
> 王遂行，卒於樠木之下。令尹鬭祁、莫敖屈重除道梁溠，營軍臨隨，
> 隨人懼，行成。莫敖以王命入盟隨侯，且請爲會於漢汭而還。濟漢
> 而後發喪。〔註84〕

古代出征前要至太廟授兵器，故須齋戒。楚王將齋戒時，入告夫人鄧曼曰：「余
心蕩。」這是楚王出師前顯現的病狀，他的心中出現不祥的預感，因此入告
夫人。鄧曼直言楚王死期將至，迫使他面對現實，出兵已是勢在必行，要如
何安排才能使師徒無虧，是楚王必須解決的難題。楚王死後，楚國將領祕不
發喪，嚇降隨國，且假借王命入盟隨侯，不傷一兵一卒，大獲全勝而回。此
次得勝，除了鬭祁、莫敖領導有方外，鄧曼的預測以及楚王的及早安排，都
是這場戰役獲勝不可或缺的因素。

（二）規勸丈夫，修養德行

　　魯成公十五年，「晉三郤害伯宗，譖而殺之，及欒弗忌。伯州犁奔楚。韓
獻子曰：『郤氏其不免乎！善人，天地之紀也，而驟絕之，不亡何待？』初，
伯宗每朝，其妻必戒之曰：「『盜憎主人，民惡其上。』子好直言，必及於難。」
〔註85〕《左傳》記載「晉三郤害伯宗，譖而殺之」，追溯其妻之言，可見伯宗

〔註84〕晉・杜預注，唐・孔穎達等正義：《春秋左傳正義》，收入《十三經注疏》（臺
　　　　北：藝文印書館，2001年12月），頁140。
〔註85〕晉・杜預注，唐・孔穎達等正義：《春秋左傳正義》，收入《十三經注疏》（臺

之妻早就預知禍害的端倪。所謂「旁觀者清」，婦人之言不受重視，但妻子卻是丈夫最親近的「旁觀者」。她不斷於上朝前規勸丈夫勿直言傷人，其言未獲採納，伯宗終被奸人所害。

《左傳·僖公二十四年》：「文公妻趙衰，生原同、屛括、摟嬰。趙姬請逆盾與其母，子餘辭。姬曰：『得寵而忘舊，何以使人？必逆之！』固請，許之。來，以盾爲才，固請于公，以爲嫡子，而使其三子下之；以叔隗爲內子，而己下之。」〔註86〕晉文公將女兒嫁給趙衰爲妻（此女即趙姬），生趙同、趙括、趙嬰齊三子。趙姬請求趙衰迎娶趙盾及其生母叔隗，但趙衰辭謝。趙姬規勸丈夫不可因新寵而忘舊好，一定要迎接他們回來。叔隗及趙盾被迎接來後，趙姬認爲趙盾有才能，又堅決請求趙衰以趙盾爲嫡子，以叔隗爲正妻，她讓自己及兒子的地位居於叔隗及趙盾之下。像這樣心胸寬大、沒有私心的女子，眞是世上少見！她的識見與品格促使趙盾修養德行，最後成爲輔國大臣。

（三）順從丈夫，委屈求全

古代貴族女子雖受過嚴格之家庭教育，其學問及品德均有一定程度之涵養，但社會地位仍遠低於男子，且無婚姻自主權。《左傳·僖公二十三年》記載：晉公子重耳取季隗，生伯儵、叔劉，當其將適齊國，「謂季隗曰：『待我二十五年，不來而後嫁。』對曰：『我二十五年矣，又如是而嫁，則就木焉。請待子。』」〔註87〕由這則記載可知：古代婚姻制度中，夫妻地位懸殊很大，妻子須處處以夫爲主，其地位如同丈夫之財產。重耳將離開季隗至齊國，卻要她等待二十五年才能改嫁。季隗之言深刻地反映出及古代女子在婚姻中所遭受的不平等待遇。

《左傳·成公十一年》記載：聲伯之母與其父無婚姻關係，故生聲伯後即被遺棄改嫁。嫁於齊國管于奚，生二子又守寡。她將二子交付給聲伯，聲伯使外弟爲大夫，嫁外妹於施孝叔。《左傳》曰：

> 郤犨來聘，求婦於聲伯。聲伯奪施氏婦以與之。婦人曰：「鳥獸猶不失儷，子將若何？」曰：「吾不能死亡。」婦人遂行。生二子於郤氏。

北：藝文印書館，2001 年 12 月），頁 467。

〔註86〕晉·杜預注，唐·孔穎達等正義：《春秋左傳正義》，收入《十三經注疏》（臺北：藝文印書館，2001 年 12 月），頁 254～255。

〔註87〕晉·杜預注，唐·孔穎達等正義：《春秋左傳正義》，收入《十三經注疏》（臺北：藝文印書館，2001 年 12 月），頁 250～251。

郤氏亡，晉人歸之施氏。施氏逆諸河，沈其二子。婦人怒曰：「己不
能庇其伉儷而亡之，又不能字人之孤而殺之，將何以終？」遂誓施
氏。〔註88〕

聲伯既嫁外妹於施孝叔，遇郤犨來聘，竟又強奪施氏婦以與之。施氏不願因
此事讓自己蒙受危險，同意將妻子讓給郤犨，但郤氏亡後，卻迎婦人而沉其
二子，其人格之卑劣可想而知。此婦之命運悲哀悽涼，然其誓不爲施氏婦亦
展現出高尚的品格與自尊。

第四節　《左傳》論兄弟之禮

一、包容差異，以和爲貴

　　兄弟之間雖有血緣關係，但因個性與際遇不同，在待人處事上往往會有
差異。這樣的差異並沒有絕對的是非對錯，但兩方若堅持己見，則磨擦、衝
突在所難免。《左傳・襄公十五年》：「春，宋向戌來聘，且尋盟。見孟獻子，
尤其室，曰：『子有令聞而美其室，非所望也。』對曰：『我在晉，吾兄爲之。
毀之重勞，且不敢間。』」〔註89〕批評孟獻子美其室者必眾，但他不厭其煩說
明實情，且不再費勞力毀壞其室，實是出於友愛兄長之心。

　　兄弟相處過程中若遇衝突，應設法化解，不可因此斷絕情誼。魯文公十
五年，齊人歸公孫敖之喪，「襄仲欲勿哭。惠伯曰：『喪，親之終也。雖不能
始，善終可也。史佚有言曰：『兄弟致美。』救乏、賀善、弔災、祭敬、喪哀，
情雖不同，毋絕其愛，親之道也。子無失道，何怨於人？』襄仲說。帥兄弟
以哭之。」〔註90〕公孫敖曾爲其堂兄弟襄仲聘莒國之女，又爲他迎娶，但見
莒女貌美，就佔爲己有，雖經叔仲惠伯調解，兄弟皆放棄莒女，言歸於好，
但心中始終存有芥蒂，故齊人歸公孫敖之喪，襄仲欲勿哭。惠伯勸他「雖不
能始，善終可也。」喪事是親人關係的終結，堂兄弟之間雖有磨擦，但友愛

〔註88〕晉・杜預注，唐・孔穎達等正義：《春秋左傳正義》，收入《十三經注疏》（臺
　　　　北：藝文印書館，2001 年 12 月），頁 456。
〔註89〕晉・杜預注，唐・孔穎達等正義：《春秋左傳正義》，收入《十三經注疏》（臺
　　　　北：藝文印書館，2001 年 12 月），頁 565。
〔註90〕晉・杜預注，唐・孔穎達等正義：《春秋左傳正義》，收入《十三經注疏》（臺
　　　　北：藝文印書館，2001 年 12 月），頁 338～339。

之心不應中斷，襄仲最後還是聽從惠伯之言，帥兄弟以哭之，顧全兄弟之情。

惠伯將兄弟之間的禮節分爲：救乏、賀善、弔災、祭敬、喪哀，幾乎涵蓋所有婚喪喜慶之活動。兄弟之間相對待：應該各自要求自己做到完美，不必抱怨對方不夠友愛，這就是「兄弟致美」的精神。

二、互相幫助，禍福與共

《左傳·桓公十六年》記載：衛宣公烝於夷姜生急子，爲急子娶於齊，見齊女美，自娶之，生壽及朔。宣姜（即齊女）與公子朔構陷急子，宣公使盜待諸莘將殺急子。「壽子告之，使行。不可，曰：『棄父之命，惡用子矣？有無父之國則可也。』及行，飲以酒。壽子載其旌以先，盜殺之。急子至，曰：『我之求也，此何罪？請殺我乎！』又殺之。」〔註91〕宣公聽從宣姜與公子朔構陷急子之言，使盜待諸莘而殺之，可能是欲殺急子以掩飾自己強娶子媳之惡行。公子壽告訴急子，使行。見急子不肯，又飲以酒，載其旌先行而被盜所殺。急子見壽子被殺，必定悲痛萬分，故曰：「我之求也，此何罪？請殺我乎！」又被殺。在急子的心中，面對無道之父、構陷他的宣姜及公子朔以及欲救他反被殺的壽子，或許已了無生意，寧願被盜所殺，但兄弟相繼赴死，應該不是犧牲生命的壽子所願見的結局。

魯昭公二十年，楚國大臣無極陷害伍奢，使其入獄。又擔憂伍奢之子有才能，將來會成爲禍患，故要楚王以赦免其父之罪，召回二子。伍尙謂其弟伍員曰：

> 爾適吳，我將歸死。吾知不逮，我能死，爾能報。聞免父之命，不可以莫之奔也；親戚爲戮，不可以莫之報也。奔死免父，孝也；度功而行，仁也；擇任而往，知也；知死不辟，勇也。父不可棄，名不可廢，爾其勉之！相從爲愈。〔註92〕

棠君知其父入獄，往救必死，故與其弟相約，兄往楚國赴死，弟適吳報仇，以成「孝、仁、知、勇」四德。棠君明知必死而前往楚國，自是勇敢、孝順之人；伍奢承擔報仇重任，不負兄長所託，更是集膽識與智慧於一身。

〔註91〕晉·杜預注，唐·孔穎達等正義：《春秋左傳正義》，收入《十三經注疏》（臺北：藝文印書館，2001 年 12 月），頁 128。

〔註92〕晉·杜預注，唐·孔穎達等正義：《春秋左傳正義》，收入《十三經注疏》（臺北：藝文印書館，2001 年 12 月），頁 853。

第五節　《左傳》論朋友之禮

一、明辨是非，攝以威儀

　　魯襄公三十一年，北宮文子引《周詩》曰：「『朋友攸攝，攝以威儀』，言朋友之道必相教訓以威儀也。」〔註93〕有威嚴能使人害怕謂之「威」，有儀態能使人傚效謂之「儀」，朋友之間應用威儀來相互輔助、互相學習。有威嚴者使人敬畏，不敢輕慢；有德行者能感化人，值得人學習。朋友之間，常逞一時之義氣而犯下不可彌補之大錯，惟有明辨是非，攝以威儀，才能相互勉勵走向正途。

　　魯文公二年，晉國狼瞫在殽之役表現勇敢，晉襄公將其升爲車右，但箕之役先軫黜之，而立續簡伯。《左傳》記載：

> 狼瞫怒。其友曰：「盍死之？」瞫曰：「吾未獲死所。」其友曰：「吾與女爲難。」瞫曰：「《周志》有之：『勇則害上，不登於明堂。』死而不義，非勇也。共用之謂勇。吾以勇求右，無勇而黜，亦其所也。謂上不我知，黜而宜，乃知我矣。子姑待之。」及彭衙，既陳，以其屬馳秦師，死焉。晉師從之，大敗秦師。〔註94〕

狼瞫因勇敢而晉升車右，在箕之役卻無故被先軫罷黜，其友兩種不當之提議都遭到拒絕，狼瞫認爲：爲國家戰死沙場才是真正的勇敢，憑一時之怒氣，作亂犯上，非勇也。彭衙之役，狼瞫率領部屬勇猛殺敵，晉師從之，大敗秦師。他將一己之怒用於報效國家，證明先軫無識人之智，狼瞫之行爲可謂君子矣。

二、各立志向，相敬相惜

　　一般人結交朋友大多是同類相聚、喜好相同，但《左傳》中記載志向不同的朋友，他們包容彼此的差異，互相勉勵、互相尊重，這是十分難得的事情。《左傳·昭公六年》曰：

> 三月，鄭人鑄刑書。叔向使詒子產書，曰：「始吾有虞於子，今則已

〔註93〕晉·杜預注，唐·孔穎達等正義：《春秋左傳正義》，收入《十三經注疏》（臺北：藝文印書館，2001 年 12 月），頁 690。

〔註94〕晉·杜預注，唐·孔穎達等正義：《春秋左傳正義》，收入《十三經注疏》（臺北：藝文印書館，2001 年 12 月），頁 301～302。

矣。……民知爭端矣，將棄禮而徵於書，錐刀之末，將盡爭之。……
終子之世，鄭其敗乎？肸聞之：『國將亡，必多制』，其此之謂乎！」
復書曰：「若吾子之言——僑不才，不能及子孫，吾以救世也。既不
承命，敢忘大惠！」〔註95〕

晉國的叔向對子產變法改革、鑄刑鼎之作法深表反對，故來信加以勸告。叔
向執政之作法較爲傳統守舊，認爲應以先王之禮義來感化人心，因爲法律是
外在的約束力量，而仁義忠信等美德才能使人發自內心的遵守規範。子產處
亂世不得不用刑法，他鑄刑鼎之用意在於以法律保護人民不受腐敗統治者之
迫害。面對好友嚴辭指責，子產依舊堅定不移，他以救當世爲目的，感謝叔
向之忠告但無法接受其勸阻。

《左傳·定公四年》：「初，伍員與申包胥友。其亡也，謂申包胥曰：『我
必復楚國。』申包胥曰：『勉之！子能復之，我必能興之。』」〔註96〕伍員報
父仇而決定顛覆楚國，其友申包胥卻愛國心切決定興復楚國，他們的友情並
未因此而破裂，申包胥反而勉勵伍員曰：「子能復之，我必能興之。」後來伍
員果眞說動蔡、吳、唐三國聯合進攻楚國，攻佔楚國郢都，迫使楚王逃往隨
國。而申包胥則至秦國求救，面對秦伯推辭之言，採取七日依牆而哭，勺飮
不入口之「哀兵政策」感動秦哀公出兵救楚。申包胥與伍員之目的截然相反，
但他們沒有反目成仇或勉強對方順從己志，反而互相勉勵，各自爲目標而努
力，這種尊重朋友，相知相惜的精神值得後人學習。

〔註95〕 晉·杜預注，唐·孔穎達等正義：《春秋左傳正義》，收入《十三經注疏》（臺
北：藝文印書館，2001 年 12 月），頁 749～751。
〔註96〕 晉·杜預注，唐·孔穎達等正義：《春秋左傳正義》，收入《十三經注疏》（臺
北：藝文印書館，2001 年 12 月），頁 952～953。

第四章 《左傳》論專禮

第一節 以吉禮致敬修德

  《周禮》將周代的禮儀制度分爲：吉、凶、賓、軍、嘉五種，其中「吉禮」爲祭祀之禮。《說文解字·示部》曰：「禮，履也。所以事神致福也。從示從豐，豐亦聲。」〔註1〕「履」有實踐之意，可見禮重「實踐」，而「事神致福」則爲禮之起源。祭祀行爲起源甚早，《禮記·禮運》篇記載：「夫禮之初，始諸飲食。其燔黍捭豚，汙尊而抔飲，蕢桴而土鼓，猶若可以致其敬於鬼神。」〔註2〕最初之祭祀，或當以奉獻飲食和音樂爲主，以此向鬼神表達心中之敬意。祭祀之行爲代表人類覺知人與自然間相繫共存之關係，並且懂得向未知的力量尋求保護。

  《周禮·春官·大宗伯》曰：

> 以吉禮事邦國之鬼神示：以禋祀祀昊天上帝，以實柴祀日月星辰，以槱燎祀司中、司命、飌師、雨師。以血祭祭社稷、五祀、五嶽，以貍沈祭山林川澤，以疈辜祭四方百物。以肆獻祼享先王，以饋食享先王，以祠春享先王，以禴夏享先王，以嘗秋享先王，以烝冬享先王。〔註3〕

〔註1〕 許慎著、段玉裁注：《說文解字》（臺北：萬卷樓圖書公司，1997年8月），頁2。
〔註2〕 漢·鄭玄注，唐·孔穎達等正義：《禮記正義》，收入《十三經注疏》（臺北：藝文印書館，2001年12月），頁416。
〔註3〕 漢·鄭玄注，唐·賈公彥疏：《周禮注疏》，收入《十三經注疏》（臺北：藝文印書館，2001年12月），頁270～273。

此段記錄說明：周代已正式設官掌管祭祀，其祭祀之對象大約可分爲：天神、地祇與人鬼三類。古人運用因類交感之原則，針對不同之祭祀對象設定不同之祭祀方法，且依照四時之節令，按時行祭。〔註4〕

　　周代對祭祀之規定相當繁複詳細，且祭祀之內容依階級而有所區分。〔註5〕《禮記‧祭統》曰：「凡治人之道，莫急於禮，禮有五經，莫重於祭。夫祭者，非物自外至者也，自中出於心者也。心怵而奉之以禮，是故唯賢者能盡祭之義。」〔註6〕治人之道以禮爲先，因爲禮有安定人心、約束行爲之效用。五禮之中以祭祀爲首要，「夫祭者，非自外至者也，自中出於心者也。」祭祀能激發人內心的誠敬之意，是一股發自內心而能對人潛移默化的力量。「心怵而奉之以禮，是故唯賢者能盡祭之義。」〔註7〕祭祀的本義只有賢能之人才能體會理解，因爲要透過一連串的儀式使人內心有感動再經由禮儀來表達，這才是祭祀的精神。周人對祭祀的看法已從單純的外求鬼神、趨吉避凶逐漸轉爲修養道德、內求於心，也因此，祭祀之儀式被賦予提昇心靈、維持社會秩序之深層涵義。

　　在談論祭祀之前，必須先了解周代「命祀」與「祀貢」之制度。在當時的社會中，祭祀權與行政權相互結合。《左傳》就常將民事與神事並舉：「所謂道，忠於民而信於神也。」〔註8〕、「國將興，聽於民；將亡，聽於神。」〔註9〕、「神不歆非類，民不祀非族。」〔註10〕以及「使其鬼神不獲歆其禋祀，其民人不獲享其土利」〔註11〕等等；在現代的觀念裡，祭祀似乎與行政無關，但在周人的

〔註4〕　參考：林素英：《古代祭禮之政教觀》（臺北：文津出版社，1997年9月），頁311。

〔註5〕　張鶴泉曰：「社會等級越高，所能祭祀的神祇越尊、越眾；社會等級越低，所能祭祀的神祇越卑、越寡。」（見張鶴泉：《周代祭祀研究》（1989年吉林大學博士論文）（臺北：文津出版社，1993年5月），頁11。）。

〔註6〕　漢‧鄭玄注，唐‧孔穎達等正義：《禮記正義》，收入《十三經注疏》（臺北：藝文印書館，2001年12月），頁830。

〔註7〕　漢‧鄭玄注，唐‧孔穎達等正義：《禮記正義》，收入《十三經注疏》（臺北：藝文印書館，2001年12月），頁830。

〔註8〕　晉‧杜預注，唐‧孔穎達等正義：《春秋左傳正義》，收入《十三經注疏》（臺北：藝文印書館，2001年12月），頁110。

〔註9〕　晉‧杜預注，唐‧孔穎達等正義：《春秋左傳正義》，收入《十三經注疏》（臺北：藝文印書館，2001年12月），頁181。

〔註10〕　晉‧杜預注，唐‧孔穎達等正義：《春秋左傳正義》，收入《十三經注疏》（臺北：藝文印書館，2001年12月），頁221。

〔註11〕　晉‧杜預注，唐‧孔穎達等正義：《春秋左傳正義》，收入《十三經注疏》（臺北：藝文印書館，2001年12月），頁528。

心中，祭祀與行政相結合，且祭祀之重要性不亞於行政。《左傳・襄公二十六年》記載：被放逐的衛獻公希望回國，派子鮮爲代表對大夫寧喜說：「苟反，政由甯氏，祭則寡人。」〔註12〕這雖是在不得已的情況下提出的條件，但是衛獻公之言也顯示出祭祀之重要性。在周代，祭祀權與行政權無法截然分割，張鶴泉曰：「周代的『命祀』制度最明顯的特點，就是諸侯國的祭祀權與其封土是緊密聯繫在一起的。」〔註13〕因爲周王室將土地分封給諸侯時，連土地的祭祀權一併分封，透過命祀，周天子可以完成對地方祭祀的控制。

　　《左傳》中「命祀」的記載，首見於魯僖公三十一年，衛國遷都後，衛成公夢見衛國始祖康叔曰：「相奪予享。」公命祀相。「甯武子不可，曰：『鬼神非其族類，不歆其祀。杞、鄫何事？相之不享於此久矣，非衛之罪也，不可以間成王、周公之命祀，請改祀命。』」〔註14〕相爲夏后啓之孫，衛成公因夢而決定祀相，甯武子反對，其言曰：「不可以間成王、周公之命祀。」間，有違反之意。諸侯國所當祀者，皆由周王室所命定，《禮記・祭法》云：「諸侯在其地則祭之，亡其地則不祭。」〔註15〕相居於帝丘，應由夏之後人祭祀，杞、鄫二國本爲夏後代之封國，卻無祭祀相；衛非夏之后人，祀相則違反周朝之命祀。《論語・爲政》篇云：「非其鬼而祭之，諂也。」〔註16〕諸侯之祭祀應符合周王室之命祀，不應任意加以改變。

　　將祭祀視爲國家重典，不得任意改變的觀念也見於《國語》。《國語・魯語上》展禽曰：「夫祀，國之大節也；而節，政之所成也。故愼制祀以爲國典。今無故而加典，非政之宜也。」〔註17〕由此可見周人對待命祀之態度，相當尊敬、謹愼。另一個關於「命祀」之記載見於《左傳・哀公六年》：楚昭王曰：「三代命祀，祭不越望。」〔註18〕楚昭王之言顯示：命祀制度由來已久，夏、商二朝

〔註12〕晉・杜預注，唐・孔穎達等正義：《春秋左傳正義》，收入《十三經注疏》（臺北：藝文印書館，2001 年 12 月），頁 630。

〔註13〕張鶴泉：《周代祭祀研究》（1989 年吉林大學博士論文）（臺北：文津出版社，1993 年 5 月），頁 21。

〔註14〕晉・杜預注，唐・孔穎達等正義：《春秋左傳正義》，收入《十三經注疏》（臺北：藝文印書館，2001 年 12 月），頁 287。

〔註15〕漢・鄭玄注，唐・孔穎達等正義：《禮記正義》，收入《十三經注疏》（臺北：藝文印書館，2001 年 12 月），頁 797。

〔註16〕朱熹：《四書集註》（臺北：學海出版社，1991 年 3 月），頁 60。

〔註17〕三國・韋昭註：《天聖明道本國語》（臺北：藝文印書館，1974 年 3 月），頁 117。

〔註18〕晉・杜預注，唐・孔穎達等正義：《春秋左傳正義》，收入《十三經注疏》（臺北：藝文印書館，2001 年 12 月），頁 1007。

已有命祀，周代之命祀是承襲前代再加以改良而成。「祭不越望」之規定應是爲了禁止諸侯間，藉祭祀之名侵犯他人之領土，因此對祭祀範圍加以限定。將祭祀對象限於國內之山川、鬼神亦可以避免諸侯淫祀而造成人民負擔。

除了「命祀」之外，周代規定諸侯有「祀貢」之義務。《周禮·天官·冢宰》云：「以九貢致邦國之用。一曰祀貢，二曰嬪貢，三曰器貢……。」〔註19〕關於「祀貢」之解釋，鄭玄引鄭司農之言曰：「祀貢，犧牲包茅之屬。」〔註20〕犧牲、包茅爲祭祀所需之物品，王室要求諸侯祀貢，除了顯示王室之尊貴地位，要諸侯表達臣服之意，亦是藉祭祀之名以行賦貢之實，確保賦稅之收入。《左傳·僖公四年》：齊伐楚，楚國質問齊國出師之由，管仲就曾如此回答：「爾貢包茅不入，王祭不共，無以縮酒，寡人是徵。」〔註21〕「包茅」即「束茅」，其作用爲「縮酒」，杜《注》曰：「束茅而灌之酒爲縮酒。」〔註22〕祭祀時若缺少包茅就無法漉酒請神，故管仲以此爲藉口，向楚國興師問罪。凡接受「命祀」之諸侯國，皆有「祀貢」之義務，故周代之祭祀制度涵蓋宗教、行政與經濟層面，且有區別階級、穩定社會之功用。

一、祭祀天神之禮

依照《周禮·春官·大宗伯》之分類，天神包括：昊天上帝、日月星辰以及司中、司命、飌師、雨師，其祭祀方法爲禋祀、實柴與槱燎，但《左傳》中關於氣象之祭祀並無司中、司命、飌師、雨師之記載，只有雩祭及祭寒暑之資料，故本文討論之內容包括：昊天上帝、日月星辰、雩祭和祭寒暑。祭祀天神之法大體上是將祭品置於柴上焚燒，使煙氣上升以爲祭。《詩·大雅·生民》孔《疏》引袁準之言云：「禋者，煙氣煙熅也。天之體遠，聖人思盡心，而不知所由，故因煙氣之上以致其誠。」〔註23〕蓋皇天在上，惟有藉由上升

〔註19〕 漢·鄭玄注，唐·賈公彥疏：《周禮注疏》，收入《十三經注疏》（臺北：藝文印書館，2001年12月），頁32。

〔註20〕 漢·鄭玄注，唐·賈公彥疏：《周禮注疏》，收入《十三經注疏》（臺北：藝文印書館，2001年12月），頁32。

〔註21〕 晉·杜預注，唐·孔穎達等正義：《春秋左傳正義》，收入《十三經注疏》（臺北：藝文印書館，2001年12月），頁202。

〔註22〕 晉·杜預注，唐·孔穎達等正義：《春秋左傳正義》，收入《十三經注疏》（臺北：藝文印書館，2001年12月），頁202。

〔註23〕 漢·毛亨傳，漢·鄭玄箋，唐·孔穎達等正義：《毛詩正義》，收入《十三經注疏》（臺北：藝文印書館，2001年12月），頁588。

之煙氣才得以呈獻心意，故祭祀天神多利用上升之煙氣。天神之中又以昊天上帝最爲崇高，其祭禮超越其它祭祀，下文就從昊天上帝開始談起。

（一）祭昊天上帝

昊天上帝即天也，祀昊天上帝之禮爲郊天之禮，古人對天之崇敬屬於自然崇拜的一部份。《左傳·僖公二十二年》記周平王東遷時，「辛有適伊川，見被髮而祭於野者。」〔註24〕此段記載未明言祭祀之對象，但可知其向自然界之神祇獻祭。人活在天地之間，對萬物之生長、氣候之變化及星體之運行必有許多神祕而無法理解之處，故其享用自然之食物時，會對上天表達感激之情並進而對神祇獻祭。對古人而言，神的善意回應就是果物豐收、風調雨順，甚至是遠離疾病。當人獻祭後，不順之事通常較能迎刃而解，因此獻祭慢慢形成固定之儀式且代代相傳。人們深信農作物收成的好壞、氣候的變化以及人間的禍福都是神的意旨，惟有繼續遵循祭祀儀式，才能確保未來能受到神的眷顧。

祭天之禮原本應爲人們普遍遵行之儀式，但國家形成後，爲突顯君主之尊貴地位，祭天變成君王專有之特權，且祭祀之用牲、祭法等都有規定。君主郊天所用之牲爲「特牲」，《禮記·禮器》曰：「禮有以多爲貴者……有以少爲貴者，天子無介，祭天特牲。」〔註25〕孔《疏》曰：「祭天特牲者，特，一也。天神尊尊，質，故止一，特也。」〔註26〕《禮記·郊特牲》孔《疏》曰：「郊所以用特牲者，郊謂於南郊，祭感生之帝，但天神至尊，無物可稱，故用特牲。」〔註27〕郊祀之地點爲南郊，因南屬陽位，且牲之數量爲一，以示天神至高無上，無物可稱。《禮記·郊特牲》曰：「郊牲用騂，尚赤也，用犢，貴誠也。」周代尚赤色，故郊牲選用赤色、剛出角之牛犢，來表達專一、至誠之心意。不用成牛而用牛犢有「求備不求豐大」之意義。《國語·楚語下》觀射父答楚昭王問，曾對祭品之大小加以討論。「王曰：『其小大何如？』對曰：『郊禘不過繭栗，烝嘗不過把握。』王曰：『何其小也？』對曰：『夫神以精明臨民者也，故求備物，不

〔註24〕晉·杜預注，唐·孔穎達等正義：《春秋左傳正義》，收入《十三經注疏》（臺北：藝文印書館，2001年12月），頁247。

〔註25〕漢·鄭玄注，唐·孔穎達等正義：《禮記正義》，收入《十三經注疏》（臺北：藝文印書館，2001年12月），頁451～453。

〔註26〕漢·鄭玄注，唐·孔穎達等正義：《禮記正義》，收入《十三經注疏》（臺北：藝文印書館，2001年12月），頁453。

〔註27〕漢·鄭玄注，唐·孔穎達等正義：《禮記正義》，收入《十三經注疏》（臺北：藝文印書館，2001年12月），頁481。

求豐大。』」〔註28〕祭天之特牲也是如此。祭品具體而微，不求豐大，象徵回歸自然之天地本色，顯現報本反始、質樸專一之至誠心意。

《左傳》中兩段和郊天有關之記載都提到卜筮。《左傳·僖公三十一年》曰：「夏，四月，四卜郊，不從，乃免牲，非禮也。猶三望，亦非禮也。禮不卜常祀，而卜其牲、日。牛卜日曰牲。牲成而卜郊，上怠慢也。望，郊之細也，不郊，亦無望可也。」〔註29〕周人祭祀之規定是：「不卜常祀，而卜其牲、日」。魯國因周公之故，得用天子之禮樂，故郊天爲魯國之常祀。「四卜郊，不從，乃免牲，非禮也」，因爲作祭祀之牛，於卜得吉日後改稱爲「牲」，今卜得吉日，牛已成「牲」，還占卜是否舉行郊祭，這是在上位者怠慢祭典且褻瀆占卜用之龜策。郊祭之附屬祭典爲「望祭」，不舉行郊祭則不必舉行望祭，魯國不郊猶三望，《左傳》斥之非禮。

另外，周代郊天以始祖配祭。《左傳·襄公七年》曰：「夏四月，三卜郊，不從，乃免牲。孟獻子曰：『吾乃今而後知有卜、筮。夫郊祀后稷，以祈農事也。是故啓蟄而郊，郊而後耕。今既耕而卜郊，宜其不從也。』」〔註30〕「啓蟄而郊」，啓蟄爲農曆正月，在春耕前郊天且以始祖后稷配祭是爲了祈求農事豐收，魯國於「既耕而卜郊」，此時郊祭之時節已過，且郊爲常祀，不須占卜，故「宜其不從也」。爲何祭天須由天子主祭，且以始祖配祭，林素英在《古代祭禮中之政教觀》中提到：

> 周郊祭天必以天子主祭者，其源當起自周之始祖后稷之降生神話：由於姜嫄因履帝武敏歆，然後始生后稷，是知於周人之信仰，始祖后稷自當爲天之子無疑……周代之文治武功自以文王、武王爲首，然而人自有祖、物自有本，是故推本源始，必然上溯於始祖后稷爲尊，且以周郊祭天，其旨本在報本反始，故以始祖后稷配天。〔註31〕

祭天儀式之特點在於將「天」與「君主」結合，古代神話中姜嫄履帝武敏歆而後生下后稷，使周人相信：始祖后稷爲天之子，而後世之君主亦自稱天子，

〔註28〕三國·韋昭註：《天聖明道本國語》（臺北：藝文印書館，1974 年 3 月），頁405。

〔註29〕晉·杜預注，唐·孔穎達等正義：《春秋左傳正義》，收入《十三經注疏》（臺北：藝文印書館，2001 年 12 月），頁 286～287。

〔註30〕晉·杜預注，唐·孔穎達等正義：《春秋左傳正義》，收入《十三經注疏》（臺北：藝文印書館，2001 年 12 月），頁 517～518。

〔註31〕林素英：《古代祭禮之政教觀》（臺北：文津出版社，1997 年 9 月）（台北：文津出版社，1997 年 9 月），頁 30～31。

故以始祖后稷配天，一方面有報本反始之意義，另一方面也強化「天」與「君主」相連繫之關係。《左傳·昭公七年》曰：「天有十日，人有十等，下所以事上，上所以共神也。」〔註32〕周代的祭天儀式主要在嚴明階級，顯示「下所以事上」之道，使臣民學會服從君主。所以當天子赴南郊去祭天時，「喪者不哭，不敢凶服。氾埽反道，鄉爲田燭，弗命而民聽上。」〔註33〕眾多之禁忌，是爲了讓人民深刻感受到君王之威嚴，來達到「弗命而民聽上」之境界。

（二）祭日月星辰

　　《左傳·昭公元年》曰：「日月星辰之神，則雪霜風雨之不時，於是乎禜之。」〔註34〕「雪霜風雨之不時，於是禜之。」即氣候發生異常時，祭拜日月星辰之神來祈求風調雨順。蓋日月星辰爲天上之星體，雪霜風雨亦爲天氣之變化，二者皆源於天，因此人們相信：向星神祈禱小祭可以平息氣候異常的災禍。

　　在古人的心中，天上星體的運行與地上人事的運作相對應，因此發生「日食」時，人間必有「災難」。《左傳·昭公七年》記載晉侯與士文伯對日食現象之討論：

> 晉侯問於士文伯曰：「誰將當日食？」對曰：「魯、衛惡之。衛大，魯小。」公曰：「何故？」對曰：「去衛地如魯地，於是有災，魯實受之。其大咎其衛君乎！魯將上卿。」公曰：「《詩》所謂『彼日而食，于何不臧』者，何也？」對曰：「不善政之謂也。國無政，不用善，則自取謫于日月之災，故政不可不慎也。」〔註35〕

士文伯認爲國家無道，不能任用賢才，以致於發生日食、月食之災，故施政不可不慎。承受災禍之國又以日食開始之國較嚴重，日食結束之國較輕微，故衛君及魯上卿將承擔災難。同年，衛君及魯上卿前後去世，士文伯之言先後兩次言中，故晉侯又問：「日食所造成的災難是否可以經常占驗？」「（士文

〔註32〕晉·杜預注，唐·孔穎達等正義：《春秋左傳正義》，收入《十三經注疏》（臺北：藝文印書館，2001年12月），頁759。

〔註33〕漢·鄭玄注，唐·孔穎達等正義：《禮記正義·郊特牲》，收入《十三經注疏》（臺北：藝文印書館，2001年12月），頁499。

〔註34〕晉·杜預注，唐·孔穎達等正義：《春秋左傳正義》，收入《十三經注疏》（臺北：藝文印書館，2001年12月），頁706。

〔註35〕晉·杜預注，唐·孔穎達等正義：《春秋左傳正義》，收入《十三經注疏》（臺北：藝文印書館，2001年12月），頁761。

伯）對曰：『不可。六物不同，民心不壹，事序不類，官職不則，同始異終，胡可常也？』」〔註36〕因為「六物（歲、時、日、月、星、辰）不同」、百姓之心志、事情之輕重及官員之好壞均不同，因此結果必然會相異。士文伯之言顯示出這個時代已開始脫離迷信色彩，理性思惟已逐漸覺醒。

關於日食之祭法，《左傳・文公十五年》云：「六月辛丑朔，日有食之。鼓、用牲于社，非禮也。日有食之，天子不舉，伐鼓于社；諸侯用幣于社，伐鼓于朝，以昭事神、訓民、事君，示有等威，古之道也。」〔註37〕發生日食現象時，天子須減膳徹樂、擊鼓於社，諸侯則以玉帛在社廟祭祀、擊鼓於朝。魯國為諸侯國，應用幣于社不當用牲，應擊鼓于朝不應于社，故《左傳》言其非禮。日食之祭法為古代之制度，其意義在於表現出身份貴賤不同，威儀亦有等差。

《左傳・昭公十七年》記載日食之禮更為詳細：「大史曰：『在此月也。日過分而未至，三辰有災，於是乎百官降物；君不舉，辟移時；樂奏鼓，祝用幣，史用辭。故《夏書》曰：『辰不集于房，瞽奏鼓，嗇夫馳，庶人走』，此月朔之謂也。』」〔註38〕當太陽過春分而未至夏至，日、月、星有災殃，則百官著素服、國君減膳徹樂，離開正寢以躲過日食的時辰、樂工擊鼓、祝使用祭品、史用辭自責，這就是《夏書》所言：「日食時不居於房中、瞽師擊鼓、嗇夫駕車、百姓奔跑」的情況。《左傳》將日食時，國君、百官以及庶人的行動完整呈現，雖未直接記載月食之禮，〔註39〕但「三辰有災」時，祭拜之方法應大致相同。

日食之禮中，「百官降物、君不舉、史用辭」應是為上天示譴而自責、「樂奏鼓」可能是要驅離吞日之物，但「嗇夫馳、庶人走」的原因為何？是驚慌而

〔註36〕晉・杜預注，唐・孔穎達等正義：《春秋左傳正義》，收入《十三經注疏》（臺北：藝文印書館，2001 年 12 月），頁 766。

〔註37〕晉・杜預注，唐・孔穎達等正義：《春秋左傳正義》，收入《十三經注疏》（臺北：藝文印書館，2001 年 12 月），頁 339。

〔註38〕晉・杜預注，唐・孔穎達等正義：《春秋左傳正義》，收入《十三經注疏》（臺北：藝文印書館，2001 年 12 月），頁 834～835。

〔註39〕關於月食之祭拜，僅見於魯昭公十七年，太史對「三辰有災」時，祭拜方法之描述以及《左傳・莊公二十五年》曰：「凡天災，有幣，無牲。非日、月之眚不鼓。」（晉・杜預注，唐・孔穎達等正義：《春秋左傳正義》，收入《十三經注疏》（臺北：藝文印書館，2001 年 12 月），頁 174。）是以知祭「月食」之儀式有擊鼓，應與日食之禮相似。

走？或是爲了「辟移時」？其儀式之原始意涵已不得而知。西方學者弗雷澤（Frazer，J‧G‧）在《金枝》（The Golden Bough：A Study in Magic and Religion）中記載印地安人面對日蝕之儀式爲：「男人和婦女們像正在旅行時那樣撩起長袍，也像他們正揹著重物一樣拄著棍子，不停地繞著圓圈走，直到日蝕結束。顯然，他們想這樣以支持太陽疲倦地環繞著天空移動時那無力的腳步。」〔註40〕雖然東西方之文化背景不同，但是原始思惟或許有相通之處，故備此一說，以供參考。

　　古人深信天人相應，見異象則以爲上天降災示警，而禜之、禳之。但此時人文精神萌芽，有部份思想先進的人開始以理性思辨取代迷信思想。例如：魯僖公十六年，宋國出現隕石及六鷁退飛之怪象，周內史叔興至宋聘問，宋襄公問其吉凶，周內史以「魯多大喪、齊將有亂、宋君將得諸侯而不終」來回答宋襄公，但退而告人曰：「陰陽之事，非吉凶所生。吉凶由人。」〔註41〕可見此時之人，已有陰陽變化與人事無關之思想。又如：魯昭公十九年，鄭大水，龍鬥于時門之外洧淵，國人請爲禜焉，子產弗許，其言曰：「吾無求於龍，龍亦無求於我。」〔註42〕又如：魯哀公六年，楚國有雲如眾赤鳥，夾日以飛三日。周大史曰：「其當王身乎！若禜之，可移於令尹、司馬。」楚昭王認爲若己無大過，天其夭諸？有罪受罰，又焉移之？遂弗禜。〔註43〕周內史叔興、鄭子產以及楚昭王之言代表春秋時代理性而不盲從的思想，他們相信：禍福由人，與天之異象無關。

　　除了部份思想較理性的人外，多數的人仍相信天象之變化左右國家之興亡，而施政之好壞亦會影響天體之運行。《左傳》中曾多次提及歲星之運行，歲星即木星，古人將其運行之軌道劃分爲十二位次，一年運行一位次，大約十二年運行一周天。陰陽歷算家認爲：歲星主貴，故歲星所在之國受福祐，歲星所衝之國受災殃。無論是軍事〔註44〕或國運〔註45〕均能透過歲星運行之

〔註40〕弗雷澤（Frazer，J.G.），汪培基譯：《金枝》（The Golden Bough：A Study in Magic and Religion）（上）（臺北：桂冠圖書公司，2004年5月），頁116。
〔註41〕晉‧杜預注，唐‧孔穎達等正義：《春秋左傳正義》，收入《十三經注疏》（臺北：藝文印書館，2001年12月），頁235～236。
〔註42〕晉‧杜預注，唐‧孔穎達等正義：《春秋左傳正義》，收入《十三經注疏》（臺北：藝文印書館，2001年12月），頁846。
〔註43〕晉‧杜預注，唐‧孔穎達等正義：《春秋左傳正義》，收入《十三經注疏》（臺北：藝文印書館，2001年12月），頁1007。
〔註44〕例如：《左傳‧襄公十八年》：晉齊之戰，當鄭簡公會同諸侯伐齊時，留守國

位次來加以預測。除此之外，古人尚有「美惡周必復」的觀念，亦即歲星運行一周天，則善惡必報。〔註46〕

　　歲星主貴，彗星主災，故藉歲星來預測國運之盛衰，禳彗星以除災。《左傳》中有兩則關於彗星之記載。魯昭公十七年冬，有星孛于大辰，西及漢。《左傳》記載：

> 梓慎曰：「往年吾見之，是其徵也。……若火作，其四國當之。在宋、衛、陳、鄭乎？宋，大辰之虛也；陳，大皞之虛也；鄭，祝融之虛也，皆火房也。星孛天漢，漢，水祥也。衛，顓頊之虛也……其以丙子若壬午作乎？水火所以合也。若火入而伏，必以壬午，不過其見之月。」鄭裨竈言於子產曰：「宋、衛、陳、鄭將同日火。若我用瓘斝玉瓚，鄭必不火。」〔註47〕

彗星在古代是不祥之星，因其形狀如帚，又有除舊布新之意。此年彗星與大

內的子孔背晉從楚，晉人知有楚軍北進，晉國董叔曰：「天道多在西北。南師不時，必無功。」當時歲行運行至亥位，曆數在西北，故董叔預測南方的楚國將無功而返，後來楚軍果然失敗。(晉·杜預注，唐·孔穎達等正義：《春秋左傳正義》，收入《十三經注疏》（臺北：藝文印書館，2001 年 12 月），頁 579。) 又如：《左傳·昭公三十二年》，吳伐越，史墨曰：「不及四十年，越其有吳乎！越得歲而吳伐之，必受其凶。」各國根據其地理位置分屬不同之星宿，越為斗宿，此年歲星運行至斗宿，故越國得到歲星之福祐，而吳國攻打它，必受其凶。(晉·杜預注，唐·孔穎達等正義：《春秋左傳正義》，收入《十三經注疏》（臺北：藝文印書館，2001 年 12 月），頁 931～932。)。

〔註45〕　例如：《左傳·襄公二十八年》：歲星應在星紀次而淫於玄枵次。魯國梓慎預測宋、鄭兩國將有饑荒，鄭國裨竈則預測周王及楚子將死，因為周屬鶉火次、楚屬鶉尾次皆被歲星所沖，必當有禍。(晉·杜預注，唐·孔穎達等正義：《春秋左傳正義》，收入《十三經注疏》（臺北：藝文印書館，2001 年 12 月），頁 650～651 及頁 653。)。

〔註46〕　例如：《左傳·襄公三十年》：歲星行至降婁次，鄭裨竈預測伯有能活到歲星繞一周結束，但活不到歲星再運行到降婁次這年。十一年後伯有去世，應驗其預言。(晉·杜預注，唐·孔穎達等正義：《春秋左傳正義》，收入《十三經注疏》（臺北：藝文印書館，2001 年 12 月），頁 683。)。又如：《左傳·昭公十一年》：歲星行至豕韋次，萇弘及鄭子產均預測蔡國將被楚國所滅，其後楚王將有災殃。這是因為豕韋次是蔡侯弒君自立之年，而魯昭公十三年，歲星行至大梁次則是楚靈王弒立之年，善和惡在歲星運行一周天時必然會有報應，故蔡凶而後楚凶。(見晉·杜預注，唐·孔穎達等正義：《春秋左傳正義》，收入《十三經注疏》（臺北：藝文印書館，2001 年 12 月），頁 785～786。)。

〔註47〕　晉·杜預注，唐·孔穎達等正義：《春秋左傳正義》，收入《十三經注疏》（臺北：藝文印書館，2001 年 12 月），頁 838～839。

火星同時出現，其光芒西至銀河。梓愼觀察天象知宋、衛、陳、鄭四國將有火災，且知火災發生時間應為丙子日或壬午日。鄭裨竈也預測四國將發生火災，並且建議子產以瓘斝玉瓚禳之，使鄭國免除災難。此段記載說明，古代之陰陽曆算學家觀天象以預測災難，甚至可以估算出災難發生的地點及時間。在當時，各國皆有其分野之星，遇災難時則祭祀星神，祈求其庇護下土。〔註48〕

　　另一則關於彗星之記載見於魯昭公二十六年，齊國出現彗星，齊侯使人祭禱消災，晏嬰阻止他。晏子認為上天以彗星除穢，君無穢德則毋須禳災，若有穢德，禳之無益。齊侯因此停止祭禱彗星。〔註 49〕春秋末年，各國政治腐敗，階級鬥爭與屠殺事件不斷發生，晏子身處於政治混亂的時代裡，反對祭祀彗星消災，他認為統治者若能修養道德，則四方小國自然來歸附，若是道德敗壞，祝史的祈禱也無法挽救災難。故觀測天象祭星禳災除了有預測災禍加以防範之功用外，還能夠警惕統治者要行善止惡、順應天道，在災害之中鞏固經濟與國防，將損失降到最低。

（三）雩　祭

　　中國自古以農立國，雨水的充足與否直接影響作物的收成，但偏偏旱災的次數又很多，〔註 50〕因此人們對於大旱祈雨的儀式格外重視。雩祭即為大旱祈雨之祭祀活動。《左傳・桓公五年》曰：「秋，大雩。書不時也。凡祀，啓蟄而郊，龍見而雩，始殺而嘗，閉蟄而烝。過則書。」〔註 51〕此則記載言

〔註48〕 《左傳》中記載較清楚的是商人祭祀辰星，以觀禍敗之釁。魯昭公元年，子產曰：「昔高辛氏有二子，伯曰閼伯，季曰實沈，居于曠林，不相能也，日尋干戈，以相征討。后帝不臧，遷閼伯于商丘，主辰。商人是因，故辰為商星。遷實沈于大夏，主參，……故參為晉星。」（晉・杜預注，唐・孔穎達等正義：《春秋左傳正義》，收入《十三經注疏》（臺北：藝文印書館，2001 年 12 月），頁 705～706。）；魯襄公九年，晉士弱曰：「陶唐氏之火正閼伯居商丘，祀大火而火紀時焉。相土因之，故商主大火。商人閱其禍敗之釁，必始於火。」（晉・杜預注，唐・孔穎達等正義：《春秋左傳正義》，收入《十三經注疏》（臺北：藝文印書館，2001 年 12 月），頁 524～525。）。

〔註49〕 晉・杜預注，唐・孔穎達等正義：《春秋左傳正義》，收入《十三經注疏》（臺北：藝文印書館，2001 年 12 月），頁 905。

〔註50〕 根據謝世俊統計：春秋二百四十二年中，旱災共 31 次。（見謝世俊：《中國古代氣象史稿》（四川：重慶出版社，1992 年 7 月），頁 371。）。

〔註51〕 晉・杜預注，唐・孔穎達等正義：《春秋左傳正義》，收入《十三經注疏》（臺北：藝文印書館，2001 年 12 月），頁 107～109。

四時之祭，所謂「龍見而雩」是指蒼龍、角亢二宿出現時舉行雩祭，此時為夏季。楊伯峻曰：

> 雩有二，一為龍見而雩，當夏正四月，預為百穀祈雨，此常雩。常雩不書。一為旱暵之雩，此不時之雩。《春秋》書雩者二十一，《左傳》於此年云：「書不時也」；于襄五年、八年、二十八年、昭三年、六年、十六年、二十四年，皆曰「旱也」；昭二十五年再雩，則曰「旱甚」；餘年無傳。首言不時而後皆言旱，互文見義，皆以旱而皆不時也。〔註52〕

雩分常雩與旱暵之雩，《左傳》不書常雩，凡記載「雩」或「旱」皆是旱暵之雩。既然都是旱暵之雩，《左傳》為何要有「雩」、「旱」兩種不同之記載？孔穎達《正義》曰：「《春秋》之例，旱則脩雩，雩必為旱。而經或書雩或書旱者，雩而得雨，喜雩有益，書雩不書旱；雩不得雨，則書旱，明災成。」〔註53〕故同是旱災，經雩祭後得雨者，皆書「雩」；經雩祭後不得雨者，皆書「旱」。

關於常雩，《禮記・月令》篇云：「命有司為民祈祀山川百源，大雩帝，用盛樂，乃命百縣雩祀百辟卿士有益於民者，以祈穀實。」〔註54〕常雩是固定時間舉行的祭典，即使祭時不旱亦為雩。古人為確保雨水充足，故設官吏於夏曆四月祀於山川百源及天帝以求降雨。關於雩祭的儀式，孔穎達曰：「旱暵則舞雩是用歌舞，正雩則非唯歌舞兼有餘樂。」〔註55〕常雩之過程奏樂且主祭之巫者須載歌載舞為百穀祈雨。

因旱而祈雨者，則謂之旱雩。若國大旱，則群巫舞雩，祈求上天憐憫，降下甘霖以蘇民渴。若經雩祭後，仍未下雨，巫師甚至會因此而失去生命。《左傳・僖公二十一年》曰：「夏，大旱。公欲焚巫、尪。臧文仲曰：『非旱備也。修城郭、貶食、省用、務穡、勸分，此其務也。巫、尪何為？天欲殺之，則如勿生；若能為旱，焚之滋甚。』公從之。是歲也，饑而不害。」〔註56〕巫

〔註52〕楊伯峻：《春秋左傳注》（臺北：漢京文化事業，1987年1月），頁106。

〔註53〕晉・杜預注，唐・孔穎達等正義：《春秋左傳正義》，收入《十三經注疏》（臺北：藝文印書館，2001年12月），頁241。

〔註54〕漢・鄭玄注，唐・孔穎達等正義：《禮記正義》，收入《十三經注疏》（臺北：藝文印書館，2001年12月），頁316。

〔註55〕漢・鄭玄注，唐・孔穎達等正義：《禮記正義》，收入《十三經注疏》（臺北：藝文印書館，2001年12月），頁316。

〔註56〕晉・杜預注，唐・孔穎達等正義：《春秋左傳正義》，收入《十三經注疏》（臺北：藝文印書館，2001年12月），頁241～242。

即祈雨失敗之巫師，尪爲瘠病之人，其面向上，古人認爲上天或許悲憫其病，恐雨入其鼻，故爲之旱，因此魯僖公於旱災發生時欲焚巫、尪。臧文仲勸僖公以修城牆、節省糧食、減少開支、致力農事、勸人救濟來面對旱災，僖公聽從其言，因此雖有饑荒卻沒有傷害百姓。

其實，巫是人與天的溝通管道，旱災焚巫或許是一種原始的巫術儀式。《金枝》（The Golden Bough：A Study in Magic and Religion）記載：「村子裡的首領把一支燃燒著的樹枝放在一個被燒死者的墳墓上，然後用水澆滅，同時祈禱雨水降臨。滅火之水所象徵的降雨將在死者的影響下加劇，因爲死者既然是被燒死的，則必然渴求降雨來冷卻他那燒焦了的軀體，以減輕痛苦。」〔註 57〕被焚燒的巫師也必定渴求降雨來冷卻他那燒焦的軀體以減輕痛苦，因此，先民焚巫，很可能是懲罰巫師求雨無力，另一方面也可能是一種祈求上天憐憫的方式、或是直接讓巫登天以便與昊天上帝溝通，請其降雨。〔註 58〕

（四）祭寒暑

寒來暑往則爲一歲，古人希望順四時而適寒暑，故制定逆暑迎寒之祀典。《周禮‧春官‧籥章》云：「籥章掌土鼓豳籥，中春晝擊土鼓，龡豳詩以逆暑；中秋，夜迎寒亦如之。」〔註 59〕逆暑與迎寒之儀式大抵相同，只是祭祀之時間，逆暑於中春之晝，迎寒於中秋之夜。

《詩經‧豳風》云：「二之日，鑿冰沖沖；三之日，納於凌陰；四之日，其蚤獻羔祭韭。」〔註 60〕此時古代祭司寒及藏冰之禮，與《左傳‧昭公四年》之記載相同。申豐曰：「古者日在北陸而藏冰，西陸朝覿而出之。……賓、食、喪、祭，於是乎用之。其藏之也，黑牡、秬黍以享司寒。其出之也，桃弧棘矢，以除其災。其出入也時，食肉之祿，冰皆與焉。大夫命婦喪浴用冰。祭寒而藏之，獻羔而啓之。」〔註 61〕古人於夏曆十二月，極冷之時藏冰，夏曆四月，天氣轉

〔註 57〕 弗雷澤（Frazer，J.G.），汪培基譯：《金枝》（The Golden Bough：A Study in Magic and Religion）（上）（臺北：桂冠圖書公司，2004 年 5 月）頁 98。
〔註 58〕 參考：楊樹森：〈焚巫‧祭月‧祈雨──《詩‧月出》新探〉，《吉林大學社會科學學報》第 1 期（1994 年），頁 90～92。
〔註 59〕 漢‧鄭玄注，唐‧賈公彥疏：《周禮注疏》，收入《十三經注疏》（臺北：藝文印書館，2001 年 12 月），頁 367～368。
〔註 60〕 漢‧毛亨傳，漢‧鄭玄箋，唐‧孔穎達等正義：《毛詩正義》，收入《十三經注疏》（臺北：藝文印書館，2001 年 12 月），頁 286。
〔註 61〕 晉‧杜預注，唐‧孔穎達等正義：《春秋左傳正義》，收入《十三經注疏》（臺北：藝文印書館，2001 年 12 月），頁 729。

暖之時，出之。祭司寒之神而藏冰，獻羔祭祖後打開冰室，取出之冰塊用於迎賓、君食、大喪、祭祀。杜《注》曰：「黑牡、黑牲也；秬，黑黍也。司寒，玄冥，北方之神也，故物皆用黑。有事於冰，故祭其神。」〔註62〕孔《疏》亦曰：「此祭玄冥之神。」〔註63〕由藏冰祭司寒可知：古代已廣泛運用冰塊，且相信鑿冰、藏冰可以順應陰陽之氣，使寒暑得時，災禍不生。

二、祭祀地祇之禮

《周禮・春官・大宗伯》曰：「以血祭祭社稷、五祀、五嶽，以貍沈祭山林川澤，以疈辜祭四方百物。」〔註64〕周人祭祀之地祇為：社稷——土地神及五穀神；五祀——句芒、祝融、后土、蓐收、玄冥；五嶽——岱宗、衡山、華山、恒山、嵩山以及山林川澤、四方百物之神祇。其祭祀之法為：以血滴於地而祭、將牲及玉帛埋入地或沈於水而祭或是劈牲之胸，析牲體而祭。其中血祭及貍沈是順祭祀對象之特性而使祭品含藏之祭法，疈辜之祭則是劈析牲體以去除惡氣之儀式。〔註65〕在《左傳》的記載中，未見祭祀五嶽之記載，故本文僅論述社稷、五祀、山林川澤及四方百物之祭。

（一）祭社稷五祀

《禮記・郊特牲》曰：「社，祭土，而主陰氣也。……社所以神地之道也。」〔註66〕社神為土地之神，社神信仰源於古人對土地之自然崇拜。《禮記・郊特牲》曰：「社，祭土，而主陰氣也。」暗示土地之神為女神。《易經・說卦》亦曰：「乾，天也，故稱乎父；坤，地也，故稱乎母。」〔註67〕大地化生萬物如同母親孕育生命，因此最早的土地崇拜，是將大地視為女神來信仰。中國

〔註62〕 晉・杜預注，唐・孔穎達等正義：《春秋左傳正義》，收入《十三經注疏》（臺北：藝文印書館，2001 年 12 月），頁 729。

〔註63〕 晉・杜預注，唐・孔穎達等正義：《春秋左傳正義》，收入《十三經注疏》（臺北：藝文印書館，2001 年 12 月），頁 729。

〔註64〕 漢・鄭玄注，唐・賈公彥疏：《周禮注疏》，收入《十三經注疏》（臺北：藝文印書館，2001 年 12 月），頁 272。

〔註65〕 參考：漢・鄭玄注，唐・賈公彥疏：《周禮注疏》，收入《十三經注疏》（臺北：藝文印書館，2001 年 12 月），頁 272 之賈《疏》。

〔註66〕 漢・鄭玄注，唐・孔穎達等正義：《禮記正義》，收入《十三經注疏》（臺北：藝文印書館，2001 年 12 月），頁 489。

〔註67〕 魏・王弼、韓康伯注，唐・孔穎達等正義：《周易正義》，收入《十三經注疏》（臺北：藝文印書館，2001 年 12 月），頁 185。

境內之土地崇拜至遲在新石器時代就頗具規模，1979 年在遼寧喀左東山嘴紅山文化祭祀遺址出土之陶塑裸體孕婦像及大型女神坐像以及 1983 年在遼寧建平牛河梁紅山文化女神廟遺址出土之大型女神頭像以及眾多殘破孕婦像，據學者研究，很可能是先民祭祀地母之遺跡。〔註68〕《說文解字》曰：「社，地主也。……周禮二十五家爲社，各樹其土所宜木。」〔註69〕「社」後來演變成古代的行政單位，約二十五戶人家立一社。《左傳‧哀公十五年》記載：「自濟以西，禚、媚、杏以南，書社五百。」〔註70〕此社即鄉野所立之社，書社五百是指五百個村落。《說文》中提到「各樹其土所宜木」，《論語‧八佾》篇亦云：「哀公問社於宰我。宰我對曰：『夏后氏以松，殷人以柏，周人以栗。』」〔註71〕松、柏及栗即「社主」，蓋土地廣博不可遍祀，故立「社主」爲象徵，以便祭祀。《淮南子‧齊俗訓》曰：「有虞氏之祀，其社用土……夏后氏其社用松……殷人之禮，其社用石……周人之禮，其社用栗。」〔註72〕最初之社主應是土，初民封土以爲社，三代則以木、石爲社主。

此外，社又常與稷合稱，人們對五穀神之信仰由土地崇拜而來，故祭祀社神時常以稷神配祀。《周禮‧春官‧大宗伯》中孔《疏》引《孝經緯援神契》曰：「社者，五土之搃神，稷者，原隰之神。五穀，稷爲長，五穀不可偏敬，故立稷以表名。」〔註73〕稷神信仰不同於植物崇拜，古人僅祭祀人類種植之糧食，因五穀不可偏敬，故立稷以表名。社爲土神，稷爲穀神，土地與糧食

〔註68〕許多學者認爲大型女性雕塑品應爲地母神，而殘破之孕婦像很可能是古代巫術儀式中替人承擔惡運之替身，其它還有多處出土文物皆與社神、祖先、火神相關，請參考：黃永堂：〈試論先秦農業祭祀〉，《貴州文史叢刊》第 4 期（2005年），頁 2、張星德：〈紅山文化女神之性質及地位考〉，《遼海文物學刊》第 2 期（1995 年），頁 36～42、徐子峰：〈新石器時代中晚期中國女神問題略論〉，《遼寧師範大學學報（社會科學版）》第 28 卷第 1 期（2005 年 1 月），頁 116～119、鍾亞軍：〈土地神之原型——社與社神的形成和發展〉，《寧夏社會科學》第 1 期（2005 年 1 月），頁 127～130。

〔註69〕許慎著、段玉裁注：《說文解字》（臺北：萬卷樓圖書公司，1997 年 8 月），頁8。

〔註70〕晉‧杜預注，唐‧孔穎達等正義：《春秋左傳正義》，收入《十三經注疏》（臺北：藝文印書館，2001 年 12 月），頁 1035。

〔註71〕魏‧何晏等注，宋‧邢昺疏：《論語注疏》，收入《十三經注疏》（臺北：藝文印書館，2001 年 12 月），頁 30。

〔註72〕何寧撰：《淮南子集釋》中（北京：中華書局，1998 年 10 月），頁 788～789。

〔註73〕漢‧鄭玄注，唐‧賈公彥疏：《周禮注疏》，收入《十三經注疏》（臺北：藝文印書館，2001 年 12 月），頁 272。

皆爲構成國家存在之重要條件，故「社稷」又可以借指「國家」。根據筆者的統計，《左傳》稱「社稷」八十六次，其中約四分之三是指國家，而「社」之重要性又大於「稷」，可以「社」字代替「社稷」。《禮記・檀弓》曰：「國亡大縣邑，……或曰：君舉而哭於后土」〔註74〕國家敗降，國君須擁社主，象徵舉土降服。《左傳・襄公二十五年》：鄭國進攻陳國，「陳侯免，擁社，使其眾男女別而纍，以待於朝。」〔註75〕陳侯身著喪服，懷抱社主以示降服，可見「社」可以代表「國家」。

古人之社稷信仰由最初之自然崇拜逐漸轉爲英雄崇拜而將有功於民之先祖英雄化爲社神與稷神之代表人物。《左傳・昭公二十九年》蔡墨曰：「共工氏有子曰句龍，爲后土……后土爲社；稷，田正也，有烈山氏之子曰柱爲稷，自夏以上祀之。周棄亦爲稷，自商以來祀之。」〔註76〕《淮南子・氾論訓》又曰：「禹勞天下而死爲社，后稷作稼穡而死爲稷。」〔註77〕上古時代，不同時期之社神與稷神代表人物都不同，但他們皆爲平治水土或對農業生產有貢獻之先祖英雄。

《周禮》記載周人以血祭祭社稷，《左傳》記載：魯莊公六年，楚文王伐申，過鄧。鄧祁侯之三甥請殺楚子。鄧侯弗許。「鄧侯曰：『人將不食吾餘。』對曰：『若不從三臣，抑社稷實不血食，而君焉取餘？』」〔註78〕「社稷血食」說明春秋時代以血祭社稷之特點，而鄧侯與三臣之言更揭示出祭祀社稷後，君餕神餘，臣餕君餘之階級倫理制度。〔註79〕以血祭社稷，即以人或牲、禽

〔註74〕漢・鄭玄注，唐・孔穎達等正義：《禮記正義》，收入《十三經注疏》（臺北：藝文印書館，2001年12月），頁153。

〔註75〕晉・杜預注，唐・孔穎達等正義：《春秋左傳正義》，收入《十三經注疏》（臺北：藝文印書館，2001年12月），頁621。

〔註76〕晉・杜預注，唐・孔穎達等正義：《春秋左傳正義》，收入《十三經注疏》（臺北：藝文印書館，2001年12月），頁923～926。

〔註77〕何寧撰：《淮南子集釋》中（北京：中華書局，1998年10月），頁985。

〔註78〕晉・杜預注，唐・孔穎達等正義：《春秋左傳正義》，收入《十三經注疏》（臺北：藝文印書館，2001年12月），頁142。

〔註79〕君餕神餘，臣餕君餘之儀式，除了有階級之觀念外，可能還有同受神明護佑之意義在。西方學者涂爾幹認爲：將祭品奉獻給神，獻祭後再由貢獻者享用，這是「奉獻及共享」的過程。拜神者透過祭品對神作出貢獻，經由一連串的儀式讓祭品「神聖化」，最後人與神共享祭品這是人神相通的儀式，分享祭品者因此而獲得神之靈力。（參考：涂爾幹（Emile Durkheim）著，芮傳明、趙學元譯，《宗教生活的基本形式》(The Elementary Forms of the Religious Life)，（臺北：桂冠出版社，1992年9月），頁378～385。）這可能是周代軍隊出

之血祭祀土地神。春秋時代，人文精神覺醒，大多以牲、禽之血祭神，較少以人血獻祭。但《左傳》中仍留下古人以人犧之血獻祭社神之記載。魯僖公十九年，「宋公使邾文公用鄫子于次睢之社，欲以屬東夷。」〔註80〕關於此事，《公羊傳》曰：「惡乎用之，用之社也。其用之社奈何，蓋扣其鼻以血社也。」〔註81〕《穀梁傳》亦云：「用之者，叩其鼻以衈社也。」〔註82〕所謂「衈社」即是取鼻血以釁祭社器。古人認為血是生命的泉源，血盡則人亡，故血有神祕之力量可以增加土地之靈力。〔註83〕初民以血祭社稷，是為了生存之需要，希望能增加土地神之靈力以確保豐收，但宋公使邾文公用鄫子于次睢之社，卻是為了使東夷諸國來歸附。〔註84〕

　　除了血祭之外，另一種祭社稷之法為獻牲，而最早的犧牲當是人，後來才以牲畜替代。〔註85〕以人為犧牲向土地神獻祭，是原始未開化之宗教儀式，春秋時代很少以人獻祭，但《左傳‧昭公十年》卻記載魯國用人犧：「秋，七月，平子伐莒，取郠。獻俘，始用人於亳社。」〔註86〕晉國韓宣子曾說周禮盡在魯矣，但魯國卻用人於社，莫怪臧武仲歎曰：周公其不饗魯祭乎！

　　社神信仰源遠流長，社神之角色亦隨時代之變遷而有不同。《左傳》所記載

　　征前，將士們須「受脤於社」的原因之一。

〔註80〕晉‧杜預注，唐‧孔穎達等正義：《春秋左傳正義》，收入《十三經注疏》（臺北：藝文印書館，2001年12月），頁239。

〔註81〕漢‧何休注，唐‧徐彥疏：《春秋公羊傳注疏》，收入《十三經注疏》（臺北：藝文印書館，2001年12月），頁142。

〔註82〕晉‧范甯集解，唐‧楊士勛疏：《春秋穀梁傳注疏》，收入《十三經注疏》（臺北：藝文印書館，2001年12月），頁88。

〔註83〕對初民而言，以人獻祭為必要之儀式，人犧之犧牲是為眾人謀福利，在殺人祭社之前還要狂歡慶祝即將到來的豐收。（參考：弗雷澤（Frazer，J.G.），汪培基譯：《金枝》（The Golden Bough）（下）（臺北：桂冠圖書公司，2004年5月），頁646。）。

〔註84〕次睢之社在睢水之旁，此水有妖神，東夷皆社祠之，並殺人而用祭，民謂之食人社。宋公使邾文公用鄫子于次睢之社，是希望東夷諸國來歸附，以成就一己之霸業。（見楊伯峻：《春秋左傳注》一（臺北：漢京文化事業，1987年1月），頁381。）。

〔註85〕大陸學者何星亮曰：「當古人發現，在掩埋過屍體的地方長出的作物或草木特別茁壯茂盛，與週圍的作物或草差別很大，而他們又不理解其原因，誤以為土地神喜歡以人作犧牲埋入土中。因此，最早的犧牲當是人。」（見何星亮：《中國自然神與自然崇拜》（上海：三聯書店，1995年3月），頁130。）。

〔註86〕晉‧杜預注，唐‧孔穎達等正義：《春秋左傳正義》，收入《十三經注疏》（臺北：藝文印書館，2001年12月），頁783。

之社神，爲一國之保護神，故遇災難須祭社，〔註87〕軍隊出征也要祭社，〔註88〕社神還能見證盟誓，〔註89〕而社祭亦由嚴肅莊重之祭典轉變爲歡聚之節日。《左傳·莊公二十三年》：「夏，公如齊觀社，非禮也。」〔註90〕魯國亦有社祭，莊公爲何違反禮制，越境至齊觀社？《穀梁傳·莊公二十三年》曰：「夏，公如齊觀社。常事曰視，非常曰觀。觀，無事之辭也。以是爲尸女也。」〔註91〕諸侯無事不出國境，魯莊公非爲朝會之事而至齊國，其實是以觀社爲藉口，往見「尸女」也。《說文解字》謂：「尸，陳也。象臥之形。」〔註92〕尸女是指：「領舞之女巫，在舞蹈進入高潮之時，於眾目睽睽之下，仰天而臥，玉體橫陳。正是這種令人觸目驚心的舞蹈形象，才吸引得魯莊公神魂顛倒，越境而觀，不惜遺譏於後世。」〔註93〕魯國較遵循周禮，齊國風俗開放，受周禮影響較小。故齊國之社祭未遵循傳統而於夏季，且社祭時，男女不禁，聲色聚集。《墨子·明鬼》篇謂：「燕之有祖，當齊之（有）社稷，宋之有桑林，楚之有雲夢也，此男女之所屬而觀也。」〔註94〕此時之社神由充滿威嚴的周王室守護神轉變爲和藹可親的人民守護神，這也是貴族沒落、平民崛起之曲折反映。〔註95〕

在周代，天子諸侯之大祀除社稷外，尚有五祀。〔註96〕五祀之記載見於

〔註87〕 如：魯昭公十八年，鄭大火，子產大爲社（見晉·杜預注，唐·孔穎達等正義：《春秋左傳正義》，收入《十三經注疏》（臺北：藝文印書館，2001 年 12 月），頁 842。）。

〔註88〕 如：魯定公四年，子魚曰：「君以軍行，祓社釁鼓，祝奉以從。」（見晉·杜預注，唐·孔穎達等正義：《春秋左傳正義》，收入《十三經注疏》（臺北：藝文印書館，2001 年 12 月），頁 946。）。

〔註89〕 如：魯定公六年，陽虎盟公及三桓於周社，盟國人于亳社。（見晉·杜預注，唐·孔穎達等正義：《春秋左傳正義》，收入《十三經注疏》（臺北：藝文印書館，2001 年 12 月），頁 961。）

〔註90〕 晉·杜預注，唐·孔穎達等正義：《春秋左傳正義》，收入《十三經注疏》（臺北：藝文印書館，2001 年 12 月），頁 171。

〔註91〕 晉·范甯集解，唐·楊士勛疏：《春秋穀梁傳注疏》，收入《十三經注疏》（臺北：藝文印書館，2001 年 12 月），（臺北：藝文印書館，2001 年 12 月），頁 59。

〔註92〕 許慎著，段玉裁注：《說文解字》（臺北：萬卷樓圖書公司，1997 年 8 月），頁 403。

〔註93〕 霍然：〈論殷商風與祭祀樂舞的文化底蘊〉，《殷都學刊》第 4 期（2004 年 9 月），頁 12。

〔註94〕 孫詒讓撰：《墨子閒詁·明鬼下》，（臺北：河洛出版社，1975 年 9 月），頁 8。

〔註95〕 參考：晁福林：〈試論春秋時期的社神與社祭〉，《齊魯學刊》第 2 期（1995 年），頁 69～71。

〔註96〕 《周禮·春官·大宗伯》所言：「以血祭祭社稷、五祀」，五祀即《左傳·昭

《左傳·昭公二十九年》，史官蔡墨曰：「故有五行之官，是謂五官，實列受氏姓，封爲上公，祀爲貴神。社稷五祀，是尊是奉。木正曰句芒，火正曰祝融，金正曰蓐收，水正曰玄冥，土正曰后土。」〔註97〕古代有掌管五行之官，這五種官職被後世奉爲貴神，此即五祀。蔡墨又曰：「少暭氏有四叔，曰重、曰該、曰脩、曰熙，實能金、木及水。使重爲句芒，該爲蓐收，脩及熙爲玄冥，世不失職，遂濟窮桑，此其三祀也。顓頊氏有子曰犁，爲祝融；共工氏有子曰句龍，爲后土，此其二祀也。」〔註98〕由蔡墨之言可知：最初立社稷五祀者爲少暭氏，〔註99〕少暭氏爲東夷部族之古帝王，今山東省曲阜縣相傳即少暭之故都。五祀之淵源涉及五行，但與後代之陰陽五行學說又有不同，是五種與農業生活相關之官職。這五種官職代代相傳，社會地位崇高，因有功於民而轉化爲五行之神。

　　五行之神中，火神祝融相傳爲楚國之先祖，楚國十分重視對祝融之祭祀。《左傳·僖公二十六年》記載：「夔子不祀祝融與鬻熊，楚人讓之。對曰：『我先王熊摯有疾，鬼神弗赦，而自竄于夔，吾是以失楚，又何祀焉？』秋，楚成得臣鬭宜申帥師滅夔，以夔子歸。」〔註100〕夔國，芊姓，爲楚國之別支。夔國之先祖熊摯有疾，曾祭祀祝融與鬻熊，其疾未癒而失去楚君之嗣位，別居於夔。夔子認爲：先王有疾，鬼神弗赦，是以失楚，又何祀焉？楚國卻因此帥師滅夔。

　　祝融掌管火，故發生火災時，須祭祝融求其護佑。《左傳·昭公十八年》鄭國大火，子產使「郊人助祝史除於國北，禳火于玄冥、回祿。」〔註101〕玄冥爲水神，回祿爲火神。孔《疏》曰：「楚之先吳回爲祝融，或云回祿即吳回也。祭水神欲令水抑火，祭火神欲令火自止，禳其餘災，慮更火也。」〔註102〕

公二十九年》記載之五行之神。另有一種「五祀」與此不同，指的是五種小祀，即戶、灶、中霤、門、行等家居之神。

〔註97〕晉・杜預注，唐・孔穎達等正義：《春秋左傳正義》，收入《十三經注疏》（臺北：藝文印書館，2001年12月），頁923。

〔註98〕晉・杜預注，唐・孔穎達等正義：《春秋左傳正義》，收入《十三經注疏》（臺北：藝文印書館，2001年12月），頁925。

〔註99〕關於少暭之記載，見於《左傳·昭公十七年》郯子論少暭氏以鳥名官及《左傳·定公四年》子魚之言。

〔註100〕晉・杜預注，唐・孔穎達等正義：《春秋左傳正義》，收入《十三經注疏》（臺北：藝文印書館，2001年12月），頁265。

〔註101〕晉・杜預注，唐・孔穎達等正義：《春秋左傳正義》，收入《十三經注疏》（臺北：藝文印書館，2001年12月），頁842。

〔註102〕晉・杜預注，唐・孔穎達等正義：《春秋左傳正義》，收入《十三經注疏》（臺

故發生災難時，亦會祭祀五祀中相關之神以求災難平息。

（二）祭山林川澤

山林川澤為雲霧繚繞，奇禽異獸出沒之處，其神祕、幽暗令人敬畏，而豐富的自然資源又讓人心生感激。山川崇拜就在此錯綜複雜的感情中產生。最初的山川崇拜，祭祀對象為山川本身，後來一些氏族的首領因平土、治水有功，受到人們懷念，死後被封為神明，山川之神開始以人的形象出現。《左傳・昭公元年》記載氏族首領轉變為山川之神的過程。子產曰：「昔金天氏有裔子曰昧，為玄冥師，生允格、臺駘。臺駘能業其官，宣汾、洮，障大澤，以處大原。帝用嘉之，封諸汾川，沈、姒、蓐、黃實守其祀。今晉主汾而滅之矣。由是觀之，則臺駘，汾神也。」〔註103〕在古代傳說中，金天氏為黃帝之子。其遠代子孫臺駘繼承其官位，且疏通汾河、洮河，圍堵大澤，使人民能安居於廣闊的高原地區。顓頊帝因而嘉獎他，將其封於汾川，沈、姒、蓐、黃四國世代祭祀他，故臺駘為汾水之神。氏族首領死後變為山川之神，這是自然崇拜與英雄崇拜相結合的結果。這些先祖英雄因氏族之崇拜而升格為神，也因氏族之興盛、消亡而廣受信仰或不見經傳。

春秋時代曾出現「國家之運勢與境內之山川相關」的概念。山川供給人們豐富的物產資源，若山崩川竭，則國將滅亡。故山崩時，國君須減膳、降服以示罪己，來平息山神之怒。《左傳・成公五年》記載晉國的梁山崩塌。晉景公召伯宗商議，伯宗於途中聽重人談論山崩之禮，重人曰：「國主山川，故山崩川竭，君為之不舉、降服、乘縵、徹樂、出次，祝幣，史辭以禮焉。其如此而已。」〔註104〕國家之經濟須仰賴山川，故山崩時，國君須降低生活享受，身穿素服、祭拜山神來消災。山崩雖是自然現象，不應作鬼神禍福之說，但人民面對巨大變動，心中驚恐不安，若統治者能藉此機會深切反省、補救缺失，確實能達到安撫民心之效果。

《左傳》記載的山川祭祀，分為望祀山川與告祭山川。望祀非親臨山川致祭，而是象徵性的遠望山川祭祀。〔註105〕告祭山川則須親至所欲祭祀之山

北：藝文印書館，2001年12月），頁842。

〔註103〕晉・杜預注，唐・孔穎達等正義：《春秋左傳正義》，收入《十三經注疏》（臺北：藝文印書館，2001年12月），頁706。

〔註104〕晉・杜預注，唐・孔穎達等正義：《春秋左傳正義》，收入《十三經注疏》（臺北：藝文印書館，2001年12月），頁440。

〔註105〕竹添光鴻云：「望，祭名。不至其地，遙擬其方，望而祭之也。」（左丘明著、

川處致祭。

1. 望祀山川

望祀分常祀與特祀兩種。〔註106〕天子每歲郊天，郊後舉行望禮，此為望之常期，故望祀為天子之禮。但魯國因周公之故，獲享特賜，得行祈穀之郊，因此郊後亦行望祀之禮，故舉行望祀之常祀者，僅周天子及魯君，天子四望，魯君三望以示降殺有等，此為望之常祀。〔註107〕《左傳·僖公三十一年》曰：「夏，四月，四卜郊，不從，乃免牲，非禮也。猶三望，亦非禮也。……望，郊之細也，不郊，亦無望可也。」〔註108〕《左傳·宣公三年》亦曰：「不郊而望，皆非禮也。望，郊之屬也。不郊，亦無望可也。」〔註109〕望祀為郊祀之附屬祭典，按周禮之規定「禮不卜常祀」，故郊祀是否舉行不須占卜，只須占卜祭典舉行之時間及犧牲，魯國卜郊已違反禮制，不行郊祀卻行望祀，更是違禮，可見魯國之望祀已與周禮之規定有所出入。

除常祀之外，國有大故，則行望之特祀。《左傳》記載的望之特祀包括：為去疾而望祀，如：魯昭公七年，晉侯疾，韓宣子曰：「寡君寢疾，於今三月矣。並走群望，有加而無瘳。」〔註110〕以及魯昭公二十六年，王子朝派人報告諸侯

〔註106〕　竹添光鴻箋：《左傳會箋》（上）（台北：天工書局，1998 年 8 月），頁 533。）。
望之常祀與特祀同樣都是遠望山川祭祀，不同的是——望之常祀為郊祀之附屬祭典，有固定的祭祀時間，天子每歲郊天，郊後舉行望祀。望之特祀則因事而祭，沒有固定的祭祀時間。

〔註107〕　天子四望，蓋指極目四望，諸名山大川，無不可祀；魯國之三望，眾說紛紜，賈逵、服虔謂：三者一是分野之星、一是山、一是川，杜《注》從之，然古凡望祭無及星者，星與日、月、風、雲皆祭於壇，不必望祭，望則專指山川，故此說非是。《公羊傳》以為祭泰山、河、海，鍾文烝《穀梁補注》云：「公羊高齊人，蓋據齊法，齊地在岱陰，又東至于海，西至于河也。」然則《公羊》以齊之三望為魯之三望，自不可信。鄭玄（亦見《穀梁傳》范寧《注》引）以為東海、泰山及淮水，乃據《尚書·禹貢》：「海、岱及淮為徐州」，魯在徐州，因為此言，蓋是也。（參考：楊伯峻：《春秋左傳注》一（台北：漢京文化事業，1987 年 1 月），頁 484～485、左丘明著，竹添光鴻箋：《左傳會箋》（上）（台北：天工書局，1998 年 8 月），頁 533～534、林素英：《古代祭禮之政教觀》（臺北：文津出版社，1997 年 9 月），頁 120～121。）。

〔註108〕　晉·杜預注，唐·孔穎達等正義：《春秋左傳正義》，收入《十三經注疏》（臺北：藝文印書館，2001 年 12 月），頁 286～287。

〔註109〕　晉·杜預注，唐·孔穎達等正義：《春秋左傳正義》，收入《十三經注疏》（臺北：藝文印書館，2001 年 12 月），頁 367。

〔註110〕　晉·杜預注，唐·孔穎達等正義：《春秋左傳正義》，收入《十三經注疏》（臺北：藝文印書館，2001 年 12 月），頁 762。

曰：「至于夷王，王愆于厥身，諸侯莫不並走其望，以祈王身。」〔註111〕山川與國運相關，因此君主獲疾可能是山川爲祟，群臣莫不並走群望，爲其祈禱。〔註112〕爲消災而望祀，如：魯昭公十八年，鄭大火，晉國曰：「鄭國有災，晉君、大夫不敢寧居，卜筮走望，不愛牲玉。」〔註113〕山川爲地方之守護神，故發生災難時，可舉行望祀消災。爲立嗣而望祀，如：魯昭公十三年記載：「初，共王無冢適，有寵子五人，無適立焉。乃大有事于群望，而祈曰：『請神擇於五人者，使主社稷。』乃遍以璧見於群望，曰：『當璧而拜者，神所立也，誰敢違之？』。」〔註114〕楚共王藉助山川之神來立嗣，其用意在於解決紛爭，因爲「神所立者，誰敢違之？」將立嗣之過程委託於神，以平息政爭。

2. 告祭山川

告祭山川是諸侯親自前往山川處致祭，有稟告山川神靈之意。《左傳》中告祭山川之記載大致可分爲：

（1）爲消災而告祭山川

此種災害多爲旱災。子產曰：「山川之神，則水旱癘疫之災於是乎禜之。」〔註115〕爲消災而祭山川，祭祀之前須先占卜，占卜不吉則不祭。《左傳·僖公十九年》曰：「秋，衛人伐邢，以報菟圃之役。於是衛大旱，卜有事於山川，不吉。甯莊子曰：『昔周饑，克殷而年豐。今邢方無道，諸侯無伯，天其或者欲使衛討邢乎？』從之。師興而雨。」〔註116〕古人相信：國家發生災難必有原因。因此旱災發生時，若占卜祭祀山川不吉利，則推尋天意，再作安排。

〔註111〕晉·杜預注，唐·孔穎達等正義：《春秋左傳正義》，收入《十三經注疏》（臺北：藝文印書館，2001 年 12 月），頁 903。

〔註112〕若經占卜後，發現爲祟之山川不在國境內，則弗祭。例如：哀公六年：「初，昭王有疾，卜曰：『河爲祟。』王弗祭。大夫請祭諸郊。王曰：『三代命祀，祭不越望。江、漢、雎、漳，楚之望也。禍福之至，不是過也。不穀雖不德，河非所獲罪也。』遂弗祭。」（晉·杜預注，唐·孔穎達等正義：《春秋左傳正義》，收入《十三經注疏》（臺北：藝文印書館，2001 年 12 月），頁 1007。）

〔註113〕晉·杜預注，唐·孔穎達等正義：《春秋左傳正義》，收入《十三經注疏》（臺北：藝文印書館，2001 年 12 月），頁 843。

〔註114〕晉·杜預注，唐·孔穎達等正義：《春秋左傳正義》，收入《十三經注疏》（臺北：藝文印書館，2001 年 12 月），頁 808。

〔註115〕晉·杜預注，唐·孔穎達等正義：《春秋左傳正義》，收入《十三經注疏》（臺北：藝文印書館，2001 年 12 月），頁 706。

〔註116〕晉·杜預注，唐·孔穎達等正義：《春秋左傳正義》，收入《十三經注疏》（臺北：藝文印書館，2001 年 12 月），頁 240。

另外，旱災時祭山，須保護山林，而非砍伐林木，懲罰山神。《左傳·昭公十六年》記載：「鄭大旱，使屠擊、祝款、豎柎有事於桑山。斬其木，不雨。子產曰：『有事於山，藝山林也；而斬其木，其罪大矣。』奪之官邑。」〔註117〕屠擊、祝款、豎柎於旱災時斬伐樹木，或許是一種恐嚇山神的手段，脅迫山神降雨，但子產認為──有事於山應培育、保護山林，不應加以砍伐，因此奪之官邑。子產之言符合現代環保之概念，培育山林、加強水土保護，確實可以減少災害發生。

（2）為軍事而告祭山川

《周禮·春官·小宗伯》曰：「若軍將有事，則與祭有司將事于四望。」〔註118〕林尹曰：「有事于四望，謂祭近戰地之名山大川，而戰地並無定處，故以四望言之。」〔註119〕在戰爭發生前，出兵之國先祭祀近戰地之名山大川，祈求作戰勝利。如：《左傳·文公十二年》曰：「秦伯以璧祈戰于河。」〔註120〕以及《左傳·昭公十七年》曰：「晉侯使屠蒯如周，請有事於雒與三塗。……九月丁卯，晉荀吳帥師涉自棘津，使祭史先用牲于雒。陸渾人弗知，師從之。庚午，遂滅陸渾，數之以其貳於楚也。」〔註121〕晉頃公因將攻打陸渾而派屠蒯至周朝，請求祭祀雒水與三塗山，祭祀後即滅陸渾。戰前祭祀山川是祈求作戰順利，戰後祭祀山川則有答謝神明或威嚇弱國的用意。例如：魯宣公十二年，晉楚邲之戰，楚國戰勝後，楚莊王「祀于河，作先君宮，告成事而還。」〔註122〕這是打勝仗後答謝河神之祭祀。而魯昭公十一年，楚靈王滅蔡國後，殺隱太子以祭祀岡山〔註123〕則是為了威嚇弱國，使其敬畏而臣服。

〔註117〕晉·杜預注，唐·孔穎達等正義：《春秋左傳正義》，收入《十三經注疏》（臺北：藝文印書館，2001年12月），頁829。

〔註118〕漢·鄭玄注，唐·賈公彥疏：《周禮注疏》，收入《十三經注疏》（臺北：藝文印書館，2001年12月），頁293。

〔註119〕林尹：《周禮今註今譯》（臺北：臺灣商務印書館，1997年6月），頁203。

〔註120〕晉·杜預注，唐·孔穎達等正義：《春秋左傳正義》，收入《十三經注疏》（臺北：藝文印書館，2001年12月），頁331。

〔註121〕晉·杜預注，唐·孔穎達等正義：《春秋左傳正義》，收入《十三經注疏》（臺北：藝文印書館，2001年12月），頁838。

〔註122〕晉·杜預注，唐·孔穎達等正義：《春秋左傳正義》，收入《十三經注疏》（臺北：藝文印書館，2001年12月），頁398。

〔註123〕晉·杜預注，唐·孔穎達等正義：《春秋左傳正義》，收入《十三經注疏》（臺北：藝文印書館，2001年12月），頁787。

（3）為盟誓而告祭山川

　　古人相信山川之神光明公正可以為人作見證，〔註124〕因此《左傳・僖公二十四年》記載晉公子重耳回國即位前，子犯擔心公子清算舊帳而請求離去，「公子曰：『所不與舅氏同心者，有如白水！』投其璧于河。」〔註125〕重耳投璧於河是表示請河神為見證，若違誓言聽憑河神懲罰。對河起誓，亦有絕不後悔之意。《左傳・定公三年》記載蔡昭侯覲見楚王後，因不理會楚國令尹子常之勒索而被囚禁三年，後經群臣獻出玉珮，才獲釋放。「蔡侯歸，及漢，執玉而沈，曰：『余所有濟漢而南者，有若大川！』」〔註126〕蔡侯請河神作見證，表示自己不再渡過漢水往南去朝見楚國。

　　在戰爭發生前，將領之夢境可作為戰爭勝負之徵兆，〔註127〕並且影響祈戰之誓辭。《左傳・襄公十八年》記載晉國元帥中行獻子在伐齊國前，夢見與晉厲公爭訟，敗訴。晉厲公以戈勾其頭頸，首墜於前，跪而戴之，以手捧頭逃跑。夢中見梗陽之巫皋，後與巫皋言其夢，二人之夢相同。巫皋認為中行獻子必死，若有事于東方，則可以逞。「晉侯伐齊，將濟河，獻子以朱絲係玉二穀，而禱曰：『齊環怙恃其險，負其眾庶，棄好背盟，陵虐神主。曾臣彪將

〔註124〕如：《左傳・襄公十一年》記載晉、魯、宋等國伐鄭後，會盟于亳，載書曰：「凡我同盟，毋蘊年，毋壅利，毋保姦，毋留慝，救災患，恤禍亂，同好惡，奬王室。或間茲命，司慎、司盟、名山、名川、羣神、羣祀、先王、先公、七姓十二國之祖，明神殛之，俾失其民，隊命亡氏，踣其國家。」（晉・杜預注，唐・孔穎達等正義：《春秋左傳正義》，收入《十三經注疏》（臺北：藝文印書館，2001年12月），頁545～546。）又如：《左傳・定公元年》記載：為修築成周之城牆，宋國與薛國發生爭論，晉國大夫士彌牟出面調解，但宋國仲幾曰：「縱子忘之，山川鬼神其忘諸乎？」（晉・杜預注，唐・孔穎達等正義：《春秋左傳正義》，收入《十三經注疏》（臺北：藝文印書館，2001年12月），頁941。）。

〔註125〕晉・杜預注，唐・孔穎達等正義：《春秋左傳正義》，收入《十三經注疏》（臺北：藝文印書館，2001年12月），頁253。

〔註126〕晉・杜預注，唐・孔穎達等正義：《春秋左傳正義》，收入《十三經注疏》（臺北：藝文印書館，2001年12月），頁944。

〔註127〕《左傳・僖公二十八年》記載城濮之戰時，子玉之夢境。「初，楚子玉自為瓊弁、玉纓，未之服也。先戰，夢河神謂己曰：『畀余！余賜女孟諸之麋。』弗致也。大心與子西使榮黃諫，弗聽。榮季曰：『死而利國，猶或為之，況瓊玉乎？是糞土也。而可以濟師，將何愛焉？』弗聽。出，告二子曰：『非神敗令尹，令尹其不勤民，實自敗也。』」（晉・杜預注，唐・孔穎達等正義：《春秋左傳正義》，收入《十三經注疏》（臺北：藝文印書館，2001年12月），頁274～275。）日有所思，夜有所夢，子玉之夢境及他在現實生活之作為反映出他愛物甚過愛民，有戰敗之兆。

率諸侯以討焉,其官臣偲實先後之。苟捷有功,無作神羞,官臣偲無敢復濟。唯爾有神裁之。』沈玉而濟。」〔註128〕荀偃相信巫皋之言,以為伐齊之役,自己無生還之可能,因此對河神祈戰之誓辭有「無敢復濟」之言。「沈玉」是告祭河神之法,古人相信將祭品沈入水中就能使河神受祭。〔註129〕

（三）祭四方百物

《周禮・春官・大宗伯》曰:「以疈辜祭四方百物。」〔註130〕根據鄭玄及孔穎達之注疏,「疈辜」即「劈開牲之胸,析其體以祭」,是一種「攘去惡氣之禮」,而歲末之蜡祭所祭之對象即為四方百物。最遲在春秋時代就已舉行蜡祭,《左傳》記載:魯僖公五年,虞國同意借道給晉國,讓其攻打虢國。宮之奇曰:「虞不臘矣。」〔註131〕「虞不臘矣」意即「虞國將在舉行臘祭前滅亡。」臘祭同於蜡祭,春秋時臘祭在夏曆十月舉行,舉行臘祭之月又稱為臘月。《禮記・郊特牲》曰:

> 蜡之祭也:主先嗇,而祭司嗇也。祭百種以報嗇也。饗農及郵表畷,禽獸,仁之至、義之盡也。古之君子,使之必報之。迎貓,為其食田鼠也;迎虎,為其食田豕也,迎而祭之也。祭坊與水庸,事也。
> 曰:「土反其宅,水歸其壑,昆蟲毋作,草木歸其澤。」〔註132〕

蜡祭是先民到歲末年終時,對幫助農事之四方百物表達感激之情而舉行的祭典。「君子使之必報之」,生活週遭的神衹、器具及動物都曾對人作出貢獻,因此古人舉行蜡祭以示報答。蜡祭之功用除了報答四方百物之恩澤外,還能釋放壓力、創造歡樂。《禮記・雜記下》曰:「子貢觀於蜡。孔子曰:『賜也樂乎?』對曰:『一國之人皆若狂,賜未知其樂也!』子曰:『百日之蜡,一日之澤,非爾所知也。張而不弛,文武弗能也;弛而不張,文武弗為也。一張一弛,文武

〔註128〕晉・杜預注,唐・孔穎達等正義:《春秋左傳正義》,收入《十三經注疏》(臺北:藝文印書館,2001 年 12 月),頁 577。

〔註129〕《爾雅・釋天》:「祭川曰浮沈。」郭璞注曰:「投祭水中或浮或沈。」(見晉・郭璞注,宋邢昺疏:《爾雅》,收入《十三經注疏》(臺北:藝文印書館,2001 年 12 月),頁 99。)。

〔註130〕漢・鄭玄注,唐・賈公彥疏:《周禮注疏》,收入《十三經注疏》(臺北:藝文印書館,2001 年 12 月),頁 272。

〔註131〕晉・杜預注,唐・孔穎達等正義:《春秋左傳正義》,收入《十三經注疏》(臺北:藝文印書館,2001 年 12 月),頁 208。

〔註132〕漢・鄭玄注,唐・孔穎達等正義:《禮記正義》,收入《十三經注疏》(臺北:藝文印書館,2001 年 12 月),頁 500〜501。

之道也。」〔註133〕中國自古以農立國，而冬季正是農閒時期。因此歲末之蠟祭如同一年一度之嘉年華會，讓終年辛苦的人們藉狂歡之祭典獲得喘息的機會。

《左傳》中對四方百物之祭祀除蠟祭外，尚有祭門、祭四墉之禮。這些祭祀之目的多為攘災。如：《左傳》莊公二十五年：「秋，大水，鼓、用牲于社、于門。」〔註134〕依照周代祭祀之原則，攘天災只用玉帛不用犧牲，非日食、月食就不擊鼓，因此魯國為水災而擊鼓、用牲於社及門，不合禮制。由此記載可知，春秋時代發生水災時，須用玉帛祭門。

另外，發生火災時，要祭四方及城牆以攘災。例如：《左傳·襄公九年》：宋火，「祝宗用馬于四墉」〔註135〕、《左傳·昭公十八年》：鄭大火，「郊人助祝史除於國北……祈于四鄘。」〔註136〕、《左傳·昭公十八年》曰：「七月，鄭子產為火故……祓禳於四方，振除火災，禮也。」〔註137〕為振除火災而祭四墉似乎是各國通行之儀式，古人相信積土為陰，陰氣能剋火，因此發生火災時須祈于四墉。

三、祭祀人鬼之禮

春秋時代，人們已有「魂魄」的概念，《左傳·昭公二十五年》曰：「心之精爽，是謂魂魄。」〔註138〕心能控制人之行為，而魂魄為心之主宰，因此「先秦之『魂』與『魄』，當指人體中支配思想與肉體之精神力而言。」〔註139〕失去魂魄，人將喪失精神而淪為行屍走肉。〔註140〕《左傳》之魂魄觀可以歸納如

〔註133〕漢·鄭玄注，唐·孔穎達等正義：《禮記正義》，收入《十三經注疏》（臺北：藝文印書館，2001年12月），頁751。

〔註134〕晉·杜預注，唐·孔穎達等正義：《春秋左傳正義》，收入《十三經注疏》（臺北：藝文印書館，2001年12月），頁174。

〔註135〕晉·杜預注，唐·孔穎達等正義：《春秋左傳正義》，收入《十三經注疏》（臺北：藝文印書館，2001年12月），頁524。

〔註136〕晉·杜預注，唐·孔穎達等正義：《春秋左傳正義》，收入《十三經注疏》（臺北：藝文印書館，2001年12月），頁842。

〔註137〕晉·杜預注，唐·孔穎達等正義：《春秋左傳正義》，收入《十三經注疏》（臺北：藝文印書館，2001年12月），頁842。

〔註138〕晉·杜預注，唐·孔穎達等正義：《春秋左傳正義》，收入《十三經注疏》（臺北：藝文印書館，2001年12月），頁887。

〔註139〕蕭登福：《先秦兩漢冥界及神仙思想探原》（臺北：文津出版社，1990年8月），頁17。

〔註140〕《左傳》中「失去魂魄」等同於「喪失精神」。《左傳·襄公二十九年》：「天又除之，奪伯有魄。」杜《注》云：「喪其精神」（晉·杜預注，唐·孔穎達

下：「魄」形成於人降生之時，有陽氣附身後稱爲「魂」，「魂魄」在人死後化爲鬼。〔註141〕鬼魂大多登天〔註142〕或下地，〔註143〕只有因意外事故橫死之人，其魂魄才會附在人身上作怪。〔註144〕

　　《左傳》記載之祭祀人鬼之禮可分爲祭厲鬼與祭祖先兩種，祭厲鬼之用意在於避免其作祟，祭祖先則有愼終追遠、永懷親恩之意義在。

（一）祭厲鬼

　　厲鬼作祟之觀念源於人們愧疚或恐懼的心理，因此「祭厲鬼」表面上是「防止厲鬼作祟害人」事實上是「安撫人心」。《左傳》中關於厲鬼作祟之記載很多，有些事件可能是有心人士爲達成某些目的而刻意捏造的，〔註145〕有

等正義：《春秋左傳正義》，收入《十三經注疏》（臺北：藝文印書館，2001年12月），頁674。）、《左傳・宣公十五年》：「天奪之魄」（晉・杜預注，唐・孔穎達等正義：《春秋左傳正義》，收入《十三經注疏》（臺北：藝文印書館，2001年12月），頁409。）以及《左傳・僖公二年》：「天奪之鑒」（晉・杜預注，唐・孔穎達等正義：《春秋左傳正義》，收入《十三經注疏》（臺北：藝文印書館，2001年12月），頁200。）說法皆相同。

〔註141〕《左傳・昭公七年》子產曰：「人生始化曰魄，既生魄，陽曰魂。用物精多，則魂魄強，是以有精爽至於神明。」（晉・杜預注，唐・孔穎達等正義：《春秋左傳正義》，收入《十三經注疏》（臺北：藝文印書館，2001年12月），頁764。）。

〔註142〕例如：《左傳・成公十年》：「小臣有晨夢負公以登天。」（晉・杜預注，唐・孔穎達等正義：《春秋左傳正義》，收入《十三經注疏》（臺北：藝文印書館，2001年12月），頁450。）。

〔註143〕例如：《左傳・隱公元年》記載：鄭莊公寘姜氏于城潁，並且誓之曰：「不及黃泉，無相見也」後來後悔。潁考叔教他「闕地及泉，隧而相見。」由此可見當時的人們相信：人死後，魂魄將至地下黃泉。（晉・杜預注，唐・孔穎達等正義：《春秋左傳正義》，收入《十三經注疏》（臺北：藝文印書館，2001年12月），頁37。）。

〔註144〕《左傳・昭公七年》：「匹夫匹婦強死，其魂魄猶能馮依於人，以爲淫厲。」（晉・杜預注，唐・孔穎達等正義：《春秋左傳正義》，收入《十三經注疏》（臺北：藝文印書館，2001年12月），頁764。）「強死」即「無病而死」《左傳・文公十年》曰：「三君皆將強死。」孔《疏》曰：「強，健也。無病而死，謂被殺也。」（晉・杜預注，唐・孔穎達等正義：《春秋左傳正義》，收入《十三經注疏》（臺北：藝文印書館，2001年12月），頁322。）。

〔註145〕如：《左傳・莊公八年》記載：「冬，十二月，齊侯游于姑棼，遂田于貝丘。見大豕。從者曰：『公子彭生也。』公怒，曰：『彭生敢見！』射之。豕人立而啼。公懼，隊于車。傷足，喪屨。」（晉・杜預注，唐・孔穎達等正義：《春秋左傳正義》，收入《十三經注疏》（臺北：藝文印書館，2001年12月），頁144。）齊襄公至姑棼遊玩，獵於貝丘，見大豕，聽從者之言，以其爲公子彭生，而驚

些則是當事人心中有愧而在夢境中產生預感，〔註146〕這些記載不論真假都反映出春秋時代之鬼魂觀。

《左傳》所記載之鬼魂，有報恩或復仇的能力，如：魯宣公十五年，秦桓公伐晉，魏顆受鬼魂之助而敗秦師；〔註147〕以及魯成公十年，晉景公因殺趙氏，欲滅其族而夢見趙氏先祖爲大厲鬼前來索命。〔註148〕且鬼魂由帝來管轄，若有冤屈則訟於帝，如：魯僖公十年，晉國之太子死而現形，言夷吾無禮，帝許其罰有罪，使夷吾敗於韓；〔註149〕以及魯襄公十八年，晉國中行獻子將伐齊，夢與厲公之鬼魂訟，弗勝。〔註150〕古人認爲鬼魂與人相接觸之方

懼、墜車、傷足。此事後來演變爲齊國內亂，襄公被殺。彭生索命之事，看似冤魂復仇，其實是預謀叛亂。發動叛變者深知襄公對死去的公子彭生心中有愧，因此從者見大豕而曰公子彭生，就足以擾亂襄公之心神而使後續之叛變行動得以順利進行。又如：《左傳‧僖公十年》記載晉惠公改葬太子申生，狐突至曲沃而遇太子申生。「大子使登，僕，而告之曰：『夷吾無禮，余得請於帝矣，將以晉畀秦，秦將祀余。』對曰：『臣聞之：「神不歆非類，民不祀非族。」君祀無乃殄乎？且民何罪？失刑、乏祀，君其圖之！』君曰：『諾。吾將復請。七日，新城西偏將有巫者而見我焉。』許之，遂不見。及期而往，告之曰：『帝許我罰有罪矣，敝於韓。』」（晉‧杜預注，唐‧孔穎達等正義：《春秋左傳正義》，收入《十三經注疏》（臺北：藝文印書館，2001年12月），頁221。）遇太子申生之事或爲狐突虛構，用以表示其意見。夷吾無禮，必得懲罰，且秦強晉弱，晉國可能被滅，這些都是晉國不得不面對的問題。

〔註146〕如：《左傳‧成公十年》曰：「晉侯夢大厲，被髮及地，搏膺而踊，曰：『殺余孫，不義。余得請於帝矣！』壞大門及寢門而入。公懼，入于室。又壞戶。公覺，召桑田巫。巫言如夢。公曰：『何如？』曰：『不食新矣。』」（晉‧杜預注，唐‧孔穎達等正義：《春秋左傳正義》，收入《十三經注疏》（臺北：藝文印書館，2001年12月），頁450。）晉景公因趙莊姬誣陷趙同、趙括將作亂，而殺趙氏，欲滅其族。景公對此事深感不安，因此夢見趙氏先祖爲大厲鬼前來索命。又如：《左傳‧襄公十八年》曰：「秋，齊侯伐我北鄙。中行獻子將伐齊，夢與厲公訟，弗勝。公以戈擊之，首隊於前，跪而戴之，奉之以走，見梗陽之巫皋。他日，見諸道，與之言，同。巫曰：『今茲主必死。若有事於東方，則可以逞。』」（晉‧杜預注，唐‧孔穎達等正義：《春秋左傳正義》，收入《十三經注疏》（臺北：藝文印書館，2001年12月），頁577。）中行獻子曾助欒書殺晉厲公，因此夢見與晉厲公爭訟。

〔註147〕晉‧杜預注，唐‧孔穎達等正義：《春秋左傳正義》，收入《十三經注疏》（臺北：藝文印書館，2001年12月），頁409。

〔註148〕晉‧杜預注，唐‧孔穎達等正義：《春秋左傳正義》，收入《十三經注疏》（臺北：藝文印書館，2001年12月），頁450。

〔註149〕晉‧杜預注，唐‧孔穎達等正義：《春秋左傳正義》，收入《十三經注疏》（臺北：藝文印書館，2001年12月），頁221。

〔註150〕晉‧杜預注，唐‧孔穎達等正義：《春秋左傳正義》，收入《十三經注疏》（臺

法為：附身於人或動物身上或在夢境中出現。如：魯莊公八年，公子彭生附身於大豕；〔註151〕魯僖公十年，申生附身於巫，〔註152〕而晉景公與中行獻子所見之鬼魂，則在夢境中出現。

　　為避免厲鬼作祟，須加以祭祀，或立其後代，使其有所歸宿。如：魯昭公七年，鄭人相驚以伯有，子產曰：「鬼有所歸，乃不為厲，吾為之歸也。」〔註153〕因此立公孫洩與良止以安撫伯有之鬼魂。《禮記‧王制》篇云：「天子諸侯祭因國之在其地而無主後者。」〔註154〕天子與諸侯應祭其境內已滅亡而無子孫繼承之古國，如：《左傳‧昭公七年》記載：

> 鄭子產聘于晉，晉侯有疾，韓宣子逆客，私焉，曰：「寡君寢疾，於今三月矣，並走羣望，有加而無瘳。今夢黃熊入于寢門，其何厲鬼也？」對曰：「以君之明，子為大政，其何厲之有？昔堯殛鯀于羽山，其神化為黃熊，以入于羽淵，實為夏郊，三代祀之。晉為盟主，其或者未之祀也乎！」韓子祀夏郊。晉侯有間，賜子產莒之二方鼎。
> 〔註155〕

鯀治水有功於民，故三代祀之，晉為盟主未祭祀鯀，故其化為黃熊來作祟。由此記載亦可知，春秋時代，天子與諸侯已有祭厲鬼之習俗。

（二）祭祖先

　　上古之人原無埋葬之習俗，《孟子‧滕文公上》曰：「蓋上世嘗有不葬其親者，其親死，則舉而委之於壑。」〔註156〕後因不忍見親人之遺體暴露於荒野而將其掩埋，因而有葬禮。但葬禮不足以宣洩生者對死者的懷念之情，因而有祭禮。故祭禮為喪禮之延長，用以表達子孫對先人之追思。喪禮後有祔廟之儀式，

北：藝文印書館，2001 年 12 月），頁 577。

〔註151〕晉‧杜預注，唐‧孔穎達等正義：《春秋左傳正義》，收入《十三經注疏》（臺北：藝文印書館，2001 年 12 月），頁 144。

〔註152〕晉‧杜預注，唐‧孔穎達等正義：《春秋左傳正義》，收入《十三經注疏》（臺北：藝文印書館，2001 年 12 月），頁 221。

〔註153〕晉‧杜預注，唐‧孔穎達等正義：《春秋左傳正義》，收入《十三經注疏》（臺北：藝文印書館，2001 年 12 月），頁 763。

〔註154〕漢‧鄭玄注，唐‧孔穎達等正義：《禮記正義》，收入《十三經注疏》（臺北：藝文印書館，2001 年 12 月），頁 243。

〔註155〕晉‧杜預注，唐‧孔穎達等正義：《春秋左傳正義》，收入《十三經注疏》（臺北：藝文印書館，2001 年 12 月），頁 762～763。

〔註156〕漢‧趙岐注，宋‧孫奭疏：《孟子注疏》，收入《十三經注疏》（臺北：藝文印書館，2001 年 12 月），頁 102。

於卒哭後將新死者祔祭於祖廟，祔祭時製作牌位，之後遇到烝祭、嘗祭、禘祭就在祖廟與先祖共祭。〔註 157〕但死者之身份若非君王、君夫人，〔註 158〕或因特殊原因而不殯於寢者，〔註 159〕就不能祔祭於祖廟。祔祭於祖廟之神主牌位其排列順序亦有特殊之規定。周代之祭禮，「以其等差順次之關係，來區分祖宗之倫輩行次，並使生者得賴以區別自己與祖宗間之親疏遠近關係，協助達成倫常有序之社會。」〔註 160〕祭祀祖先時，位次由西至東，依照尊卑遞降，父子異昭穆，祖孫同昭穆。享食時亦按尊卑順序依次而進，若違反次序則爲逆祀。例如：《左傳·文公二年》記載：「躋僖公，逆祀也。」〔註 161〕閔公先爲君，故僖公曾爲閔公之臣，祭祀時當以閔公爲先，因此夏父弗忌在祭祀時「躋僖公」，被譏爲逆祀。

除了祖先牌位排列之順序有規定外，祭拜者之身份亦有限制。周人有濃厚的種族觀念，認爲「非我族類，其心必異」，〔註 162〕故「民不祀非族」，〔註 163〕有血緣關係者才能祭祖，且祖先之地位亦不同於其它鬼魂，他們是另一個世界

〔註157〕 《左傳·僖公三十三年》曰：「凡君薨，卒哭而祔，祔而作主，特祀於主，烝、嘗、禘於廟。」（晉·杜預注，唐·孔穎達等正義：《春秋左傳正義》，收入《十三經注疏》（臺北：藝文印書館，2001 年 12 月），頁 292。）。

〔註158〕 例如：《左傳·隱公三年》：「夏，君氏卒——聲子也。不赴于諸侯，不反哭于寢，不祔于姑，故不曰：『薨』。」（晉·杜預注，唐·孔穎達等正義：《春秋左傳正義》，收入《十三經注疏》（臺北：藝文印書館，2001 年 12 月），頁 50。）。又如：《左傳·定公十五年》曰：「秋，七月壬申，姒氏卒。不稱夫人，不赴，且不祔也。」（晉·杜預注，唐·孔穎達等正義：《春秋左傳正義》，收入《十三經注疏》（臺北：藝文印書館，2001 年 12 月），頁 985。）。

〔註159〕 《左傳·僖公八年》曰：「秋，禘，而致哀姜焉，非禮也。凡夫人，不薨于寢，不殯于廟，不赴于同，不祔于姑，則弗致也。」（晉·杜預注，唐·孔穎達等正義：《春秋左傳正義》，收入《十三經注疏》（臺北：藝文印書館，2001 年 12 月），頁 217。）哀姜與莊公之弟慶父通姦，被齊人所殺，不薨於寢則不能祔祭於祖廟。

〔註160〕 林素英：《古代祭禮之政教觀》（臺北：文津出版社，1997 年 9 月），頁 144。

〔註161〕 晉·杜預注，唐·孔穎達等正義：《春秋左傳正義》，收入《十三經注疏》（臺北：藝文印書館，2001 年 12 月），頁 303。

〔註162〕 晉·杜預注，唐·孔穎達等正義：《春秋左傳正義》，收入《十三經注疏》（臺北：藝文印書館，2001 年 12 月），頁 436。

〔註163〕 見魯僖公十年狐突至曲沃遇太子申生之事。（晉·杜預注，唐·孔穎達等正義：《春秋左傳正義》，收入《十三經注疏》（臺北：藝文印書館，2001 年 12 月），頁 221。）與魯僖公三十一年甯武子阻止衛成公祀相之言。（晉·杜預注，唐·孔穎達等正義：《春秋左傳正義》，收入《十三經注疏》（臺北：藝文印書館，2001 年 12 月），頁 287。）。

的親人，能體諒子孫的苦衷。如：魯定公五年，「吳師居麇，子期將焚之，子西曰：『父兄親暴骨焉，不能收，又焚之，不可。』子期曰：『國亡矣，死者若有知也，可以歆舊祀，豈憚焚之？』焚之，而又戰，吳師敗，又戰于公壻之谿。吳師大敗，吳子乃歸。」〔註164〕焚燒親人之遺骨原屬不孝之行為，但子期認為：國若滅亡，死者亦不可以歆舊祀。祖先必能諒解子孫不得已之苦衷，故仍以火攻打敗吳師。

《左傳》記載之祭祖可分為常祀與因祀，「常祀」為定期、定制之祭祀，「因祀」則是因事而祭。常祀包含月祭、時享與歲禱、終禘等祭典，以下將分述之。

1. 祭祖之常祀

祭祖之儀式不僅代表子孫對死去親人的追思及孝心，更有恫懷過去，珍惜現在的用意在。《禮記·祭義》曰：「齊之日，思其居處，思其笑語，思其志意，思其所樂，思其所嗜。齊三日，乃見其所為齊者。祭之日，入室，僾然必有見乎其位；周還出戶，肅然必有聞乎其容聲；出戶而聽，愾然必有聞乎其嘆息之聲。」〔註165〕定期舉行之祭祖儀式，能讓子孫體會到薪火相傳、血脈相連之濃厚親情以及祖先胼手胝足、篳路藍縷之艱辛，並進而達到淨化心靈、敦厚民情之作用。

（1）月祭：告朔、視朔

中國古代以地球繞日一周的時間為一年，以月球繞地球一周的時間為一月，大月三十天，小月二十九天，積十二月為一年。為使一年的平均天數與太陽年的天數相符，故設置閏月。〔註166〕周天子於季冬頒來年十二月之朔政

〔註164〕晉·杜預注，唐·孔穎達等正義：《春秋左傳正義》，收入《十三經注疏》（臺北：藝文印書館，2001年12月），頁959。

〔註165〕漢·鄭玄注，唐·賈公彥疏：《周禮注疏》，收入《十三經注疏》（臺北：藝文印書館，2001年12月），頁807。

〔註166〕中國人對天象的觀察歷史悠久。有學者認為《夏小正》是中國現存最早的曆法，它以地球繞日一周為一年，屬於「太陽曆」。此曆將一年劃分為十個月，相傳是夏代的曆法。（見胡鐵珠：〈《夏小正》星象年代研究〉，《自然科學史研究》第19卷第3期（2000年），頁234～249、王安安：〈《夏小正》曆法考釋〉，《蘭州學刊》第5期（2006年），頁23～24。）後代慣用的「陰陽合曆」之記載見於《尚書·堯典》：「帝曰：『咨！汝羲暨和，朞三百有六旬有六日，以閏月定四時成歲。』」孔《疏》曰：「匝四時曰朞。一歲十二月，月三十日，正三百六十日。除小月六為六日，是為一歲。有餘十二日，未盈三歲足得一月，則置閏焉。以定四時之氣節，成一歲之曆象。」（見漢·孔安國傳，唐·孔穎達等正義：《尚書正義》收入《十三經注疏》（臺北：藝文印書館，2001

於諸侯，諸侯受而藏之祖廟，每月朔日，以特牲告廟，受天子所頒朔政而行之，謂之告朔。〔註167〕告朔後，在太廟聽政，治一月之政事，謂之視朔，亦謂之聽朔。《左傳·僖公五年》曰：「五年，春，王正月辛亥朔，日南至。公既視朔，遂登觀臺以望，而書，禮也。凡分、至、啓、閉，必書雲物，爲備故也。」〔註168〕周代之諸侯於每月之朔日行告朔、聽朔之禮，於立春、春分、立夏、夏至、立秋、秋分、立冬、冬至之日登臺以望，書其所見之雲物以占吉凶水旱豐歉，以便預作準備。

　　《左傳·文公六年》曰：「閏月不告朔，非禮也。閏以正時，時以作事，事以厚生，生民之道於是乎在矣。不告閏朔，棄時政也，何以爲民？」〔註169〕中國自古以置閏月之法來補正四時之節氣，惟有確定節氣，百姓才能按時耕作，因此魯文公於閏月初一不行告朔之禮，即是拋棄施政時令，不符合生民之道。《論語·八佾》篇云：「子貢欲去告朔之餼羊。子曰：『賜也，爾愛其羊，我愛其禮。』」〔註170〕魯國自文公時怠於政禮，始不視朔。子貢見告朔之禮已廢，而有司仍供備其羊，惜其妄費而無實欲併去其羊。但孔子以爲：告朔之禮雖廢，存其羊猶得以識之而可復焉，故有「爾愛其羊，我愛其禮」之言。

　　（2）時享：春祠、夏禴、秋嘗、冬烝

　　所謂「時享」即是按時節薦新以祭先祖。《周禮·春官·大宗伯》曰：「以祠春享先王，以禴夏享先王，以嘗秋享先王，以烝冬享先王。」〔註171〕凡遇時節更替睹新物則思先祖，故有「時享」之禮。《左傳》記載之「時享」祭典包括秋嘗與冬烝，秋天爲豐收的季節，因此秋嘗充滿歡樂的氣氛。《詩·魯頌·

　　　　年 12 月），疏二，頁 21。）。此曆又被稱爲「堯曆」，回歸年（地球繞日一周的時間）爲 366 日，朔望月（月球繞地球一周的時間）爲 29.5 日，以 19 年置 7 個閏月來調整年與月的關係。

〔註167〕《周禮·春官·宗伯》曰：「正歲年以序事，頒之于官府及都鄙，頒告朔于邦國。閏月，詔王居門終月。」（漢·鄭玄注，唐·賈公彥疏：《周禮注疏》，收入《十三經注疏》（臺北：藝文印書館，2001 年 12 月），頁 401～402。）。

〔註168〕晉·杜預注，唐·孔穎達等正義：《春秋左傳正義》，收入《十三經注疏》（臺北：藝文印書館，2001 年 12 月），頁 205。

〔註169〕晉·杜預注，唐·孔穎達等正義：《春秋左傳正義》，收入《十三經注疏》（臺北：藝文印書館，2001 年 12 月），頁 316。

〔註170〕魏·何晏等注，宋·邢昺疏：《論語注疏》，收入《十三經注疏》（臺北：藝文印書館，2001 年 12 月），頁 29。

〔註171〕漢·鄭玄注，唐·賈公彥疏：《周禮注疏》，收入《十三經注疏》（臺北：藝文印書館，2001 年 12 月），頁 273。

閟宮》曰：「秋而載嘗，夏而楅衡。白牡騂剛，犧尊將將，毛炰胾羹，籩豆大房。萬舞洋洋，孝孫有慶。」〔註172〕早在夏季時，就將牛角以木衡套牢，爲秋嘗作準備。嘗祭時用各種美食及排場盛大之舞蹈來慶祝，祈求祖先保祐兒孫興旺、昌盛。

《左傳·桓公十四年》曰：「秋，八月壬申，御廩災。乙亥，嘗，書不害也。」〔註173〕孔《疏》曰：「傳稱『御廩災。乙亥，嘗，書不害也。』明嘗之所用是御廩之所藏也。……《穀梁傳》曰：『天子親耕，以共粢盛。王后親蠶，以共祭服。國非無良農、工女也，以爲人之所盡，事其祖禰，不若以己所自親者也。』。」〔註174〕祭祖之本義在表達子孫之孝心，即使貴爲君王仍應親自事奉其祖禰，故秋嘗所用之穀爲君王親耕之收成，不可用其它穀替代。御廩是收藏君王親耕以奉粢盛之倉，若御廩災而不害嘉穀，有穀可以供祭祀，則祭不應廢，故書之以示法也。

《左傳·桓公五年》曰：「閉蟄而烝。」〔註175〕蓋昆蟲閉戶，萬物皆成之孟冬，可薦者眾，故烝祭於宗廟。《左傳·襄公二年》君子曰引《詩·周頌·豐年》曰：「爲酒爲醴，烝畀祖妣，以洽百禮，降福孔偕。」〔註176〕《公羊傳·桓公八年》何休《注》曰：「薦尚稻、雁。烝，眾也，氣盛貌。冬，萬物畢成，所薦眾多，芬芳備具，故曰烝。」〔註177〕可見烝祭敬獻祖先之物包括釀造的甜酒以及稻、雁等物，所薦眾多，爲時享中較爲豐盛的祭典。

《左傳·襄公十六年》記載晉國在春天安葬晉悼公後，改服、脩官「烝于曲沃。」，〔註178〕《左傳》記載此事是因爲烝祭應於冬天舉行，但晉國爲了

〔註172〕漢·毛亨傳，漢·鄭玄箋，唐·孔穎達等正義：《毛詩正義》，收入《十三經注疏》（臺北：藝文印書館，2001年12月），頁778。

〔註173〕晉·杜預注，唐·孔穎達等正義：《春秋左傳正義》，收入《十三經注疏》（臺北：藝文印書館，2001年12月），頁126。

〔註174〕晉·杜預注，唐·孔穎達等正義：《春秋左傳正義》，收入《十三經注疏》（臺北：藝文印書館，2001年12月），頁125。

〔註175〕晉·杜預注，唐·孔穎達等正義：《春秋左傳正義》，收入《十三經注疏》（臺北：藝文印書館，2001年12月），頁108～109。

〔註176〕晉·杜預注，唐·孔穎達等正義：《春秋左傳正義》，收入《十三經注疏》（臺北：藝文印書館，2001年12月），頁498。

〔註177〕漢·何休注，唐·徐彥疏：《春秋公羊傳注疏》，收入《十三經注疏》（臺北：藝文印書館，2001年12月），頁59。

〔註178〕晉·杜預注，唐·孔穎達等正義：《春秋左傳正義》，收入《十三經注疏》（臺北：藝文印書館，2001年12月），頁572。

溴梁之會而提前在春季舉行烝祭，非時，故加以記載。《左傳·昭公元年》曰：「十二月，晉既烝，趙孟適南陽，將會孟子餘。甲辰朔，烝于溫，庚戌，卒。」〔註179〕孟子餘即趙衰，子餘為趙衰之字，趙氏世稱趙孟，故謂其祖為孟某某以明之。趙武於晉國烝祭後至南陽之趙氏宗廟祭祀曾祖趙衰，可見周代遇重要祭祀時，臣子須先公後私，參加完國家之祭典後，再祭家廟。

（3）歲禱與終禘

歲禱為祭祀遠祖之祭典，其祭祀之對象上達祧廟以外之神主。《禮記·祭法》曰：「天下有王，分地建國，置都立邑，設廟、祧、壇、墠而祭之，乃為親疏多少之數。……去祧為壇，去壇為墠。壇、墠有禱焉祭之，無禱乃止。」〔註180〕《禮記·祭法》記載：天子立七廟、一壇、一墠。每月祭祀父親之考廟、祖父之王考廟、曾祖之皇考廟、高祖之顯考廟以及始祖之祖考廟。更遠之祖先神主置於二祧中，每季祭祀。較祧廟供奉之祖先更遠之先祖為設壇致祭，再更遠之先祖則在掃淨之墠地致祭。設壇、設墠致祭只在舉行特別的祈禱時進行，無禱乃止。

設壇、設墠致祭又稱「歲貢」，「歲貢」雖以「歲」為計時單位，但無固定祭祀之月份。《左傳·定公元年》記載：「昭公出故，季平子禱於煬公。九月，立煬宮。」〔註181〕鄭玄《注》曰：「平子逐君，懼而請禱於煬公，昭公死於外，自以為獲福，故立其宮。」〔註182〕季孫氏在眾多先祖之中，獨禱於煬公乃因：季孫氏立昭公之弟即位，不立昭公之子。而煬公以弟繼兄位，〔註183〕為表明魯國早有兄終弟繼之先例，故請禱於煬公。

終禘之祭即終王之祭。《左傳·僖公八年》春秋經文「禘于大廟，用致夫人」下杜預《注》曰：「禘，三年大祭之名。大廟，周公廟。致，致新死

〔註179〕晉·杜預注，唐·孔穎達等正義：《春秋左傳正義》，收入《十三經注疏》（臺北：藝文印書館，2001年12月），頁711。

〔註180〕漢·鄭玄注，唐·孔穎達等正義：《禮記正義》，收入《十三經注疏》（臺北：藝文印書館，2001年12月），頁799。

〔註181〕晉·杜預注，唐·孔穎達等正義：《春秋左傳正義》，收入《十三經注疏》（臺北：藝文印書館，2001年12月），頁942。

〔註182〕晉·杜預注，唐·孔穎達等正義：《春秋左傳正義》，收入《十三經注疏》（臺北：藝文印書館，2001年12月），頁942。

〔註183〕《史記·魯周公世家》曰：「魯公伯禽卒。子考公酋立。考公四年卒。立弟熙。是謂煬公。」（瀧川龜太郎著：《史記會注考證》（臺北：文史哲出版社，1993年10月），頁556。）此段記載說明煬公是以弟繼兄位。

之主於廟而列之昭穆。」〔註184〕魯國之祖廟即周公廟，凡國君或夫人薨，三年喪畢，致新死之神主於祖廟而序列昭穆謂之「禘」。禘祭在新王除喪、國政易主之重要關鍵時刻舉行，其用意在於除去居喪時的陰霾、鼓舞國人，為開創新局作準備。〔註185〕《漢書・韋賢傳》曰：「大禘則終王。」〔註186〕服虔曰：「蠻夷，終王乃入助祭，各以其珍貢，以共大禘之祭也。」〔註187〕顏師古曰：「每一王終，新王即位，乃來助祭。」〔註188〕故禘祭時，四方諸侯須入貢助祭。

　　禘祭為天子宗廟之大祭，但春秋時代禮崩樂壞，禘祭之精神亦逐漸消失。《左傳・閔公二年》記載：「夏，吉禘于莊公，速也。」〔註189〕三年喪畢，應先行祫祭致新死者之神主於宗廟，次年夏再舉行吉禘。然莊公於閔公元年六月下葬，閔公二年即行吉禘，其間只有一年，快速終結喪禮之舉動顯現出君臣、父子之情淡薄。《左傳・定公八年》記載陽虎將叛變，故於「冬十月，順祀先公而祈焉。辛卯，禘于僖公。」〔註190〕依照禮制，祭尊可以及卑，後世之主應上徙至太廟而食，然陽虎將叛變，欲以順祀取媚。順祀則退僖公，懼怕僖公之神靈，故於僖廟舉行禘祭，此非正禮也。另外，《左傳・襄公十六年》記載魯國遭齊國入侵，穆叔至晉國求救，晉人曰：「以寡君之未禘祀，與民之未息，不然，不敢忘。」〔註191〕禘祀原為「每一王終，新王即位」時重要之祭典，有除喪佈新之意義。但是春秋中期以後，不僅行禮之精神無法專一，且淪為國家拒絕出兵救援的推諉之辭以及叛變者討好祖先之儀式，祭典之精

〔註184〕晉・杜預注，唐・孔穎達等正義：《春秋左傳正義》，收入《十三經注疏》（臺北：藝文印書館，2001 年 12 月），頁 216。

〔註185〕參考林素英：《古代祭禮之政教觀》（臺北：文津出版社，1997 年 9 月），頁 245～246。

〔註186〕班固撰，顏師古注：《漢書》卷十傳（四），（北京：中華書局，1996 年 5 月），頁 3129。

〔註187〕班固撰，顏師古注：《漢書》卷十傳（四），（北京：中華書局，1996 年 5 月），頁 3129。

〔註188〕班固撰，顏師古注：《漢書》卷十傳（四），（北京：中華書局，1996 年 5 月），頁 3129。

〔註189〕晉・杜預注，唐・孔穎達等正義：《春秋左傳正義》，收入《十三經注疏》（臺北：藝文印書館，2001 年 12 月），頁 190。

〔註190〕晉・杜預注，唐・孔穎達等正義：《春秋左傳正義》，收入《十三經注疏》（臺北：藝文印書館，2001 年 12 月），頁 965。

〔註191〕晉・杜預注，唐・孔穎達等正義：《春秋左傳正義》，收入《十三經注疏》（臺北：藝文印書館，2001 年 12 月），頁 573。

神已不復存在，莫怪孔子歎曰：「禘自既灌而往者，吾不欲觀之矣。」。〔註192〕

2. 祭祖之因祀

古代貴族凡出入國境皆須告祭祖先，因爲「孝子之事親也，出必告，反必面，事死如事生，故出必告廟，反必告至。」〔註193〕《左傳》記載之因事祭祖包括：

（1）盟會、朝聘

《左傳・桓公二年》記載魯桓公與戎人在唐地結盟，「冬，公至自唐，告于廟也。凡公行，告于宗廟；反行，飲至、舍爵、策勳焉，禮也。」〔註194〕古代貴族離境皆須祭告祖先，返國後祭祖並且宴請臣下，置杯勸酒，在簡策上記錄功勳。因是祭祖而行，行事當更加戒懼謹慎，否則將使祖先蒙羞。《左傳・文公九年》曰：「冬，楚子越椒來聘，執幣傲。叔仲惠伯曰：『是必滅若敖氏之宗。傲其先君，神弗福也。』」〔註195〕貴族在出使聘問前必以玉圭等禮物告祭祖廟，子越椒執幣傲，即傲其先君，故叔仲惠伯言其不受神降福也。

（2）娶　親

古代男子行「親迎」之禮前，須先祭告祖先。《左傳・昭公元年》記載楚公子圍聘於鄭，且娶於公孫段氏。子產發覺公子圍欲藉娶親之名，帶兵滅鄭，因此婉拒其入城。伯州犁對曰：「君辱貺寡大夫圍，謂圍將使豐氏撫有而室。圍布几筵，告於莊、共之廟而來。若野賜之，是委君貺於草莽也，是寡大夫不得列於諸卿也。不寧唯是，又使圍蒙其先君，將不得爲寡君老，其蔑以復矣。唯大夫圖之！」〔註196〕伯州犁以公子圍曾「告於莊、共之廟而來」，請求入城成禮，否則就是欺騙祖宗神靈，無法復命。面對楚人的強辭奪理，鄭國直言其包藏禍心，讓楚國之奸計未能得逞。

〔註192〕魏・何晏等注，宋・邢昺疏：《論語注疏》，收入《十三經注疏》（臺北：藝文印書館，2001 年 12 月），頁 27。

〔註193〕見《左傳・桓公二年》，孔穎達《疏》。（晉・杜預注，唐・孔穎達等正義：《春秋左傳正義》，收入《十三經注疏》（臺北：藝文印書館，2001 年 12 月），頁 96。）。

〔註194〕晉・杜預注，唐・孔穎達等正義：《春秋左傳正義》，收入《十三經注疏》（臺北：藝文印書館，2001 年 12 月），頁 96。

〔註195〕晉・杜預注，唐・孔穎達等正義：《春秋左傳正義》，收入《十三經注疏》（臺北：藝文印書館，2001 年 12 月），頁 321。

〔註196〕晉・杜預注，唐・孔穎達等正義：《春秋左傳正義》，收入《十三經注疏》（臺北：藝文印書館，2001 年 12 月），頁 697。

（3）軍　事

周代貴族出國履行軍國大事前，須祭告祖廟而行。《左傳‧閔公二年》梁餘子養曰：「帥師者，受命於廟，受脤於社，有常服矣。」〔註197〕因征伐而祭祖，除戰前祭告祖先、分發兵器外，〔註198〕還遷廟主隨行，〔註199〕以祈求福佑〔註200〕。戰爭結束後，則在祖廟舉行獻俘之禮並且稟告戰爭的結果。〔註201〕另外，無論是國內或國外發生戰爭，國君逃亡皆須祭祖。例如：《左傳‧襄公十四年》記載，衛獻公因國家發生內亂而被迫逃亡。「及竟，公使祝宗告亡，且告無罪。定姜曰：『無神，何告？若有，不可誣也。有罪，若何告無？舍大臣而與小臣謀，一罪也。先君有冢卿以爲師保，而蔑之，二罪也。余以巾櫛味君，而暴妾使余，三罪也。告亡而已，無告無罪！』」〔註202〕衛獻公曾多次戲弄臣下，又對母親無禮，但其被迫逃亡時，卻向祖先告己無罪。故其母定姜以三罪責之，要其不可誣神，「告亡而已，無告無罪」。

第二節　以凶禮哀喪恤禍

春秋時代，天災頻繁〔註203〕、戰爭不斷，每遇災難往往造成社會動亂、

〔註197〕晉‧杜預注，唐‧孔穎達等正義：《春秋左傳正義》，收入《十三經注疏》（臺北：藝文印書館，2001 年 12 月），頁 193。

〔註198〕《左傳‧隱公十一年》：「鄭伯將伐許。五月，甲辰，授兵於大宮。」（晉‧杜預注，唐‧孔穎達等正義：《春秋左傳正義》，收入《十三經注疏》（臺北：藝文印書館，2001 年 12 月），頁 79～80。）。

〔註199〕《十三經注疏‧禮記‧曾子問》曰：「古者師行必以遷廟主行乎？」（（漢‧鄭玄注，唐‧孔穎達等正義：《禮記正義》，收入《十三經注疏》（臺北：藝文印書館，2001 年 12 月），頁 367。）。

〔註200〕例如：《左傳‧哀公二年》：衛太子蒯聵於陣前禱曰：「曾孫蒯聵敢昭告皇祖文王、烈祖康叔，文祖襄公：鄭勝亂從，晉午在難，不能治亂，使鞅討之。蒯聵不敢自佚，備持矛焉。敢告無絕筋，無折骨，無面傷，以集大事，無作三祖羞。大命不敢請，佩玉不敢愛。」（晉‧杜預注，唐‧孔穎達等正義：《春秋左傳正義》，收入《十三經注疏》（臺北：藝文印書館，2001 年 12 月），頁 996。）。

〔註201〕《左傳‧襄公十年》：「晉侯有間，以偪陽子歸，獻于武宮，謂之夷俘。」（晉‧杜預注，唐‧孔穎達等正義：《春秋左傳正義》，收入《十三經注疏》（臺北：藝文印書館，2001 年 12 月），頁 540。）。

〔註202〕晉‧杜預注，唐‧孔穎達等正義：《春秋左傳正義》，收入《十三經注疏》（臺北：藝文印書館，2001 年 12 月），頁 561。

〔註203〕根據謝世俊的統計：《春秋》記載的災異現象以氣象異常爲最多。春秋　242

人民不安，故救乏、弔災、哀喪就成爲統治者必須面對的問題。《周禮・春官・大宗伯》曰：「以凶禮哀邦國之憂：以喪禮哀死亡，以荒禮哀凶札，以弔禮哀禍烖，以襘禮哀圍敗，以恤禮哀寇亂。」〔註204〕凶禮涵蓋範圍很廣，凡對死亡、饑荒、癘疫以及水、火之災、戰禍等凶事進行救助或慰問，皆屬於凶禮。《周禮》將凶禮區分爲喪、荒、弔、襘、恤五禮，其哀悼方式各有不同。《周禮・地官・小行人》曰：「若國札喪，則令賻補之。若國凶荒，則令賙委之。若國師役，則令槁襘之。……若國有禍烖，則令哀弔之。」〔註205〕凡有國家發生疫癘或死亡，則其它國家補助其財物；若遇凶年饑荒，則其它國家運送物資加以救濟；若遭兵寇而國弱民窮，則其它國家合聚財貨來濟助；若發生水、火等重大災害，則其它國家應遣使前往哀弔。

　　除了諸侯間相互救助外，君王對凶事亦以「不舉」來表達哀悼。《周禮・天官・膳夫》曰：「王日一舉……大喪則不舉，大荒則不舉，大札則不舉，天地有烖則不舉，邦有大故則不舉。」〔註206〕按照周代之制度，君王對凶年、疫癘、日月晦食、山崩川竭以及寇戎刑殺等凶事，皆應減膳撤樂，但春秋時代禮崩樂壞，周天子及諸侯常有違禮之舉。《左傳・莊公二十年》記載王子頹與五大夫發動政變，聯合衛國及南燕國來攻打周王室，迫使周惠王逃亡。「王子頹享五大夫，樂及遍舞。鄭伯聞之，見虢叔曰：『寡人聞之：哀樂失時，殃咎必至。今王子頹歌舞不倦，樂禍也。夫司寇行戮，君爲之不舉，而況敢樂禍乎？』」〔註207〕「哀樂失時，殃咎必至」，遇刑殺之事君王應表示哀悼，但王子頹卻歌舞不倦，以災禍爲樂，後果遭遇不測。

　　凶禮涵蓋範圍甚廣，其形式大柢由喪禮推衍而成，如：魯僖公二十四年，周天子遇王子帶之亂而出奔，《左傳》曰：「天子凶服、降名，禮也。」〔註208〕

　　　年中，日食記載達 37 次、旱災 31 次、潦災與蟲災各 12 次，列入其它類的蟲災、地震，多數是發生在大旱、大雪的年份或其後。(謝世俊：《中國古代氣象史稿》(四川：重慶出版社，1992 年 7 月)，頁 371。)。

〔註204〕漢・鄭玄注，唐・賈公彥疏：《周禮注疏》，收入《十三經注疏》(臺北：藝文印書館，2001 年 12 月)，頁 274～275。

〔註205〕漢・鄭玄注，唐・賈公彥疏：《周禮注疏》，收入《十三經注疏》(臺北：藝文印書館，2001 年 12 月)，頁 569。

〔註206〕漢・鄭玄注，唐・賈公彥疏：《周禮注疏》，收入《十三經注疏》(臺北：藝文印書館，2001 年 12 月)，頁 57～58。

〔註207〕晉・杜預注，唐・孔穎達等正義：《春秋左傳正義》，收入《十三經注疏》(臺北：藝文印書館，2001 年 12 月)，頁 161。

〔註208〕晉・杜預注，唐・孔穎達等正義：《春秋左傳正義》，收入《十三經注疏》(臺

凶服即素服，為喪服之一種。又如：《左傳・宣公十八年》記載魯宣公去世後，東門氏被逐，公孫歸父無法回國覆命，因此在笙地「壇帷，復命於介。既復命，袒、括髮，即位哭，三踊而出。遂奔齊。」〔註209〕「袒、括髮、哭」以及「三踊而出」皆為喪禮之儀式。凶禮與喪禮的儀式之所以相通，蓋因先民對死亡及災難同樣充滿恐懼，且對其發生的原因加以錯誤的解釋，因此在服飾及生活習慣上刻意與平時區別，以祓除不祥。〔註210〕春秋時代喪禮已逐漸完備，而喪禮之儀式亦被移用至其它禮俗上，以表示自己罹憂逢難或對遭遇不幸者表達哀憫之意。

一、以喪禮哀死亡

《荀子》曰：「禮者，謹於治生死者也。生，人之始也；死，人之終也。終始俱善，人道畢矣，故君子敬始而慎終。」〔註211〕死亡為人生必經之路，惟有勇敢的面對死亡，才能真正理解生命的意義，因此喪禮不僅是重要的社會活動，更是生命禮儀中不可或缺的一部份。

人類文明的發展從蒙昧無知到逐漸開化，走過一段相當長的探索期，而喪葬制度亦從原始的食人現象到將屍體棄之荒野再逐漸演變為今日的墓葬制度。〔註212〕西周時孝道觀的成熟促使人們將養生及送終等量齊觀，養生是對在世父

〔註209〕晉・杜預注，唐・孔穎達等正義：《春秋左傳正義》，收入《十三經注疏》（臺北：藝文印書館，2001 年 12 月），頁 413～414。

〔註210〕原始部族對死亡的儀式，如：不列顛哥倫比亞的舒什瓦普人用帶刺的灌木作床和枕頭，為的是使死者的鬼魂不得接近；又如：白令海峽愛斯基摩人在親人去世時，三天都不許工作，也不許使用任何帶刃或帶尖的器具，以免誤傷鬼魂，如果上述器械不巧傷了鬼魂，它便會勃然大怒給生者造成疾病或死亡。（見：弗雷澤（Frazer，J.G.），汪培基譯：《金枝》（The Golden Bough）（上）（臺北：桂冠圖書公司，2004 年 5 月）頁 317、341。）對災難的儀式如：東南非洲迪拉果阿灣的班圖黑人部落，他們遇到旱災時，婦女們便脫光身上的衣服，只穿緊身衣裙，戴著草做的頭飾或一種特殊的蔓草葉編成的短裙。打扮好後便怪聲呼叫，唱著猥褻的歌，從一口井走到另一口井，將堆積在其中的泥土和污垢清理乾淨以求雨。（見：弗雷澤（Frazer，J.G.），汪培基譯：《金枝》（The Golden Bough）（上）（臺北：桂冠圖書公司，2004 年 5 月）頁 101。）

〔註211〕王先謙：《荀子集解》（臺北：藝文印書館，2000 年 5 月），頁 599。

〔註212〕鄭慧生在〈中國古代的喪葬制度〉中提到：根據學者對北京周口店的人類化石研究顯示——生活於五十萬年前的北京人有食人的現象，而一萬八千年前

母盡孝，送終則是對去世的父母盡孝。周代的金文、《周書》、《詩經》等著作大量記載孝順，社會上對孝的重視使得喪禮趨向系統化和程序化。〔註213〕曾子曰：「慎終追遠，民德歸厚矣。」〔註214〕喪葬禮儀直接影響風俗的厚薄，葬禮過份簡約、節省會造成民風澆薄，過份鋪張浪費又影響民生經濟，死後的世界充滿未知，人們無從判斷死後究竟有知或無知，但是「之死而致死之，不仁，而不可爲也；之死而致生之，不知，而不可爲也」，〔註215〕如何在情感與理智間取得平衡，考驗制禮者的智慧與用心。

（一）《左傳》的喪葬思想

1. 喪禮重哀敬

在儒家思想的影響下，人們認爲——喪禮的精神內涵勝過其形式。子曰：「喪與其易也，寧戚。」〔註216〕又曰：「喪禮，與其哀不足而禮有餘也，不若禮不足而哀有餘也」〔註217〕凡血氣之屬，莫不傷其類，人爲「萬物之靈」，面對親人的死亡更是悲痛欲絕，所以「哀傷」是喪禮的基本精神。魯襄公三十一年，孟孝伯卒。季武子立公子裯爲君。穆叔反對，因其「居喪而不哀，在慼而有嘉容」。〔註218〕但武子仍立之，結果昭公「比及葬，三易衰，衰衽如故衰」。〔註219〕遇父喪仍嬉戲無度之人，足見其不孝。對父親尚且不孝，對他人必定冷漠無情，這樣的人如何爲國君？惜季武子無識人之明，憑添魯國動亂。

的山頂洞人已有埋葬屍骨的概念。距今七千年前的河姆渡人開始有明確的葬地，距今約四千多年的大汶口墓葬開始用棺木下葬。（見：鄭慧生：〈中國古代的喪葬制度〉，《許昌師專學報》（社會科學版）第 17 卷第 2 期（1998 年第 2 期），頁 31～32。）。

〔註213〕吳存浩：〈西周時代葬俗試論〉，《民俗研究》總第 42 期（1997 年第 2 期），頁 86。

〔註214〕魏・何晏等注，宋・邢昺疏：《論語注疏》，收入《十三經注疏》（臺北：藝文印書館，2001 年 12 月），頁 7。

〔註215〕漢・鄭玄注，唐・孔穎達等正義：《禮記正義》，收入《十三經注疏》（臺北：藝文印書館，2001 年 12 月），頁 144。

〔註216〕魏・何晏等注，宋・邢昺疏：《論語注疏》，收入《十三經注疏》（臺北：藝文印書館，2001 年 12 月），頁 26。

〔註217〕漢・鄭玄注，唐・孔穎達等正義：《禮記正義》，收入《十三經注疏》（臺北：藝文印書館，2001 年 12 月），頁 133。

〔註218〕晉・杜預注，唐・孔穎達等正義：《春秋左傳正義》，收入《十三經注疏》（臺北：藝文印書館，2001 年 12 月），頁 686。

〔註219〕晉・杜預注，唐・孔穎達等正義：《春秋左傳正義》，收入《十三經注疏》（臺北：藝文印書館，2001 年 12 月），頁 686。

在喪禮中，若無莊敬之心卻刻意顯得非常哀傷是一種虛偽、不眞實的表現。魯襄公三十一年，辦理襄公喪事時，滕成公來會葬，「惰而多涕」。子服惠伯曰：「滕君將死矣。怠於其位，而哀已甚，兆於死所矣，能無從乎？」〔註220〕前來弔喪的人應莊重、眞誠，惟有以恭敬的態度參與喪事，才能適切的傳達哀悼之情。

2. 喪葬之刑賞

古代貴族皆受過教育，知禮達義，故《禮記‧曲禮上》曰：「禮不下庶人，刑不上大夫」〔註221〕大夫若違禮多以社會輿論加以制裁，其罪當死，則令其自決，〔註222〕故對大夫之懲罰主要在於毀損其名譽。《荀子》一書曾對世俗流傳的上古刑法加以記載，其言曰：「治古無肉刑，而有象刑。墨黥，慅嬰，共艾畢，菲對屨，殺赭衣而不純，治古如是。」〔註223〕人們相信在罪人的服飾上加以標示，使鄰里恥之，就能產生警示效尤的作用。春秋時代，以毀損名譽之方式懲罰貴族似乎不僅於其生前還擴及死後，例如：《左傳‧襄公二十八年》記載齊景公戮崔杼之尸，「十二月乙亥朔，齊人遷莊公，殯于大寢，以其棺尸崔杼於市。國人猶知之，皆曰：『崔子也。』」〔註224〕暴屍於市使國人皆知其惡名，即是對罪人最大的懲罰。

死亡是生命的終點，葬禮則爲一生功過之總結，因此古代貴族若生前有

〔註220〕晉‧杜預注，唐‧孔穎達等正義：《春秋左傳正義》，收入《十三經注疏》（臺北：藝文印書館，2001年12月），頁686。

〔註221〕晉‧杜預注，唐‧孔穎達等正義：《春秋左傳正義》，收入《十三經注疏》（臺北：藝文印書館，2001年12月），頁55。。

〔註222〕如：《左傳‧僖公十年》：「夏，四月，周公忌父、王子黨會齊隰朋立晉侯。晉侯殺里克以說。將殺里克，公使謂之曰：『微子，則不及此。雖然，子殺二君與一大夫，爲子君者，不亦難乎？』對曰：『不有廢也，君何以興？欲加之罪，其無辭乎？臣聞命矣。』伏劍而死。」（晉‧杜預注，唐‧孔穎達等正義：《春秋左傳正義》，收入《十三經注疏》（臺北：藝文印書館，2001年12月），頁221。）及《左傳‧哀公十一年》：伍子胥勸吳王夫差對越國加以防備，但吳王不聽，派遣伍員出使齊國，伍子胥「屬其子於鮑氏，爲王孫氏。反役，王聞之，使賜之屬鏤以死。」（晉‧杜預注，唐‧孔穎達等正義：《春秋左傳正義》，收入《十三經注疏》（臺北：藝文印書館，2001年12月），頁1018。）。（參考：蕭安富：〈東周秦漢時期的懼刑心理及其對喪葬習俗的影響〉，《中華文化論壇》（1998年第4期），頁43。）。

〔註223〕王先謙：《荀子集解》（臺北：藝文印書館，2000年5月），頁599。

〔註224〕晉‧杜預注，唐‧孔穎達等正義：《春秋左傳正義》，收入《十三經注疏》（臺北：藝文印書館，2001年12月），頁656。

功，則死後加封，以增添其光榮。例如：《左傳・定公九年》齊國的敝無存在伐夷儀之役因搶先攻入而戰死，「齊侯謂夷儀人曰：『得敝無存者，以五家免。』乃得其尸。公三襚之，與之犀軒與直蓋，而先歸之。坐引者，以師哭之，親推之三。」〔註225〕齊景公在敝無存死後，不僅積極尋找其屍體，且親自辦理喪事，使其備極哀榮。孔穎達《正義》曰：「『公三襚之』，則明三時與衣，自死至殯，有襲與小斂、大斂，比殯，三加衣也。無存是賤人，蓋初以士服，次大夫服，次卿服也。」〔註226〕敝無存原爲平民，因有功於國而加封爲卿，犀軒是卿車，由此可知其以卿之身份下葬。周代對於死後加封已有定制，如：《左傳・僖公四年》：「許穆公卒于師，葬之以侯，禮也。凡諸侯薨于朝、會，加一等；死王事，加二等。於是有以袞斂。」〔註227〕爲鼓勵臣子義勇奉公，故「薨於朝、會加一等，死王事，加二等」。許穆公死於周王伐楚之戰事，而其身份爲男爵，故加二級，以公侯所穿之袞衣入殮。另一種提升喪葬等級的方式並非加封，而是葬之以成人之喪。《左傳・哀公十一年》：「公爲與其嬖僮汪錡乘，皆死，皆殯。孔子曰：『能執干戈以衛社稷，可無殤也。』」〔註228〕汪錡尚未成年，但爲表揚其「執干戈以衛社稷」之精神，故不使用殤葬而葬之以成人之喪。無論是加封其爵或是葬之以成人之喪皆是提高其喪葬等級以示表揚。〔註229〕

與此相反的，若是貴族有罪，亦可以降低葬級示貶。如：崔杼葬齊莊公，《左傳・襄公二十五年》：「崔氏側莊公于北郭。丁亥，葬諸士孫之里。四翣，不蹕，

<hr>

〔註225〕晉・杜預注，唐・孔穎達等正義：《春秋左傳正義》，收入《十三經注疏》（臺北：藝文印書館，2001 年 12 月），頁 969～970。

〔註226〕晉・杜預注，唐・孔穎達等正義：《春秋左傳正義》，收入《十三經注疏》（臺北：藝文印書館，2001 年 12 月），頁 969。

〔註227〕晉・杜預注，唐・孔穎達等正義：《春秋左傳正義》，收入《十三經注疏》（臺北：藝文印書館，2001 年 12 月），頁 203。

〔註228〕晉・杜預注，唐・孔穎達等正義：《春秋左傳正義》，收入《十三經注疏》（臺北：藝文印書館，2001 年 12 月），頁 1016。

〔註229〕因爲葬禮是一生的總結，所以死者生前接受過最高等級的賞賜常會跟隨其下葬，如：魯昭公四年，杜洩安葬叔孫，以天子所賜之路車陪葬，還引起季孫氏的反對。（見：晉・杜預注，唐・孔穎達等正義：《春秋左傳正義》，收入《十三經注疏》（臺北：藝文印書館，2001 年 12 月），頁 734～735。）又如：魯襄公二十九年，公冶不欲以襄公所賜之冕服入殮，因其知襄公畏季氏而賞其使，故冕服非德賞也。（見：晉・杜預注，唐・孔穎達等正義：《春秋左傳正義》，收入《十三經注疏》（臺北：藝文印書館，2001 年 12 月），頁 666。）

下車七乘，不以兵甲。」〔註230〕、晉欒書葬晉厲公，《左傳·成公十八年》：「欒書、中行偃使程滑弒厲公，葬之于翼東門之外，以車一乘。」，〔註231〕春秋時代的權臣弒君後，多以降低國君葬級加以責罰，一方面顯示國君無道而被殺，另一方面也是為自己脫罪。以降低葬級之方式懲罰貴族亦有定制，依其身份之不同，處罰方式亦有不同。如：魯哀公二年，鐵之戰，趙鞅誓曰：「若其有罪，絞縊以戮，桐棺三寸，不設屬辟，素車樸馬，無入于兆，下卿之罰也。」〔註232〕「絞縊以戮」是按軍法吊死戰敗之將領，死後用三寸桐木棺，不加襯板及中間一層棺，用無裝飾之車馬運送棺材，且不葬入本族墓地，這是按下卿的身份所給予的懲罰。

（二）喪服與喪期

1. 喪　服

　　早在舊石器晚期已有原始的葬禮，但喪服的出現比葬儀要晚許多。林素英認為：「喪服乃是生者為哀悼死者而穿戴的特殊服飾，因此它必須等待喪禮儀式發展至一定程度後，生者才可能心有餘力地再行設想是否需要在儀式進行時穿戴一套特殊的服飾。」〔註233〕因為服飾具有象徵意義，能使人感受到穿戴者內心的哀傷及其與外界隔離的禁忌狀態，應是歷經長時間研擬、規畫後的產物，在文化發展至相當程度後，才可能出現。唐虞時代，喪服、喪期未有定制，《說文解字》曰：「葬，臧也。从死在茻中，一其中所以荐之。」〔註234〕《易經》也說：「古之葬者，厚衣之以薪，葬之中野，不封不樹，喪期无數。」〔註235〕這些記載所顯示的葬禮都很原始，也無固定之儀式，但此時人們已不忍讓親人暴屍荒野，而會將其掩埋。喪服制度的出現最早應在西周初年，但是當其成為

〔註230〕晉·杜預注，唐·孔穎達等正義：《春秋左傳正義》，收入《十三經注疏》（臺北：藝文印書館，2001 年 12 月），頁 620。

〔註231〕晉·杜預注，唐·孔穎達等正義：《春秋左傳正義》，收入《十三經注疏》（臺北：藝文印書館，2001 年 12 月），頁 485。

〔註232〕晉·杜預注，唐·孔穎達等正義：《春秋左傳正義》，收入《十三經注疏》（臺北：藝文印書館，2001 年 12 月），頁 995～996。

〔註233〕林素英：《喪服制度的文化意義——以《儀禮·喪服》為討論中心》（臺北：文津出版社，2000 年 10 月），頁 178。

〔註234〕許慎著、段玉裁注：《說文解字》（臺北：萬卷樓圖書公司，1997 年 8 月），頁 48。

〔註235〕魏·王弼、韓康伯注，唐·孔穎達等正義：《周易正義》，收入《十三經注疏》（臺北：藝文印書館，2001 年 12 月），頁 168。

周密的制度時，可能已在春秋或戰國時期。〔註236〕

喪服制度是以血緣關係爲基礎，故談喪服之前必須先談談「五世九族」。《禮記‧喪服小記》曰：「親親以三爲五，以五爲九，上殺、下殺、旁殺，而親畢矣。」〔註237〕九族包含有親緣關係之所有宗族支系。《左傳》之中亦曾言及「九族」，魯桓公六年，季梁曰：「務其三時，脩其五教，親其九族。」〔註238〕杜預《注》曰：「九族謂外祖父、外祖母、從母子及妻父、妻母、姑之子、姊妹之子、女子之子，并己之同族，皆外親有服而異族者也。」〔註239〕九族之異說很多，〔註240〕《喪葬史話》所列之九族圖如下：〔註241〕

			高祖父				
		曾祖姑	曾祖	曾祖伯叔			
	從祖姑	祖姑	祖父	祖伯叔	從祖伯叔		
再從姑	從姑	姑	父	伯叔	從伯叔	再從伯叔	
族姊妹	再從姊妹	從姊妹	姊妹	本人	兄弟	從兄弟	再從兄弟	族兄弟
再從姪女	從姪女	姪女	子	姪	從姪	再從姪	
	從姪孫女	姪孫女	孫	姪孫	從姪孫		
		曾姪孫女	曾孫	曾姪孫			
			玄孫				

依照血緣關係所服之喪服稱爲「正服」，以父系親屬爲基礎，母系親屬處於從屬地位。無血緣關係者，如君臣、夫妻、師生、朋友所服之喪服稱爲「義

〔註236〕林素英：《喪服制度的文化意義——以《儀禮‧喪服》爲討論中心》（臺北：文津出版社，2000年10月），頁179。

〔註237〕漢‧鄭玄注，唐‧孔穎達等正義：《禮記正義》，收入《十三經注疏》（臺北：藝文印書館，2001年12月），頁591。

〔註238〕晉‧杜預注，唐‧孔穎達等正義：《春秋左傳正義》，收入《十三經注疏》（臺北：藝文印書館，2001年12月），頁110。

〔註239〕晉‧杜預注，唐‧孔穎達等正義：《春秋左傳正義》，收入《十三經注疏》（臺北：藝文印書館，2001年12月），頁110。

〔註240〕一派以古文家爲主的學者認爲：「九族」專指「上自高祖下至玄孫」之本宗親屬，一派以今文家爲主的學者認爲：「九族」不專指同姓親屬，應包含父族、母族與妻族在內的親屬，其它還有東漢班固、晉杜預、清俞樾等不同說法。芮逸夫認爲自從《元典章》、《明會典》以及《清律例》制定「本宗九族五服圖」，以「本宗九世」之親爲九族以來，古文家的「九族說」已成定制。（見：林素英：《喪服制度的文化意義——以《儀禮‧喪服》爲討論中心》（臺北：文津出版社，2000年10月），頁234～235。）

〔註241〕此圖出自：張捷夫：《喪葬史話》（臺北：國家出版社，2003年4月），頁55。

服」，另有「尊爲卑、上爲下」所服之「報服」。古人依據親疏貴賤之關係，將喪服分爲五等，稱爲五等喪服。〔註242〕

關於喪服的最早紀錄見於《尚書·康王之誥》記載周成王去世後，太子釗即位，「王釋冕，反喪服」〔註243〕孔《傳》曰：「脫去黼冕，反服喪服，居依廬。」〔註244〕此則記錄對於喪服的服式並沒有加以描述，但可知喪服制度已初步形成。葛志毅曰：「喪禮與對犯罪的懲罰形式頗多相通之處。」〔註245〕事實上喪服亦可能源於罪犯的服飾。《左傳·襄公十七年》記載：「齊晏桓子卒，晏嬰麤縗斬」〔註246〕依照古代喪制，子爲父服斬衰三年，其布極粗且不縫衣邊。斬衰之服，上衰的邊幅向外折倒一寸，下裳的邊幅向內折倒一寸，並且在上衣之上附加衰、負與適三種配件，使胸前有衰配截於當心之處，後

〔註242〕一等「斬衰」三年，服喪對象爲：子女爲父、妻妾爲夫、父爲長子。二等「齊衰」分爲四種，第一種「齊衰三年」，服喪對象爲：父死爲母、爲繼母、爲慈母、母爲長子；第二種「齊衰杖期」，服喪對象爲：父在爲母、夫爲妻、出妻之子爲母；第三種「齊衰不杖期」，服喪對象爲：孫爲祖父母、侄爲伯叔父母、兄弟之間、父母爲長子以外的其它兒子、祖父母爲嫡孫；第四種是「齊衰三月」，服喪對象爲：曾孫爲曾祖父母。三等「大功」，分爲殤大功與成人大功兩種。凡未成年死亡稱爲殤，十六～十九歲爲長殤，喪期九個月；十二～十五歲爲中殤，喪期七個月；八～十一歲爲下殤，下殤不在大功服之內。不滿八歲的爲無服殤。殤大功之服喪對象爲：父母爲子女、侄爲叔、爲姑、兄弟姊妹之間、祖父母爲嫡孫。成人大功喪期九個月，服喪對象爲：父母爲已出嫁之女、侄爲已出嫁之姑、兄弟爲已出嫁之姊妹、從兄弟之間或兄弟之間已過繼他人者、祖父母爲庶孫、公婆爲長子媳、孫媳爲祖父母、侄爲伯叔父母等。四等「小功」，也分殤小功與成人小功兩種，喪期皆爲五個月。殤小功之服喪對象爲：父母爲子女、侄爲叔姑、伯叔父母爲侄、兄弟姊妹之間、祖父母爲嫡孫等下殤；已過繼他人的兄弟之間、從父兄弟之間、侄媳爲叔伯、伯叔父母爲侄、姑爲侄、祖父母爲庶孫等長殤。成人小功適用於：爲祖伯叔父母、爲從伯叔父母、爲從兄弟、爲已出嫁的從姊妹、祖父母爲已出嫁之孫女、爲外祖父母、爲姨母、妯娌之間、爲庶子之媳婦等。五等「緦麻」三月，此等喪服是爲曾祖伯叔父母、爲從祖伯叔父母、爲再從伯叔父母、爲族兄弟、爲庶孫媳、爲外孫、外甥、爲姑表、姨表兄弟、爲岳父母、爲婿等。（參考：張捷夫：《喪葬史話》（臺北：國家出版社，2003年4月），頁55～58。）。
〔註243〕漢·孔安國傳，唐·孔穎達等正義：《尚書正義》收入《十三經注疏》（臺北：藝文印書館，2001年12月），頁290。
〔註244〕漢·孔安國傳，唐·孔穎達等正義：《尚書正義》收入《十三經注疏》（臺北：藝文印書館，2001年12月），頁290。
〔註245〕葛志毅：〈周代凶禮管窺〉，《中華文化論壇》（1999年第2期），頁23。
〔註246〕晉·杜預注，唐·孔穎達等正義：《春秋左傳正義》，收入《十三經注疏》（臺北：藝文印書館，2001年12月），頁575～576。

背有負版與前衰相對，左右則由衣服的領口處，從縱橫方向各剪入四寸，再反摺於外，覆壓於兩肩之上，稱爲「適」。〔註247〕斬衰之服式中有「負版」，五等喪服中僅人子服父母之重喪者才有負版。《論語‧鄉黨》曰：「凶服者式之，式負版者。」〔註248〕孔子對身著凶服負版者，特別禮敬，蓋因其服最重。喪服中何以有負版？彭林以爲，應該源於上古明刑。《周禮‧大司寇》曰：「凡害人者，寘之圜土而施職事焉，以明刑恥之。」〔註249〕鄭玄曰：「明刑，書其罪惡於大方版，著其背。」〔註250〕〈司圜〉曰：「凡害人者，弗使冠飾而加明刑焉。」〔註251〕鄭玄曰：「弗使冠飾者，著墨幪，若古之象刑。」〔註252〕賈公彥曰：「云明刑者，以版牘書其罪狀與姓名，著於背表示於人，是明刑也。」彭林引用《周禮》這兩則記載而推論：「喪服之負版當取意于此，孝子失親，哀毀無容，而引咎于己，自責侍奉不周，使至親不能再享天年，故取罪人之象，以布爲版，著于背也。」〔註253〕負版原爲古代刑罰之一，喪服借此來象徵親死應歸罪於己，此說符合孝子哀傷懇切之心，十分近於情理。

另外，隨著時代的演變，喪服的形式亦會因事而有所變動，例如：《左傳‧僖公三十三年》記載：秦乘晉喪，越境偷襲鄭國，結果晉襄公「墨衰経」帥師出擊，歸，遂墨以葬文公，晉於是乎始墨。〔註254〕春秋時代，喪服一般爲

〔註247〕參考：林素英：《喪服制度的文化意義——以《儀禮‧喪服》爲討論中心》（臺北：文津出版社，2000 年 10 月），頁 183。以及《儀禮‧喪服‧記》：「凡衰，外削幅；裳，內削幅，幅三袧。若齊，裳內，衰外。負，廣出於適寸。適，博四寸，出於衰。衰，長六寸，博四寸。」（漢‧鄭玄注，唐‧賈公彥疏：《儀禮注疏》，收入《十三經注疏》（臺北：藝文印書館 2001 年 12 月），頁 401。）。

〔註248〕魏‧何晏等注，宋‧邢昺疏：《論語注疏》，收入《十三經注疏》（臺北：藝文印書館，2001 年 12 月），頁 91。

〔註249〕漢‧鄭玄注，唐‧賈公彥疏：《周禮注疏》，收入《十三經注疏》（臺北：藝文印書館，2001 年 12 月），頁 516。

〔註250〕漢‧鄭玄注，唐‧賈公彥疏：《周禮注疏》，收入《十三經注疏》（臺北：藝文印書館，2001 年 12 月），頁 516。

〔註251〕漢‧鄭玄注，唐‧賈公彥疏：《周禮注疏》，收入《十三經注疏》（臺北：藝文印書館，2001 年 12 月），頁 543。

〔註252〕漢‧鄭玄注，唐‧賈公彥疏：《周禮注疏》，收入《十三經注疏》（臺北：藝文印書館，2001 年 12 月），頁 543～544。

〔註253〕彭林：〈聽松山房讀禮札記〉，《追尋中華古代文明的蹤迹——李學勤先生學術活動五十週年紀念文集》（上海：復旦大學出版社，2002 年 8 月），頁 160～166。

〔註254〕晉‧杜預注，唐‧孔穎達等正義：《春秋左傳正義》，收入《十三經注疏》（臺北：藝文印書館，2001 年 12 月），頁 290。

素白顏色，但晉文公未葬，世子又不宜以凶服出征，故染素白為墨黑，此乃因事而起之特殊變革，此後晉國之喪服皆改為黑色。〔註255〕又如：魯襄公四年，「冬，十月，邾人、莒人伐鄫，臧紇救鄫，侵邾，敗於狐駘。國人逆喪者皆髽，魯於是乎始髽。」〔註256〕由於戰爭猝發，死者甚眾，遭喪者沒有時間準備喪服，只好以麻繫髮取代喪服。「髽」後來成為喪服制度中婦人服斬衰三年及齊衰期者之髮式。

2. 喪　期

最早的喪期沒有一定期限，隨著文化的發展漸漸有象徵長時間的三年之喪出現。《尚書・舜典》記載舜崩殂時，「百姓如喪考妣，三載四海遏密八音。」〔註257〕此時已有三年之喪的記載出現，且居喪期間人民不歌不樂以示哀傷。此則記載不能代表三年之喪已被普遍實行，因為從「喪期無數」發展至「喪期有數」應經歷過很長一段時間，但《尚書・舜典》的記載已透露出「三年之喪」曾實行過的痕跡。古人將最長的服喪期限定為三年，其原因為何？《禮記・三年問》曰：「將由夫患邪淫之人與，則彼朝死而夕忘之；然而從之，則是曾鳥獸之不若也。夫焉能相與群居而不亂乎？將由夫脩飾之君子與，則三年之喪，二十五月而畢，若駟之過隙；然而遂之，則是無窮也。」〔註258〕聖人制禮取其中庸，將最長之喪期定為三年，一方面是避免邪淫之人面對親人去世卻無動於衷而造成民風澆薄，另一方面也節制孝子之哀思，使其在服喪期滿後，能走出喪親之痛，回歸正常生活。

《左傳》所記載的「三年之喪」見於魯襄公十七年，「齊晏桓子卒，晏嬰麤縗斬，苴絰、帶、杖，菅屨，食鬻，居倚廬，寢苫、枕草。其老曰：『非大夫之禮也。』曰：『唯卿為大夫。』」〔註259〕三年之喪的居喪生活為：穿著不

〔註255〕例如：《左傳・襄公二十三年》：「公有姻喪，王鮒使宣子墨縗冒絰。」（見晉・杜預注，唐・孔穎達等正義：《春秋左傳正義》，收入《十三經注疏》（臺北：藝文印書館，2001 年 12 月），頁 603。）。

〔註256〕晉・杜預注，唐・孔穎達等正義：《春秋左傳正義》，收入《十三經注疏》（臺北：藝文印書館，2001 年 12 月），頁 508。

〔註257〕漢・孔安國傳，唐・孔穎達等正義：《尚書正義》收入《十三經注疏》（臺北：藝文印書館，2001 年 12 月），頁 42。

〔註258〕漢・鄭玄注，唐・孔穎達等正義：《禮記正義》，收入《十三經注疏》（臺北：藝文印書館，2001 年 12 月），頁 961。

〔註259〕晉・杜預注，唐・孔穎達等正義：《春秋左傳正義》，收入《十三經注疏》（臺北：藝文印書館，2001 年 12 月），頁 575～576。

緝邊之粗麻衣、頭上裹苴絰、腰間束苴帶、手執苴杖、腳穿草鞋。食粥、佳草棚、睡草墊、枕草把。《禮記‧三年問》曰：「斬衰苴杖，居倚廬，食粥，寢苫枕塊，所以爲至痛飾也。」〔註260〕服三年之喪者面對失去至親的極度哀痛，故外表之服裝及居喪之生活皆表達極度哀痛之意。《儀禮‧既夕禮》曰：「寢苫枕塊」賈《疏》曰：「寢苫者，哀親之在草；枕塊者，哀親之在土。」〔註261〕面對親人去世，服喪者自然產生依戀不捨的情緒，甚至欲隨去世之親人離開。哀至親在草、在土，故寢苫、枕塊相伴，此爲情深不忍驟離之情緒反映。

《禮記‧中庸》載孔子之言曰：「三年之喪達乎天子。父母之喪，無貴賤，一也。」〔註262〕但春秋時代大夫已不服三年之喪，故晏嬰行之，而其家宰阻止。春秋中期以後，服喪違禮之情形更加嚴重。魯昭公十一年，安葬齊歸時，魯昭公不悲傷。晉國叔向曰：「魯公室其卑乎！君有大喪，國不廢蒐；有三年之喪，而無一日之慼。國不恤喪，不忌君也；君無慼容，不顧親也。國不忌君，君不顧親，能無卑乎？殆其失國。」〔註263〕叔向從齊歸之喪事判斷魯國公室將衰，原因是——國君的母親去世，國家卻不停止閱兵。國不憂喪，則不忌君；君不哀痛，則不顧親，由此可知魯公室必然衰落。

除了諸侯之外，周天子居三年之喪亦無悲傷之情。魯昭公十五年，周天子之太子及皇后先後去世，喪事完畢後，周天子竟然在飲宴中向晉國要索貢物、器玩。「籍談歸，以告叔向。叔向曰：『王其不終乎！吾聞之：所樂必卒焉。今王樂憂，若卒以憂，不可謂終。王一歲而有三年之喪二焉，於是乎以喪賓宴，又求彝器，樂憂甚矣，且非禮也。』」〔註264〕周天子居喪而宴樂，爲時已過早，又求彝器，這是連做兩件違禮之事，可見周天子亦將周禮拋諸腦後，服三年之喪卻絲毫無哀傷之情。

〔註260〕漢‧鄭玄注，唐‧孔穎達等正義：《禮記正義》，收入《十三經注疏》（臺北：藝文印書館，2001 年 12 月），頁 961。

〔註261〕漢‧鄭玄注，唐‧賈公彥疏：《儀禮注疏》，收入《十三經注疏》（臺北：藝文印書館 2001 年 12 月），頁 481。

〔註262〕漢‧鄭玄注，唐‧孔穎達等正義：《禮記正義》，收入《十三經注疏》（臺北：藝文印書館，2001 年 12 月），頁 886。

〔註263〕晉‧杜預注，唐‧孔穎達等正義：《春秋左傳正義》，收入《十三經注疏》（臺北：藝文印書館，2001 年 12 月），頁 787。

〔註264〕晉‧杜預注，唐‧孔穎達等正義：《春秋左傳正義》，收入《十三經注疏》（臺北：藝文印書館，2001 年 12 月），頁 824。

（二）喪　禮

　　喪葬禮儀包含對屍體的整飾、哀悼、埋葬、奠祭等活動，從夏代原始質樸的喪禮，到殷商時逐漸複雜化，西周時已形成一套完整的喪葬禮儀。

1. 初死之禮

　　初死之禮，是指斷氣前後的禮儀，包括：屬纊、復、沐浴、含、襲、掩、瑱、幎目、覆衾等活動，主要是確認死者是否死亡，並且在其死後整飾其遺體。在大殮入棺之前還須立喪主、爲銘、設重、發訃，以使喪禮有人主持、使死者的魂靈有所依歸，並且將死訊通報給死者的親友、上司、屬下或是鄰國。〔註265〕

　　《左傳》中有一則記載與初死之禮相關，其儀式爲「含」。「含」是在死者口中放入米飯、稻穀等物，這個儀式象徵──不讓死者饑餓的離開世間。大夫以上之貴族去世時，往往由賓客做含，但恐屍體口中有異味，故以布蓋死者的臉，布上挖小洞，賓客從小洞中將所含之物送入死者口中。〔註266〕《左傳・襄公十九年》記載：

> 荀偃癉疽，生瘍於頭。濟河，及著雍，病，目出。大夫先歸者皆反。
> 士匄請見，弗內。請後，曰：「鄭甥可。」二月甲寅，卒，而視，不
> 可含。宣子盥而撫之，曰：「事吳敢不如事主！」猶視。欒懷子曰：「其
> 爲未卒事於齊故也乎？」乃復撫之曰：「主苟終，所不嗣事于齊者，
> 有如河！」乃瞑，受含。宣子出，曰：「吾淺之爲丈夫也。」〔註267〕

荀偃生毒瘡而病重，大夫們都趕回送終。其病危時士匄問其立誰爲繼承人？荀偃回答荀吳。但荀偃去世後，眼睛張開，嘴緊閉，無法完成「含」的儀式。對中國人而言，「死不瞑目」代表死者心中有未完成之遺願，故其下屬不斷推測荀偃擔心的事，並且給予承諾，希望能讓死者安心。一直到下屬們承諾會繼續從事對齊國的戰事時，荀偃才閉眼接受下屬做「含」。「含」之儀式反映古人之宗教信仰。最初的「含」應該是不忍讓死去的親人飢餓，或是希望其來生能衣食無虞，此種儀式充滿對死者的關懷及對其來生給予祝福。這樣的信仰不斷傳承下來，到今日即使是死刑犯都會供給最後一餐，讓他吃飽再行刑。

〔註265〕張捷夫：《喪葬史話》（臺北：國家出版社，2003年4月），頁45～48。

〔註266〕張捷夫：《喪葬史話》（臺北：國家出版社，2003年4月），頁48。

〔註267〕晉・杜預注，唐・孔穎達等正義：《春秋左傳正義》，收入《十三經注疏》（臺北：藝文印書館，2001年12月），頁584～585。

2. 停柩之禮

從去世到下葬須經過一段時間，這段時間內的禮儀統稱爲「停柩之禮」。停柩之禮主要包括：殯、成服、弔、賻、奠、筮宅等活動。〔註268〕停柩時間的長短依死者的身份地位而有所不同。《左傳・隱公元年》曰：「天子七月而葬，同軌畢至；諸侯五月，同盟至；大夫三月，同位至；士踰月，外姻至。」〔註269〕天子去世後七個月下葬，所有諸侯都來參加喪禮；諸侯去世後五個月下葬，結盟的諸侯都來參加喪禮；大夫去世三個月下葬，官位相同的官員都來參加喪禮；士去世後一個月下葬，姻親來參加喪禮。地位越高者，參加喪禮者越多，停柩的時間也越長。

《左傳・隱公七年》曰：「七年，春，滕侯卒。不書名，未同盟也。凡諸侯同盟，於是稱名，故薨則赴以名，告終、嗣也，以繼好息民，謂之禮經。」凡諸侯同盟，結盟時必以名告於神靈，故死後訃告上也記載名字，這是爲了向同盟國報告國君的死訊及繼位者爲誰，以繼續維持友好關係並且安定民心。滕侯去世，《春秋》未記載其名，是因爲滕侯未與魯國結盟。此外，接到訃告後，哭祭的地點亦隨彼此關係之遠近而有所不同。《左傳・襄公十二年》曰：「秋，吳子壽夢卒，臨於周廟，禮也。凡諸侯之喪，異姓臨於外，同姓於宗廟，同宗於祖廟，同族於禰廟。是故魯爲諸姬，臨於周廟；爲邢、凡、蔣、茅、胙、祭，臨於周公之廟。」〔註270〕凡諸侯之喪，異姓者在城外向其國哭祭，同姓者在宗廟哭祭，同宗者在祖廟哭祭，同族者在父廟哭祭。吳國與魯國皆姬姓，故於周文王廟哭祭，而邢、凡、蔣、茅、胙、祭六國之喪，則在祖廟周公之廟哭祭。

《左傳》中關於「停柩之禮」的記載有：「殯」、「弔」、「賻」等儀式。《左傳・僖公十七年》曰：「冬十月乙亥，齊桓公卒。易牙入，與寺人貂因內寵以殺羣吏，而立公子無虧。孝公奔宋。十二月乙亥，赴。辛巳，夜殯。」〔註271〕「殯」也稱「大殮」，是將陪葬之衣物陳列，供賓客驗視，由喪主親自將屍體放入棺內。蓋棺後以皮帶或布帛紮綁，縱二道，橫三道。入殮後之棺稱爲「柩」。

〔註268〕張捷夫：《喪葬史話》（臺北：國家出版社，2003 年 4 月），頁 48～49。

〔註269〕晉・杜預注，唐・孔穎達等正義：《春秋左傳正義》，收入《十三經注疏》（臺北：藝文印書館，2001 年 12 月），頁 38～39。

〔註270〕晉・杜預注，唐・孔穎達等正義：《春秋左傳正義》，收入《十三經注疏》（臺北：藝文印書館，2001 年 12 月），頁 548。

〔註271〕晉・杜預注，唐・孔穎達等正義：《春秋左傳正義》，收入《十三經注疏》（臺北：藝文印書館，2001 年 12 月），頁 237～238。

一代霸主齊桓公因愛好女色又不聽從管仲之諫言，導致五公子爭立，飢不得食、渴不得飲而死，死後又無人殯尸，六十七日後始入棺殯殮。

殯後，喪主及死者之親屬皆穿喪服，依喪禮之規定食、住，稱爲「居喪成服」。接到訃告之人，須親自或派人前往喪家弔唁，弔唁是哀悼死者、安慰生者，若喪主不服喪，則弔禮不成。《左傳》曾記載孔子弔喪而季氏不行喪禮之情形。魯哀公十二年，「夏，五月，昭夫人孟子卒。昭公娶于吳，故不書姓。死不赴，故不稱夫人。不反哭，故不言葬小君。孔子與弔，適季氏。季氏不絻，放絰而拜。」〔註272〕魯昭公夫人孟子卒，季氏以同姓之故，不成其夫人之喪，死不赴、不爲反哭，故不書葬。孔子當時不在朝爲臣，故以小君之禮往弔，但季孫不免冠、服喪，故孔子不得服弔服，只好除去喪服下拜。

弔喪之賓客助喪之物稱爲「賵」，「賵」之內容包括：幣帛、含（放進死者口中之玉貝）、襚（給死者入斂之衣物）、贈馬（給死者陪葬之馬）、賵馬〔註273〕（送給喪家之馬）等。〔註274〕《左傳・隱公元年》曰：「秋，七月，天王使宰咺來歸惠公、仲子之賵。緩，且子氏未薨，故名。……贈死不及尸，弔生不及哀，豫凶事，非禮也。」〔註275〕周天子派宰咺來致送惠公及仲子助喪用之車馬束帛，但惠公早已去世，此時贈送，爲時已晚，而仲子尚在人世，此時贈送又過早，周天子此舉不合禮法。此則記載說明：贈送喪儀應及時。贈送死者之物應趕在下葬之前給予，向家屬弔喪應趕在主人返廟哭泣，喪禮結束之前，中國人最忌諱死亡，若在人家生前即贈送喪儀，那是十分無禮的舉動。

另有一則記載，同樣是「贈死不及尸」，但《左傳》卻記載其合禮。魯文公九年，「秦人來歸僖公、成風之襚，禮也。諸侯相弔賀也，雖不當事，苟有禮焉，書也，以無忘舊好。」〔註276〕杜《注》曰：「秦慕諸夏，欲通於魯。因

〔註272〕晉・杜預注，唐・孔穎達等正義：《春秋左傳正義》，收入《十三經注疏》（臺北：藝文印書館，2001年12月），頁1025。

〔註273〕例如：魯哀公二十三年，「春，宋景曹卒。季康子使冉有弔，且送葬，曰：『敝邑有社稷之事，使肥與有職競焉，是以不得助執紼，使求從輿人，曰：「以肥之得備彌甥也，有不腆先人之產馬，使求薦諸夫人之宰，其可以稱旌繁乎！」』」（見晉・杜預注，唐・孔穎達等正義：《春秋左傳正義》，收入《十三經注疏》（臺北：藝文印書館，2001年12月），頁1049。）。

〔註274〕張捷夫：《喪葬史話》（臺北：國家出版社，2003年4月），頁49。

〔註275〕晉・杜預注，唐・孔穎達等正義：《春秋左傳正義》，收入《十三經注疏》（臺北：藝文印書館，2001年12月），頁38～39。

〔註276〕晉・杜預注，唐・孔穎達等正義：《春秋左傳正義》，收入《十三經注疏》（臺北：藝文印書館，2001年12月），頁321～322。

有翟泉之盟，故追贈僖公并及成風。本非魯方嶽同盟，無相赴弔之制，故不譏其緩，而以接好爲禮。」〔註277〕秦人歸僖公、成風之襚時，僖公去世已十年，成風去世已六年，但秦國本非魯方嶽同盟，無須弔唁魯喪，故其追贈，雖不當事，仍書之，以無忘舊好。

依照周禮，諸侯薨，鄰國應遣使「襚」，《左傳・襄公二十九年》曰：「楚人使公親襚，公患之。穆叔曰：『袚殯而襚，則布幣也。』乃使巫以桃、茢先袚殯。楚人弗禁，既而悔之。」〔註278〕襄公至楚時，楚康王已大殮。鄰國弔喪，應由使者致襚，但楚人使襄公親襚，這是視魯君爲楚臣。穆叔建議襄公「袚殯而襚」，此爲君臨臣喪之禮。《禮記・檀弓下》曰：「君臨臣喪，以巫祝桃茢執戈，惡之也。」〔註279〕鄭注曰：「爲有凶邪之氣在側……桃，鬼所惡，茢萑苕可埽不祥。」〔註280〕君臨臣喪，因厭惡死亡的凶邪之氣，故有巫、祝持桃枝、掃帚、有護衛者執戈，以掃除不祥。在此則記載中，楚人僭用王禮；魯國則是以諸侯爲臣，兩國皆僭越禮法。

3. 埋葬之禮

埋葬之禮爲治喪過程中最隆重的禮儀，主要包括：朝祖（也稱爲告廟）、大遣奠、啓殯、下柩等。大遣奠時，表彰死者之德行並且致哀悼的文辭稱爲「誄」。《周禮・春官宗伯・大史》曰：「大喪，執灋以涖勸防，遣之日讀誄。」〔註281〕「遣」之日即「大遣奠」之時。《左傳・哀公十六年》曰：「孔丘卒。公誄之曰：『旻天不弔，不憖遺一老，俾屛余一人以在位，煢煢余在疚。嗚呼哀哉尼父！無自律。』」〔註282〕孔子去世後，哀公致悼辭，言上天不肯留下孔子作爲其效法之榜樣，使其孤單憂愁。誄文爲上對下之哀悼文辭，爲謚法所本。

〔註277〕晉・杜預注，唐・孔穎達等正義：《春秋左傳正義》，收入《十三經注疏》（臺北：藝文印書館，2001 年 12 月），頁 321。

〔註278〕晉・杜預注，唐・孔穎達等正義：《春秋左傳正義》，收入《十三經注疏》（臺北：藝文印書館，2001 年 12 月），頁 665。

〔註279〕漢・鄭玄注，唐・孔穎達等正義：《禮記正義》，收入《十三經注疏》（臺北：藝文印書館，2001 年 12 月），頁 171。

〔註280〕漢・鄭玄注，唐・孔穎達等正義：《禮記正義》，收入《十三經注疏》（臺北：藝文印書館，2001 年 12 月），頁 171。

〔註281〕漢・鄭玄注，唐・賈公彥疏：《周禮注疏》，收入《十三經注疏》（臺北：藝文印書館，2001 年 12 月），頁 403。

〔註282〕晉・杜預注，唐・孔穎達等正義：《春秋左傳正義》，收入《十三經注疏》（臺北：藝文印書館，2001 年 12 月），頁 1041。

在大遣奠儀式結束後，將靈柩運往墓地稱「啓殯」。啓殯時以馬車運靈柩及陪葬物品前往墓地，喪主及親屬步行護柩，尊長及賓客乘車隨其後，稱為「送葬」。由賓客用繩索或白布幫助牽引靈柩，以保證靈柩平穩行進，稱為「執紼」。〔註283〕魯宣公八年，「冬，葬敬嬴，旱，無麻，始用葛茀。雨，不克葬，禮也。禮，卜葬，先遠日，避不懷也。」〔註284〕魯國原本用麻繩來牽引靈柩，但因去年旱災無麻，故改用葛草來做牽引棺柩的繩索。由於下雨所以不能在卜選的日子下葬，這是合於禮的。依照禮制，卜選安葬的日期須先卜選較遠的日子，以避免別人認為生者不懷念死者。

按照春秋時代的禮儀，送葬重於弔喪，參加葬禮者必須比弔喪者地位高，因此通常派兩人赴喪。魯昭公三年，游吉曰：「昔文、襄之霸也，其務不煩諸侯……君薨，大夫弔，卿共葬事；夫人，士弔，大夫送葬。」〔註285〕但是到晉平公時，寵妾少姜去世，竟以超過嫡夫人的禮數安葬，且其它小國特派卿來弔唁，反映出晉國統治者的驕奢淫逸，不可一世。至晉頃公去世時，鄭國只派一人前去弔喪、送葬，且對晉人提出禮數不足的質詢還極力反駁，使晉人無可奈何。各國派出的送葬者身份下降，顯示出晉國的霸主地位一落千丈，大不如前。〔註286〕

出殯時行徑的路線亦反映死者的身份地位。魯昭公五年，叔孫豹去世，杜洩奉昭公之命安葬叔孫。「叔仲子謂季孫曰：『帶受命於子叔孫曰：『葬鮮者自西門。』』季孫命杜洩。杜洩曰：『卿喪自朝，魯禮也。吾子為國政，未改禮而又遷之。群臣懼死，不敢自也。』既葬而行。」〔註287〕按照魯國的禮制，執掌國政的卿大夫出殯時應從朝門走，但叔孫豹被餓三天而死，所以叔仲子建議季孫讓其照不得善終者之喪禮，從西門出殯。杜洩不顧其命令，堅持照魯禮，讓叔孫氏自朝門出殯，安葬叔孫後，杜洩即出走。在辦理喪事的過程中，杜洩善盡其家臣之職責，忠於叔孫，不畏季氏之強權。

〔註283〕張捷夫：《喪葬史話》（臺北：國家出版社，2003年4月），頁49。

〔註284〕晉・杜預注，唐・孔穎達等正義：《春秋左傳正義》，收入《十三經注疏》（臺北：藝文印書館，2001年12月），頁379。

〔註285〕晉・杜預注，唐・孔穎達等正義：《春秋左傳正義》，收入《十三經注疏》（臺北：藝文印書館，2001年12月），頁721。

〔註286〕見晉・杜預注，唐・孔穎達等正義：《春秋左傳正義》，收入《十三經注疏》（臺北：藝文印書館，2001年12月），頁927～928。

〔註287〕晉・杜預注，唐・孔穎達等正義：《春秋左傳正義》，收入《十三經注疏》（臺北：藝文印書館，2001年12月），頁742～743。

　　春秋時代之齊國似有以同姓宗婦會葬的習俗，《左傳・襄公二年》曰：「夏，齊姜薨，……齊侯使諸姜宗婦來送葬。」〔註288〕諸姜宗婦即同姓大夫之婦，齊姜爲齊國之女，齊侯使宗婦越境會葬，不合當時的禮制，〔註289〕但或許是齊國特有之送葬風俗。另外，春秋時送葬已有送葬歌曲，魯哀公十一年，吳魯兩國合攻齊國，「將戰，公孫夏命其徒歌虞殯。陳子行命其徒具含玉」〔註290〕「虞殯」即送葬時之輓歌，「含玉」亦是喪禮之一部份，軍隊在戰爭發生前歌虞殯、含玉，是顯示必死之決心，表示此次戰役有去無回。

4. 葬後之禮

　　葬後之禮包括：虞祭、卒哭、祔祭、小祥、大祥、禫等祭禮。未葬之前，死者形體仍在，故「事死如事生」，以活人之禮行事，葬後，各種儀式不再稱奠，改稱祭，以死者的靈魂爲事奉對象。〔註291〕《左傳・僖公三十三年》曰：「葬僖公，緩，作主，非禮也。凡君薨，卒哭而祔，祔而作主，特祀於主，烝、嘗、禘於廟。」〔註292〕諸侯去世當五月而葬，僖公七月始葬。既葬，反虞則免喪，行卒哭祭後以新死者之魂靈祔之於祖，立木主立几筵，特用喪禮祭祀於寢，不同於宗廟。宗廟則復用四時烝、嘗之禮。三年喪畢，致新死者之主以進於廟，廟之遠主當遷入祧，於是乃大祭於大廟，以審定昭穆，謂之禘。〔註293〕僖公於文公元年四月下葬，遲至文公二年才作神主，故《左傳》書其「緩」也。

　　在君王妻妾之葬禮中，從其是否「赴於諸侯、反哭于寢、祔于姑」，可知其地位是否爲夫人。〔註294〕在《左傳》的記載中，凡妾子爲君，且嫡夫人已

〔註288〕晉・杜預注，唐・孔穎達等正義：《春秋左傳正義》，收入《十三經注疏》（臺北：藝文印書館，2001 年 12 月），頁 498～499。

〔註289〕《禮記・檀弓下》：「婦人不越疆而弔人。」（見漢・鄭玄注，唐・孔穎達等正義：《禮記正義》，收入《十三經注疏》（臺北：藝文印書館，2001 年 12 月），頁 164。）。

〔註290〕晉・杜預注，唐・孔穎達等正義：《春秋左傳正義》，收入《十三經注疏》（臺北：藝文印書館，2001 年 12 月），頁 1017。

〔註291〕張捷夫：《喪葬史話》（臺北：國家出版社，2003 年 4 月），頁 51～52。

〔註292〕晉・杜預注，唐・孔穎達等正義：《春秋左傳正義》，收入《十三經注疏》（臺北：藝文印書館，2001 年 12 月），頁 292。

〔註293〕見《左傳・僖公三十三年》孔穎達《疏》。（晉・杜預注，唐・孔穎達等正義：《春秋左傳正義》，收入《十三經注疏》（臺北：藝文印書館，2001 年 12 月），頁 292。）。

〔註294〕例如：《左傳・隱公三年》：「夏，君氏卒——聲子也。不赴於諸侯，不反哭于寢，不祔于姑，故不曰『薨』。不稱夫人，故不言葬，不書姓。爲公故，曰『君氏』。」（見晉・杜預注，唐・孔穎達等正義：《春秋左傳正義》，收

薨或以罪廢，〔註295〕則妾母於法得爲夫人。故僖公之母成風、宣公之母敬嬴、襄公之母定姒〔註296〕、昭公之母齊歸，皆以夫人之禮成喪。《左傳・文公四年》春秋經文：「夫人風氏薨」下杜《注》曰：「赴同祔姑稱夫人。」〔註297〕成風之身份原爲妾，但母以子貴，故以夫人之禮葬。孔《疏》曰：

> 杜言此者，以成風本是莊公之妾，嫌其不成夫人，故明之也。《釋例》
> 曰：「凡妾子爲君，其母猶爲夫人，雖先君不命其母，母以子貴。其
> 適夫人薨，則尊得加於臣子，而内外之禮皆如夫人矣。故姒氏之喪，
> 則以小君不成，成風之喪，王使會葬。《傳》曰：禮也。是適夫人死，
> 妾母於法得成夫人也。」〔註298〕

關於「妾子爲君，則妾母於法得爲夫人」之做法，漢代學者頗多批評，甚至附會以災異，〔註299〕但是按照春秋時之禮制，「母以子貴」，妾母以夫人之禮

入《十三經注疏》（臺北：藝文印書館，2001 年 12 月），頁 50～51。）又如：《左傳・定公十五年》：「秋，七月壬申，姒氏卒。不稱夫人，不赴，且不祔也。」（晉・杜預注，唐・孔穎達等正義：《春秋左傳正義》，收入《十三經注疏》（臺北：藝文印書館，2001 年 12 月），頁 985。），但也有例外者，如哀姜。《左傳・僖公八年》：「秋，禘，而致哀姜焉，非禮也。凡夫人，不薨于寢，不殯于廟，不赴于同，不祔于姑，則弗致也。」（見晉・杜預注，唐・孔穎達等正義：《春秋左傳正義》，收入《十三經注疏》（臺北：藝文印書館，2001 年 12 月），頁 217。）。

〔註295〕《左傳・襄公四年》孔穎達引鄭玄之言曰：「正夫人有以罪廢，妾母得成爲夫人也。」（晉・杜預注，唐・孔穎達等正義：《春秋左傳正義》，收入《十三經注疏》（臺北：藝文印書館，2001 年 12 月），頁 503。）。

〔註296〕《左傳・襄公四年》：「秋，定姒薨。不殯于廟，無櫬，不虞。匠慶謂季文子曰：『子爲正卿，而小君之喪不成，不終君也。君長，誰受其咎？』初，季孫爲己樹六檟於蒲圃東門之外，匠慶請木，季孫曰：『略。』匠慶用蒲圃之檟，季孫不御。君子曰：『志所謂「多行無禮，必自及也」，其是之謂乎！』」（晉・杜預注，唐・孔穎達等正義：《春秋左傳正義》，收入《十三經注疏》（臺北：藝文印書館，2001 年 12 月），頁 505～506。）季孫氏最初因定姒之身份爲妾，不欲以小君之禮葬之，後因匠慶言襄公年長將責季孫，遂得每事成禮。

〔註297〕晉・杜預注，唐・孔穎達等正義：《春秋左傳正義》，收入《十三經注疏》（臺北：藝文印書館，2001 年 12 月），頁 306。

〔註298〕晉・杜預注，唐・孔穎達等正義：《春秋左傳正義》，收入《十三經注疏》（臺北：藝文印書館，2001 年 12 月），頁 306。

〔註299〕《漢書・五行志》曰：「釐公十年『冬，大雨雪』，劉向以爲先是釐公立妾爲夫人，陰居陽位，陰氣盛也。釐公二十年『五月乙巳，西宮災』……劉向以爲釐公立妾母爲夫人以入宗廟，故天災恐宮，若曰，去其卑而親者，將害宗廟之正禮。」（見班固撰，顏師古注：《漢書》卷二十七，志（二），（北京：中

下葬是合禮的。

5. 變調之喪禮

　　春秋末年，禮崩樂壞，各國諸侯都出現違反喪葬禮制之行為。例如：魯成公二年，「八月，宋文公卒，始厚葬，用蜃炭，益車馬，始用殉，重器備。槨有四阿，棺有翰、檜。」〔註300〕宋文公之厚葬，包括僭禮及奢侈兩方面，〔註301〕宋文公卒後七月而葬、槨有四阿、棺有翰檜，均為天子之制，此為僭禮之處。用蜃炭、益車馬、重器備，則是奢侈。另一個值得探討的問題是「人殉」。西周時，以人殉葬之風比起殷商時已減少很多，〔註302〕顯示出文化思想開化後尊重生命之態度，但是春秋末年，人殉的現象在某些國家再出現，如：上則記載宋文公用殉之事及魯文公六年，「秦伯任好卒，以子車氏之三子奄息、仲行、鍼虎為殉」〔註303〕、魯成公十年，晉景公以小臣為殉〔註304〕、魯昭公十三年，「夏，五月癸亥，王縊于芋尹申亥氏。申亥以其二女殉而葬之。」，〔註305〕這些記載說明人殉之風並未完全絕跡，君王去世後，以人殉葬，是原始野蠻又不人道的做法。

　　在《左傳》的記載中，魯國是最重周禮的國家，其國君違反喪葬禮制較多者應為魯昭公。魯昭公居父喪仍嬉戲如頑童，在父親下葬前，喪服已更換三次、遇生母之喪，也毫不悲哀，並且在服喪期間公然舉行軍事演習。但最荒誕的是——他愛馬勝過愛人，在流亡國外的期間，也不憐憫、體恤自己疲憊的隨從，反而想要替死馬做棺材。《左傳·昭公二十九年》曰：「衛侯來獻其乘馬，曰啟服，塹而死。公將為之槨。子家子曰：『從者病矣，請以食之。』乃以帷裹之。」〔註306〕昭公欲褻瀆禮義，施禮於禽獸，幸虧子家子之諫，方

　　　　華書局，1996 年 5 月），頁 1423 及 1323。）

〔註300〕 晉·杜預注，唐·孔穎達等正義：《春秋左傳正義》，收入《十三經注疏》（臺北：藝文印書館，2001 年 12 月），頁 427。

〔註301〕 參考：蒲慕州：《墓葬與生死——中國古代宗教之省思》（臺北：聯經出版社，1993 年 6 月），頁 227～228。

〔註302〕 參考：張捷夫：《喪葬史話》（臺北：國家出版社，2003 年 4 月），頁 31～35。

〔註303〕 晉·杜預注，唐·孔穎達等正義：《春秋左傳正義》，收入《十三經注疏》（臺北：藝文印書館，2001 年 12 月），頁 313～314。

〔註304〕 晉·杜預注，唐·孔穎達等正義：《春秋左傳正義》，收入《十三經注疏》（臺北：藝文印書館，2001 年 12 月），頁 450。

〔註305〕 晉·杜預注，唐·孔穎達等正義：《春秋左傳正義》，收入《十三經注疏》（臺北：藝文印書館，2001 年 12 月），頁 807。

〔註306〕 晉·杜預注，唐·孔穎達等正義：《春秋左傳正義》，收入《十三經注疏》（臺

始依禮以帷裹之。

　　另有幾則記載是關於「喪中作樂」違反居喪原則者。例如：「居喪奏樂飲酒」，如：魯昭公九年，「晉荀盈如齊逆女，還，六月，卒于戲陽。殯于絳，未葬。晉侯飲酒，樂。」〔註307〕、魯襄公二十三年，「杞孝公卒，晉悼夫人喪之。平公不徹樂，非禮也。禮，爲鄰國闕。」；〔註308〕又如：「喪中嫁娶、生子」：如：魯宣公元年，「春，王正月，公子遂如齊逆女。尊君命也。三月，遂以夫人婦姜至自齊。」〔註309〕魯文公薨於文公十八年二月，六月時下葬，宣公於元年正月使公子如齊逆女，三月遂挈夫人婦姜至自齊。文公安葬未踰年，宣公即娶親，不合三年之喪的禮制；魯定公九年，「宋公使樂大心盟于晉，且逆樂祁之尸。辭，僞有疾；乃使向巢如晉盟，且逆子梁之尸。子明謂桐門右師出，曰：『吾猶衰絰，而子擊鐘，何也？』右師曰：『喪不在此故也。』既而告人曰：『己衰絰而生子，余何故舍鐘？』」〔註310〕諸如此類喪中違禮之記載尚有很多，不一一列舉，喪葬禮制之敗壞，亦可見春秋末期政治混亂、貴族生活腐敗之局面。

二、以荒禮哀凶札

　　《周禮‧春官‧大宗伯》曰：「以荒禮哀凶札」，〔註311〕其下鄭《注》曰：「荒，人、物有害也。〈曲禮〉曰：『歲凶，年穀不登，君膳不祭肺，馬不食穀，馳道不除，祭事不縣，大夫不食梁，士飲酒不樂。』札，讀爲截，謂疫癘。」〔註312〕依據鄭《注》，「荒禮」應是「貴族階層遇荒年飢饉與疫病流行時，自行貶損以示哀悼之禮」。我國自古天災不斷，每遇自然災害及疫病流行，

　　　　　北：藝文印書館，2001 年 12 月），頁 921。

〔註307〕晉‧杜預注，唐‧孔穎達等正義：《春秋左傳正義》，收入《十三經注疏》（臺
　　　　　北：藝文印書館，2001 年 12 月），頁 780。

〔註308〕晉‧杜預注，唐‧孔穎達等正義：《春秋左傳正義》，收入《十三經注疏》（臺
　　　　　北：藝文印書館，2001 年 12 月），頁 601。

〔註309〕晉‧杜預注，唐‧孔穎達等正義：《春秋左傳正義》，收入《十三經注疏》（臺
　　　　　北：藝文印書館，2001 年 12 月），頁 361。

〔註310〕晉‧杜預注，唐‧孔穎達等正義：《春秋左傳正義》，收入《十三經注疏》（臺
　　　　　北：藝文印書館，2001 年 12 月），頁 967。

〔註311〕漢‧鄭玄注，唐‧賈公彥疏：《周禮注疏》，收入《十三經注疏》（臺北：藝文
　　　　　印書館，2001 年 12 月），頁 275。

〔註312〕漢‧鄭玄注，唐‧賈公彥疏：《周禮注疏》，收入《十三經注疏》（臺北：藝文
　　　　　印書館，2001 年 12 月），頁 275。

往往導致人口銳減、人民流離失所，且土地荒蕪，甚至引起社會動亂。但是先人們也在長期抵抗自然災害中，累積出豐富的救災、防災思想，並且體會出順應自然、愛護自然的生存哲學。《國語・周語下》有一則記載，十分值得後人省思，其言曰：

> 靈王二十二年，穀、洛鬭，將毀王宮。王欲壅之，太子晉諫曰：「不可。晉聞古之長民者，不墮山，不崇藪，不防川，不竇澤。……是以民生有財用，而死有所葬。然則無夭、昏、札、瘥之憂，而無飢、寒、乏、匱之患，故上下能相固，以待不虞，古之聖王唯此之慎。」

〔註313〕

周靈王二十二年，穀水與洛河爭流，將毀壞王宮，靈王因此想堵住穀水，但太子晉對他提出諫言。太子晉認為：古代統治者「不墮山、不崇藪、不防川、不竇澤」，因為高山、湖泊的作用在於疏通天地之氣，如果人能保持大自然的原貌，任其自然發展，那麼天地之氣就不會沉積凝滯，也不會流散。因此人民活著時能有財用，去世後也有葬身之地，而「夭、昏、札、瘥」、「飢、寒、乏、匱」等禍患，將不會出現。《左傳・昭公十九年》曰：「札瘥夭昏」〔註314〕杜《注》曰：「大死曰札，小疫曰瘥，短折曰夭，未名曰昏。」〔註315〕故「札瘥夭昏」即指各種疫癘流行及生命早夭之現象。太子晉之言，顯示古人很早即有環境保護的概念，他們對災害發生的原因無法解釋，但是知道愛惜自然、保護山水，才能擁有資源、預防災害。

（一）饑 荒

古代耕種技術不夠發達，所產糧食十分有限，再加上水、旱災不斷，又常有蝗蟲為害，因此發生饑荒的次數非常頻繁。饑荒造成國貧民弱，常使敵國有機可趁、藉機攻打，〔註316〕因此周代設有專職的官員，在災難發生時，

〔註313〕三國・韋昭註：《天聖明道本國語》（臺北：藝文印書館，1974 年 3 月），頁 74〜75。

〔註314〕晉・杜預注，唐・孔穎達等正義：《春秋左傳正義》，收入《十三經注疏》（臺北：藝文印書館，2001 年 12 月），頁 845。

〔註315〕晉・杜預注，唐・孔穎達等正義：《春秋左傳正義》，收入《十三經注疏》（臺北：藝文印書館，2001 年 12 月），頁 845。

〔註316〕例如：魯文公十六年，「楚大饑，戎伐其西南，至于阜山。……庸人帥羣蠻以叛楚，麇人率百濮聚於選，將伐楚。」（見晉・杜預注，唐・孔穎達等正義：《春秋左傳正義》，收入《十三經注疏》（臺北：藝文印書館，2001 年 12 月），頁 346〜347。）

可以安頓人民、穩定政局。《周禮・地官司徒・司救》曰：「凡歲時有天患民病，則以節巡國中及郊野，而以王命施惠。」〔註317〕古代君王，對天災、癘疫非常重視，除派官員專職處理災情外，國際間還常互通糧食以資助困乏的人民。

　　《左傳》中記載救助饑荒的方式包括：賑糧與調粟。賑糧，即用糧食救濟災民。如：《左傳・襄公二十九年》曰：

> 鄭子展卒，子皮即位。於是鄭饑，而未及麥，民病。子皮以子展之命餼國人粟，戶一鍾，是以得鄭國之民，故罕氏常掌國政，以為上卿。宋司城子罕聞之，曰：「鄰於善，民之望也。」宋亦饑，請於平公，出公粟以貸；使大夫皆貸。司城氏貸而不書，為大夫之無者貸。宋無飢人。〔註318〕

鄭國發生饑荒在子展去世之前，故子皮以父命將糧食分給國人，宋國的子罕亦效法其精神，由國、家貸糧救災。開倉賑災為救助災民最直接的方式，在此時救助國人，亦能提昇個人的政治威望，攏絡人心。例如：魯文公十六年，「宋公子鮑禮於國人，宋饑，竭其粟而貸之。」〔註319〕宋公子鮑在饑荒時，「竭其粟而貸之」，果然獲得國人擁戴而順利及位為君。

　　另一種賑災方式為調粟，例如：魯隱公六年，「冬，京師來告饑，公為之請糴於宋、衛、齊、鄭，禮也。」〔註320〕當京城發生饑荒時，諸侯國協助買齊糧食救助災荒，是合於禮的。各諸侯國之間，遇到饑荒時，亦有相互救援的道義責任，若對鄰國之災難坐視不管，不僅會遭國際社會唾棄，國內之臣民亦會因此而離心。例如：魯僖公十三年冬天，晉國發生饑荒，乞糴於秦。百里奚曰：「天災流行，國家代有。救災恤鄰，道也。行道有福。」〔註321〕秦於是乎輸粟于晉，自雍及絳相繼，命之曰：「汎舟之役」。魯僖公十四年，

〔註317〕漢・鄭玄注，唐・賈公彥疏：《周禮注疏》，收入《十三經注疏》（臺北：藝文印書館，2001年12月），頁214。
〔註318〕晉・杜預注，唐・孔穎達等正義：《春秋左傳正義》，收入《十三經注疏》（臺北：藝文印書館，2001年12月），頁666。
〔註319〕晉・杜預注，唐・孔穎達等正義：《春秋左傳正義》，收入《十三經注疏》（臺北：藝文印書館，2001年12月），頁347。
〔註320〕晉・杜預注，唐・孔穎達等正義：《春秋左傳正義》，收入《十三經注疏》（臺北：藝文印書館，2001年12月），頁71。
〔註321〕晉・杜預注，唐・孔穎達等正義：《春秋左傳正義》，收入《十三經注疏》（臺北：藝文印書館，2001年12月），頁223～224。

冬，秦饑，使乞糴于晉，晉人弗與。晉君不聽慶鄭之忠言，將秦之災禍以爲己幸，堅持不借糧食給秦國，希望藉著饑荒削弱秦國國力。〔註322〕晉君幸災樂禍的決策加深秦晉兩國的仇怨，也因此引來魯僖公十五年的秦晉韓之戰。韓之戰中，忘恩負義的晉惠公被俘，經伯姬求情後，才被釋回，「是歲，晉又饑，秦伯又餼之粟。」〔註323〕秦國不念舊惡的胸懷，使其獲得人心，秦穆公也因此奠定春秋五霸的地位。

　　春秋時代，調粟賑災之法，除了移粟就民之外，亦可以移民就粟。《孟子·梁惠王上》曰：「河內凶，則移其民於河東，移其粟于河內，河東凶亦然。」〔註324〕這個方法是讓災民自動前往糧食豐足之地，或是由政府下令，命災民移往糧多之區，以平衡糧食匱乏之情形來減少災情。

　　春秋時期，救災備患的思想已很發達。《左傳·成公九年》曰：「恃陋而不備，罪之大者也，備豫不虞，善之大者也」〔註325〕、《左傳·文公六年》曰：「備豫不虞，古之善教也。」〔註326〕、《左傳·襄公十一年》，魏絳引《書》曰：「『居安思危。』思則有備，有備無患。」〔註327〕這些言論顯示古人除了有救援災難的措施外，更有防患於未然的觀念，當時已有專管觀測風雲的官員，希望能發現災難的跡象，爲災荒凶札早作準備。〔註328〕另外，饑荒會影響國家稅收，對於國家財稅不足的情況該如何因應，儒家也曾加以討論。《論語·顏淵》曰：「哀

〔註322〕晉·杜預注，唐·孔穎達等正義：《春秋左傳正義》，收入《十三經注疏》（臺北：藝文印書館，2001 年 12 月），頁 224～225。

〔註323〕晉·杜預注，唐·孔穎達等正義：《春秋左傳正義》，收入《十三經注疏》（臺北：藝文印書館，2001 年 12 月），頁 235。

〔註324〕漢·趙岐注，宋·孫奭疏：《孟子注疏》，收入《十三經注疏》（臺北：藝文印書館，2001 年 12 月），頁 11。

〔註325〕晉·杜預注，唐·孔穎達等正義：《春秋左傳正義》，收入《十三經注疏》（臺北：藝文印書館，2001 年 12 月），頁 449。

〔註326〕晉·杜預注，唐·孔穎達等正義：《春秋左傳正義》，收入《十三經注疏》（臺北：藝文印書館，2001 年 12 月），頁 315。

〔註327〕晉·杜預注，唐·孔穎達等正義：《春秋左傳正義》，收入《十三經注疏》（臺北：藝文印書館，2001 年 12 月），頁 547。

〔註328〕《周禮·春官·保章氏》：「以五雲之物辨吉凶、水旱降豐荒之祲象。」（見漢·鄭玄注，唐·賈公彥疏：《周禮注疏》，收入《十三經注疏》（臺北：藝文印書館，2001 年 12 月），頁 406。）；《左傳·僖公五年》曰：「五年，春，王正月辛亥朔，日南至。公既視朔，遂登觀臺以望，而書，禮也。凡分、至、啓、閉，必書雲物，爲備故也。」（見晉·杜預注，唐·孔穎達等正義：《春秋左傳正義》，收入《十三經注疏》（臺北：藝文印書館，2001 年 12 月），頁 205。）。

公問於有若曰：『年饑，用不足，如之何？』有若對曰：『盍徹乎？』曰：『二，吾猶不足，如之何其徹也？』對曰：『百姓足，君孰與不足？百姓不足，君孰與足？』」〔註329〕自魯宣公十五年「初稅畝」以來，魯國的田賦就取十分之二爲稅。魯哀公問有若曰：「年饑，用不足，如之何？」有若欲譏其重斂，故曰：「盍徹乎？」「徹」即按周禮，取十分之一爲稅。有若之言代表儒家「藏富於民」的政治觀，唯有讓百姓豐衣足食，才有餘力供給國家稅收。

（二）疫　癘

疫癘即流行病，如：《左傳‧昭公四年》曰：「雷出不震，無菑霜雹，癘疾不降，民不夭札。」〔註330〕又如：《左傳‧哀公元年》曰：「在國，天有菑癘，親巡其孤寡而共其乏困。」〔註331〕流行病常造成人民大量死亡，而引起恐慌，故人民運用宗教及醫藥的力量，希望能阻止疫癘發生。當時的人們相信：疾病來自於居住環境〔註332〕、氣候不順〔註333〕或是厲鬼爲祟。〔註334〕藏冰之禮或保護山林可以調節氣候，而厲鬼爲祟則須用祭祀加以安撫。《左傳‧昭公七年》曰：「鄭子產聘于晉。晉侯疾，韓宣子逆客，私焉，曰：『寡君寢疾，於今三月矣，並走羣望，有加而無瘳。今夢黃熊入于寢門，其何厲鬼也？』」〔註335〕後聽子產之言，祭祀鯀，晉侯之病才逐漸痊癒。但有些疾病與厲鬼與氣候無關，

〔註329〕 魏‧何晏等注，宋‧邢昺疏：《論語注疏》，收入《十三經注疏》（臺北：藝文印書館，2001 年 12 月），頁 107。

〔註330〕 晉‧杜預注，唐‧孔穎達等正義：《春秋左傳正義》，收入《十三經注疏》（臺北：藝文印書館，2001 年 12 月），頁 730。

〔註331〕 晉‧杜預注，唐‧孔穎達等正義：《春秋左傳正義》，收入《十三經注疏》（臺北：藝文印書館，2001 年 12 月），頁 992～993。

〔註332〕 如：魯成公七年，晉國商議遷都時，韓獻子曰：「郇、瑕氏土薄水淺，其惡易覯。易覯則民愁，民愁則墊隘，於是乎有沉溺重膇之疾。不如新田，土厚水深，居之不疾，有汾、澮以流其惡，且民從教，十世之利也。」（見晉‧杜預注，唐‧孔穎達等正義：《春秋左傳正義》，收入《十三經注疏》（臺北：藝文印書館，2001 年 12 月），頁 441～442。）

〔註333〕 如：魯定公四年，荀寅曰：「水潦方降，疾瘧方起。」（見晉‧杜預注，唐‧孔穎達等正義：《春秋左傳正義》，收入《十三經注疏》（臺北：藝文印書館，2001 年 12 月），頁 945。）

〔註334〕 如：魯僖公二十六年，夔子曰：「我先王熊摯有疾，鬼神弗赦。」（見晉‧杜預注，唐‧孔穎達等正義：《春秋左傳正義》，收入《十三經注疏》（臺北：藝文印書館，2001 年 12 月），頁 265。）

〔註335〕 晉‧杜預注，唐‧孔穎達等正義：《春秋左傳正義》，收入《十三經注疏》（臺北：藝文印書館，2001 年 12 月），頁 762。

是來自人的行爲。如：《左傳・昭公元年》曰：「晉侯求醫於秦，秦伯使醫和視
之，曰：『疾不可爲也，是謂近女室，疾如蠱。非鬼非食，惑以喪志。……』」
〔註336〕醫和曰：「非鬼非食」，說明此病與屬鬼無關，且非食物中毒而是來自縱
情女色、荒淫無度。醫和舉音樂爲例，強調凡事都應「節制」，若是「過度」則
會導致疾病，他提出一套六氣與病症相應的理論，其言曰：

> 天有六氣，降生五味，發爲五色，徵爲五聲，淫生六疾。六氣曰：
> 陰、陽、風、雨、晦、明也，分爲四時，序爲五節，過則爲菑：陰
> 淫寒疾，陽淫熱疾，風淫末疾，雨淫腹疾，晦淫惑疾，明淫心疾。
> 女，陽物而晦時，淫則生內熱惑蠱之疾。今君不節、不時，能無及
> 此乎？〔註337〕

陰氣過度則得寒病，陽氣過度則得熱病，風寒過度得四肢關節病，雨水過度
得腹病，夜生活過度得迷亂病，白天放縱過度則得心病。晉侯過度愛好女色，
日夜都不加以節制，因此得病，無法醫治。

　　古人十分相信夢兆，〔註338〕認爲鬼神會在夢中與人相通，因此夢境常會
左右現實生活。魯成公十年，「晉侯夢大厲……召桑田巫，巫言如夢，公曰：
『何如？』曰：『不食新矣。』」〔註339〕晉景公因聽信莊姬之言而殺趙氏，滅
其族，故夢見大厲鬼前來復仇、索命，他召巫人來占夢，結果巫人預言齊景
公將不久於人世，無法吃到新麥。齊景公至秦國求醫，秦伯使醫緩爲之。「未
至，公夢疾爲二豎子，曰：『彼，良醫也，懼傷我，焉逃之？』其一曰：『居
肓之上，膏之下，若我何？』醫至，曰：『疾不可爲也！在肓之上，膏之下，
攻之不可，達之不及，藥不至焉，不可爲也！』」〔註340〕膏爲心臟尖端的脂肪，

〔註336〕晉・杜預注，唐・孔穎達等正義：《春秋左傳正義》，收入《十三經注疏》（臺
　　　　北：藝文印書館，2001 年 12 月），頁 708。

〔註337〕晉・杜預注，唐・孔穎達等正義：《春秋左傳正義》，收入《十三經注疏》（臺
　　　　北：藝文印書館，2001 年 12 月），頁 708～709。

〔註338〕如：魯宣公三年：初，鄭文公有賤妾曰燕姞，夢天使與己蘭，曰：「余爲伯
　　　　儵。余，而祖也。以是爲而子。以蘭有國香，人服媚之如是。」既而文公
　　　　見之，與之蘭而御之。辭曰：「妾不才，幸而有子。將不信，敢徵蘭乎？」
　　　　公曰：「諾。」生穆公，名之曰蘭。……穆公有疾，曰：「蘭死，吾其死乎！
　　　　吾所以生也。」刈蘭而卒。（見晉・杜預注，唐・孔穎達等正義：《春秋左
　　　　傳正義》，收入《十三經注疏》（臺北：藝文印書館，2001 年 12 月），頁 368。）。

〔註339〕晉・杜預注，唐・孔穎達等正義：《春秋左傳正義》，收入《十三經注疏》（臺
　　　　北：藝文印書館，2001 年 12 月），頁 450。

〔註340〕晉・杜預注，唐・孔穎達等正義：《春秋左傳正義》，收入《十三經注疏》（臺

肓爲胸腹之間的橫隔膜，「肓之上，膏之下」爲人體重要的內臟聚集區，無法用針灸、藥劑加以治療，因此「病入膏肓」，則疾不可爲矣。

《左傳》記載的病症繁多，〔註341〕且其醫療保健之法強調「天人相應」、「五味、五色、五聲平正和諧」以及「六氣與疾病相應」等理論，反映出中醫的陰陽五行思想逐漸成形，且當時的醫學已蘊涵「中庸」的哲理，認爲凡事都不宜過度，才是養生之道。由晉侯夢大厲之事來看，春秋時代，巫、醫已分職，君王生病時召巫只問吉凶，視疾下藥則爲醫之職責，且當時之醫學已懂得運用針灸與藥劑配合來進行治療。

三、以弔禮哀禍烖

（一）弔 災

《周禮》曰：「以弔禮哀禍烖。」〔註342〕鄭《注》曰：「禍烖謂遭水火」〔註343〕因此《周禮》之弔禮，指的是對遭水、火之災的國家加以慰問。弔字在《左傳》中約有三種解釋，第一種是作動詞用，指對遭遇不幸者加以慰問，如：魯成公九年，「晉侯觀于軍府，見鍾儀。問之曰：『南冠而縶者，誰也？』有司對曰：『鄭人所獻楚囚也。』使稅之。召而弔之。」〔註344〕第二種亦作動詞用，通「傷」，有「感傷」之意，如：魯僖公二十四年，富辰曰：「昔周公弔二叔之不咸，故封建親戚以蕃屏周。」〔註345〕第三種是作形容詞用，通「淑」，善也，如：襄公十四年：「有君不弔，有臣不敏。」〔註346〕按照《說文》的解釋：「弔，問終也。从人弓。故人持弓會歐禽鳥，弓蓋往

北：藝文印書館，2001 年 12 月），頁 450。

〔註341〕如：疥（皮膚病）、痁（數日發作一次的瘧疾）、瘍（頭上惡瘡）、瘧（瘧疾）、瘼（牲畜的疥病）、瘇疽（對口瘡）、癘（瘟疫）、瘈（狂犬病）等。（見陳克炯：《左傳詳解詞典》（鄭州：中州古籍出版社，2004 年 9 月），頁 845～850。）。

〔註342〕漢·鄭玄注，唐·賈公彥疏：《周禮注疏》，收入《十三經注疏》（臺北：藝文印書館，2001 年 12 月），頁 275。

〔註343〕漢·鄭玄注，唐·賈公彥疏：《周禮注疏》，收入《十三經注疏》（臺北：藝文印書館，2001 年 12 月），頁 275。

〔註344〕晉·杜預注，唐·孔穎達等正義：《春秋左傳正義》，收入《十三經注疏》（臺北：藝文印書館，2001 年 12 月），頁 448。

〔註345〕晉·杜預注，唐·孔穎達等正義：《春秋左傳正義》，收入《十三經注疏》（臺北：藝文印書館，2001 年 12 月），頁 255。

〔註346〕晉·杜預注，唐·孔穎達等正義：《春秋左傳正義》，收入《十三經注疏》（臺北：藝文印書館，2001 年 12 月），頁 561。

復弔問之義。」〔註347〕「弔」的本義，爲對死亡之慰問，蓋古之喪禮樸質，屍體投諸荒野常遭禽鳥啄食，故人皆持弓助孝子會歐禽鳥，此爲弔字之本義。弔字作「善」與「感傷」解釋，當爲引申義。

《左傳‧宣公十五年》曰：「天反時爲災，地反物爲妖，民反德爲亂，亂則妖災生。」〔註348〕天違反時令就造成災害，地違反物性就生長妖怪，人違反德性就產生禍亂，禍亂產生後妖怪及災害就隨之出現。《左傳‧宣公十六年》曰：「凡火，人火曰火，天火曰災。」〔註349〕此二則記載說明：古人將氣候違反常態所引起的天災稱爲災，人爲縱火只稱「火」不稱「災」。

《左傳》曾對宋、鄭、魯三國處理火災的情形加以記載，當時處理火災的措施包括：調集常備徒役及近郊兵力救火、看守府庫及國家重要典籍、拆除房屋設置隔火巷道、將火未燒到之處覆蓋浸濕的帷幕或泥土、準備刑具以處罰趁火犯罪之人、準備武器以防鄰國入侵、祭祀神靈以禳除餘災等。〔註350〕對於火災的處理方式各國略有不同，宋國於火災後，殺馬特祀盤庚、鄭國處理火災時，特別重視國防及外交。例如：禁止久居國內深知國情之外國使者走出賓館大門，以防國家機密外洩、分發武器給士兵，使其登上城牆，預防敵國偷襲，以及派行人向諸侯報告等。鄭國對受災戶的照顧也最爲周到，不但記下被燒的屋舍，減免其賦稅外，還分發造屋的材料，協助其重建。保存周禮最完整的魯國則較重視典籍，在救火時先守護「御書」、「禮書」、《象魏》等典籍，強調「舊章不可亡也」，且季氏命救火者受傷則止，更顯現出重視人命勝過財物的態度。

在《左傳‧昭公十八年》的記載中，鄭國發生火災後，使行人告於諸侯，結果陳國不救火，許國不弔災，君子是以知陳、許之先亡也。〔註351〕可見

〔註347〕許慎著、段玉裁注：《說文解字》（臺北：萬卷樓圖書公司，1997 年 8 月），頁 387。

〔註348〕晉‧杜預注，唐‧孔穎達等正義：《春秋左傳正義》，收入《十三經注疏》（臺北：藝文印書館，2001 年 12 月），頁 408。

〔註349〕晉‧杜預注，唐‧孔穎達等正義：《春秋左傳正義》，收入《十三經注疏》（臺北：藝文印書館，2001 年 12 月），頁 410。

〔註350〕宋國火災，見：《春秋左傳正義‧襄公九年》，收入《十三經注疏》（臺北：藝文印書館，2001 年 12 月），頁 522～524。鄭國火災，見：《春秋左傳正義‧昭公十八年》，收入《十三經注疏》（臺北：藝文印書館，2001 年 12 月），頁 842。魯國火災，見：《春秋左傳正義‧哀公三年》，收入《十三經注疏》（臺北：藝文印書館，2001 年 12 月），頁 997～998。

〔註351〕晉‧杜預注，唐‧孔穎達等正義：《春秋左傳正義》，收入《十三經注疏》（臺北：藝文印書館，2001 年 12 月），頁 842。

春秋時代，國家發生火災時，盟國皆會遣使弔災，且鄰近之國還須前往救災。若是冷漠的對待鄰國的災難，將被國際社會唾棄，且被視爲不義之國。

弔災之禮是派遣使者對受災國進行慰問，並無財物上之資助。例如：《左傳‧莊公十一年》記載：

> 秋，宋大水。公使弔焉，曰：「天作淫雨，害於粢盛，若之何不弔？」對曰：「孤實不敬，天降之災，又以爲君憂，拜命之辱。」臧文仲曰：「宋其興乎！禹、湯罪己，其興也悖焉；桀、紂罪人，其亡也忽焉。且列國有凶，稱孤，禮也。言懼而名禮，其庶乎！」既而聞之曰公子御說之辭也。臧孫達曰：「是宜爲君，有恤民之心。」
> 〔註352〕

「弔禮」主要是對水、火之災加以慰問。宋國發生水災，魯國前往慰問，既是在受災國最焦慮、憂傷之時，傳達人道關懷，也有延續兩國友好邦交之用意在。對古人而言，天災即是上天的懲罰，故鄰國前來弔災時，受災國之君主罪己稱孤是合於禮的。

（二）弔　喪

據《說文》所言，「弔」字之本義爲「問終」，後世之弔禮亦多用於喪事，故本文亦將春秋時代的「弔喪之禮」併入討論。王貴民謂：「弔禮起初用在撫恤凶荒一類之事，以後逐漸只用於喪事。弔喪並非對死者，乃是對於喪家中生人的慰問。」〔註353〕因爲弔喪時，慰問對象爲死者之家屬，故弔喪亦可作爲外交活動，用來化敵爲友。例如：魯昭公九年，「王有姻喪，使趙成如周弔，且致閻田與襚，反潁俘。」〔註354〕晉國因曾和周朝爭奪閻田，又率領戎狄進攻周朝的潁地而與周天子交惡，後來晉國的執政者韓宣子經叔向勸說後，藉弔喪之名，歸還周室土地及俘虜，以化解敵意。

《左傳‧文公三年》曰：「夏，四月乙亥，王叔文公卒，來赴，弔如同盟，禮也。」〔註355〕王叔文與魯僖公同盟於翟泉，《左傳‧隱公七年》曰：「凡諸

〔註352〕晉‧杜預注，唐‧孔穎達等正義：《春秋左傳正義》，收入《十三經注疏》（臺北：藝文印書館，2001年12月），頁153。

〔註353〕王貴民：《中國禮俗史》（臺北：文津出版社，1993年7月），頁81。

〔註354〕晉‧杜預注，唐‧孔穎達等正義：《春秋左傳正義》，收入《十三經注疏》（臺北：藝文印書館，2001年12月），頁779。

〔註355〕晉‧杜預注，唐‧孔穎達等正義：《春秋左傳正義》，收入《十三經注疏》（臺北：藝文印書館，2001年12月），頁305。

侯同盟，於是稱名，故薨則赴以名。」〔註356〕魯文公爲同盟之子，故以名赴文，文公亦弔之如同盟。弔喪時，常贈喪家錢財：如：魯文公八年，魯國派穆伯前往成周去爲周襄王弔喪，結果他攜帶弔喪的財物向東逃到莒國，去跟隨莒國的己氏。〔註357〕按照周禮，弔喪者之身份應與死者之地位相配合，但春秋時代禮崩樂壞，小國對大國之喪事往往不敢怠慢。例如：魯昭公二年，「晉少姜卒，公如晉，及河，晉侯使士文伯來辭，曰：『非伉儷也，請君無辱。』公還。季孫宿遂致服焉。」〔註358〕少姜爲晉侯之妾，非嫡配。依據當時的禮節，即使是諸侯正室之喪，他國君主亦不必親臨弔唁，但晉國爲諸侯之盟主，魯國對其十分敬畏，故晉國寵妾之喪，魯君竟欲親自前往弔唁，故從弔喪之規格，亦可知受弔者之聲望、地位。〔註359〕

　　弔喪時，態度須恭敬有禮，否則不僅沒有傳達關懷之意，反而會引起喪家的反感。例如：魯文公十四年，「邾文公之卒也，公使弔焉，不敬。邾人來討，伐我南鄙，故惠伯伐邾。」〔註360〕弔喪之本意在於哀悼死者、慰問生者，若是態度不敬，則有辱死者及喪家，甚至會引起兩方衝突。另外，弔喪之地點亦須合於禮制。魯襄公二十三年，「齊侯歸，遇杞梁之妻於郊，使弔之。辭曰：『殖之有罪，何辱命焉？若免於罪，猶有先人之敝廬在，下妾不得與郊弔。』齊侯弔諸其室。」〔註361〕孔穎達《正義》引《檀弓》篇二則記載來討論此事。其一爲：魯哀公使人弔蕢尚，遇諸道，辟於路，畫宮而受弔。曾子認爲蕢尚不如杞梁之妻知禮。其二爲：君遇柩於路，必使人弔之。孔穎達以爲：若君遇柩於路，使人弔之者，謂庶人及微小之臣也，故杞梁之妻辭不受弔是知禮

〔註356〕晉·杜預注，唐·孔穎達等正義：《春秋左傳正義》，收入《十三經注疏》（臺北：藝文印書館，2001 年 12 月），頁 72。

〔註357〕見晉·杜預注，唐·孔穎達等正義：《春秋左傳正義》，收入《十三經注疏》（臺北：藝文印書館，2001 年 12 月），頁 319。

〔註358〕晉·杜預注，唐·孔穎達等正義：《春秋左傳正義》，收入《十三經注疏》（臺北：藝文印書館，2001 年 12 月），頁 720。

〔註359〕《左傳·哀公二十七年》曰：「夏，四月己亥，季康子卒。公弔焉，降禮。」魯哀公弔季康子之喪，故意降禮，貶低其身份地位，以此表示對他的不滿和厭惡。（見晉·杜預注，唐·孔穎達等正義：《春秋左傳正義》，收入《十三經注疏》（臺北：藝文印書館，2001 年 12 月），頁 1053。）。

〔註360〕晉·杜預注，唐·孔穎達等正義：《春秋左傳正義》，收入《十三經注疏》（臺北：藝文印書館，2001 年 12 月），頁 335。

〔註361〕晉·杜預注，唐·孔穎達等正義：《春秋左傳正義》，收入《十三經注疏》（臺北：藝文印書館，2001 年 12 月），頁 607。

也。〔註362〕但若弔唁者非受君命來弔，則其弔唁之地點又有不同。魯成公二年，「九月，衛穆公卒，晉二子自役弔焉，哭於大門之外。衛人逆之，婦人哭於門內。送亦如之。遂常以葬。」〔註363〕晉國的將軍們因在外征戰在回國途中，非受君命來弔，故哭於大門之外，不敢成弔禮。

四、以襘禮哀圍敗

《周禮・春官・大宗伯》曰：「以襘禮哀圍敗」〔註364〕鄭《注》曰：「同盟者合會財貨以更其所喪。」〔註365〕「襘」有會合財物之意，「襘禮」是指國家遭受圍敗時，其它同盟國會合財物以濟助其損失。《周禮・地官・大行人》亦曰：「致襘以補諸侯之災。」〔註366〕可見同盟國間會合財貨以相補之災禍範圍很廣，非單指兵災而言。

春秋時代，遭圍敗之國的君主往往以凶禮自處，如：魯宣公十二年，楚克鄭，「鄭伯肉袒牽羊以逆」〔註367〕、魯昭公四年，「賴子面縛銜璧，士袒，輿櫬從之，造於中軍。」〔註368〕、魯僖公六年，「許男面縛，銜璧，大夫衰絰，士輿櫬。」〔註369〕在國家面臨滅亡的危險時，君主自覺愧對祖先及百姓，故肉袒、自縛，以罪犯之姿向戰勝國投降，以保全子民，士以上之貴族亦以喪服哀悼國家之危難。〔註370〕

〔註362〕晉・杜預注，唐・孔穎達等正義：《春秋左傳正義》，收入《十三經注疏》（臺北：藝文印書館，2001 年 12 月），頁 607。
〔註363〕晉・杜預注，唐・孔穎達等正義：《春秋左傳正義》，收入《十三經注疏》（臺北：藝文印書館，2001 年 12 月），頁 427。
〔註364〕漢・鄭玄注，唐・賈公彥疏：《周禮注疏》，收入《十三經注疏》（臺北：藝文印書館，2001 年 12 月），頁 275。
〔註365〕漢・鄭玄注，唐・賈公彥疏：《周禮注疏》，收入《十三經注疏》（臺北：藝文印書館，2001 年 12 月），頁 275。
〔註366〕漢・鄭玄注，唐・賈公彥疏：《周禮注疏》，收入《十三經注疏》（臺北：藝文印書館，2001 年 12 月），頁 561。
〔註367〕晉・杜預注，唐・孔穎達等正義：《春秋左傳正義》，收入《十三經注疏》（臺北：藝文印書館，2001 年 12 月），頁 388。
〔註368〕晉・杜預注，唐・孔穎達等正義：《春秋左傳正義》，收入《十三經注疏》（臺北：藝文印書館，2001 年 12 月），頁 732。
〔註369〕晉・杜預注，唐・孔穎達等正義：《春秋左傳正義》，收入《十三經注疏》（臺北：藝文印書館，2001 年 12 月），頁 214。
〔註370〕「面縛、銜璧、輿櫬」是指兩手反綁在背後，嘴裡含璧玉，用車拉著棺材，此爲古代戰敗者晉見戰勝者之禮節。喪禮中有「含」之儀節，故「銜璧」及

　　國家戰敗時，以凶禮自處者非僅國內之君臣，遠嫁他國的公主亦凶服以哀祖國，如：《左傳・僖公十五年》記載：秦晉韓原之戰，晉國戰敗，秦穆公俘虜晉惠公凱旋歸國。「穆姬聞晉侯將至，以大子罃、弘與女簡璧登臺而履薪焉。使以免服衰絰逆，且告，曰：『上天降災，使我兩君匪以玉帛相見，而以興戎。若晉君朝以入，則婢子夕以死；夕以入，則朝以死。唯君裁之！』乃舍諸靈臺。」〔註371〕穆姬與晉侯為姊弟，晉國戰敗國君被俘，穆姬乃以同罪自囚，冀望秦穆公能憐憫同情而一併開釋。〔註372〕

　　《左傳》中同盟國對圍敗之國的濟助見於魯僖公元年援救邢國及魯僖公二年援救衛國。《左傳・僖公元年》曰：「夏，邢遷于夷儀，諸侯城之，救患也。凡侯伯，救患、分災、討罪，禮也。」〔註373〕邢國於魯莊公三十二年及魯閔公元年兩度被赤狄侵犯，齊桓公會同宋桓公、曹昭公率軍救邢。魯僖公元年，邢國遷都至夷儀，各諸侯國又為邢國修築都城。當時齊桓公為諸侯之領袖，有救患、分災、討罪之責任與義務。《左傳・僖公二年》曰：「春，諸侯城楚丘而封衛焉。」〔註374〕衛國亦被狄人所滅，衛戴公於曹地即位，齊桓公率諸侯在楚丘築城，重新分封衛國。這兩次濟助圍敗之國，皆有財貨之資助，《國語・齊語》曰：「狄人攻邢，桓公築夷儀以封之，男女不淫，牛馬選具。狄人攻衛，出廬于曹，桓公城楚丘以封之，桓公與之繫馬三百，天下諸侯稱仁焉。」〔註375〕對於戰敗國之資助，除了協助築城、給予財物之

「輿櫬」表示其罪當死或願意受死。「肉袒、衰絰」則為喪禮之形式，衰絰為喪服之一種，「袒」見於奔喪之禮，如：《左傳・哀公十四年》：「孟懿子卒，成人奔喪，弗內，袒、免，哭于衢」（見晉・杜預注，唐・孔穎達等正義：《春秋左傳正義》，收入《十三經注疏》（臺北：藝文印書館，2001 年 12 月），頁 1034。）。

〔註371〕晉・杜預注，唐・孔穎達等正義：《春秋左傳正義》，收入《十三經注疏》（臺北：藝文印書館，2001 年 12 月），頁 231～232。

〔註372〕葛志毅引《周官・秋官・司刑》鄭《注》曰：「女子閉于宮中」以及《列女傳・辨通傳》中齊威王「乃閉虞姬于九層之台，則使有司窮驗問。」來驗證「穆姬登臺而履薪乃降志辱身，以罪囚自系之法」，其說當是也。（見：葛志毅：〈周代凶禮管窺〉，《中華文化論壇》（1999 年第 2 期），頁 23～24。）。

〔註373〕晉・杜預注，唐・孔穎達等正義：《春秋左傳正義》，收入《十三經注疏》（臺北：藝文印書館，2001 年 12 月），頁 198。

〔註374〕晉・杜預注，唐・孔穎達等正義：《春秋左傳正義》，收入《十三經注疏》（臺北：藝文印書館，2001 年 12 月），頁 199。

〔註375〕三國・韋昭註：《天聖明道本國語》（臺北：藝文印書館，1974 年 3 月），頁 177。

外，還有饋贈糧食。《左傳·定公五年》曰：「夏，歸粟于蔡，以周亟，矜無資。」〔註376〕蔡國因被楚國所圍而發生饑荒，魯國哀憐其人民，故贈糧以救急難。

　　對於圍敗以外的災禍，同盟國亦應會合財貨以救助。《左傳·襄公三十年》曰：「為宋災故，諸侯之大夫會，以謀歸宋財。冬，十月，叔孫豹會晉趙武、齊公孫蠆、宋向戌、衛北宮佗、鄭罕虎及小邾之大夫會于澶淵。既而無歸於宋，故不書其人。」〔註377〕魯襄公三十年，魯國叔孫豹、晉國趙武、齊國公孫蠆、宋國向戌、衛國北宮佗、鄭國罕虎以及小邾國之大夫於澶淵會見，因宋國發生火災，故各諸侯國大夫商議贈送宋國財物。澶淵之會盟後來沒有履行，但由此次會盟亦可知春秋時，國家發生災難，同盟國間確有會合財物以濟補損失之禮儀。

五、以恤禮哀寇亂

　　《禮記》曰：「以恤禮哀寇亂。」〔註378〕鄭《注》曰：「恤，憂也。鄰國相憂，兵作於外為寇，作於內為亂。」〔註379〕孔《疏》曰：「云哀之者，既不損財物，當遣使往諮問安不而已。」〔註380〕「恤禮」只有遣使問安，不費財物，但此禮卻蘊含很深的邦交情誼。國際社會非友即敵，遣使問候戰敗國，常會引起戰勝國之敵意。且同盟國遭強敵圍困時，若因國力弱小無力救援，欲傳達慰問之意，就須越過敵軍、突破重圍，故行恤禮之使者須有一定之智慧與膽識才能達成使命。例如：魯哀公二十年，越圍吳，晉國趙孟欲履行黃池之盟救吳國，但又沒有力量，故遣楚隆設法穿過越軍，「告于吳王曰：『寡君之老無恤使陪臣隆，敢展謝其不共：黃池之役，君之先臣志父得承齊盟，

〔註376〕晉·杜預注，唐·孔穎達等正義：《春秋左傳正義》，收入《十三經注疏》（臺北：藝文印書館，2001年12月），頁958。

〔註377〕晉·杜預注，唐·孔穎達等正義：《春秋左傳正義》，收入《十三經注疏》（臺北：藝文印書館，2001年12月），頁683。

〔註378〕漢·鄭玄注，唐·孔穎達等正義：《禮記正義》，收入《十三經注疏》（臺北：藝文印書館，2001年12月），頁275。

〔註379〕見於漢·鄭玄注，唐·孔穎達等正義：《禮記正義》，收入《十三經注疏》（臺北：藝文印書館，2001年12月），頁275。對於「寇」與「亂」之區別，《左傳》中亦有相同的說法。魯文公七年，叔仲惠伯曰：「兵作於內為亂，於外為寇」。（晉·杜預注，唐·孔穎達等正義：《春秋左傳正義》，收入《十三經注疏》（臺北：藝文印書館，2001年12月），頁318。）。

〔註380〕漢·鄭玄注，唐·孔穎達等正義：《禮記正義》，收入《十三經注疏》（臺北：藝文印書館，2001年12月），頁275。

曰：『好惡同之』。今君在難，無恤不敢憚勞，非晉國之所能及也，使陪臣敢展布之。』」〔註381〕楚隆出使時，吳國已被越軍包圍，故楚隆須先恭維越王，獲得允許，方能進入吳國。楚隆對吳王夫差傳達趙襄子的心意，使吳王大爲感激，而回贈珍珠。

　　春秋時代，國家發生內亂或外患通常會遣使告知同盟國，稱爲告難，〔註382〕同盟國則遣使慰問。若是周王室來告難，則諸侯除慰問之外，須提供天子應用的器具物品。〔註383〕慰問內亂之禮，如：《左傳・襄公十四年》記載：衛獻公無道，逼使孫氏父子作亂，獻公逃亡。《左傳》曰：

> 公使厚成叔弔于衛，曰：「寡君使瘠，聞君不撫社稷，而越在他竟，若之何不弔？以同盟之故，使瘠敢私於執事，曰：『有君不弔，有臣不敏；君不赦宥，臣亦不帥職，增淫發洩，其若之何？』」衛人使大叔儀對，曰：「群臣不佞，得罪於寡君。寡君不以即刑，而悼棄之，以爲君憂。君不忘先君之好，辱弔群臣，又重恤之。敢拜君命之辱，重拜大貺。」〔註384〕

魯君使厚成叔對衛獻公出奔之情形加以慰問，一方面可以對衛國的政局有更進一步的了解，另一方面是表達同盟國的關懷。從弔問之辭可以看出：君尊臣卑的觀念根深蒂固，即使衛獻公無德，當其被逼出奔時，魯國對衛國的臣子仍加以指責，而衛國臣子亦以罪己之辭答之。《左傳・閔公元年》記載齊國對魯國內亂的慰問。魯國的內亂起源於莊公夫人哀姜與慶父通姦，魯莊公死

〔註381〕晉・杜預注，唐・孔穎達等正義：《春秋左傳正義》，收入《十三經注疏》（臺北：藝文印書館，2001 年 12 月），頁 1048。

〔註382〕如：魯成公十七年，齊靈公之母聲孟子與慶克私通，慶克受到國武子之批評，故聲孟子向齊靈公誣告國武子叛變，因而引來齊國內亂。內亂平定後，齊侯「使國勝告難于晉，待命于清。」告難于晉，即是將齊國內亂的消息告訴同盟國。（見晉・杜預注，唐・孔穎達等正義：《春秋左傳正義》，收入《十三經注疏》（臺北：藝文印書館，2001 年 12 月），頁 483。）。

〔註383〕如：魯僖公二十四年，「冬，王使來告難，曰：『不穀不德，得罪于母弟之寵子帶，鄙在鄭地氾，敢告叔父。』臧文仲對曰：『天子蒙塵于外，敢不奔問官守？』王使簡師父告于晉，使左鄩父告于秦。天子無出，書曰：『天王出居于鄭』，辟母弟之難也。天子凶服、降名，禮也。鄭伯與孔將鉏、石甲父、侯宣多，省視官、具于氾，而後聽其私政，禮也。」（晉・杜預注，唐・孔穎達等正義：《春秋左傳正義》，收入《十三經注疏》（臺北：藝文印書館，2001 年 12 月），頁 258。）。

〔註384〕晉・杜預注，唐・孔穎達等正義：《春秋左傳正義》，收入《十三經注疏》（臺北：藝文印書館，2001 年 12 月），頁 561。

後，慶父想當國君，因此派圉人犖殺死新繼位的子般。子般被殺後，齊國人立叔姜所生之子啓即位，是爲閔公。閔公元年，「冬，齊仲孫湫來省難，書曰：『仲孫』，亦嘉之也。仲孫歸，曰：『不去慶父，魯難未已。』」〔註385〕齊國派仲孫湫省難，其實亦是對魯國政局作更深刻的觀察。仲孫湫觀微知著，深知慶父爲魯國之患，慶父不死，魯難未已。齊桓公既以恤禮哀憐魯國之寇亂，又想趁機滅掉魯國，以擴張齊國疆土，後因仲孫之勸阻才作罷。

慰問外患之禮，如：魯僖公三十三年，「冬，公如齊朝，且弔有狄師也。」〔註386〕魯僖公在朝見齊國時，慰問齊國外患，以及魯昭公六年，「冬，叔弓如楚，聘，且弔敗也。」〔註387〕魯國叔弓到楚國去訪問，同時慰問楚國被吳國打敗。這兩則記載皆在聘問之時，慰問禍難。同盟國間，對於內憂、外患，只須遣使慰問，但諸侯對於周天子，則有君臣之義，故有出兵平亂之義務。如：魯僖公十三年，「秋，爲戎難故，諸侯戍周。齊仲孫湫致之。」〔註388〕以及魯僖公十六年，「王以戎難告于齊。齊徵諸侯而戍周。」〔註389〕這是戎人犯周，諸侯兩度出兵協助周王室抵抗外患。對於周王室之內亂，諸侯莫不盡力加以援救。〔註390〕周敬王時，諸侯更因王子朝之亂，而戍守王城五年。〔註391〕可見春秋

〔註385〕晉‧杜預注，唐‧孔穎達等正義：《春秋左傳正義》，收入《十三經注疏》（臺北：藝文印書館，2001年12月），頁187。

〔註386〕晉‧杜預注，唐‧孔穎達等正義：《春秋左傳正義》，收入《十三經注疏》（臺北：藝文印書館，2001年12月），頁291。

〔註387〕晉‧杜預注，唐‧孔穎達等正義：《春秋左傳正義》，收入《十三經注疏》（臺北：藝文印書館，2001年12月），頁753。

〔註388〕晉‧杜預注，唐‧孔穎達等正義：《春秋左傳正義》，收入《十三經注疏》（臺北：藝文印書館，2001年12月），頁223。

〔註389〕晉‧杜預注，唐‧孔穎達等正義：《春秋左傳正義》，收入《十三經注疏》（臺北：藝文印書館，2001年12月），頁236。

〔註390〕如：《左傳‧莊公二十年》：鄭伯聞王子頽之亂而對虢叔曰：「盍納王乎？」虢公曰：「寡人之願也。」（晉‧杜預注，唐‧孔穎達等正義：《春秋左傳正義》，收入《十三經注疏》（臺北：藝文印書館，2001年12月），頁161。）又如：《左傳‧僖公二十四年》：周襄王因王子帶之亂出居於鄭，魯國臧文仲曰：「天子蒙塵于外，敢不奔問官守？」（晉‧杜預注，唐‧孔穎達等正義：《春秋左傳正義》，收入《十三經注疏》（臺北：藝文印書館，2001年12月），頁258。）以及《左傳‧僖公二十五年》：秦伯師于河上將納王，狐偃言於晉侯曰：「求諸侯，莫如勤王。諸侯信之，且大義也。」（晉‧杜預注，唐‧孔穎達等正義：《春秋左傳正義》，收入《十三經注疏》（臺北：藝文印書館，2001年12月），頁262。）、《左傳‧昭公二十四年》：周敬王有王子朝之亂，鄭國子大叔勸晉國的范獻子曰：「今王室實蠢蠢焉，吾小國懼矣；然大國之憂也，吾儕何知焉？

時期，周王室之地位下降，但諸侯仍受輿論之限制，而以勤王爲己務。

第三節　以賓禮親邦尊王

　　《周禮·春官·大宗伯》曰：「以賓禮親邦國：春見曰朝，夏見曰宗，秋見曰覲，冬見曰遇，時見曰會，殷見曰同，時聘曰問，殷覜曰視。」〔註392〕周代以賓禮來使邦國和睦親愛，《周禮》將賓禮分爲朝、宗、覲、遇、會、同、問、視八種，鄭《注》曰：「朝猶朝也，欲其來之早。宗，尊也，欲其尊王。覲之言勤，欲其勤王之事。遇，偶也，欲其若不期而俱至。」〔註393〕因此「朝、宗、覲、遇」皆屬於「朝覲」之禮，以諸侯朝見周天子爲主，其用意在令諸侯效忠天子、勤王之事。鄭《注》又曰：

> 時見者，言無常期，諸侯有不順服者，王將有征討之事，則既朝覲，王爲壇於國外，合諸侯而命事焉。《春秋傳》曰：有事而會，不協而盟是也。殷猶眾也。十二歲王如不巡守，則六服盡朝，朝禮既畢，王亦爲壇，合諸侯以命政焉。所命之政，如王巡守。殷見，四方四時分來，終歲則遍。〔註394〕

則「會、同」屬於「會盟」之禮，諸侯有不順王命者，不來朝王，則順服者助天子征討之。「會盟」用於王有故時，則合諸侯以命政也。鄭《注》又曰：「時聘者，亦無常期，天子有事乃聘之焉。竟外之臣，既非朝歲，不敢瀆爲小禮。殷覜，謂一服朝之歲以朝者少，諸侯乃使卿以大禮眾聘焉。一服朝在元年、七年、十一年。」〔註395〕因此「問、視」屬於「聘問」之禮。「時聘」

　　吾子其早圖之！《詩》曰：『缾之罄矣，惟罍之恥。』王室之不寧，晉之恥也。」（晉·杜預注，唐·孔穎達等正義：《春秋左傳正義》，收入《十三經注疏》（臺北：藝文印書館，2001年12月），頁886。）。

〔註391〕《左傳·昭公三十二年》，周天子曰：「天降禍于周，俾我兄弟並有亂心，以爲伯父憂。我一二親昵甥舅不皇啓處，於今十年。勤戍五年。余一人無日忘之。」（見晉·杜預注，唐·孔穎達等正義：《春秋左傳正義》，收入《十三經注疏》（臺北：藝文印書館，2001年12月），頁932。）。

〔註392〕漢·鄭玄注，唐·賈公彥疏：《周禮注疏》，收入《十三經注疏》（臺北：藝文印書館，2001年12月），頁275～276。

〔註393〕漢·鄭玄注，唐·賈公彥疏：《周禮注疏》，收入《十三經注疏》（臺北：藝文印書館，2001年12月），頁275。

〔註394〕漢·鄭玄注，唐·賈公彥疏：《周禮注疏》，收入《十三經注疏》（臺北：藝文印書館，2001年12月），頁275。

〔註395〕漢·鄭玄注，唐·賈公彥疏：《周禮注疏》，收入《十三經注疏》（臺北：藝文

者，諸侯聞天子有事，則遣大夫聘問天子，無固定時間；「殷覜」則有規定日期，由諸侯遣卿來視王之起居。

春秋時代，周天子的地位逐漸被霸主取代，諸侯朝聘與貢賦的對象也不再限於天子，但是各種外交禮儀仍受到各國的重視。《左傳・昭公五年》曰：「朝聘有珪，享覜有璋，小有述職，大有巡功。設机而不倚，爵盈而不飲；宴有好貨，殽有陪鼎，入有郊勞，出有贈賄，禮之至也。」〔註396〕古代的外交禮儀中，朝覲聘問有珪，燕饗有璋；小國有述職的規定，大國有巡狩的制度；陳設桌几而不倚靠，酒杯盈滿而不飲用；宴會時互相贈送禮品，用餐時有陪鼎加殽，這些都是禮儀的最高形式。這些禮儀的制定各有其作用，且實行的時間也不相同。《左傳・昭公十三年》曰：「是故明王之制，使諸侯歲聘以志業，間朝以講禮，再朝而會以示威，再會而盟以顯昭明。」〔註397〕諸侯每歲令大夫聘問，以志貢賦之業；間一歲諸侯親自朝覲，以講習上下之禮；再次朝覲而會見諸侯以表現威嚴，再次會見而結盟以顯現信義。聘問的作用除貢賦外，主要在於表達友好；朝覲是下對上的禮儀，用以顯示服從；盟會包含用牲及盟辭，是藉神靈來鞏固信義的儀式。

在當時，不懂外交禮儀的國家根本無法在國際社會立足，因為各國君主從即位之初，就須獲得其它國家的接納，政局才能穩定。依照周禮，凡是合法即位的君主都由周天子遣使賜命，例如：魯文公元年，「王使毛伯衛來賜公命。」〔註398〕若是即位後，無法獲得人民支持，就要朝覲天子或是與諸侯正式會面，以獲得國際社會的認同。例如：魯隱公四年，「州吁未能和其民，厚問定君於石子。石子曰：『王覲為可。』曰：『何以得覲？』曰：『陳桓公方有寵於王。陳、衛方睦，若朝陳使請，必可得也。』」〔註399〕石碏建議石厚使州吁朝陳，再由陳請求覲見周天子，這是得到諸侯接納的方法之一。另一種方式是與諸侯正式會面。例如：魯宣公即位後，季文子以濟西之田賂齊，請齊

印書館，2001 年 12 月），頁 276。

〔註396〕晉・杜預注，唐・孔穎達等正義：《春秋左傳正義》，收入《十三經注疏》（臺北：藝文印書館，2001 年 12 月），頁 745～746。

〔註397〕晉・杜預注，唐・孔穎達等正義：《春秋左傳正義》，收入《十三經注疏》（臺北：藝文印書館，2001 年 12 月），頁 810。

〔註398〕晉・杜預注，唐・孔穎達等正義：《春秋左傳正義》，收入《十三經注疏》（臺北：藝文印書館，2001 年 12 月），頁 297。

〔註399〕晉・杜預注，唐・孔穎達等正義：《春秋左傳正義》，收入《十三經注疏》（臺北：藝文印書館，2001 年 12 月），頁 57。

君與宣公正式會面。〔註400〕魯宣公篡立，諸侯既與之會，則不復討其弒君之罪，故會面而後位定。

在亂世之中，大國互相爭雄，小國在夾縫中求生存，若無靈活的外交手腕，就無法伸張主權、維護利益。例如：魯昭公十三年，平丘之會，結盟時，鄭國子產爭論進貢物品的等級，其言曰：

> 昔天子班貢，輕重以列。列尊貢重，周之制也。卑而貢重者，甸服也。鄭伯，男也，而使從公侯之貢，懼弗給也，敢以爲請。諸侯靖兵，好以爲事。行理之命，無月不至，貢之無藝，小國有闕，所以得罪也。諸侯修盟，存小國也。貢獻無極，亡可待也。存亡之制，將在今矣。〔註401〕

自日中爭至黃昏才獲晉人允許。子產的據理力爭，使鄭國能少納貢賦、減輕負擔。又如：魯昭公二十三年，邾人在翼地築城，回程時被武城人攻擊、俘虜。邾人向晉國起訴，叔孫婼出使晉國因而被執。叔孫諾生命遭受威脅又被晉國大臣索賄，但他自始至終都不卑不亢、維護國家尊嚴。「叔孫所館者，雖一日，必葺其牆屋，去之如始至。」〔註402〕他身爲外交使臣，不因當去而對館舍有所毀壞，也不因受到威脅而搖尾乞憐，成功的維護自己的人格與國格。

春秋時代的外交工作影響國家至鉅，奉命出使的官員除了常觀察國際局勢，〔註403〕提供施政參考外，還會與它國進行文化交流。例如：魯昭公十七

〔註400〕晉・杜預注，唐・孔穎達等正義：《春秋左傳正義》，收入《十三經注疏》（臺北：藝文印書館，2001 年 12 月），頁 361。

〔註401〕晉・杜預注，唐・孔穎達等正義：《春秋左傳正義》，收入《十三經注疏》（臺北：藝文印書館，2001 年 12 月），頁 812～813。

〔註402〕晉・杜預注，唐・孔穎達等正義：《春秋左傳正義》，收入《十三經注疏》（臺北：藝文印書館，2001 年 12 月），頁 877。

〔註403〕如：魯文公十七年，襄仲如齊，拜穀之盟。復曰：「臣聞齊人將食魯之麥。以臣觀之，將不能。齊君之語偷。臧文仲有言曰：『民主偷，必死。』」（見晉・杜預注，唐・孔穎達等正義：《春秋左傳正義》，收入《十三經注疏》（臺北：藝文印書館，2001 年 12 月），頁 350。）又如：魯襄公二十九年，季札爲通嗣君而出使他國。「聘于齊，說晏平仲，謂之曰：『子速納邑與政。無邑無政，乃免於難。齊國之政將有所歸，未獲所歸，難未歇也。』故晏子因陳桓子以納政與邑，是以免於欒、高之難。聘於鄭，見子產，如舊相識。與之縞帶，子產獻紵衣焉。謂子產曰：『鄭之執政侈，難將至矣，政必及子。子爲政，慎之以禮。不然，鄭國將敗。』適衛，說蘧瑗、史狗、史鰌、公子荊、公叔發、公子朝，曰：『衛多君子，未有患也。』」季札遍觀各國國情，並且分析政局、提供建言。（晉・杜預注，唐・孔穎達等正義：《春秋左傳正義》，收入《十三

年，郯子來朝，昭子請教他「少暭氏以鳥名官的緣由」〔註404〕、魯昭公七年，鄭子產聘于晉，晉侯有疾而夢黃熊，韓宣子請其解夢。子產認爲堯殛鯀于羽山，其神化爲黃熊，後來韓子祀夏郊，晉侯有間而賜子產方鼎。〔註405〕另外，魯襄公二十九年，吳公子季札觀樂於魯〔註406〕、魯昭公二年，韓宣子觀書於大史氏，見《易・象》與魯《春秋》〔註407〕、魯成公七年，晉國派遣巫臣出使吳國，以兩之一卒適吳，舍偏兩之一焉。與其射御，教吳乘車，教之戰陳，巫臣出使吳國，他所傳授的戰略技術使吳國逐漸躍昇爲大國。這些例子說明春秋時代，各國的交流十分頻繁，透過外交使臣的努力，許多珍貴的文化資產才得以保存。

一、朝覲之禮

朝覲之禮爲諸侯朝見天子或小國朝見大國的禮儀，也有少部份地位相當的君主會互相朝見以示友好。《周禮・秋官・大行人》云：「凡諸侯之邦交，歲相問也，殷相聘也，世相朝也。」〔註408〕鄭玄曰：「父死子立曰世。凡君即位，大國朝焉，小國聘焉。」〔註409〕例如：魯文公十一年，「秋，曹文公來朝，即位而來見也。」，〔註410〕這是曹國君主即位後朝見魯國。魯襄公元年，「九月，邾子來朝，禮也。」〔註411〕這是魯襄公即位，邾宣公前往朝覲。朝覲的時機，除國君即位外，還有五年相朝的說法。魯文公十五年，「曹伯來朝，禮

經注疏》（臺北：藝文印書館，2001 年 12 月），頁 673。）。

〔註404〕晉・杜預注，唐・孔穎達等正義：《春秋左傳正義》，收入《十三經注疏》（臺北：藝文印書館，2001 年 12 月），頁 835。

〔註405〕晉・杜預注，唐・孔穎達等正義：《春秋左傳正義》，收入《十三經注疏》（臺北：藝文印書館，2001 年 12 月），頁 762～763。

〔註406〕晉・杜預注，唐・孔穎達等正義：《春秋左傳正義》，收入《十三經注疏》（臺北：藝文印書館，2001 年 12 月），頁 667。

〔註407〕晉・杜預注，唐・孔穎達等正義：《春秋左傳正義》，收入《十三經注疏》（臺北：藝文印書館，2001 年 12 月），頁 718。

〔註408〕漢・鄭玄注，唐・賈公彥疏：《周禮注疏》，收入《十三經注疏》（臺北：藝文印書館，2001 年 12 月），頁 566。

〔註409〕漢・鄭玄注，唐・賈公彥疏：《周禮注疏》，收入《十三經注疏》（臺北：藝文印書館，2001 年 12 月），頁 566。

〔註410〕晉・杜預注，唐・孔穎達等正義：《春秋左傳正義》，收入《十三經注疏》（臺北：藝文印書館，2001 年 12 月），頁 328。

〔註411〕晉・杜預注，唐・孔穎達等正義：《春秋左傳正義》，收入《十三經注疏》（臺北：藝文印書館，2001 年 12 月），頁 497。

也。諸侯五年再相朝，以修王命，古之制也。」〔註412〕五年再相朝的古制在
《周禮》之中未見記載，蓋「世相朝」的做法相隔過久，不足以表達恭敬之
意，故小國君主於閒暇時亦前往朝見大國。

　　朝覲主要是下對上表達服從的禮儀，若是大國君主前往朝見小國，往往
別有用心，例如：魯桓公五年，「夏，齊侯、鄭伯朝于紀，欲以襲之。紀人知
之。」〔註413〕齊侯與鄭伯爲當時雄霸一方的君主，竟然前往朝見紀國，故紀
國知其藉機偷襲的心意。依照周禮，朝覲之禮須親自前往王之所在朝見，但
《左傳》中曾記載晉文公以臣召君之事。魯僖公二十八年，晉文公召集諸侯
於溫地會盟，「是會也，晉侯召王，以諸侯見，且使王狩。仲尼曰：『以臣召
君，不可以訓。故書曰『天王狩于河陽』，言非其地也，且明德也。』」〔註414〕
城濮之戰後，周襄王策命晉文公爲諸侯之長，並賞賜車服。故溫地之會，晉
侯召周襄王前來，率領諸侯朝王，且使王狩獵，其用意在扶持周天子，但以
臣召君之行爲不合禮法。

（一）朝覲的過程

　　依據《儀禮・覲禮》的記載，諸侯抵達受訪國國境時，先在近郊築壇，
接受使者慰勞。《左傳・襄公二十八年》記載子產相鄭伯朝楚，舍不爲壇。外
僕言曰：「昔先大夫相先君適四國，未嘗不爲壇。自是至今亦皆循之。今子草
舍，無乃不可乎？」子產曰：

> 大適小，則爲壇；小適大，苟舍而已，焉用壇？僑聞之，大適小有
> 五美：宥其罪戾，赦其過失，救其菑患，賞其德刑，教其不及。小
> 國不困，懷服如歸，是故作壇以昭其功，宣告後人，無怠於德。小
> 適大有五惡：說其罪戾，請其不足，行其政事，共其職貢，從其時
> 命。不然，則重其幣帛，以賀其福而弔其凶，皆小國之禍也，焉用
> 作壇以昭其禍？〔註415〕

〔註412〕晉・杜預注，唐・孔穎達等正義：《春秋左傳正義》，收入《十三經注疏》（臺
　　　　北：藝文印書館，2001 年 12 月），頁 337。

〔註413〕晉・杜預注，唐・孔穎達等正義：《春秋左傳正義》，收入《十三經注疏》（臺
　　　　北：藝文印書館，2001 年 12 月），頁 106。

〔註414〕晉・杜預注，唐・孔穎達等正義：《春秋左傳正義》，收入《十三經注疏》（臺
　　　　北：藝文印書館，2001 年 12 月），頁 276～277。

〔註415〕晉・杜預注，唐・孔穎達等正義：《春秋左傳正義》，收入《十三經注疏》（臺
　　　　北：藝文印書館，2001 年 12 月），頁 653～654。

子產認爲：大國聘問小國有五美，小國朝見大國有五惡，鄭伯朝楚，行事應低調以免招致禍患，不須築壇接受郊勞。郊勞之後還有賜舍、通知覲見日期與候於廟門外等禮節。朝覲時，爵位相同之諸侯，同姓在前，異姓在後，以合於宗法制度。《左傳・隱公十一年》曰：

> 十一年，春，滕侯、薛侯來朝，爭長。薛侯曰：「我先封。」滕侯曰：「我，周之卜正也；薛，庶姓也，我不可以後之。」公使羽父請於薛侯曰：「君與滕君辱在寡人，周諺有之曰：『山有木，工則度之；賓有禮，主則擇之。』周之宗盟，異姓爲後。寡人若朝于薛，不敢與諸任齒。君若辱貺寡人，則願以滕君爲請。」薛侯許之，乃長滕侯。〔註416〕

薛國的祖先爲夏朝的車正，滕國的祖先爲周朝的卜正，故薛先受封。周代的會盟制度規定，同姓諸侯在前，異姓諸侯在後，諸侯間相見行禮也是如此。

朝覲時須執玉，且依身份之不同而所持之玉亦有差別。《周禮・春官・典瑞》云：「公執桓圭，侯執信圭，伯執躬圭，繅皆三采三就；子執穀璧，男執蒲璧，繅皆二采再就；以朝、覲、宗、遇、會、同于王。」〔註417〕故行禮必執玉，執玉時態度須恭敬而合於規矩。《左傳・定公十五年》曰：

> 春，邾隱公來朝。子貢觀焉。邾子執玉高，其容仰；公受玉卑，其容俯。子貢曰：「以禮觀之，二君者，皆有死亡焉。夫禮，死生存亡之體也，……今正月相朝，而皆不度，心已亡矣。嘉事不體，何以能久？高、仰，驕也；卑、俯，替也。驕近亂，替近疾，君爲主，其先亡乎！」〔註418〕

兩君相朝象徵兩國結好，此爲嘉美之事。邾隱公與魯定公執玉皆不合度，故子貢言二君皆有死亡之相。諸侯互相朝見時，升堂授玉於兩楹之間，玉爲信物，拒絕受玉就代表不接受對方朝見。魯成公三年，「齊侯朝于晉，將授玉。郤克趨進曰：『此行也，君爲婦人之笑辱也，寡君未之敢任。』」〔註419〕郤克

〔註416〕晉・杜預注，唐・孔穎達等正義：《春秋左傳正義》，收入《十三經注疏》（臺北：藝文印書館，2001年12月），頁79。

〔註417〕漢・鄭玄注，唐・賈公彥疏：《周禮注疏》，收入《十三經注疏》（臺北：藝文印書館，2001年12月），頁313。

〔註418〕晉・杜預注，唐・孔穎達等正義：《春秋左傳正義》，收入《十三經注疏》（臺北：藝文印書館，2001年12月），頁985。

〔註419〕晉・杜預注，唐・孔穎達等正義：《春秋左傳正義》，收入《十三經注疏》（臺北：藝文印書館，2001年12月），頁438。

因齊侯使婦人笑己而懷恨在心，故齊侯因謝罪而前來朝覲，郤克阻止其授玉。

覲見授玉後，有三享、述職後袒臂待罪、天子辭謝並給予慰勞，天子賜諸侯車服等禮儀。三享是來朝覲的諸侯向王行享禮；袒臂待罪，則是諸侯述職後，告王己行或有罪過，聽王責罰。述職待罪通常只具形式，不會真的責罰。如：魯昭公五年，「夏，莒牟夷以牟婁及防、茲來奔。牟夷非卿而書，尊地也。莒人愬于晉，晉侯欲止公。范獻子曰：『不可。人朝而執之，誘也；討不以師，而誘以成之，惰也。為盟主而犯此二者，無乃不可乎！請歸之，間而以師討焉。』乃歸公。」〔註420〕小國朝見大國有服從的意味，若是趁諸侯朝覲時加以拘捕，將使其它小國感到恐懼而不敢朝覲，故范獻子主張釋放魯昭公而以師討焉。

在諸侯回國前，天子或諸侯會對來朝者行饗禮，且賞賜財物。《毛詩序》曰：「〈鹿鳴〉，燕群臣嘉賓也。既飲食之，又實幣帛筐篚，以將其厚意。」，〔註421〕為求盡歡，故對來朝之諸侯加以賞賜，賞賜之物依朝見者之身份而有不同。魯莊公十八年，「春，虢公、晉侯朝王。王饗醴，命之宥。皆賜玉五、馬三匹，非禮也。王命諸侯，名位不同，禮亦異數，不以禮假人。」〔註422〕虢公與晉侯之爵位不同但周天子所賜之物相同，故《左傳》斥其非禮，賞賜之物應與爵位相稱而有厚薄之別。封賞的原則以德義為先，不因貪求而多賞，也不因功勞而使其僭越。魯成公十三年，「三月，公如京師。宣伯欲賜，請先使。王以行人之禮禮焉。孟獻子從。王以為介而重賄之。公及諸侯朝王，遂從劉康公、成肅公會晉侯伐秦。」〔註423〕宣伯欲得天子賞賜故先行，但王孫說猜測其欲賜而先行，派人至魯國探聽後，確實如此，故王不多賞其財物，而以行人之禮禮之。〔註424〕

〔註420〕晉‧杜預注，唐‧孔穎達等正義：《春秋左傳正義》，收入《十三經注疏》（臺北：藝文印書館，2001年12月），頁748。

〔註421〕漢‧毛亨傳，漢‧鄭玄箋，唐‧孔穎達等正義：《毛詩正義》，收入《十三經注疏》（臺北：藝文印書館，2001年12月），頁315。

〔註422〕晉‧杜預注，唐‧孔穎達等正義：《春秋左傳正義》，收入《十三經注疏》（臺北：藝文印書館，2001年12月），頁158～159。

〔註423〕晉‧杜預注，唐‧孔穎達等正義：《春秋左傳正義》，收入《十三經注疏》（臺北：藝文印書館，2001年12月），頁460。

〔註424〕此事亦見於《國語‧周語》。周簡公八年，「魯成公來朝，使叔孫僑如先聘且告。見王孫說，與之語。說言於王曰：『魯叔孫之來也，必有異焉。其享覲之幣薄而言諂，殆請之也；若請之，必欲賜也。魯執政唯強，故不歡焉而後遣之。且其狀方上而銳下，宜觸冒人，王其勿賜。』」周王因此而以行人之禮禮焉。（三國‧韋昭註：《天聖明道本國語》（臺北：藝文印書館，1974年3月），

又如：魯僖公二十五年，晉文公出兵護送周襄王回王城。「戊午，晉侯朝王。王饗醴，命之宥。請隧，弗許，曰：『王章也。未有代德，而有二王，亦叔父之所惡也。』與之陽樊、溫、原、欑茅之田。晉於是始起南陽。」〔註425〕晉侯因有功於王而請隧，但「隧」為王者之禮，故周天子以「未有代德，而有二王」拒絕晉侯僭越之請求。春秋時代的霸主對朝見之諸侯亦有賞賜，例如：魯僖公十八年，「鄭伯始朝于楚。楚子賜之金，既而悔之，與之盟曰：『無以鑄兵！』故以鑄三鍾。」〔註426〕金即今日之黃銅，在古代為鑄鐘鼎或兵器之原料，楚王竟以此賞鄭伯，後又悔之，要其勿鑄兵器。由楚王之賞賜可知其欠缺霸者之遠略。

此外，國君若有事無法接受朝見，也應以禮接待前來朝觀之君主。如：魯僖公二十九年，「春，葛盧來朝，舍于昌衍之上。公在會，饋之芻、米，禮也。……冬，介葛盧來。以未見公，故復來朝。禮之，加燕好。」〔註427〕春季介國國君葛盧來朝見魯僖公時，僖公正會同諸侯圍攻許國，故贈送其草料、糧食。冬季，介葛盧因未見魯僖公，復來朝，魯國對其優遇有加，宴會與禮物皆超出常禮，這是合於禮節的。

（二）朝觀所反映的國際局勢

依照周禮，天子即位，諸侯應前往朝見，魯隱公六年，「鄭伯如周，始朝桓王也。王不禮焉。周桓公言於王曰：『我周之東遷，晉、鄭焉依。善鄭以勸來者，猶懼不蔇，況不禮焉？鄭不來矣。』」〔註428〕周桓王即位時，王室將朝政交付給虢公，周、鄭交惡，至周桓王三年，鄭莊公始朝，但王不禮焉，故周鄭關係更加惡化。由朝觀的時間亦可推知兩國關係是否友好。

魯僖公三十三年，「齊國莊子來聘，自郊勞至于贈賄，禮成而加之以敏。臧文仲言於公曰：『國子為政，齊猶有禮，君其朝焉！臣聞之：服於有禮，社稷之衛也。』」〔註429〕齊國的上卿國莊子來聘問，自始至終禮節周到，臧文仲

頁59〜60。）

〔註425〕晉・杜預注，唐・孔穎達等正義：《春秋左傳正義》，收入《十三經注疏》（臺北：藝文印書館，2001年12月），頁263。

〔註426〕晉・杜預注，唐・孔穎達等正義：《春秋左傳正義》，收入《十三經注疏》（臺北：藝文印書館，2001年12月），頁238。

〔註427〕晉・杜預注，唐・孔穎達等正義：《春秋左傳正義》，收入《十三經注疏》（臺北：藝文印書館，2001年12月），頁283〜284。

〔註428〕晉・杜預注，唐・孔穎達等正義：《春秋左傳正義》，收入《十三經注疏》（臺北：藝文印書館，2001年12月），頁71。

〔註429〕晉・杜預注，唐・孔穎達等正義：《春秋左傳正義》，收入《十三經注疏》（臺

認為國莊子執政，齊國還是一個有禮義的國家，故勸僖公前往朝見，與齊交好。臧文仲之言反映出時人對有禮之國的崇敬與信任。春秋時代，各國莫不盡力拓展勢力範圍使國力強大，故大國徵朝，對不朝之國家加以討伐。魯文公二年，「晉人以公不朝來討，公如晉。夏，四月己巳，晉人使陽處父盟公以恥之。書曰：『及晉處父盟』，以厭之也。適晉不書，諱之也。」〔註430〕晉國因魯文公沒有朝見晉襄公來討，魯文公前往朝覲時，又使大夫陽處父與公盟，公爵與大夫會盟是降低身份，晉國以此侮辱魯文公以示懲罰，但是隔年又後悔對其無禮而與魯文公改盟。當時的小國朝見大國大多出於畏懼，夾在兩個大國中間的小國面對雙重威脅，更是苦不堪言。魯國與晉國關係友好的時期，魯文公朝晉還曾代他國講和。《左傳‧文公十三年》曰：

> 冬，公如晉朝，且尋盟。衛侯會公于沓，請平于晉。公還，鄭伯會
> 公于棐，亦請平于晉。公皆成之。鄭伯與公宴于棐，子家賦〈鴻鴈〉。
> 季文子曰：「寡君未免於此。」文子賦〈四月〉。子家賦〈載馳〉之
> 四章。文子賦〈采薇〉之四章。鄭伯拜。公答拜。〔註431〕

杜《注》曰：「鄭、衛貳於楚，畏晉，故因公請平。」〔註432〕魯文公朝晉，路過衛國，同意幫其向晉國求和。回國路過鄭國，鄭國又以賦詩言志的方式打動魯國，使魯文公折返晉國，為鄭求和。

春秋時代，大國討伐小國，小國威逼更小的國家，例如：魯僖公十四年，「鄫季姬來寧，公怒，止之，以鄫子之不朝也。夏，遇于防，而使來朝。」〔註433〕鄫國夫人季姬回魯國探視父母，魯僖公因鄫子不來朝貢而憤怒，故止之。一直到夏季，季姬與鄫子在防地相會，她就使鄫子來朝覲魯國。各諸侯國不斷逼迫小國來朝的主因，除了要增加盟國之外，朝覲的國家還須進獻賦貢。魯襄公八年，「春，公如晉，朝，且聽朝聘之數。」〔註434〕孔穎達《正義》曰：「昭三年，

北：藝文印書館，2001 年 12 月），頁 290。

〔註430〕晉‧杜預注，唐‧孔穎達等正義：《春秋左傳正義》，收入《十三經注疏》（臺北：藝文印書館，2001 年 12 月），頁 302。

〔註431〕晉‧杜預注，唐‧孔穎達等正義：《春秋左傳正義》，收入《十三經注疏》（臺北：藝文印書館，2001 年 12 月），頁 333～334。

〔註432〕晉‧杜預注，唐‧孔穎達等正義：《春秋左傳正義》，收入《十三經注疏》（臺北：藝文印書館，2001 年 12 月），頁 333。

〔註433〕晉‧杜預注，唐‧孔穎達等正義：《春秋左傳正義》，收入《十三經注疏》（臺北：藝文印書館，2001 年 12 月），頁 224。

〔註434〕晉‧杜預注，唐‧孔穎達等正義：《春秋左傳正義》，收入《十三經注疏》（臺

鄭子大叔云：『文、襄之霸也，合諸諸侯，三歲而聘，五歲而朝。』自襄以後，晉德少衰，諸侯朝聘，無復定準。」〔註435〕減少朝聘之數不僅降低小國君臣來回奔波之疲累，也能減輕小國之經濟負擔，可惜越到後世，賦貢更重且徵朝更頻繁。

魯襄公二十二年，夏，晉人徵朝于鄭。子產向晉說明：晉悼公九年，鄭國朝晉，未受禮遇，轉而朝楚，因此而有戲地之役。鄭簡公四年，再次朝楚，晉國又發動蕭魚之戰，此後鄭國對晉忠心不貳。無論是會盟、祭祀、戰爭，全部聽從晉國的指揮而參與。子產曰：

> （鄭國）不朝之間，無歲不聘，無役不從。以大國政令之無常，國家罷病，不虞荐至，無日不惕，豈敢忘職？大國若安定之，其朝夕在庭，何辱命焉？若不恤其患而以為口實，其無乃不堪任命而翦為仇讎？敝邑是懼，其敢忘君命？委諸執事，執事實重圖之。〔註436〕

小國對大國須繳納貢賦、提供勞役、參與征伐，大國的求索不斷、政令無常，令小國困乏，無法負擔。子產之言揭露小國痛苦的心聲，也提醒晉平公應安定、撫恤小國。

晉國在失去霸業之後，對待賓客的方式亦有不同。魯襄公三十一年，子產相鄭伯以如晉，晉侯以我喪故，未之見也。子產使盡壞其館之垣而納車馬焉。面對晉國的指責，子產將晉文公為盟主時，對待賓客的方式與當時作了對照。他說晉文公在位時，國君之宮室低矮，諸侯之賓館高大，且賓館之庫房、馬房都有修建，還有僕役巡邏看護。晉文公隨時接見賓客，不荒廢賓主的禮儀及公事，且隨時周濟賓客之不足，使其賓至如歸。但是現在晉君之別宮綿延數里，諸侯住在像奴僕住的屋子中，車馬進不去，盜賊公然搶劫、病疫又無法防止。不定時接見賓客，要繳納的財物也無處收藏，故拆牆而納車馬。〔註437〕子產之言使晉國承認錯誤，而以更隆重的禮節接待鄭簡公。對待賓客的方式顯現晉國的國勢逐漸衰弱，走向末世。

北：藝文印書館，2001 年 12 月），頁 520。
〔註435〕晉·杜預注，唐·孔穎達等正義：《春秋左傳正義》，收入《十三經注疏》（臺北：藝文印書館，2001 年 12 月），頁 520。
〔註436〕晉·杜預注，唐·孔穎達等正義：《春秋左傳正義》，收入《十三經注疏》（臺北：藝文印書館，2001 年 12 月），頁 598～599。
〔註437〕晉·杜預注，唐·孔穎達等正義：《春秋左傳正義》，收入《十三經注疏》（臺北：藝文印書館，2001 年 12 月），頁 686～687。

二、會盟之禮

《左傳‧昭公三年》曰：「有事而會，不協而盟。」﹝註 438﹞會盟之作用在於處理紛爭、協調衝突、主持正義。諸侯發起會盟的原因有很多，例如：慰問災難﹝註 439﹞、停止戰爭﹝註 440﹞、決定朝聘之數﹝註 441﹞、賦貢之數﹝註 442﹞等。國際間的會盟，參與者之地位須相當，《左傳‧僖公二十九年》曰：「在禮，卿不會公侯，會伯子男可也。」，﹝註 443﹞若是派卿大夫與公侯盟會，是十分失禮的事情。

會盟是國際社會中十分重要的外交活動，故參與者之態度影響國家聲譽且決定盟誓之內容是否能順利執行。例如：魯成公十一年，秦、晉講和，在

〔註 438〕晉‧杜預注，唐‧孔穎達等正義：《春秋左傳正義》，收入《十三經注疏》（臺北：藝文印書館，2001 年 12 月），頁 721。

〔註 439〕魯襄公三十年，因爲宋國發生火災，諸侯之大夫會，以謀歸宋財。（見晉‧杜預注，唐‧孔穎達等正義：《春秋左傳正義》，收入《十三經注疏》（臺北：藝文印書館，2001 年 12 月），頁 683。）

〔註 440〕魯襄公二十七年，宋國、楚國、齊國、秦國、晉國以及其它小國爲停止戰爭而締結「弭兵之盟」。（見晉‧杜預注，唐‧孔穎達等正義：《春秋左傳正義》，收入《十三經注疏》（臺北：藝文印書館，2001 年 12 月），頁 644。）。

〔註 441〕魯襄公八年，五月甲辰，會于邢丘，以命朝聘之數，使諸侯之大夫聽命。季孫宿、齊高厚、宋向戌、衛甯殖、邾大夫會之。（見晉‧杜預注，唐‧孔穎達等正義：《春秋左傳正義》，收入《十三經注疏》（臺北：藝文印書館，2001 年 12 月），頁 520。）。

〔註 442〕例如：魯文公四年，曹伯如晉會正，「會正」即會「賦貢之政」。（見晉‧杜預注，唐‧孔穎達等正義：《春秋左傳正義》，收入《十三經注疏》（臺北：藝文印書館，2001 年 12 月），頁 306。）；若是大國要求之賦貢過於沉重，小國無力負擔，也可以請求大國讓更小的國家成爲自己的屬國以助己繳納大國賦貢。如：魯襄公四年，魯襄公向晉國請求屬鄫以助賦貢。（見晉‧杜預注，唐‧孔穎達等正義：《春秋左傳正義》，收入《十三經注疏》（臺北：藝文印書館，2001 年 12 月），頁 506。）春秋後期，大國對小國的要求更加無理，例如：魯哀公七年，夏，公會吳于鄫。吳來徵百牢。子服景伯對曰：「先王未之有也。」吳人曰：「宋百牢我，魯不可以後宋。且魯牢晉大夫過十，吳王百牢，不亦可乎？」景伯曰：「晉范鞅貪而棄禮，以大國懼敝邑，故敝邑十一牢之，君若以禮命於諸侯，則有數矣。若亦棄禮，則有淫者矣。周之王也，制禮，上物不過十二，以爲天之大數也。今棄周禮，而曰必百牢，亦唯執事。」吳人弗聽。景伯曰：「吳將亡矣，棄天而背本。不與，必棄疾於我。」乃與之。（見晉‧杜預注，唐‧孔穎達等正義：《春秋左傳正義》，收入《十三經注疏》（臺北：藝文印書館，2001 年 12 月），頁 1008～1009。）。

〔註 443〕晉‧杜預注，唐‧孔穎達等正義：《春秋左傳正義》，收入《十三經注疏》（臺北：藝文印書館，2001 年 12 月），頁 283。

令狐相會。晉厲公先抵達，秦桓公不肯渡過黃河，結果秦國派史顆至河東與晉厲公會盟，晉國派郤犫至河西與秦桓公會盟，范文子曰：「是盟也何益？齊盟，所以質信也。會所，信之始也。始之不從，其何質乎？」〔註444〕約定會盟的處所，是信任的開始，秦晉會盟，連約定的處所都不信服，盟約當然無法維持。春秋時代的人認為：在會盟中態度、言語不當者將無法免於禍難。例如：魯昭公十一年，單子會韓宣子于戚，視下言徐。叔向曰：

> 單子其將死乎！……會朝之言必聞于表著之位，所以昭事序也；視
> 不過結襘之中，所以道容貌也。言以命之，容貌以明之，失則有闕。
> 今單子為王官伯，而命事於會，視不登帶，言不過步，貌不道容，
> 而言不昭矣。不道，不共；不昭，不從。無守氣矣。〔註445〕

參與會盟者，說話的音量必須讓在座者都能聽聞、視線的高度不能低於衣服交叉和衣帶交結之處，單子身為周天子的使者，對諸侯宣佈命令時，卻視線低下、言語緩慢，這是精神氣度衰弱的徵兆。又如：魯襄公二十一年，「會於商任，錮欒氏也。齊侯、衛侯不敬。叔向曰：『二君者必不免。會朝，禮之經也；禮，政之輿也；政，身之守也。怠禮，失政；失政，不立，是以亂也。』」〔註446〕叔向認為：禮儀是政令施行、國家安定的根本，齊侯與衛侯在商任之會中態度不敬、輕慢禮儀，有動亂之象。

另外，會盟的次序象徵國際地位之高低，故會盟時，大國爭取主盟的機會，小國爭取比其它國家先結盟。若是諸侯與他國大臣結盟，通常由諸侯主盟。例如：魯定公八年，晉國涉佗、成何與衛侯結盟，衛人請執牛耳。〔註447〕「請執牛耳」，即是請求晉國大臣讓衛侯主盟。又如：魯定公四年，衛國子魚以先王尚德不尚年且晉文公踐土之盟時，讓衛比蔡先結盟來說服晉國將衛國結盟的次序提到蔡國之前。〔註448〕魯成公三年，冬，十一月，晉侯使荀庚來

〔註444〕晉·杜預注，唐·孔穎達等正義：《春秋左傳正義》，收入《十三經注疏》（臺北：藝文印書館，2001年12月），頁457。

〔註445〕晉·杜預注，唐·孔穎達等正義：《春秋左傳正義》，收入《十三經注疏》（臺北：藝文印書館，2001年12月），頁786～787。

〔註446〕晉·杜預注，唐·孔穎達等正義：《春秋左傳正義》，收入《十三經注疏》（臺北：藝文印書館，2001年12月），頁593。

〔註447〕晉·杜預注，唐·孔穎達等正義：《春秋左傳正義》，收入《十三經注疏》（臺北：藝文印書館，2001年12月），頁964～965。

〔註448〕晉·杜預注，唐·孔穎達等正義：《春秋左傳正義》，收入《十三經注疏》（臺北：藝文印書館，2001年12月），頁950。

聘，且尋盟。衛侯使孫良夫來聘，且尋盟。公問諸臧宣叔曰：「仲行伯之於晉也，其位在三；孫子之於衛也，位爲上卿，將誰先？」對曰：「次國之上卿，當大國之中，中當其下，下當其上大夫。小國之上卿，當大國之下卿，中當其上大夫，下當其下大夫。上下如是，古之制也。衛在晉，不得爲次國。晉爲盟主，其將先之。」〔註449〕故與他國之大臣結盟時，其先後順序亦依使者身份之高低而有不同。

（一）天子會諸侯

《周禮・春官・大宗伯》鄭《注》曰：「十二歲王如不巡守，則六服盡朝，朝禮既畢，王亦爲壇，合諸侯以命政焉。所命之政，如王巡守。」〔註450〕《周禮》記載周天子十二歲一巡守，但《左傳》記載之天子巡守僅見於《左傳・莊公二十一年》曰：「王巡虢守，虢公爲王宮于玤，王與之酒泉。」〔註451〕巡守是視察諸侯的政績，並對諸侯之表現給予獎懲。《左傳・莊公二十三年》曹劌曰：「夫禮，所以整民也。故會以訓上下之則，制財用之節；朝以正班爵之義，帥長幼之序；征伐以討其不然。諸侯有王，王有巡守，以大習之。」〔註452〕朝、會、巡守、征伐皆有約束臣子，顯示長幼有序、上下有別的作用，故《左傳・莊公二十七年》曰：「天子非展義不巡守，諸侯非民事不舉，卿非君命不越竟。」〔註453〕身爲統治者，其一舉一動皆須合於義理。

《左傳》記載周天子會諸侯的情況有二，一是伸張君權，討伐不臣者；二是王室動亂，爲天子平亂。《左傳》記載周天子爲討伐不臣者而會諸侯有四次，魯桓公五年，王奪鄭伯政，鄭伯不朝，周桓王親征，蔡、衛、陳從王伐鄭。〔註454〕另有三次是卿士奉王命討伐不臣者，分別是：魯隱公九年，宋公

〔註449〕晉・杜預注，唐・孔穎達等正義：《春秋左傳正義》，收入《十三經注疏》（臺北：藝文印書館，2001年12月），頁437～438。

〔註450〕漢・鄭玄注，唐・賈公彥疏：《周禮注疏》，收入《十三經注疏》（臺北：藝文印書館，2001年12月），頁275。

〔註451〕晉・杜預注，唐・孔穎達等正義：《春秋左傳正義》，收入《十三經注疏》（臺北：藝文印書館，2001年12月），頁161～162。

〔註452〕晉・杜預注，唐・孔穎達等正義：《春秋左傳正義》，收入《十三經注疏》（臺北：藝文印書館，2001年12月），頁171。

〔註453〕晉・杜預注，唐・孔穎達等正義：《春秋左傳正義》，收入《十三經注疏》（臺北：藝文印書館，2001年12月），頁175。

〔註454〕晉・杜預注，唐・孔穎達等正義：《春秋左傳正義》，收入《十三經注疏》（臺北：藝文印書館，2001年12月），頁106。

不共王職，鄭伯爲王左卿士，以王命討之。〔註455〕以及魯文公三年，楚師圍江，私自用兵，不敬天子，晉告於周，王叔桓公奉王命與晉陽處父伐楚救江。〔註456〕還有魯隱公五年，曲沃莊伯背叛周天子，周桓王命虢公伐之，別立晉哀侯於翼。〔註457〕

　　爲王室平亂而會諸侯有五次，其中有三次是內亂，分別是：魯莊公二十年，周惠王因王子頹之亂而至櫟地，隔年鄭厲公與虢公攻打王城殺死王子頹護送天子回國復位。〔註458〕以及魯僖公二十四年，周襄王因王子帶之亂出居於鄭，使人告難於魯、晉、秦等國，〔註459〕晉文公殺王子帶而納王。〔註460〕還有魯昭公三十二年，周敬王遭受王子朝之亂，晉范獻子徵會於諸侯，勤戌王室。〔註461〕外患分別見於魯僖公十三年及十六年，戎人犯周，諸侯兩度派兵駐守保護周襄王。〔註462〕在《左傳》記載的盟會之中，周天子會諸侯的次數並不多，且大部份是卿士或霸主奉王命與諸侯會盟，這些記載反映出王室地位下降但諸侯仍以周天子爲名義上之共主的情形。

（二）霸主與諸侯會盟

　　《孟子・公孫丑上》曰：「以力假仁者霸。」〔註463〕想要成爲諸侯領袖，首要條件是國力強盛。國富兵強之後，才有能力以仁義爲號召，成爲一代霸

〔註455〕晉・杜預注，唐・孔穎達等正義：《春秋左傳正義》，收入《十三經注疏》（臺北：藝文印書館，2001 年 12 月），頁 76。

〔註456〕晉・杜預注，唐・孔穎達等正義：《春秋左傳正義》，收入《十三經注疏》（臺北：藝文印書館，2001 年 12 月），頁 461。

〔註457〕晉・杜預注，唐・孔穎達等正義：《春秋左傳正義》，收入《十三經注疏》（臺北：藝文印書館，2001 年 12 月），頁 61。

〔註458〕晉・杜預注，唐・孔穎達等正義：《春秋左傳正義》，收入《十三經注疏》（臺北：藝文印書館，2001 年 12 月），頁 161。

〔註459〕晉・杜預注，唐・孔穎達等正義：《春秋左傳正義》，收入《十三經注疏》（臺北：藝文印書館，2001 年 12 月），頁 258。

〔註460〕晉・杜預注，唐・孔穎達等正義：《春秋左傳正義》，收入《十三經注疏》（臺北：藝文印書館，2001 年 12 月），頁 263。

〔註461〕晉・杜預注，唐・孔穎達等正義：《春秋左傳正義》，收入《十三經注疏》（臺北：藝文印書館，2001 年 12 月），頁 932。

〔註462〕晉・杜預注，唐・孔穎達等正義：《春秋左傳正義》，收入《十三經注疏》（臺北：藝文印書館，2001 年 12 月），頁 223 及晉・杜預注，唐・孔穎達等正義：《春秋左傳正義》，收入《十三經注疏》（臺北：藝文印書館，2001 年 12 月），卷十四，頁 236。

〔註463〕漢・趙岐注，宋・孫奭疏：《孟子注疏》，收入《十三經注疏》（臺北：藝文印書館，2001 年 12 月），頁 63。

主。《孟子‧盡心下》曰:「春秋無義戰」,〔註464〕只要發動戰爭,幾乎都不合道義,即使是損傷最少的召陵之役,也是以楚國未繳納貢品為藉口,以武力阻止楚國北進中原。有能力召集諸侯盟會就是霸主的象徵,故兵力強大的國家莫不爭作盟主。以下將針對春秋五霸〔註465〕與諸侯之會盟加以討論。

1. 齊桓公

魯莊公十三年,齊桓公與諸侯會於北杏以平定宋國動亂,宋人背北杏之會。魯莊公十四年,齊請師於周,單伯會諸侯之軍伐宋,宋國順服,單伯、齊桓公、宋桓公、衛惠公、鄭厲公在鄄會見,隔年,復會於鄄,此為齊桓公霸業之始。〔註466〕

魯莊公三十年,山戎伐燕,燕向齊告急,齊與魯商議攻打山戎。〔註467〕《史記‧齊太公世家》曰:「齊桓公救燕,遂伐山戎,至于孤竹而還。燕莊公遂送桓公入齊境。桓公曰:『非天子,諸侯相送不出境。吾不可以無禮於燕。』於是分溝割燕君所至與燕,命燕君復修召公之政,納貢于周,如成、康之時。諸侯聞之皆從齊。」〔註468〕齊桓公以「尊王攘夷」為號召獲得諸侯認同後,魯僖公元年,遷邢于夷儀,〔註469〕魯僖公二年,又城楚丘而封衛,〔註470〕

〔註464〕漢‧趙岐注,宋‧孫奭疏:《孟子注疏》,收入《十三經注疏》(臺北:藝文印書館,2001年12月),頁248。

〔註465〕歷史上關於春秋五霸的說法約有十幾種,《左傳》中「五伯之霸」一詞首次出現於魯成公二年,賓媚人曰:「四王之王也,樹德而濟同欲焉;五伯之霸也,勤而撫之,以役王命。」「五伯之霸」底下杜《注》曰:「夏伯昆吾、商伯大彭、豕韋、周伯齊桓、晉文。」或曰:「齊桓、晉文、宋襄、秦穆、楚莊。」(晉‧杜預注,唐‧孔穎達等正義:《春秋左傳正義》,收入《十三經注疏》(臺北:藝文印書館,2001年12月),頁426。)根據此段文字的記載,憑藉實力而為諸侯之長的霸主可能在夏代及商代都曾出現,但是根據《左傳》的注疏,「春秋時代的五位霸主」應是「齊桓公、晉文公、宋襄公、秦穆公、楚莊王」,本文從此說,而以此五位君主為討論對象。

〔註466〕晉‧杜預注,唐‧孔穎達等正義:《春秋左傳正義》,收入《十三經注疏》(臺北:藝文印書館,2001年12月),頁154～156。

〔註467〕晉‧杜預注,唐‧孔穎達等正義:《春秋左傳正義》,收入《十三經注疏》(臺北:藝文印書館,2001年12月),頁180。

〔註468〕瀧川龜太郎:《史記會注考證》(台北:文史哲出版社,1993年10月),頁540。

〔註469〕晉‧杜預注,唐‧孔穎達等正義:《春秋左傳正義》,收入《十三經注疏》(臺北:藝文印書館,2001年12月),頁198。

〔註470〕晉‧杜預注,唐‧孔穎達等正義:《春秋左傳正義》,收入《十三經注疏》(臺北:藝文印書館,2001年12月),頁199。

以存小國；魯僖公四年，齊桓公率諸侯之軍侵蔡伐楚，訂定召陵之盟，[註471]
抑制楚國向北發展；魯僖公五年，會諸侯於首止，以謀寧周，結果鄭侯逃首
止之盟，[註472] 魯僖公六年，諸侯伐鄭，楚子圍許以救鄭，諸侯乃還。[註473]
魯僖公七年，爲鄭故，盟於甯母，鄭伯使太子華聽命於會，太子華欲投靠齊
國，殺害賢良，篡奪大位。[註474] 管仲曰：

> 合諸侯以崇德也。會而列姦，何以示後嗣？夫諸侯之會，其德、刑、
> 禮、義，無國不記。記姦之位，君盟替矣。作而不記，非盛德也。
> 君其勿許！鄭必受盟。夫子華既爲大子，而求介於大國以弱其國，
> 亦必不免。鄭有叔詹、堵叔、師叔三良爲政，未可間也。[註475]

管仲之言使齊侯決定「以德爲先」，拒絕與子華合作，子華由是得罪于鄭。

魯僖公八年，齊桓公與諸侯盟於洮，以定周襄王之位。[註476] 魯僖公九年，
夏，會于葵丘，重申洮之盟，以促進友好關係，周襄派宰孔將祭肉賜給齊桓公。
[註477] 同一年秋天，齊桓公與諸侯訂定葵丘之盟，《左傳》記載此事曰：

> 秋，齊侯盟諸侯于葵丘，曰：「凡我同盟之人，既盟之後，言歸于好。」
> 宰孔先歸，遇晉侯，曰：「可無會也。齊侯不務德而勤遠略，故北伐
> 山戎，南伐楚，西爲此會也。東略之不知，西則否矣。其在亂乎！
> 君務靖亂，無勤於行。」晉侯乃還。[註478]

葵丘之盟爲齊桓公霸業的顛峰，凡參與此盟之國，皆言歸于好。宰孔勸晉獻
公勿參與此盟，對齊侯的作爲似乎無法認同。不滿齊侯卻須仰仗其力，此爲

〔註471〕晉‧杜預注，唐‧孔穎達等正義：《春秋左傳正義》，收入《十三經注疏》（臺
　　　　北：藝文印書館，2001 年 12 月），卷十二，頁 202～203。

〔註472〕晉‧杜預注，唐‧孔穎達等正義：《春秋左傳正義》，收入《十三經注疏》（臺
　　　　北：藝文印書館，2001 年 12 月），頁 205。

〔註473〕晉‧杜預注，唐‧孔穎達等正義：《春秋左傳正義》，收入《十三經注疏》（臺
　　　　北：藝文印書館，2001 年 12 月），頁 214。

〔註474〕晉‧杜預注，唐‧孔穎達等正義：《春秋左傳正義》，收入《十三經注疏》（臺
　　　　北：藝文印書館，2001 年 12 月），頁 215。

〔註475〕晉‧杜預注，唐‧孔穎達等正義：《春秋左傳正義》，收入《十三經注疏》（臺
　　　　北：藝文印書館，2001 年 12 月），頁 215～216。

〔註476〕晉‧杜預注，唐‧孔穎達等正義：《春秋左傳正義》，收入《十三經注疏》（臺
　　　　北：藝文印書館，2001 年 12 月），頁 216。

〔註477〕晉‧杜預注，唐‧孔穎達等正義：《春秋左傳正義》，收入《十三經注疏》（臺
　　　　北：藝文印書館，2001 年 12 月），頁 218。

〔註478〕晉‧杜預注，唐‧孔穎達等正義：《春秋左傳正義》，收入《十三經注疏》（臺
　　　　北：藝文印書館，2001 年 12 月），頁 219。

周王室之無奈。

葵丘之盟後，楚人因爲徐國親近中原國家而伐徐，諸侯盟于牡丘，尋葵丘之盟，且救徐也。〔註479〕魯僖公十六年，齊伐厲，不克，救徐而還。〔註480〕同一年，王以戎難告于齊，齊徵諸侯戌周。十二月，會諸侯城鄫，未修築完而還。〔註481〕齊桓公於魯僖公十七年去世。

齊桓公的功業一直影響齊國後來的君主，魯僖公二十六年，齊孝公伐魯國北鄙，魯僖公使展喜犒師。展喜以周成王時「世世子孫無相害」的盟約，以及齊桓公糾合諸侯、謀其不協，彌縫其闕而匡救其災等事蹟遊說齊侯，齊侯乃還。〔註482〕

2. 宋襄公

齊桓公去世前將齊孝公託付給宋襄公，桓公去世後，宋國攻入齊國，扶持孝公即位，齊國因此聽命於宋，使宋國有稱霸中原的機會。魯僖公十九年，夏，宋襄公因東夷信仰睢水妖神而使邾文公用鄫子于次睢之社，欲以屬東夷。司馬子魚曰：「古者六畜不相爲用，小事不用大牲，而況敢用人乎？祭祀以爲人也。民，神之主也。用人，其誰饗之？齊桓公存三亡國以屬諸侯，義士猶曰薄德，今一會而虐二國之君，又用諸淫昏之鬼，將以求霸，不亦難乎？得死爲幸。」〔註483〕宋襄公欲成霸業，先屬東夷，他讓邾文公殺鄫子來祭次睢之社，以使東方小國屈服，這種血腥鎮壓手段與齊桓公以德服諸侯的作法有很大的差別。

《左傳·僖公二十一年》曰：

> 春，宋人爲鹿上之盟，以求諸侯於楚。楚人許之。公子目夷曰：「小國爭盟，禍也。宋其亡乎！幸而後敗。」……秋，諸侯會宋公于盂。子魚曰：「禍其在此乎！君欲已甚，其何以堪之？」於是楚執

〔註479〕晉·杜預注，唐·孔穎達等正義：《春秋左傳正義》，收入《十三經注疏》（臺北：藝文印書館，2001年12月），頁229。

〔註480〕晉·杜預注，唐·孔穎達等正義：《春秋左傳正義》，收入《十三經注疏》（臺北：藝文印書館，2001年12月），頁236。

〔註481〕晉·杜預注，唐·孔穎達等正義：《春秋左傳正義》，收入《十三經注疏》（臺北：藝文印書館，2001年12月），頁236～237。

〔註482〕晉·杜預注，唐·孔穎達等正義：《春秋左傳正義》，收入《十三經注疏》（臺北：藝文印書館，2001年12月），頁264～265。

〔註483〕晉·杜預注，唐·孔穎達等正義：《春秋左傳正義》，收入《十三經注疏》（臺北：藝文印書館，2001年12月），頁239～240。

宋公以伐宋。冬，會于薄以釋之。子魚曰：「禍猶未也，未足以懲君。」〔註484〕

諸侯聚會歃血結盟，盟主是被承認的諸侯領袖，因此宋襄公要求楚國使中原諸侯奉己為盟主。結果楚成王劫持宋襄公來攻打宋國，直到薄之盟才釋放宋襄公。

經歷這樣的奇恥大辱宋襄公並未痛定思痛，反而於魯僖公二十二年進攻鄭國。楚國攻宋以救鄭，楚宋兩國戰於泓水北岸。宋襄公不聽從司馬的建議，堅持以古軍禮作戰，結果宋軍大敗。宋襄公也因傷於泓之戰而卒。〔註485〕

3. 晉文公

晉公子重耳出亡在外十九年，至魯僖公二十四年，始回國即位為晉文公。魯僖公二十五年，王室有王子帶之亂，晉國護送周襄王回京復位，晉侯朝王，請隧，弗許，與之陽樊、溫、原、欑茅之田。晉於是始啟南陽。〔註486〕魯僖公二十八年，楚國攻宋，宋向晉求救而發生城濮之戰。此次戰役，晉軍因策略正確，團結一致且用計使齊國、秦國為晉之盟國，故能順利打敗楚國。城濮之戰後，楚國勢力退出黃河流域，讓晉國稱霸中原。〔註487〕魯僖公二十八年，晉侯獻楚俘於王，周襄王「策命晉侯為侯伯，賜之大輅之服、戎輅之服，彤弓一、彤矢百，玈弓矢千，秬鬯一卣，虎賁三百人」。〔註488〕諸侯盟於踐土，癸亥，又盟於王庭，要言曰：「皆獎王室，無相害也！有渝此盟，明神殛之，

〔註484〕 晉‧杜預注，唐‧孔穎達等正義：《春秋左傳正義》，收入《十三經注疏》（臺北：藝文印書館，2001 年 12 月），頁 241～242。

〔註485〕 晉‧杜預注，唐‧孔穎達等正義：《春秋左傳正義》，收入《十三經注疏》（臺北：藝文印書館，2001 年 12 月），頁 247～249。

〔註486〕 晉‧杜預注，唐‧孔穎達等正義：《春秋左傳正義》，收入《十三經注疏》（臺北：藝文印書館，2001 年 12 月），頁 263。

〔註487〕 晉‧杜預注，唐‧孔穎達等正義：《春秋左傳正義》，收入《十三經注疏》（臺北：藝文印書館，2001 年 12 月），頁 270～273。

〔註488〕 晉‧杜預注，唐‧孔穎達等正義：《春秋左傳正義》，收入《十三經注疏》（臺北：藝文印書館，2001 年 12 月），頁 273～274。此段文字中「玈弓矢千」下，杜預《注》曰：「彤，徒冬反。玈，音盧，本或作旅字，非也。『矢千』，本或作『玈弓十，玈矢千』，後人專輒加也。」楊伯峻曰：「金澤文庫本作『旅弓十，旅矢千。』『玈』作『旅』，『弓』下多『十旅』兩字。《石經》『弓』下亦旁增『十玈』兩字，《後漢書‧袁紹傳》《注》及《御覽》三四七引《傳》亦同，魏、晉以下『九錫文』亦同，但據《詩‧小雅‧彤弓》《疏》服虔、杜預本、唐時定本、陸德明及孔穎達所據正本皆無『十玈』兩字，今從之。」（見：楊伯峻：《春秋左傳注》（臺北：漢京文化事業，1987 年 1 月）一，頁 464。）

俾隊其師，無克祚國，及而玄孫，無有老幼。」〔註489〕此次盟會確立晉文公爲諸侯之長的地位，且中原各國扶王室，不得相害的誓言使中原地區暫時處於穩定狀況。

魯僖公二十八年冬，晉侯與諸侯會于溫，討不服也。〔註490〕溫之會中囚禁衛成公、圍攻許國，當時晉侯有疾，曹共公之侍從賄賂晉國的筮官，請其爲曹國說話，晉國筮史說：「齊桓公主盟時重建異姓諸侯國，晉文公主盟卻滅同姓國家，此舉不合禮法。晉君曾許諾讓曹、衛復國，卻未復曹國，這是不守信用，且同罪異罰不合刑律。」因此晉文公同意讓曹國復國。〔註491〕魯僖公三十年，晉侯、秦伯圍鄭，以其無禮於晉，且貳於楚。燭之武退秦師後，鄭石甲父、侯宣多逆以爲太子，以求成于晉，晉人許之。〔註492〕魯僖公三十二年，楚鬭章請平於晉，晉陽處父報之，晉、楚始通。冬季，晉文公卒。〔註493〕晉文公死後一直到春秋中葉晉國仍維持中原盟主的地位。

4. 秦穆公

秦穆公之霸業始於秦晉韓原之戰。晉惠公依靠秦國的力量回國即位，即位後卻背信忘義。晉國在饑荒時接受秦國救助，當秦國饑荒時，晉卻閉之糴，因此爆發韓原之戰。韓原之戰中，晉惠公被俘，陰飴甥會秦伯，盟于王城。陰飴甥以百姓之言：「必報讎，寧事戎狄。」以及群臣之言：「必報德，有死無二。」剛柔並濟的說服秦穆公，使其改館晉侯，饋七牢焉。〔註494〕韓原之戰讓秦國的勢力擴展到黃河以東的地區，爲圖霸中原奠定基礎。

魯僖公十七年，晉惠公之太子圉爲質於秦，秦將黃河以東的地區歸還晉國，並且將女兒懷嬴嫁給圉，兩國的關係改善，再結秦晉之好。〔註495〕魯僖

〔註489〕晉・杜預注，唐・孔穎達等正義：《春秋左傳正義》，收入《十三經注疏》（臺北：藝文印書館，2001 年 12 月），頁 274。

〔註490〕晉・杜預注，唐・孔穎達等正義：《春秋左傳正義》，收入《十三經注疏》（臺北：藝文印書館，2001 年 12 月），頁 276。

〔註491〕晉・杜預注，唐・孔穎達等正義：《春秋左傳正義》，收入《十三經注疏》（臺北：藝文印書館，2001 年 12 月），頁 277。

〔註492〕晉・杜預注，唐・孔穎達等正義：《春秋左傳正義》，收入《十三經注疏》（臺北：藝文印書館，2001 年 12 月），頁 284～285。

〔註493〕晉・杜預注，唐・孔穎達等正義：《春秋左傳正義》，收入《十三經注疏》（臺北：藝文印書館，2001 年 12 月），頁 287。

〔註494〕晉・杜預注，唐・孔穎達等正義：《春秋左傳正義》，收入《十三經注疏》（臺北：藝文印書館，2001 年 12 月），頁 234～235。

〔註495〕晉・杜預注，唐・孔穎達等正義：《春秋左傳正義》，收入《十三經注疏》（臺

公二十二年，晉太子圉逃回晉國，〔註496〕魯僖公二十三年，秦穆公又將五個女兒送給公子重耳，並且送重耳回國即位。〔註497〕魯僖公三十年，秦晉圍鄭，經過燭之武的分析後，秦穆公決定與鄭國結盟而還。〔註498〕魯僖公三十二年，秦穆公不顧蹇叔的勸諫，希望與杞子裡應外合，滅亡鄭國。結果在殽山被晉軍伏擊，三帥被俘。〔註499〕

秦軍覆滅後，秦穆公自責，魯文公二年，秦將孟明領兵攻打晉國，結果秦軍大敗，被晉人稱爲「拜賜之師」。〔註500〕魯文公三年，秦穆公領兵攻晉，濟河焚舟，以示死戰的決心。晉軍堅守不出，秦軍自茅津濟，封殽屍而還，遂霸西戎。君子對秦穆公的評價爲：「舉人之周也，與人之壹也。」〔註501〕魯文公四年，楚人滅江，秦伯爲之降服，出次，不舉，過數。大夫諫。秦穆公曰：「同盟滅，雖不能救，敢不矜乎？吾自懼也。」〔註502〕秦穆公受到晉國的阻止，無法稱霸中原。但其反省能力高且隨時自我警惕，又用人唯才、信任忠良，故能向西發展，國勢日強。

5. 楚莊王

一直到春秋中期，中原地區的國家以晉國爲諸侯領袖，但是晉國國勢日衰且未能主持正義，〔註503〕故逐漸失去人心，南方的楚國趁機崛起。魯文公

北：藝文印書館，2001 年 12 月），頁 237。

〔註496〕晉・杜預注，唐・孔穎達等正義：《春秋左傳正義》，收入《十三經注疏》（臺北：藝文印書館，2001 年 12 月），頁 247。

〔註497〕晉・杜預注，唐・孔穎達等正義：《春秋左傳正義》，收入《十三經注疏》（臺北：藝文印書館，2001 年 12 月），頁 252～253。

〔註498〕晉・杜預注，唐・孔穎達等正義：《春秋左傳正義》，收入《十三經注疏》（臺北：藝文印書館，2001 年 12 月），頁 284～285。

〔註499〕晉・杜預注，唐・孔穎達等正義：《春秋左傳正義》，收入《十三經注疏》（臺北：藝文印書館，2001 年 12 月），頁 288～290。

〔註500〕晉・杜預注，唐・孔穎達等正義：《春秋左傳正義》，收入《十三經注疏》（臺北：藝文印書館，2001 年 12 月），頁 301。

〔註501〕晉・杜預注，唐・孔穎達等正義：《春秋左傳正義》，收入《十三經注疏》（臺北：藝文印書館，2001 年 12 月），頁 305。

〔註502〕晉・杜預注，唐・孔穎達等正義：《春秋左傳正義》，收入《十三經注疏》（臺北：藝文印書館，2001 年 12 月），頁 306。

〔註503〕例如：魯文公十五年，齊國拘捕周王卿士單伯和昭公夫人子叔姬。諸侯盟於扈，商議攻齊，齊人賂晉侯，故不克而還。（見晉・杜預注，唐・孔穎達等正義：《春秋左傳正義》，收入《十三經注疏》（臺北：藝文印書館，2001 年 12 月），頁 339－340。）

十六年，楚國遭受饑荒，山戎、群蠻、百濮紛紛入侵，楚莊王出兵庸國，過了十五天，百濮就不攻而散，與庸國作戰時，楚軍又七次接戰都假裝敗北，讓庸國不設防備而被楚所滅。〔註504〕

魯宣公三年，楚子伐陸渾之戎，遂至於雒，觀兵于周疆。周定王使王孫滿勞軍，楚莊王問鼎之大小、輕重，表現出圖霸天下的雄心。鼎爲王權之象徵，王孫滿以「在德不在鼎」回絕楚莊王的問題，使其退兵回國。〔註505〕魯宣公八年，楚爲眾舒叛，故伐舒蓼，滅之。楚子疆之。及滑汭，盟吳、越而還。〔註506〕此時楚國的勢力已向東擴展至江淮流域，且與吳、越兩國開始交往。

魯宣公十一年，「春，楚子伐鄭及櫟。子良曰：『晉、楚不務德而兵爭，與其來者可也。晉、楚無信，我焉得有信？』乃從楚。夏，楚盟于辰陵，陳、鄭服也。……厲之役，鄭伯逃歸，自是楚未得志焉。鄭既受盟于辰陵，又徼事于晉。」〔註507〕在晉楚爭霸戰中，鄭國一直是兩國爭奪的目標，鄭國對「晉、楚不務德而兵爭」的情況，採取「與其來者」的策略，在夾縫中求生存，只好朝晉而暮楚。魯宣公十二年，爲搶奪鄭國的控制權，爆發晉、楚邲之戰。晉國主帥無謀，楚莊王則知人善任，故楚勝晉敗，楚莊王也因此成爲春秋霸主。〔註508〕

魯宣公十五年，楚國因申舟未行借道之禮而被宋國殺害，故伐宋。宋國堅守不降，楚國採取持久包圍的策略，《左傳》記載此事曰：

> 宋人懼，使華元夜入楚師，登子反之牀，起之曰：「寡君使元以病告，曰：『敝邑易子而食，析骸以爨。雖然，城下之盟，有以國斃，不能從也。去我三十里，唯命是聽。』」子反懼，與之盟，而告王。退三十里，宋及楚平。華元爲質。盟曰：「我無爾詐，爾無我虞。」〔註509〕

〔註504〕晉・杜預注，唐・孔穎達等正義：《春秋左傳正義》，收入《十三經注疏》（臺北：藝文印書館，2001年12月），頁346～347。

〔註505〕晉・杜預注，唐・孔穎達等正義：《春秋左傳正義》，收入《十三經注疏》（臺北：藝文印書館，2001年12月），頁367。

〔註506〕晉・杜預注，唐・孔穎達等正義：《春秋左傳正義》，收入《十三經注疏》（臺北：藝文印書館，2001年12月），頁379。

〔註507〕晉・杜預注，唐・孔穎達等正義：《春秋左傳正義》，收入《十三經注疏》（臺北：藝文印書館，2001年12月），頁383～384。

〔註508〕晉・杜預注，唐・孔穎達等正義：《春秋左傳正義》，收入《十三經注疏》（臺北：藝文印書館，2001年12月），頁392～397。

〔註509〕晉・杜預注，唐・孔穎達等正義：《春秋左傳正義》，收入《十三經注疏》（臺北：藝文印書館，2001年12月），頁408。

晉國謊稱已發兵，要宋國堅守勿降，宋國至「易子而食，析骸以爨」的地步仍未見救兵，只好投降楚國。

魯宣公十八年，楚莊王去世，莊王死後，楚國仍持續爭奪中原霸主的地位，例如：魯成公二年，魯、蔡、許、秦、宋、陳、衛、鄭、齊、曹、邾、薛、鄶等國，畏晉而竊與楚盟，故稱「匱盟」。〔註510〕晉國雖號稱為中原霸主，但與楚相爭仍未取得優勢。故春秋末期，楚國甚至取代晉國而為中原之盟主。〔註511〕

三、聘問之禮

《周禮·春官·大宗伯》曰：「時聘曰問，殷覜曰視」〔註512〕《周禮·秋官·大行人》云：「凡諸侯之邦交，歲相問也，殷相聘也，世相朝也。」〔註513〕「歲相問」以大夫為使，「殷相聘」以卿為使，且禮物豐厚不同。魯昭公九年，「孟僖子如齊殷聘，禮也。」〔註514〕當時齊魯二國已二十年不相聘問，禮意久曠，故以盛大之聘禮顯示無忘舊好。聘與問本同義，但周禮將其稍作區別，二者禮節相同，惟使者之身份與禮品不同。

聘禮是透過使者與他國聯繫的外交活動，其作用包括：「繼好、結信、謀事、補闕」，〔註515〕凡是繼續友好邦交、互相信任、商討國事、補正缺失都可以透過聘禮來進行。為延續兩國邦交，新君即位時通常會派遣使者聘問，例如：魯成公四年「春，宋華元來聘，通嗣君也。」〔註516〕受聘之國隔年亦會遣使回聘，如：魯成公五年，「孟獻子如宋，報華元也。」〔註517〕若是受聘問

〔註510〕 晉·杜預注，唐·孔穎達等正義：《春秋左傳正義》，收入《十三經注疏》（臺北：藝文印書館，2001 年 12 月），頁 429～430。

〔註511〕 晉·杜預注，唐·孔穎達等正義：《春秋左傳正義》，收入《十三經注疏》（臺北：藝文印書館，2001 年 12 月），頁 730～731。

〔註512〕 漢·鄭玄注，唐·賈公彥疏：《周禮注疏》，收入《十三經注疏》（臺北：藝文印書館，2001 年 12 月），頁 276。

〔註513〕 漢·鄭玄注，唐·賈公彥疏：《周禮注疏》，收入《十三經注疏》（臺北：藝文印書館，2001 年 12 月），頁 566。

〔註514〕 晉·杜預注，唐·孔穎達等正義：《春秋左傳正義》，收入《十三經注疏》（臺北：藝文印書館，2001 年 12 月），頁 781。

〔註515〕 晉·杜預注，唐·孔穎達等正義：《春秋左傳正義》，收入《十三經注疏》（臺北：藝文印書館，2001 年 12 月），頁 497。

〔註516〕 晉·杜預注，唐·孔穎達等正義：《春秋左傳正義》，收入《十三經注疏》（臺北：藝文印書館，2001 年 12 月），頁 438。

〔註517〕 晉·杜預注，唐·孔穎達等正義：《春秋左傳正義》，收入《十三經注疏》（臺北：藝文印書館，2001 年 12 月），頁 439。

後，未即時回聘，會被視為無禮。因此，魯襄公七年，秋季，魯國季武子至衛國回聘，同時解釋延遲回聘的原因，讓衛國明白魯國並無二心。〔註518〕

奉使出國聘問時，途經它國須行借道之禮，被過境之國家亦會依過境者的身份而給予不同的饋贈。如：魯成公五年，「夏，晉荀首如齊逆女，故宣伯餫諸榖。」〔註519〕宣伯致贈糧食給荀首是對大國表示敬意的一種方式。善待過往的行人可以增加盟友，使更多的國家願意與己國邦交。例如：《左傳・襄公三十一年》曰：

> 十二月，北宮文子相衛襄公以如楚，宋之盟故也。過鄭，印段迋勞于棐林，如聘禮而以勞辭。文子入聘。子羽為行人，馮簡子與子大叔逆客。事畢而出，言於衛侯曰：「鄭有禮，其數世之福也，其無大國之討乎！《詩》云：『誰能執熱，逝不以濯？』禮之於政，如熱之有濯也。濯以救熱，何患之有？」〔註520〕

北宮文子輔助衛襄公至楚國朝聘，過境鄭國，見鄭國有禮，文子入鄭聘問以酬答。鄭國因為講究外交禮節而受到國際社會的尊重，也因此增加許多同盟國。

當使者過境國家接受郊勞時，常會以禮物相贈來報答。例如：魯昭公六年，楚公子棄疾如晉，過鄭，鄭罕虎、公孫僑、游吉從鄭伯以勞諸柤，辭不敢見。固請，見之。《左傳》曰：

> （楚公子棄疾）見如見王。以其乘馬八匹私面。見子皮如上卿，以馬六匹；見子產以馬四匹；見子大叔以馬二匹。禁芻牧採樵，不入田，不樵樹，不采蓺，不抽屋，不強丐。誓曰：「有犯命者，君子廢，小人降！」舍不為暴，主不慁賓。往來如是，鄭三卿皆知其將為王也。〔註521〕

楚公子棄疾因不敢接受鄭伯郊勞而婉言謝絕，但鄭國固請，故見鄭伯如晉見楚王，且對鄭伯及鄭國的大臣皆贈以厚禮。《儀禮・聘禮》曰：「若過邦，至

〔註518〕晉・杜預注，唐・孔穎達等正義：《春秋左傳正義》，收入《十三經注疏》（臺北：藝文印書館，2001 年 12 月），頁 518。

〔註519〕晉・杜預注，唐・孔穎達等正義：《春秋左傳正義》，收入《十三經注疏》（臺北：藝文印書館，2001 年 12 月），頁 439。

〔註520〕晉・杜預注，唐・孔穎達等正義：《春秋左傳正義》，收入《十三經注疏》（臺北：藝文印書館，2001 年 12 月），頁 688。

〔註521〕晉・杜預注，唐・孔穎達等正義：《春秋左傳正義》，收入《十三經注疏》（臺北：藝文印書館，2001 年 12 月），頁 752。

于竟，使次介假道。……士帥沒其竟，誓于其竟。」〔註522〕過境他國時，要在邊境上宣誓不違禮擾民，因此楚公子下令隨從人員：「禁芻牧採樵，不入田，不樵樹，不采蓺，不抽屋，不強丐。誓曰：『有犯命者，君子廢，小人降！』」〔註523〕不違禮擾民的誓辭表現出使者對過境國家的尊重。除了過境國家會對使者行郊勞外，受聘國亦會派遣官員慰勞前來聘問的使者。如：魯昭公二年，「叔弓聘于晉，報宣子也。晉侯使郊勞，辭曰：『寡君使弓來繼舊好，固曰『女無敢爲賓』，徹命於執事，敝邑弘矣，敢辱郊使？請辭。』」〔註524〕在聘問的過程中，無論是奉命出使的行人或受聘國，都會以周全的禮儀對待對方，以增進兩國的邦交。以下就針對聘問的過程加以討論。

（一）行聘前的準備

根據《儀禮》的記載，官員奉命出使聘問前，有國君任命使者、備辦禮品、行前告廟、途經他國借道、入受聘國前演習威儀、入境後三次檢視禮品等儀式。〔註525〕《左傳》記載聘問前，使者若知此行將遇到危險，會在接受任命時先立繼承者。如：《左傳・定公六年》曰：

> 秋，八月，宋樂祁言於景公曰：「諸侯唯我事晉，今使不往，晉其憾矣。」樂祁告其宰陳寅。陳寅曰：「必使子往。」他日，公謂樂祁曰：「唯寡人說子之言，子必往！」陳寅曰：「子立後而行，吾室亦不亡，唯君亦以我爲知難而行也。」見溷而行。〔註526〕

晉國大臣彼此鬥爭，故陳寅預知此行將遇險，要宋祁立溷爲繼承人，讓溷拜見宋景公後再啓程。宋祁至晉國後，趙簡子迎接他，在縣上請其飲酒，結果得罪范獻子而被囚禁。

古代貴族凡有大事皆須祭告祖先，因此出發前有告廟的儀式，向祖先報告此行的目的地及任務。魯昭公元年，春，楚公子圍至鄭國聘問且至公孫段

〔註522〕漢・鄭玄注，唐・賈公彥疏：《儀禮注疏》，收入《十三經注疏》（臺北：藝文印書館 2001 年 12 月），頁 230。

〔註523〕晉・杜預注，唐・孔穎達等正義：《春秋左傳正義》，收入《十三經注疏》（臺北：藝文印書館，2001 年 12 月），頁 752。

〔註524〕晉・杜預注，唐・孔穎達等正義：《春秋左傳正義》，收入《十三經注疏》（臺北：藝文印書館，2001 年 12 月），頁 719。

〔註525〕漢・鄭玄注，唐・賈公彥疏：《儀禮注疏》，收入《十三經注疏》（臺北：藝文印書館 2001 年 12 月），頁 226～233。

〔註526〕晉・杜預注，唐・孔穎達等正義：《春秋左傳正義》，收入《十三經注疏》（臺北：藝文印書館，2001 年 12 月），頁 961。

家迎娶妻子。舉行聘問之禮後，公子圍打算帶兵去迎娶新娘。子產洞悉其陰謀，派子羽以「敝邑褊小，不足以容從者，請墠聽命」爲辭，婉言謝絕。令尹命大宰伯州犁對曰：「君辱貺寡大夫圍，謂圍將使豐氏撫有而室。圍布几筵，告於莊、共之廟而來。若野賜之，是委君貺於草莽也，是寡大夫不得列於諸卿也。不寧唯是，又使圍蒙其先君，將不得爲寡君老，其蔑以復矣。唯大夫圖之！」〔註527〕伯州犁以告廟爲藉口，要求進入鄭都，但鄭國直指其「包藏禍心」，楚軍只好倒掛箭袋進入鄭都。

行聘前的準備還包括準備財禮。如：魯昭公十年，晉平公去世，「鄭子皮將以幣行，子產曰：『喪焉用幣？用幣必百兩，百兩必千人。千人至，將不行。不行，必盡用之。幾千人而國不亡？』子皮固請以行。」〔註528〕鄭國子皮聘問的目的是弔喪，子產反對其攜帶財禮而行，因爲百輛車之幣甚多，如此浪費數次，國將亡，但子皮不聽勸，盡用其幣而悔之。除了準備財禮外，使者出國聘問前，若知受聘國將有變故，亦會預先學習禮儀以應變。如：魯文公六年，「秋，季文子將聘於晉，使求遭喪之禮以行。其人曰：『將焉用之？』文子曰：『備豫不虞，古之善教也。求而無之，實難。過求，何害？』」〔註529〕季文子出國聘問前，聞晉侯有疾，故求遭喪之禮以行，以防臨時備辦不及。此亦爲使者行聘禮前的準備。

（二）向受聘國君獻禮

舉行聘問儀式時，使者以玉作爲信物向受聘國君獻禮。《儀禮·聘禮》曰：「几筵既設，擯者出請命。賈人東面坐啓櫝，取圭垂繅，不起而授上介。上介不襲，執圭，屈繅，授賓。賓襲，執圭。擯者入告，出辭玉。」〔註530〕辭玉是對聘問國表達尊敬的一種方式。魯文公十二年，秦伯使西乞術來聘，且言將伐晉。《左傳》記載：

襄仲辭玉，曰：「君不忘先君之好，照臨魯國，鎮撫其社稷，重之以

〔註527〕晉·杜預注，唐·孔穎達等正義：《春秋左傳正義》，收入《十三經注疏》（臺北：藝文印書館，2001年12月），頁697。

〔註528〕晉·杜預注，唐·孔穎達等正義：《春秋左傳正義》，收入《十三經注疏》（臺北：藝文印書館，2001年12月），頁783～784。

〔註529〕晉·杜預注，唐·孔穎達等正義：《春秋左傳正義》，收入《十三經注疏》（臺北：藝文印書館，2001年12月），頁315。

〔註530〕漢·鄭玄注，唐·賈公彥疏：《儀禮注疏》，收入《十三經注疏》（臺北：藝文印書館 2001年12月），頁243。

大器，寡君敢辭玉。」對曰：「不腆敝器，不足辭也。」主人三辭。

賓答曰：「寡君願徼福于周公、魯公以事君，不腆先君之敝器，使下
臣致諸執事，以爲瑞節，要結好命，所以藉寡君之命，結二國之好，
是以敢致之。」〔註531〕

當時的外交辭令常以「徼福於先君」〔註532〕爲辭，賓主推讓以顯示尊敬對方。

聘禮中還有請事、問命的儀式，受聘國詢問使者此行的目的，讓其傳達
君命。如：魯襄公二十六年，「晉韓宣子聘于周，王使請事。對曰：『晉士起
將歸時事於宰旅，無他事矣。』王聞之，曰：『韓氏其昌阜於晉乎！辭不失舊。』」
〔註533〕韓宣子聘於周，周天子問其來意，宣子自稱「士」，言其歸時新貢品於
宰旅，別無他事。其辭謙卑，不踰禮制，故周天子認爲韓氏在晉國將昌盛。

出使他國若態度、言語傲慢，會被視爲失禮。如：《左傳・襄公七年》曰：

衛孫文子來聘，且拜武子之言，而尋孫桓子之盟。公登亦登。叔孫
穆子相，趨進，曰：「諸侯之會，寡君未嘗後衛君。今吾子不後寡君，
寡君未知所過。吾子其少安！」孫子無辭，亦無悛容。穆叔曰：「孫
子必亡。爲臣而君，過而不悛，亡之本也。《詩》曰：『退食自公，
委蛇委蛇』，謂從者也。衡而委蛇，必折。」〔註534〕

孫文子在衛國時，處處與衛君抗衡，故出使魯國表現出強橫不臣的態度。公
登亦登即是與魯君並行，將自己視爲衛君。面對叔孫穆子的詢問，無辭亦無
悛容，這種無禮的態度，被魯國視爲不思後患之人，必將毀折。

（三）與受聘國之君臣交流

聘問過程中，使者有私見國君及大夫的禮儀。受聘國之君臣亦可在此時
請使者解答疑惑，或與使者進行文化交流。詢問使者奇特異象者，如：魯僖

〔註531〕晉・杜預注，唐・孔穎達等正義：《春秋左傳正義》，收入《十三經注疏》（臺
　　　　北：藝文印書館，2001 年 12 月），頁 330。

〔註532〕楊伯峻曰：「此當時常用辭令，如宣十二年《傳》：『徼福於屬、宣、桓、武』，
　　　　成十三年《傳》：『而欲徼福於先君獻、穆』，昭三年《傳》：『徼福於大公、丁
　　　　公』，三十二年《傳》：『徼文、武之福』，『今我欲徼福假靈于成王』，哀二十
　　　　四年《傳》：『寡君欲徼福於周公』，皆是也。」（見：楊伯峻：《春秋左傳注》
　　　　（臺北：漢京文化事業，1987 年 1 月）一，頁 588～589。）。

〔註533〕晉・杜預注，唐・孔穎達等正義：《春秋左傳正義》，收入《十三經注疏》（臺
　　　　北：藝文印書館，2001 年 12 月），頁 637～638。

〔註534〕晉・杜預注，唐・孔穎達等正義：《春秋左傳正義》，收入《十三經注疏》（臺
　　　　北：藝文印書館，2001 年 12 月），頁 519。

公十六年，春，隕石于宋五且六鷁退飛，「周內史叔興聘于宋，宋襄公問焉，曰：『是何祥也？吉凶焉在？』對曰：『今茲魯多大喪，明年齊有亂，君將得諸侯而不終。』退而告人曰：『君失問。是陰陽之事，非吉凶所生也。吉凶由人。吾不敢逆君故也。』」〔註535〕叔興認為吉凶禍福由人，與陰陽無關，但不敢違背宋君，故順其言語談論國際局勢。

　　使者聘問期間對別國的大臣常給予忠告，如：魯襄公二十九年，吳公子季札至齊國聘問，他勸告晏嬰速將封邑及政權還給國君，無封邑及政權才能免於禍難。晏子通過陳桓子歸還封邑及政權，因此避開欒氏、高氏發動的內亂。〔註536〕又如：《左傳‧襄公二十四年》曰：

> 晉侯嬖程鄭，使佐下軍。鄭行人公孫揮如晉聘，程鄭問焉，曰：「敢問降階何由？」子羽不能對，歸以語然明。然明曰：「是將死矣。不然，將亡。貴而知懼，懼而思降，乃得其階。下人而已，又何問焉？且夫既登而求降階者，知人也，不在程鄭。其有亡釁乎！不然，其有惑疾，將死而憂也。」〔註537〕

程鄭受到晉平公寵信而處於高位，卻向鄭國使者公孫揮請教降級之法，可見其自知才德與地位不相稱而心存畏懼，希望降級以保全自我。

　　透過與使者之交流，受聘國亦能知他國之政局。如：《左傳‧襄公三十年》曰：

> 子產相鄭伯以如晉，叔向問鄭國之政焉。對曰：「吾得見與否，在此歲也。駟、良方爭，未知所成。若有所成，吾得見，乃可知也。」叔向曰：「不既和矣乎？」對曰：「伯有侈而愎，子晳好在人上，莫能相下也。雖其和也，猶相積惡也，惡至無日矣。」〔註538〕

在亂世之中，熟悉國際情勢是所有國家生存的法則。子產輔助鄭簡公至晉國聘問，可以觀察晉國的政局，晉國叔向透過與子產的問答，亦可知鄭國將有動亂。

〔註535〕晉‧杜預注，唐‧孔穎達等正義：《春秋左傳正義》，收入《十三經注疏》（臺北：藝文印書館，2001年12月），頁236。

〔註536〕晉‧杜預注，唐‧孔穎達等正義：《春秋左傳正義》，收入《十三經注疏》（臺北：藝文印書館，2001年12月），頁673。

〔註537〕晉‧杜預注，唐‧孔穎達等正義：《春秋左傳正義》，收入《十三經注疏》（臺北：藝文印書館，2001年12月），頁611～612。

〔註538〕晉‧杜預注，唐‧孔穎達等正義：《春秋左傳正義》，收入《十三經注疏》（臺北：藝文印書館，2001年12月），頁679。

（四）國君、大夫宴請使者

　　當他國遣使聘問時，受聘國之國君、大臣常以宴會招待使者。《左傳·成公十二年》曰：「世之治也，諸侯間於天子之事，則相朝也，於是乎有享宴之禮。享以訓共儉，宴以示慈惠。共儉以行禮，而慈惠以布政。政以禮成，民是以息。百官承事，朝而不夕，此公侯之所以扞城其民也。」〔註539〕古代聘禮中，「享禮」雖設酒肉，但用以示恭敬節儉而不用來吃喝；「宴禮」又稱折俎，用來顯示慈惠，賓主可以吃喝。《禮記·聘義》曰：「聘射之禮，至大禮也。質明而始行事，日幾中而后禮成，非強有力者弗能行也。故強有力者，將以行禮也。酒清，人渴而不敢飲也；肉乾，人飢而不敢食也；日莫人倦，齊莊正齊，而不敢解惰。」〔註540〕聘禮與射禮是禮節最為繁複的禮，倘若不是強壯有力的人就不能堅持行完全部禮儀，因為聘禮所設之飲食是為了端正上下尊卑之次序、培養和睦親愛的氣氛，不在於食用。春秋時代，聘禮「輕財重禮」的精神逐漸消失，變成大國對小國的剝削。例如：魯昭公二十一年，「夏，晉士鞅來聘，叔孫為政。季孫欲惡諸晉，使有司以齊鮑國歸費之禮為士鞅。士鞅怒，曰：『鮑國之位下，其國小，而使鞅從其牢禮，是卑敝邑也，將復諸寡君。』魯人恐，加四牢焉，為十一牢。」〔註541〕魯昭公十四年，鮑國歸費於魯，魯人為鮑國七牢。依禮，鮑國僅當五牢。季孫氏為陷害叔孫，故使有司以齊鮑國歸費之禮為士鞅，士鞅怒，故魯人越禮加四牢，為十一牢。因為士鞅無禮的要求，後來吳國甚至要求魯國提供百牢招待吳王，〔註542〕成為變相之勒索、壓榨。

　　聘禮中的享宴常以賦詩言志，使者的文化素養若不夠，就會被輕視。如：魯昭公十二年，「夏，宋華定來聘，通嗣君也。享之，為賦〈蓼蕭〉，弗知，又不答賦。昭子曰：『必亡。宴語之不懷，寵光之不宣，令德之不知，同福之不受，將何以在？』」〔註543〕使者的言語必須適當，對超出禮法的賞賜要用不答來加以

〔註539〕晉·杜預注，唐·孔穎達等正義：《春秋左傳正義》，收入《十三經注疏》（臺北：藝文印書館，2001 年 12 月），頁 458～459。

〔註540〕漢·鄭玄注，唐·孔穎達等正義：《禮記正義》，收入《十三經注疏》（臺北：藝文印書館，2001 年 12 月），頁 1030。

〔註541〕晉·杜預注，唐·孔穎達等正義：《春秋左傳正義》，收入《十三經注疏》（臺北：藝文印書館，2001 年 12 月），頁 868。

〔註542〕晉·杜預注，唐·孔穎達等正義：《春秋左傳正義》，收入《十三經注疏》（臺北：藝文印書館，2001 年 12 月），頁 1008～1009。

〔註543〕晉·杜預注，唐·孔穎達等正義：《春秋左傳正義》，收入《十三經注疏》（臺北：藝文印書館，2001 年 12 月），頁 789。

拒絕。〔註544〕如：魯文公四年，衛甯武子來聘，公與之宴，爲賦〈湛露〉及〈彤弓〉。不辭，又不答賦。因爲〈湛露〉爲天子宴請諸侯之詩，〈彤弓〉爲天子表彰諸侯之詩，甯武子不敢違逆文公又不敢觸犯禮法，故不辭亦不答賦。〔註545〕

（五）使者回國復命

古代官員，凡是接受任命負責某項公務，任務完成後皆須復命，若未復命，而處理私人事務，會被視爲失職。如：魯定公元年，晉國魏舒合諸侯之大夫於狄泉，將以城成周。他將工役囑託給韓簡子及原壽過，就到大陸澤田獵，結果回程卒於甯地。范獻子因爲他未復命就去打獵而撤除其柏椁，懲罰其失職。〔註546〕可見古人十分重視復命之禮。魯宣公四年，楚國令尹子文之孫箴尹克黃使於齊，還及宋，聞亂。「其人曰：『不可以入矣。』箴尹曰：『棄君之命，獨誰受之？君，天也，天可逃乎？』遂歸，復命，而自拘於司敗。王思子文之治楚國也，曰：『子文無後，何以勸善？』使復其所，改命曰生。」〔註547〕克黃知族人叛變，自己回國將受牽連，仍堅持回國復命，終於感動楚王而使他官復原職。

使者回國復命後，國君常以宴享慰勞其辛勞。如：魯襄公二十年，「冬，季武子如宋，報向戌之聘也。……歸，復命，公享之，賦〈魚麗〉之卒章。公賦〈南山有臺〉。武子去所，曰：『臣不堪也。』」〔註548〕季武子以〈魚麗〉之卒章喻魯襄公命己聘宋之時機恰當，襄公賦〈南山有臺〉稱讚季武子奉命出使爲國爭光。

（六）出聘遇特殊情況之處理

《左傳》對春秋時代聘問中遇特殊情況的處理方式記載十分詳細，爲後

〔註544〕《儀禮·聘禮》曰：「辭無常，孫而說。辭多則史，少則不達。辭苟足以達，義之至也。辭曰：『非禮也。敢。』對曰：『非禮也，敢辭。』」（見漢·鄭玄注，唐·賈公彥疏：《儀禮注疏》，收入《十三經注疏》（臺北：藝文印書館2001年12月），頁284～285。）。

〔註545〕晉·杜預注，唐·孔穎達等正義：《春秋左傳正義》，收入《十三經注疏》（臺北：藝文印書館，2001年12月），頁306～307。

〔註546〕晉·杜預注，唐·孔穎達等正義：《春秋左傳正義》，收入《十三經注疏》（臺北：藝文印書館，2001年12月），頁940～941。

〔註547〕晉·杜預注，唐·孔穎達等正義：《春秋左傳正義》，收入《十三經注疏》（臺北：藝文印書館，2001年12月），頁371。

〔註548〕晉·杜預注，唐·孔穎達等正義：《春秋左傳正義》，收入《十三經注疏》（臺北：藝文印書館，2001年12月），頁588～589。

世留下十分珍貴的史料。例如：魯昭公二十年，齊侯使公孫青聘于衛。當時衛國動亂，但齊侯堅持衛侯尚在國境之內就是國君，因此公孫青跟隨衛侯到死鳥，請求行聘問之禮。衛侯辭謝後，以客禮相見。公孫青以其良馬為晉見禮物，並且親自執鐸，終夕與巡夜人在一起。〔註549〕

依禮，使者出國聘問在途中過世，受聘國必須讓靈柩入城，完成使命。如：魯哀公十五年，楚國攻打吳國，陳閔公派公孫貞子至吳國慰問，公孫貞子至良地而卒。副使要將靈柩運入吳國都城遭受拒絕，陳國副使芋尹蓋以「事死如事生」及「朝聘遭喪之禮」據理力爭，終獲吳國接納而順利完成使命。〔註550〕

在一般情況下，使者完成任務要向國君復命，但若國君在使者回國前死亡則向死去的國君復命。例如：魯昭公二十七年，吳國公子季札奉命出使時，吳公子光殺父篡位，季子回國後，曰：「苟先君無廢祀，民人無廢主，社稷有奉，國家無傾，乃吾君也，吾誰敢怨？哀死事生，以待天命。非我生亂，立者從之，先人之道也。」〔註551〕季子到王僚的墳墓前哭泣復命，然後效忠新君，復位待命。同樣是國君去世，但是使者的家族被放逐，其復命的方式又有不同，如：魯宣公十八年，公孫歸父受宣公任命到晉國聘問，希望透過晉國的力量除去三桓。但公孫歸父回國前魯宣公去世，且東門氏被逐，故子家於笙地，築土壇，圍上帷幕，復命於介。既復命，袒、括髮，即位哭，三踊而出。遂奔齊。〔註552〕公孫歸父被逐，無法向國君復命，只好復命於介，「袒、括髮、即位哭、三踊而出」來表達哀傷，然後出奔齊國。

第四節　以軍禮抗敵保國

《左傳》謂：「國之大事，在祀與戎。」〔註553〕祀以安民，戎能保國。

〔註549〕晉・杜預注，唐・孔穎達等正義：《春秋左傳正義》，收入《十三經注疏》（臺北：藝文印書館，2001年12月），頁854～855。

〔註550〕晉・杜預注，唐・孔穎達等正義：《春秋左傳正義》，收入《十三經注疏》（臺北：藝文印書館，2001年12月），頁1034～1035。

〔註551〕晉・杜預注，唐・孔穎達等正義：《春秋左傳正義》，收入《十三經注疏》（臺北：藝文印書館，2001年12月），頁908。

〔註552〕晉・杜預注，唐・孔穎達等正義：《春秋左傳正義》，收入《十三經注疏》（臺北：藝文印書館，2001年12月），頁413～414。

〔註553〕晉・杜預注，唐・孔穎達等正義：《春秋左傳正義》，收入《十三經注疏》（臺

軍禮之作用在於穩定民心，維持秩序。在原始的部族社會中，人口不斷增加，生存的資源十分有限，爲了爭奪土地與財富，各部族間征伐不斷。戰勝者擁有支配資源的權力，戰敗者則淪爲奴隸。在頻繁的爭戰之中，有些不成文的默契與約定逐漸形成，這就是最原始的軍禮。

古之征戰是出於生存的需要，所以在殺伐之中，亦存有憐憫之心，殺人之中亦有禮也。〔註554〕魯僖公二十二年，楚宋泓之戰中，宋襄公所堅守的即古代軍禮。泓之戰後，宋國臣民責怪宋襄公拘泥於古軍禮之教條，以致錯失戰機，造成失敗，宋襄公曰：「君子不重傷，不禽二毛。古之爲軍也，不以阻隘也。寡人雖亡國之餘，不鼓不成列。」〔註555〕古代的用兵之道，充滿仁義思想，不重傷、不禽二毛、不以阻隘、不鼓不成列，惟恐勝之不武。然春秋時代，諸侯並爭，若不運用機巧難以取勝，故古代之軍禮難以在春秋戰場上實行。〔註556〕《淮南子・氾論訓》曾經記載：「古之兵，弓劍而已矣，槽矛無擊，脩戟無刺。晚世之兵，隆衝以攻，渠幨以守，連弩以射，銷車以鬭。古之伐國，不殺黃口，不獲二毛，於古爲義，於今爲笑。古之所以爲榮者，今之所以爲辱也。」〔註557〕戰爭的規模隨著時代不斷擴大，斬刈殺伐之情形亦更加殘忍。宋襄公爲殷商之後，以堅守古禮爲榮，但無法審度時勢，掌握戰機，徒然陷子民於敗亡之境地。

當國家版圖逐漸擴大，封建制度建立後，戰爭成爲統治者維持秩序的工

北：藝文印書館，2001 年 12 月），頁 460。

〔註554〕《禮記・檀弓下》記載：「工尹商陽與陳弃疾追吳師，及之。陳弃疾謂工尹商陽曰：『王事也，子手弓而可。』手弓。『子射諸。』射之，斃一人，韔弓。又及，謂之，又斃二人。每斃一人，揜其目。止其御曰：『朝不坐，燕不與，殺三人，亦足以反命矣。』孔子曰：『殺人之中，又有禮焉。』」（見漢・鄭玄注，唐・孔穎達等正義：《禮記正義》，收入《十三經注疏》（臺北：藝文印書館，2001 年 12 月），頁 190。）。

〔註555〕晉・杜預注，唐・孔穎達等正義：《春秋左傳正義》，收入《十三經注疏》（臺北：藝文印書館，2001 年 12 月），頁 248。

〔註556〕春秋時代，只有與東夷集團有關的楚國與宋國在戰場上展現過不趁人之危、不落井下石的古軍禮精神。《左傳・宣公十二年》：晉楚邲之戰，楚軍已佔優勢。「晉人或以廣隊不能進，楚人惎之脫扃。少進，馬還，又惎之拔旆投衡，乃出。顧曰：『吾不如大國之數奔也。』」（見晉・杜預注，唐・孔穎達等正義：《春秋左傳正義》，收入《十三經注疏》（臺北：藝文印書館，2001 年 12 月），頁 396。）。（參考：陳高志：〈《左傳》與軍禮〉，《內湖高工學報》，（2005 年 4 月），頁 97。）。

〔註557〕何寧：《淮南子集釋》中冊（北京：中華書局，1998 年 10 月），頁 929～930。

具。《周禮‧夏官‧司馬》曰：「以九伐之灋正邦國：馮弱犯寡，則眚之；賊賢害民，則伐之；暴內陵外，則壇之；野荒民散，則削之；負固不服，則侵之；賊殺其親，則正之；放弒其君，則殘之；犯令陵政，則杜之；外內亂，鳥獸行，則滅之。」〔註558〕戰爭為刑罰之一種，用來懲罰違禮之諸侯。隨著時代的演進，軍禮的發展亦日益完善，舉凡國防、地政、經濟、建設，皆與軍禮有關。《周禮‧春官‧大宗伯》曰：「以軍禮同邦國：大師之禮，用眾也；大均之禮，恤眾也；大田之禮，簡眾也；大役之禮，任眾也；大封之禮，合眾也。」〔註559〕周王朝用威嚴之軍禮來統一邦國之制度，使其不敢僭越。《周禮》將軍禮分為五種：「大師之禮」是軍隊之禮，用於出征討伐；「大均之禮」是地政之禮，用以校正戶口，調節賦征；「大田之禮」是簡閱演習之禮，用以田獵習武，校閱車徒；「大役之禮」是建設之禮，用以修築城邑；「大封之禮」則為鞏固邊疆之禮，用以正封疆溝塗之固。

一、大師之禮

「大師之禮」起源於戰爭，在冷酷無情的戰場上講求禮節，在後代看來十分不可思議，但春秋時代的「大師之禮」不僅持續存在而且發展更為完善。徐杰令在〈春秋戰爭禮考論〉中說：

> 春秋時期的主要國家都有恪守古禮的傳統，而且基本上都是周初大分封的產物，相互之間存在著宗族或姻親方面的關係，一直遵循著「親親」的原則，加之成王時，「世世子孫，無相害也」（僖公二十六年）的盟誓，所以戰爭禮不僅被繼承下來，而且適應時代的變化和需要，有了進一步的發展和完善。〔註560〕

徐氏認為：春秋時代，戰爭禮能被繼承且更進一步的發展，是因為各國間皆有血緣或姻親的關係。周成王時，「世世子孫，無相害也」的盟誓也一直受到重視，〔註561〕因此在殘忍血腥的殺戮之中，「戰爭禮」才能持續存在。

〔註558〕漢‧鄭玄注，唐‧賈公彥疏：《周禮注疏》，收入《十三經注疏》（臺北：藝文印書館，2001 年 12 月），頁 439～440。

〔註559〕漢‧鄭玄注，唐‧賈公彥疏：《周禮注疏》，收入《十三經注疏》（臺北：藝文印書館，2001 年 12 月），頁 276～277。

〔註560〕徐杰令：〈春秋戰爭禮考論〉，《東北師大學報》（哲學社會科學版）第 2 期，（2000 年總第 184 期），頁 75。

〔註561〕周成王時之盟誓見於《左傳‧僖公二十六年》：「夏，齊孝公伐我北鄙，衛人

（一）《左傳》的軍事思想

在談論「大師之禮」前，我們必須對《左傳》的軍事思想先有初步的認識。在先秦古籍中，記載戰爭最為周詳的即是《左傳》，《左傳》作者不僅詳細記載戰爭發生的原因、過程、參與的將領及其結果，更對戰爭的成功與失敗有獨特的見解。

1. 道德決定勝負

《左傳》的作者認為：道德修養與戰爭勝負密切相關，《左傳》莊公十年，齊魯長勺之戰，魯國在曹劌的策劃之下，以小擊大，獲得勝利。曹劌認為：戰爭勝負的關鍵不在軍隊人數多寡、武器是否精良，而在國內人心之向背。因此，執政者必須獲得人民的支持，才有作戰的資格。〔註562〕魯莊公二十七年，士蒍曰：「夫禮、樂、慈、愛，戰所畜也。夫民，讓事、樂和、愛親、哀喪，而後可用也。」〔註563〕士蒍認為：戰爭的先決條件是禮、樂、慈、愛等德行，當國內的百姓都能修養德行，做到遇事謙讓、快樂和諧、愛護親人、哀痛喪事時，才是可用之民。可用之民又須經過一連串的教導、訓練，方能成為可用之軍。〔註564〕

伐齊，洮之盟故也。公使展喜犒師，使受命于展禽。齊侯未入竟，展喜從之，曰：『寡君聞君親舉玉趾，將辱於敝邑，使下臣犒執事。』齊侯曰：『魯人恐乎？』對曰『小人恐矣，君子則否。』齊侯曰：『室如縣罄，野無青草，何恃而不恐？』對曰：『恃先王之命。昔周公、大公股肱周室，夾輔成王。成王勞之，而賜之盟，曰：『世世子孫無相害也！』載在盟府，大師職之。桓公是以糾合諸侯而謀其不協，彌縫其闕而匡救其災，昭舊職也。及君即位，諸侯之望曰：『其率桓之功！』我敝邑用不敢保聚，曰：『豈其嗣世九年，而弃命廢職？其若先君何？君必不然。』恃此以不恐。』齊侯乃還。」（晉·杜預注，唐·孔穎達等正義：《春秋左傳正義》，收入《十三經注疏》（臺北：藝文印書館，2001年12月），頁264～265。）。

〔註562〕魯莊公十年，曹劌問魯莊公何以戰？「公曰：『衣食所安，弗敢專也，必以分人。』對曰：『小惠未遍，民弗從也。』公曰：『犧牲玉帛，弗敢加也，必以信。』對曰：『小信未孚，神弗福也。』公曰：『小大之獄，雖不能察，必以情。』對曰：『忠之屬也，可以一戰。戰，則請從。』」（見晉·杜預注，唐·孔穎達等正義：《春秋左傳正義》，收入《十三經注疏》（臺北：藝文印書館，2001年12月），，頁146～147。）。

〔註563〕晉·杜預注，唐·孔穎達等正義：《春秋左傳正義》，收入《十三經注疏》（臺北：藝文印書館，2001年12月），頁176。

〔註564〕晉文公回國後，教導、訓練百姓二年，又教其尊王事君之道義、讓其明白信義之重要並且熟悉禮節，養成恭敬之心，才用其作戰。晉文公以德教民，訓練出「少長有禮」的可用之軍，故能在城濮之戰中戰勝。（見晉·杜預注，唐·

另一則記載，與此相呼應。《左傳·成公十六年》申叔曰：

> 德、刑、詳、義、禮、信，戰之器也。德以施惠，刑以正邪，詳以
> 事神，義以建利，禮以順時，信以守物。民生厚而德正，用利而事
> 節，時順而物成，上下和睦，周旋不逆，求無不具，各知其極。故
> 《詩》曰：「立我烝民，莫匪爾極。」是以神降之福，時無災害，民
> 生敦厖，和同以聽，莫不盡力以從上命，致死以補其闕，此戰之所
> 由克也。〔註565〕

申叔認為：德行、刑罰、和順、道義、禮法、信用為戰爭的必備條件，當國
家具備這些德行時，人人都知道自己的行為準則，上下一心，團結合作。上
級下達命令時，所有人都盡力服從，且願意犧牲自己以補救國家的損失，這
就是戰勝的原因。另外，選擇將領時，也以德行為主要考量。魯僖公二十七
年，晉楚城濮之戰前，晉軍謀元帥。「趙衰曰：『郤縠可。臣亟聞其言矣，說
禮、樂而敦《詩》、《書》。《詩》、《書》，義之府也；禮、樂，德之則也；德、
義，利之本也。《夏書》曰：『賦納以言，明試以功，車服以庸。』君其試之！』
乃使郤縠將中軍，郤溱佐之。」〔註566〕趙衰經由觀察郤縠的言語而知其說
禮、樂，敦《詩》、《書》，並且據此推薦其為元帥。元帥為軍隊的領導者，
關係戰爭的成敗，惟有道德崇高、行事公平，合於義理者，才能作出正確的
決策，帶領軍隊取得勝利。因此晉軍在具備足夠軍事涵養的人選中，以道德
高低為標準謀求元帥，為城濮之戰預示勝負的趨勢。

2. 信義為先

徐杰令曰：「春秋戰爭禮最大的特點，在於講究承諾，遵守信義，不以陰
謀狡詐取勝。」〔註567〕例如：《左傳·僖公二十五年》晉文公包圍原邑，士兵
只帶三天的糧食。到了三天，原邑仍未投降，晉文公下令退兵。城中的間諜
傳出原邑即將投降的消息，軍官們問是否先不撤兵，繼續等待？「公曰：『信，

　　孔穎達等正義：《春秋左傳正義》，收入《十三經注疏》（臺北：藝文印書館，
　　2001 年 12 月），頁 267～268。晉·杜預注，唐·孔穎達等正義：《春秋左傳
　　正義》，收入《十三經注疏》（臺北：藝文印書館，2001 年 12 月），頁 272。）。

〔註565〕晉·杜預注，唐·孔穎達等正義：《春秋左傳正義》，收入《十三經注疏》（臺
　　北：藝文印書館，2001 年 12 月），頁 473～474。

〔註566〕晉·杜預注，唐·孔穎達等正義：《春秋左傳正義》，收入《十三經注疏》（臺
　　北：藝文印書館，2001 年 12 月），頁 267。

〔註567〕徐杰令：〈春秋戰爭禮考論〉，《東北師大學報》（哲學社會科學版）第 2 期，（2000
　　年總第 184 期），頁 75。

國之寶也，民之所庇也。得原失信，何以庇之？所亡滋多。』退一舍而原降。」
〔註568〕晉文公下令退兵後，不願失信於士兵，這種重視承諾的精神讓其獲得
原邑。

魯宣公十五年，楚莊王圍宋，戰況膠著，採持久戰術，《左傳》記載：

> 宋人懼，使華元夜入楚師，登子反之床，起之曰：「寡君使元以病
> 告」曰：「敝邑易子而食，析骸以爨。雖然，城下之盟，有以國斃，
> 不能從也。去我三十里，唯命是聽。」子反懼，與之盟，而告王。
> 退三十里，宋及楚平。華元為質。盟曰：「我無爾詐，爾無我虞。」
> 〔註569〕

這場戰役，宋國苦等晉國援軍不到，已固守九個月，「易子而食，析骸以爨」，
城中陷入絕境。華元挾持子反訂立退兵盟約，楚國知宋國窘境後，並未因此
而毀約，盟誓曰：「我無爾詐，爾無我虞」更強調彼此以信義為先。

另有一則記載，見於魯成公十六年，晉楚鄢陵之戰。晉國的欒鍼在見到
楚將子重的旌旗時，回憶過去出使楚國，曾對子重說過：晉國之勇在於「好
以眾整」、「好以暇」，故請晉君派使者向子重進酒，以履行過去的話語。子
重受酒而飲，不留難使者而重新擊鼓，指揮作戰。〔註570〕欒鍼不忘昔日之
言，在戰場上呈現「好整以暇」的精神，這正是重視信用的表現。

3. 師出有名

《禮記・檀弓下》曰：

> 吳侵陳，斬祀、殺厲，師還出竟，陳大宰嚭使於師。夫差謂行人儀曰：
> 「是夫也多言，盍嘗問焉；師必有名，人之稱斯師也者，則謂之何？」
> 大宰嚭曰：「古之侵伐者，不斬祀、不殺厲、不獲二毛；今斯師也，
> 殺厲與？其不謂之殺厲之師與？」曰：「反爾地，歸爾子，則謂之何？」
> 曰：「君王討敝邑之罪，又矜而赦之，師與，有無名乎？」〔註571〕

〔註568〕晉・杜預注，唐・孔穎達等正義：《春秋左傳正義》，收入《十三經注疏》（臺
北：藝文印書館，2001年12月），頁263。

〔註569〕晉・杜預注，唐・孔穎達等正義：《春秋左傳正義》，收入《十三經注疏》（臺
北：藝文印書館，2001年12月），頁408。

〔註570〕晉・杜預注，唐・孔穎達等正義：《春秋左傳正義》，收入《十三經注疏》（臺
北：藝文印書館，2001年12月），頁477～478。

〔註571〕漢・鄭玄注，唐・孔穎達等正義：《禮記正義》，收入《十三經注疏》（臺北：
藝文印書館，2001年12月），頁176。

吳國侵伐陳國，砍去陳國的社樹、殺害病患，陳國太宰嚭舉古禮之善者以校吳國之惡，激發吳王的哀矜之心。《左傳‧莊公二十九年》曰：「凡師，有鐘鼓曰伐，無曰侵，輕曰襲。」〔註 572〕征討有罪之國必鳴鐘擊鼓，聲討其罪，謂之「伐」；若寢其鐘鼓，潛入國境，謂之「侵」；倍道輕行，掩其不備，謂之「襲」。凡出兵討罪，唯侵伐之，無掩襲之事。吳國討陳之罪，而斬祀、殺厲，太宰嚭以出師之名激吳王，欲其矜而赦之。

古代，凡受征伐之國家，常遣使者犒師以詢問出兵的原因，並且探聽軍情。例如：魯襄公三十一年，「齊子尾害閭丘嬰，欲殺之，使帥師以伐陽州。我問師故。夏，五月，子尾殺閭丘嬰，以說于我師。」〔註 573〕齊國子尾明知「帥出無名」必定理虧，故意設計陷害閭丘嬰，使其帥師伐魯，當魯國遣使詢問時，再將其殺害向魯國謝罪。

另外，「犒師」亦能故佈疑陣，使前來偷襲的國家誤以為敵國早有防備而徒勞往返。例如：魯僖公三十三年，秦軍偷襲鄭國，軍隊到達滑國時，被鄭國商人弦高遇見。弦高假託鄭君之命，以四張熟牛皮及十二頭牛犒軍，並派傳車急速通知鄭國，使杞子等秦國大夫之陰謀失敗，也讓秦軍誤以為鄭國早有準備，因此滅滑而還。〔註 574〕

4. 師不伐喪

依照古禮，侵伐國家，若遇敵國有喪則還。例如：魯襄公十九年，「晉士匄侵齊，及穀，聞喪而還，禮也。」〔註 575〕「聞喪而還」是出於哀憫之心，對受征伐之國家表示哀悼，待其服喪期滿再行征討。若是聞喪不還，將被國際社會不齒。例如：魯襄公十三年，「吳侵楚，養由基奔命，子庚以師繼之。養叔曰：『吳乘我喪，謂我不能師也，必易我而不戒。子為三覆以待我，我請誘之。』子庚從之。戰于庸浦，大敗吳師，獲公子黨。君子以吳為不弔，《詩》曰：『不弔昊天，亂靡有定。』」〔註 576〕吳國趁楚國服喪時，出兵攻打，因為

〔註 572〕晉‧杜預注，唐‧孔穎達等正義：《春秋左傳正義》，收入《十三經注疏》（臺北：藝文印書館，2001 年 12 月），頁 178。

〔註 573〕晉‧杜預注，唐‧孔穎達等正義：《春秋左傳正義》，收入《十三經注疏》（臺北：藝文印書館，2001 年 12 月），頁 685。

〔註 574〕見晉‧杜預注，唐‧孔穎達等正義：《春秋左傳正義》，收入《十三經注疏》（臺北：藝文印書館，2001 年 12 月），頁 289～290。

〔註 575〕晉‧杜預注，唐‧孔穎達等正義：《春秋左傳正義》，收入《十三經注疏》（臺北：藝文印書館，2001 年 12 月），頁 586。

〔註 576〕晉‧杜預注，唐‧孔穎達等正義：《春秋左傳正義》，收入《十三經注疏》（臺

輕敵冒進，大敗而歸。魯襄公十四年，吳國向晉國報告被楚國打敗，希望晉國召集同盟國爲吳國復仇，但「范宣子數吳之不德也，以退吳人」。〔註577〕

　　若大國征伐小國，聞喪則止，小國仍不服從，則是自取滅亡。如：魯襄公四年，「三月，陳成公卒。楚人將伐陳，聞喪乃止。陳人不聽命。臧武仲聞之，曰：『陳不服於楚，必亡。大國行禮焉，而不服，在大猶有咎，而況小乎？』夏，楚彭名侵陳，陳無禮故也。」〔註578〕陳國背叛楚國投靠晉國，楚伐陳，聞喪則止，但陳不服於楚，故再度被征討。

（二）戰前之禮

1. 軍隊的數量及訓練

　　周代對於軍隊的數量依爵位之大小各有不同之規定。《左傳・襄公十四年》曰：「師歸自伐秦。晉侯舍新軍，禮也。成國不過半天子之軍。周爲六軍，諸侯之大者，三軍可也。」〔註579〕晉國此時爲大國，周爲六軍，故晉國三軍可也。《周禮・夏官序》曰：「凡制軍，萬有二千五百人爲軍。王六軍，大國三軍，次國二軍，小國一軍。」〔註580〕晉國初封時爲小國，故《左傳・莊公十六年》曰：「王使虢公命曲沃伯以一軍爲晉侯。」〔註581〕隨著國勢的強盛或衰弱，軍隊的數量亦會隨之改變。

　　春秋時代，軍隊的訓練相當嚴謹，魯襄公三年，諸侯雞澤之會時，晉悼公之弟揚干擾亂軍隊，中軍司馬魏絳依軍法處置，殺其駕車僕人。晉悼公以爲受辱，欲殺魏絳，魏絳願自殺請罪，其詔書曰：「師眾以順爲武，軍事有死無犯爲敬。」〔註582〕悼公自知理虧，向其謝罪，並晉升魏絳爲新軍之佐。當時之軍隊

　　　　北：藝文印書館，2001 年 12 月），頁 556。

〔註577〕晉・杜預注，唐・孔穎達等正義：《春秋左傳正義》，收入《十三經注疏》（臺北：藝文印書館，2001 年 12 月），頁 557。

〔註578〕晉・杜預注，唐・孔穎達等正義：《春秋左傳正義》，收入《十三經注疏》（臺北：藝文印書館，2001 年 12 月），頁 503。

〔註579〕晉・杜預注，唐・孔穎達等正義：《春秋左傳正義》，收入《十三經注疏》（臺北：藝文印書館，2001 年 12 月），頁 562。

〔註580〕漢・鄭玄注，唐・賈公彥疏：《周禮注疏》，收入《十三經注疏》（臺北：藝文印書館，2001 年 12 月），頁 429。

〔註581〕晉・杜預注，唐・孔穎達等正義：《春秋左傳正義》，收入《十三經注疏》（臺北：藝文印書館，2001 年 12 月），頁 157。

〔註582〕晉・杜預注，唐・孔穎達等正義：《春秋左傳正義》，收入《十三經注疏》（臺北：藝文印書館，2001 年 12 月），頁 502。

以旗〔註583〕鼓令眾，平時須訓練士兵熟悉旗鼓號誌，作戰時，只聽主帥的鼓聲或旌旗前進、後退，旗鼓為指揮三軍作戰的號令。《左傳・成公二年》齊晉鞌之戰，晉國的中軍將領郤克被箭射傷，仍擊鼓前進，鼓聲不絕。郤克告訴左右將領自己受重傷，當時張侯亦傷重流血，「張侯曰：『師之耳目，在吾旗鼓，進退從之。此車一人殿之，可以集事。若之何其以病敗君之大事也？擐甲執兵，固即死也，病未及死，吾子勉之！』左并轡，右援枹而鼓。馬逸不能止，師從之。齊師敗績。逐之，三周華不注。」〔註584〕晉軍在危急之中，中軍將領仍勉力支持，奮勇前進，終於率領全軍擊潰齊軍，獲得勝利。

2. 行陣配置與武器、戰術的應用

　　春秋時代以車戰為主，步兵為輔，採車徒聯合作戰的方式。行軍時，三軍各有不同職掌。《左傳・宣公十二年》晉楚之戰，晉國的士會曰：

> 會聞用師，觀釁而動……軍行，右轅，左追蓐，前茅慮無，中權，後勁。百官象物而動，軍政不戒而備，能用典矣。……君子小人，物有服章，貴有常尊，賤有等威，禮不逆矣。……見可而進，知難而退，軍之善政也。兼弱攻昧，武之善經也。〔註585〕

楚國行軍時，右軍跟隨主將的車轅，左軍打草安排歇息。前軍以旌旄開路，中軍權衡斟酌，謀畫策略。後軍為精兵，殿後押陣。各級軍官皆按旗幟指示行動，軍事政務則不待命令而各自備辦。君子與小人服飾各有規定，尊卑階級明顯。士會提出的作戰策略包括：「觀釁而動」、「見可而進，知難而退」、「兼

〔註583〕《圖說春秋戰國》曾提到：在戰場，旗有君主的象徵，鄭國有「蝥弧」、齊有「靈姑銔」，皆諸侯之旗。趙簡子有「蜂旗」，卿之旗也。因此，旗幟若登城，則代表君王佔領城池，如：魯隱公十一年，瑕叔盈又以蝥弧登，周麾而呼曰：「君登矣！」（見《左傳・隱公十一年》孔穎達《正義》。晉・杜預注，唐・孔穎達等正義：《春秋左傳正義》，收入《十三經注疏》（臺北：藝文印書館，2001 年 12 月），頁 80。）。旗幟不倒，代表戰鬥仍然繼續，如：魯莊公九年，齊魯乾之戰，魯莊公丟棄兵車，轉乘其它戰車逃回國內。莊公之車御秦子、車右梁子故意打著魯莊公的帥旗躲避在小道引誘齊軍，因此都被齊軍所擒。（見晉・杜預注，唐・孔穎達等正義：《春秋左傳正義》，收入《十三經注疏》（臺北：藝文印書館，2001 年 12 月），頁 145。）。（參考：龔書鐸、劉德麟主編：《圖說春秋戰國》（臺北：鳳凰出版社，2006 年 11 月），頁 15。）。

〔註584〕晉・杜預注，唐・孔穎達等正義：《春秋左傳正義》，收入《十三經注疏》（臺北：藝文印書館，2001 年 12 月），頁 423～424。

〔註585〕晉・杜預注，唐・孔穎達等正義：《春秋左傳正義》，收入《十三經注疏》（臺北：藝文印書館，2001 年 12 月），頁 389～391。

弱攻昧」三種，此時的作戰思想非常單純質樸。

　　春秋末年，各國之軍隊不斷擴大，步兵逐漸增多，將領對戰術及武器的選擇也較爲多樣化。例如：魯昭公三十年，吳王命徐國及鍾吳國捉拿其政敵掩餘和燭庸，最後此二人逃入楚國，「吳子執鍾吾子，遂伐徐，防山以水之。己卯，滅徐。」〔註 586〕吳國攻打徐國的戰術是利用山嶺築堤防，攔水灌徐城。又如：魯哀公十一年，齊魯之戰，「冉有用矛於齊師，故能入其軍。孔子曰：『義也。』」〔註 587〕冉有知齊軍之情，以用矛爲利，故其率領之軍隊皆用矛，因而獲得勝利。

3. 卜戰和告廟

　　古人作戰須愼選時間，《左傳・成公十六年》郤至謂楚軍「陳不違晦」犯了兵家大忌，作戰必敗。戰爭爲國家之大事，故行動之前須占卜吉凶，謂之「卜戰」。魯僖公十五年，秦晉韓之戰前，《左傳》曰：

> 卜徒父筮之，吉：「涉河，侯車敗。」詰之。對曰：「乃大吉也。
> 三敗，必獲晉君。其卦遇蠱曰：『千乘三去，三去之餘，獲其雄狐。』
> 夫狐蠱，必其君也。蠱之貞，風也；其悔，山也。歲云秋矣，我
> 落其實，而取其材，所以克也。實落材亡，不敗，何待？」〔註 588〕

卜徒父占得「蠱卦」，內卦爲風，象徵秦軍；外卦爲山，象徵晉軍。當時爲秋天，風吹過山，吹落果實，取用木材，此爲秦軍戰勝晉軍之徵兆。

　　古代出兵前須告廟。例如：魯莊公八年，「治兵于廟，禮也。」〔註 589〕、魯隱公十一年，「鄭伯將伐許。五月，甲辰，授兵於大宮。」〔註 590〕、魯閔公二年，「帥師者，受命於廟，受脤於社，有常服矣。」〔註 591〕由上面三則記載可知：古代出兵時，將領須在太廟接受命令，在社接受祭肉，還有依禮儀規

〔註 586〕晉・杜預注，唐・孔穎達等正義：《春秋左傳正義》，收入《十三經注疏》（臺北：藝文印書館，2001 年 12 月），頁 928。

〔註 587〕晉・杜預注，唐・孔穎達等正義：《春秋左傳正義》，收入《十三經注疏》（臺北：藝文印書館，2001 年 12 月），頁 1017。

〔註 588〕晉・杜預注，唐・孔穎達等正義：《春秋左傳正義》，收入《十三經注疏》（臺北：藝文印書館，2001 年 12 月），頁 230。

〔註 589〕晉・杜預注，唐・孔穎達等正義：《春秋左傳正義》，收入《十三經注疏》（臺北：藝文印書館，2001 年 12 月），頁 143。

〔註 590〕晉・杜預注，唐・孔穎達等正義：《春秋左傳正義》，收入《十三經注疏》（臺北：藝文印書館，2001 年 12 月），頁 79～80。

〔註 591〕晉・杜預注，唐・孔穎達等正義：《春秋左傳正義》，收入《十三經注疏》（臺北：藝文印書館，2001 年 12 月），頁 193。

定的服飾。將領接受命令後，會在太廟頒發武器給士兵。魯莊公四年，「春，王正月，楚武王荊尸，授師子焉，以伐隨。將齊，入告夫人鄧曼曰：『余心蕩。』」〔註592〕將領在授師之前，須先齋戒。楚武王要用「荊尸」陣法攻打隨國，在入太廟頒發兵器前先要齋戒，以示誠敬，他發現身體不適因此告訴夫人鄧曼。

軍隊臨戰前，還須殺牲饗士卒。《左傳・宣公二年》曰：「將戰，華元殺羊食士」〔註593〕《公羊傳・莊公八年》何休《注》曰：「禮，兵不徒使，故將出兵，必祠於近郊，陳兵習戰，殺牲饗士卒。」〔註594〕臨戰前殺羊食士有提昇士氣的作用，藉此激勵士兵能奮勇殺敵。

4. 假道之禮

古代無論是遣使外交或出兵征伐，凡是過境他國，皆須行使假道之禮，否則就是輕視過境之國。魯宣公十四年，楚莊王派申舟出使齊國，要其不用向宋國行假道之禮。申舟害怕被宋國殺害，楚王曰：「殺汝，我伐之。」且答應照顧申舟之子。結果宋國「華元曰：『過我而不假道，鄙我也。鄙我，亡也。殺其使者，必伐我。伐我，亦亡也。亡一也。』乃殺之。……秋，九月，楚子圍宋。」〔註595〕過境他國而不借道通行，是視他國為邊邑屬縣，有輕視的意味，故華元不甘受辱而殺申舟，造成宋楚之戰。

軍隊出征，過境他國，常遣使行借道通行之禮。如：魯成公八年，「晉侯使申公巫臣如吳，假道于莒。」〔註596〕若是他國不同意借道，則須繞道而行，如：魯僖公二十八年，「晉侯將伐曹，假道于衛。衛人弗許。還自河南濟。」〔註597〕若是不行假道之禮，軍隊有可能被攻擊。如：魯僖公三十二年，「冬，晉文公卒。庚辰，將殯于曲沃。出絳，柩有聲如牛。卜偃使大夫拜，曰：『君

〔註592〕晉・杜預注，唐・孔穎達等正義：《春秋左傳正義》，收入《十三經注疏》（臺北：藝文印書館，2001 年 12 月），頁 140。

〔註593〕晉・杜預注，唐・孔穎達等正義：《春秋左傳正義》，收入《十三經注疏》（臺北：藝文印書館，2001 年 12 月），頁 363。

〔註594〕漢・何休注，唐・徐彥疏：《春秋公羊傳注疏》，收入《十三經注疏》（臺北：藝文印書館，2001 年 12 月），頁 85。

〔註595〕晉・杜預注，唐・孔穎達等正義：《春秋左傳正義》，收入《十三經注疏》（臺北：藝文印書館，2001 年 12 月），頁 405。

〔註596〕晉・杜預注，唐・孔穎達等正義：《春秋左傳正義》，收入《十三經注疏》（臺北：藝文印書館，2001 年 12 月），頁 446。

〔註597〕晉・杜預注，唐・孔穎達等正義：《春秋左傳正義》，收入《十三經注疏》（臺北：藝文印書館，2001 年 12 月），頁 270。

命大事：將有西師過軼我，擊之，必大捷焉。』」〔註598〕秦國偷襲鄭國，爲恐消息外洩，故不行假道之禮而過境晉國。適逢晉文公之喪，卜偃假藉柩聲傳達君命以正眾心，晉軍於崤山伏擊大敗秦軍。

（三）交戰之禮

《左傳‧成公十六年》記載晉楚鄢陵之戰，晉軍抵達戰場後展開一連串的準備行動，包括：兵車向左右馳騁，召集軍官、將領集合於中軍，共同謀議、在先君神位前占卜、發布命令、塡塞水井、剷平火灶作爲陣營的行道、登上戰車，又再度持武器下車以聽元帥發布誓師的號令，以及開戰前祈禱神靈等活動。〔註599〕

1. 致師之禮

正式交戰前，還有致師之禮。《周禮‧夏官‧環人》曰：「環人掌致師」鄭《注》曰：「致師者，致其必戰之志，古者將戰，先使勇力之士犯敵焉。」〔註600〕致師之用意在於挑釁敵人，在氣勢上取得勝利。魯宣公十二年，楚向晉求和後，遣將致師，以疑晉國將領。《左傳》曰：

> 楚許伯御樂伯，攝叔爲右，以致晉師。許伯曰：「吾聞致師者，御靡旌摩壘而還。」樂伯曰：「吾聞致師者，左射以菆，代御執轡，御下，兩馬、掉鞅而還。」攝叔曰：「吾聞致師者，右入壘，折馘、執俘而還。」皆行其所聞而復。〔註601〕

「致師」是在開戰前遣勇力之士前往敵軍挑釁的行爲，從三位將領之言談可知「致師」的方式有很多種，但是過程必須展現勇猛、剛健、迅速以及從容不迫的特質，才能達到震懾敵軍，先聲奪人的效果。

2. 不傷使者及君子

兩軍交戰時，常派遣使者溝通、協調，因此各國交戰時，有不傷使者的不成文規定。魯成公九年，「欒書伐鄭，鄭人使伯蠲行成，晉人殺之，非禮也。

〔註598〕晉‧杜預注，唐‧孔穎達等正義：《春秋左傳正義》，收入《十三經注疏》（臺北：藝文印書館，2001 年 12 月），頁 287～288。

〔註599〕晉‧杜預注，唐‧孔穎達等正義：《春秋左傳正義》，收入《十三經注疏》（臺北：藝文印書館，2001 年 12 月），頁 475。

〔註600〕漢‧鄭玄注，唐‧賈公彥疏：《周禮注疏》，收入《十三經注疏》（臺北：藝文印書館，2001 年 12 月），頁 460。

〔註601〕晉‧杜預注，唐‧孔穎達等正義：《春秋左傳正義》，收入《十三經注疏》（臺北：藝文印書館，2001 年 12 月），頁 394。

兵交，使在其間可也。」〔註602〕晉國伐鄭，鄭遣使者求和，晉人殺之，《左傳》
斥之為「非禮也」。晉國此舉違反不殺使者的國際禮儀。

除了不殺使者之外，在戰場上對於「君子」也十分尊敬，不加以傷害。如：
魯宣公十二年，楚國三位將領行「致師之禮」後，晉國追逐他們，左右兩翼夾
攻。「樂伯左射馬，而右射人，角不能進。矢一而已。麋興於前，射麋麗龜。晉
鮑癸當其後，使攝叔奉麋獻焉，曰：『以歲之非時，獻禽之未至，敢膳諸從者。』
鮑癸止之，曰：『其左善射，其右有辭，君子也。』既免。」〔註603〕鮑癸放走
楚將的原因是「其左善射，其右有辭，君子也」，許伯等人因武藝及口才獲得敵
人的尊敬，而免於被俘。

魯成公二年，齊晉奉之戰中，晉國「韓厥夢子輿謂己曰：『且辟左右！』
故中御而從齊侯。邴夏曰：『射其御者，君子也。』公曰：『謂之君子而射之，
非禮也。』」〔註604〕邴夏由韓厥駕車之技術判斷其為君子，齊頃公堅持不射
君子，反而讓自己陷入危險。魯昭公二十六年，齊國為送魯昭公回國而發生
齊魯之戰，魯國「冉豎射陳武子，中手，失弓而罵。以告平子曰：『有君子
白皙鬒鬚眉，甚口。』平子曰：『必子彊也，無乃亢諸？』對曰：『謂之君子，
何敢亢之？』」〔註605〕在戰場上放走君子、不射君子、不亢君子等行為顯現
春秋時代之戰爭，士兵大都為貴族，仍講求禮儀，不以殘忍殺勠為務，只求
擴張勢力、達成目標。

3. 不救敵人、不報私仇

魯昭公二十六年，齊魯之戰中，「子囊帶從野洩，叱之。洩曰：『軍無私
怨，報乃私也，將亢子。』」〔註606〕從軍打仗是為國效力，軍事衝突是國仇而
非私怨，故聲子曰：「軍無私怨」，不願回罵子囊帶。在軍隊之中應該義勇為
公，以執行上級命令為己任，不該因為一念之仁或私人怨恨而損害國家利益。

〔註602〕晉・杜預注，唐・孔穎達等正義：《春秋左傳正義》，收入《十三經注疏》（臺
　　　　北：藝文印書館，2001年12月），頁448。
〔註603〕晉・杜預注，唐・孔穎達等正義：《春秋左傳正義》，收入《十三經注疏》（臺
　　　　北：藝文印書館，2001年12月），頁394～395。
〔註604〕晉・杜預注，唐・孔穎達等正義：《春秋左傳正義》，收入《十三經注疏》（臺
　　　　北：藝文印書館，2001年12月），頁424。
〔註605〕晉・杜預注，唐・孔穎達等正義：《春秋左傳正義》，收入《十三經注疏》（臺
　　　　北：藝文印書館，2001年12月），頁901。
〔註606〕晉・杜預注，唐・孔穎達等正義：《春秋左傳正義》，收入《十三經注疏》（臺
　　　　北：藝文印書館，2001年12月），頁901。

《左傳‧宣公二年》曰：

> 鄭公子歸生受命于楚，伐宋……（宋）狂狡輅鄭人，鄭人入于井。
> 倒戟而出之，獲狂狡。君子曰：「失禮違命，宜其爲禽也。戎，昭果
> 毅以聽之之謂禮。殺敵爲果，致果爲毅。易之，戮也。」將戰，華
> 元殺羊食士，其御羊斟不與。及戰，曰：「疇昔之羊，子爲政；今日
> 之事，我爲政。」與入鄭師，故敗。〔註607〕

軍法以殺敵爲上，宋國狂狡因同情鄭國士兵落入井中，而倒戟救敵人，結果
反被敵人所獲。華元殺羊食士，其御羊斟不與，竟利用戰爭之時，驅車進入
鄭軍戰陣中，導致宋軍失敗，華元被俘。此二人皆因私人情感而誤公事，使
無辜百姓受害。

4. 兩軍交戰，禮遇國君

春秋時代兩軍對戰時，對敵國的國君仍須尊重，不得無禮。魯桓公五年，
周鄭繻葛之戰，鄭國「祝聃射王中肩，王亦能軍。祝聃請從之。公曰：『君子
不欲多上人，況敢陵天子乎？苟自救也，社稷無隕，多矣。』夜，鄭伯使祭
足勞王，且問左右。」〔註608〕鄭國即使打勝仗，亦不敢侮辱周天子。鄭伯見
祝聃射王中肩，不願其追擊，夜裡還遣祭足勞王，表達臣子的關心。

諸侯國相互征伐，亦禮遇對方之國君。如：魯成公十六年，晉楚鄢陵之
戰。《左傳》記載：

> 郤至三遇楚子之卒，見楚子，必下，免冑而趨風。楚子使工尹襄問
> 之以弓，曰：「方事之殷也，有韎韋之跗注，君子也。識見不穀而趨，
> 無乃傷乎？」郤至見客，免冑承命，曰：「君之外臣至從寡君之戎事，
> 以君之靈，間蒙甲冑，不敢拜命。敢告不寧，君命之辱。爲事之故，
> 敢肅使者。」三肅使者而退。〔註609〕

古人問候時，常致贈禮物，以表情意。故楚共王見郤至對其有禮，派工尹襄
「問之以弓」，郤至肅拜使者而後退走，表示敬意。

魯成公十六年，「晉韓厥從鄭伯，其御杜溷羅曰：『速從之？其御屢顧，

〔註607〕晉‧杜預注，唐‧孔穎達等正義：《春秋左傳正義》，收入《十三經注疏》（臺
　　　　北：藝文印書館，2001年12月），頁362～363。

〔註608〕晉‧杜預注，唐‧孔穎達等正義：《春秋左傳正義》，收入《十三經注疏》（臺
　　　　北：藝文印書館，2001年12月），頁106～107。

〔註609〕晉‧杜預注，唐‧孔穎達等正義：《春秋左傳正義》，收入《十三經注疏》（臺
　　　　北：藝文印書館，2001年12月），頁476～477。

不在馬，可及也。』韓厥曰：『不可以再辱國君。』乃止。郤至從鄭伯，其
右茀翰胡曰：『諜輅之，余從之乘，而俘以下。』郤至曰：『傷國君有刑。』
亦止。」〔註610〕鄢陵之戰中，楚王已傷一目，故韓厥以爲不可以再辱鄭伯。
郤至曰：「傷國君有刑」更顯示兩軍對戰時，對彼此國君之尊敬。國際間情
勢變化快速，今日之敵國或許爲明日之同盟，故征伐之時，仍須禮遇國君。
若是在戰場上俘虜敵國國君，還須向其謝罪。例如：魯成公二年，鞌之戰，
齊國戰敗後，逢丑父假冒齊頃公被韓厥俘虜。「韓厥執縶馬前，再拜稽首，
奉觴加璧以進，曰：『寡君使群臣爲魯、衛請，曰：『無令輿師陷入君地。』
下臣不幸，屬當戎行，無所逃隱。且懼奔辟，而忝兩君。臣辱戎士，敢告不
敏，攝官承乏。』」〔註611〕韓厥對被俘虜的敵國國君十分禮遇，即使是勝利
者仍恭敬地再拜稽首、奉觴加璧以進，絲毫不敢造次。

（四）戰後之禮

1. 投降之禮

戰爭結束後，被滅之國須對戰勝國行投降之禮。國家亡爲大凶，故投降
禮之形式與喪禮相通。魯僖公六年，「冬，蔡穆侯將許僖公以見楚子於武城。
許男面縛，銜璧，大夫衰絰，士輿櫬。楚子問諸逢伯。對曰：『昔武王克殷，
微子啓如是。武王親釋其縛，受其璧而祓之。焚其櫬，禮而命之，使復其所。』
楚子從之。」〔註612〕徐子面縛、銜璧是以囚犯自處，表示甘願受死，此爲古
時戰敗國之國君晉見戰勝者之禮。大夫衰絰、士輿櫬，是表示舉國服喪，預
備收屍。各國的投降之禮略有不同，魯昭公三十年吳王滅徐，「徐子章禹斷其
髮，攜其夫人以逆吳子，吳子唁而送之。」〔註613〕徐子斷髮自刑以示恐懼，
是另一種投降之禮。

2. 埋骨之禮

凡戰爭必有死傷，中國人有死後「入土爲安」的觀念，故軍禮有收埋屍

〔註610〕晉・杜預注，唐・孔穎達等正義：《春秋左傳正義》，收入《十三經注疏》（臺
　　　　北：藝文印書館，2001 年 12 月），頁 477。
〔註611〕晉・杜預注，唐・孔穎達等正義：《春秋左傳正義》，收入《十三經注疏》（臺
　　　　北：藝文印書館，2001 年 12 月），頁 424。
〔註612〕晉・杜預注，唐・孔穎達等正義：《春秋左傳正義》，收入《十三經注疏》（臺
　　　　北：藝文印書館，2001 年 12 月），頁 214。
〔註613〕晉・杜預注，唐・孔穎達等正義：《春秋左傳正義》，收入《十三經注疏》（臺
　　　　北：藝文印書館，2001 年 12 月），頁 928。

骨之禮。若士兵死傷而未收埋、救護，是不仁的舉動。魯文公十二年，秦晉河曲之戰。「秦行人夜戒晉師曰：『兩君之士皆未憖也，明日請相見也。』臾駢曰：『使者目動而言肆，懼我也，將遁矣。薄諸河，必敗之。』胥甲、趙穿當軍門呼曰：『死傷未收而弃之，不惠也。不待期而薄人於險，無勇也。』乃止。」〔註614〕臾駢由秦國使者之眼神及聲音判斷秦軍將逃，但胥甲與趙穿以「死傷未收而棄之，不惠也」加以勸阻。

古人對「收屍之禮」十分重視，因此暴露敵軍來不及收埋之戰士屍骨，變成一種心理戰術，足以使敵軍不安、恐慌。魯僖公二十八年，「晉侯圍曹，門焉，多死。曹人尸諸城上，晉侯患之。聽輿人之謀曰：『稱舍於墓。』師遷焉。曹人兇懼，為其所得者，棺而出之。」〔註615〕曹人將晉軍之死屍陳列於城上，其用意在使晉人不安。晉軍以「其人之道，還之其人之身」將軍營駐紮在曹國人的墓地上以示報復。曹人恐懼祖墳被挖掘，故用棺木殮裝晉兵的屍體運出城外，晉國趁亂攻城而得勝。

古人在戰爭結束很久之後，仍以「收屍之禮」哀悼為國戰死的勇士。例如：魯文公三年，「秦伯伐晉，濟河焚舟，取王官及郊，晉人不出。遂自茅津濟，封殽尸而還。」〔註616〕秦穆公伐晉，濟河焚舟，表示要一決死戰，但晉軍堅守不出，秦軍只好自茅津渡過黃河，至殽山為三年前陣亡之將士收埋屍骨，堆土築墳而還。

3. 獻捷、策勳之禮

戰爭結束後，戰勝國會向周天子或盟主國〔註617〕舉行獻捷之禮。獻捷時，常將戰爭所得到的戰車及俘虜的士兵一併獻上。例如：魯僖公二十八年，城

〔註614〕晉・杜預注，唐・孔穎達等正義：《春秋左傳正義》，收入《十三經注疏》（臺北：藝文印書館，2001 年 12 月），頁 331。

〔註615〕晉・杜預注，唐・孔穎達等正義：《春秋左傳正義》，收入《十三經注疏》（臺北：藝文印書館，2001 年 12 月），頁 270。

〔註616〕晉・杜預注，唐・孔穎達等正義：《春秋左傳正義》，收入《十三經注疏》（臺北：藝文印書館，2001 年 12 月），頁 305。

〔註617〕例如：魯成公三年，「春，諸侯伐鄭，次于伯牛，討邲之役也，遂東侵鄭。鄭公子偃帥師禦之，使東鄙覆諸鄾，敗諸丘輿。皇戌如楚獻捷。」（見晉・杜預注，唐・孔穎達等正義：《春秋左傳正義》，收入《十三經注疏》（臺北：藝文印書館，2001 年 12 月），頁 436。）又如：魯襄公二十五年，「鄭子產獻捷于晉。」（見晉・杜預注，唐・孔穎達等正義：《春秋左傳正義》，收入《十三經注疏》（臺北：藝文印書館，2001 年 12 月），頁 622。）

濮之戰結束後，晉文公「丁未，獻楚俘于王：駟介百乘，徒兵千。鄭伯傅王，用平禮也。」〔註618〕晉文公獻俘時，鄭文公擔任贊禮官，以周平王接見晉文侯的禮儀來接見晉文公。周天子為表揚諸侯的功勞，通常在獻捷之後，舉行策勳之禮。《左傳》曰：

> 己酉，王享醴，命晉侯宥。王命尹氏及王子虎、內史叔興父策命晉
> 侯為侯伯，賜之大輅之服、戎輅之服，彤弓一、彤矢百，玈弓矢千，
> 秬鬯一卣，虎賁三百人，曰：「王謂叔父：敬服王命，以綏四國，糾
> 逖王慝。」晉侯三辭，從命，曰：「重耳敢再拜稽首，奉揚天子之丕
> 顯休命。」受策以出。出入三覲。〔註619〕

周大子的策勳之禮包括：宴饗、策封、賜服、賜弓箭及香酒、衛士等，並且還有策命。

獻俘之禮只限於周天子，諸侯之間不能互相贈送俘虜。魯莊公三十一年，「夏，六月，齊侯來獻戎捷，非禮也。凡諸侯有四夷之功，則獻于王，王以警于夷；中國則否。諸侯不相遺俘。」〔註620〕齊桓公至魯國奉獻伐戎所得之俘虜，這是不合禮法的，凡諸侯對四方夷狄作戰，就將功績奉獻給周天子，諸侯之間不相遺俘。

基於「親親」的原則，中原各國應和平相處，不相征伐，故討伐蠻夷戎狄才舉行獻捷之禮，對中原其它諸侯國作戰，只向周天子稟告戰勝的消息，不奉獻戰利品。故魯成公二年，晉侯使鞏朔獻齊捷于周。王弗見，使單襄公辭謝。因為蠻夷戎狄，不聽從周天子的命令，天子命諸侯加以討伐，才有獻捷之禮。齊國為周王室的甥舅之國，晉國與齊國應該彼此尊敬、親愛，不該

〔註618〕晉·杜預注，唐·孔穎達等正義：《春秋左傳正義》，收入《十三經注疏》（臺北：藝文印書館，2001年12月），頁273。
〔註619〕晉·杜預注，唐·孔穎達等正義：《春秋左傳正義》，收入《十三經注疏》（臺北：藝文印書館，2001年12月），頁273～274。此段文字中「玈弓矢千」下，杜預《注》曰：「彤，徒冬反。玈，音盧，本或作旅字，非也。『矢千』，本或作『玈弓十，玈矢千』，後人專輒加也。」楊伯峻曰：「金澤文庫本作『旅弓十，旅矢千』。』玈』作『旅』，『弓』下多『十旅』兩字。《石經》『弓』下亦旁增『十玈』兩字，《後漢書·袁紹傳》《注》及《御覽》三四七引《傳》亦同，魏、晉以下『九錫文』亦同，但據《詩·小雅·彤弓》《疏》服虔、杜預本、唐時定本、陸德明及孔穎達所據正本皆無『十玈』兩字，今從之。」（見：楊伯峻：《春秋左傳注》（臺北：漢京文化事業，1987年1月）一，頁464。）。
〔註620〕晉·杜預注，唐·孔穎達等正義：《春秋左傳正義》，收入《十三經注疏》（臺北：藝文印書館，2001年12月），頁180。

互相征伐。故周天子不接受獻捷，委託三卿以侯伯戰勝敵人，派大夫告慶之禮來接待鞏朔，且令晉國勿將此事記載於史冊之上。〔註621〕

二、大均之禮

（一）井田制度

　　《周禮‧春官‧大宗伯》曰：「大均之禮，恤眾也。」〔註622〕恤者，憂也。孔穎達《疏》曰：「不患貧而患不均，不均則民患，故大均之禮，所以憂恤其眾也。」〔註623〕「大均之禮」主要在平均分配土地及賦稅，使社會資源能夠平均分配，國家財稅能夠平均收取。平均分配土地及賦稅的概念由來已久，《孟子‧滕文公上》曰：「夏后氏五十而貢，殷人七十而助，周人百畝而徹，其實皆什一也。」〔註624〕夏朝時，統治者分配給每位成年男子五十畝田，讓其繳納其中五畝田的平均產量作爲田租，此種稅法稱爲「貢」。商代時，每位成年男子被分配七十畝田，其中七畝是公田，他必須幫助公家耕種，此種稅法稱爲「助」。周代時，每位成年男子被分配一百畝田，徵取十畝田的生產作爲賦稅，此種稅法稱爲「徹」。稅法的名稱雖不相同，但是古代的賦稅制度都按照人民的收成收取十分之一。

　　周代百畝而徹，「一夫擁有一百畝田」爲井田制度之規定，這是一種定期分配土地以求收入平均的制度。孟子曾經談論井田制度，其言曰：「方里而井，井九百畝，其中爲公田，八家皆私百畝，同養公田，公事畢然後敢治私事。」〔註625〕井田制度是以井爲田之計算單位，八家爲一井，每家各有私田一百畝，必須先將公田之事做完才能處理自己私田之事。井田制度的目的在於透過平均分配土地的方式使賦稅制度公平。爲了平均分配土地，必須訂定田地之彊界，孟子曰：「夫仁政必自經界始，經界不正，井田不鈞，穀

〔註621〕見晉‧杜預注，唐‧孔穎達等正義：《春秋左傳正義》，收入《十三經注疏》（臺北：藝文印書館，2001年12月），頁431。

〔註622〕漢‧鄭玄注，唐‧賈公彥疏：《周禮注疏》，收入《十三經注疏》（臺北：藝文印書館，2001年12月），頁276。

〔註623〕漢‧鄭玄注，唐‧賈公彥疏：《周禮注疏》，收入《十三經注疏》（臺北：藝文印書館，2001年12月），頁276。

〔註624〕漢‧趙岐注，宋‧孫奭疏：《孟子注疏》，收入《十三經注疏》（臺北：藝文印書館，2001年12月），頁91。

〔註625〕漢‧趙岐注，宋‧孫奭疏：《孟子注疏‧滕文公上》，收入《十三經注疏》（臺北：藝文印書館，2001年12月），頁92。

祿不平。」〔註626〕《禮記・月令》亦曰:「王命布農事,命田舍東郊,皆脩封疆,審端經術,……田事既飭,先定準直,農乃不惑。」〔註627〕劃分田地疆界,使人民沒有疑惑,賦稅才能平均收取。

因為土地之高低不同,地力有別,故井田制度僅在寬闊的平原地區實施。魯襄公二十五年,楚國蒍掩為司馬,令尹子木派其治理軍賦。《左傳》記載此事曰:「甲午,蒍掩書土田,度山林,鳩藪澤,辨京陵,表淳鹵,數疆潦,規偃豬,町原防,牧隰皋,井衍沃,量入脩賦,賦車籍馬,賦車兵、徒卒、甲楯之數。既成,以授子木,禮也。」〔註628〕楊寬引此則記載曰:「只有『衍沃』之地,才實行井田制。」〔註629〕「衍沃」即平坦而肥沃的土地。蒍掩登錄土地、田畝狀況時,根據不同的地理情勢去衡量其資源,並且加以利用。此時楚國實施井田制,除田地收入外,還收取戰車稅、馬匹稅、車兵、步兵所用之兵器及盔甲盾牌稅等。

真正公平的賦稅制度,須在分配田地時,衡量人民之住所、年齡,對弱勢者多加照顧。《國語・魯語下》記載孔子曰:「先王制土,籍田以力,而砥其遠邇;賦里以入,而量其有無;任力以夫,而議其老幼,於是乎有鰥、寡、孤、疾,有軍旅之出則徵之,無則已。其歲,收田一井,出稯禾、秉芻、缶米,不是過也。」〔註630〕所謂「任力以夫,而議其老幼」即是以男丁為單位,考慮其年齡及所能付出的勞力來徵召徭役,這牽涉到井田制度的還、受田規定。《漢書・食貨志》記載井田制度的還、受田規定為:「民年二十受田,六十歸田。七十以上,上所養也;十歲以下,上所長也;十一以上,上所強也。」〔註631〕《公羊傳・宣公十五年》何休《注》曰:「聖人制田之法而口分之,一夫一婦受田百畝,以養父母妻子,五口為一家,……多於五口,名曰餘夫,餘夫以率受田二十五畝。……男年六十、女年五十無子者,官衣食之。」〔註632〕依據上述兩種說法,

〔註626〕漢・趙岐注,宋・孫奭疏:《孟子注疏・滕文公上》,收入《十三經注疏》(臺北:藝文印書館,2001年12月),頁91。

〔註627〕漢・鄭玄注,唐・孔穎達等正義:《禮記正義》,收入《十三經注疏》(臺北:藝文印書館,2001年12月),頁288。

〔註628〕晉・杜預注,唐・孔穎達等正義:《春秋左傳正義》,收入《十三經注疏》(臺北:藝文印書館,2001年12月),頁623～624。

〔註629〕楊寬:《西周史》(臺北:商務印書館1999年4月),頁183。

〔註630〕三國・韋昭註:《天聖明道本國語》(臺北:藝文印書館,1974年3月),頁155。

〔註631〕班固撰,顏師古注:《漢書》志(一)(北京:中華書局,1996年5月),頁1120。

〔註632〕漢・何休注,唐・徐彥疏:《春秋公羊傳注疏》,收入《十三經注疏》(臺北:

周代男丁二十歲受田，六十歲歸田，無論男女，老而無子者，由官府供應衣食。井田制度爲求公平，對於地力之區別亦加以考量。故《公羊傳‧宣公十五年》何休《注》曰：「司空謹別田之高下、善惡，分爲三品。上田一歲一墾，中田二歲一墾，下田三歲一墾，肥饒不能獨樂，磽埆不得獨苦，故三年一換主易居，財均力平。」〔註633〕司空依據田地之地力，將其分爲三等，一歲一墾者爲上田，二歲一墾者爲中田，三歲一墾者爲下田，三年則換主易居，使財均力平。

　　春秋時代，社會快速變遷，貴族地位下降，土地私有制度逐漸形成，賦稅制度亦隨之改變。魯僖公十五年，秦晉韓之戰，晉惠公被俘後，晉國的大臣爲改變戰敗後國家不利的局勢，而實施「爰田制」，〔註634〕即把部分公田賞賜給士大夫私有，以收攬人心，此爲《左傳》記載中，以軍功賜田之始。此後，井田制度不斷瓦解，土地不再是天子、公侯獨佔的財產，土地私有制度成爲各國合法的現象，且一律徵稅。魯宣公十五年，魯國初稅畝，〔註635〕開始按擁有田畝的數量來徵稅，此時的田賦是以收成的十分之二爲稅。同一年，晉國因荀林父滅潞氏有功，而賞以「狄臣千室」，〔註636〕也就是將千戶奴僕及其所耕的土地一併賞賜，這也是軍功賜田。可見土地私有制在晉國也正逐漸發展。魯昭公四年，鄭子產行「丘賦」，〔註637〕即按丘畝徵稅，與魯國稅畝之立意相同，可見春秋中期以後，中原各國已普遍確立土地私有制。

（二）賦稅之用途

1. 用於祭祀

藝文印書館，2001 年 12 月），頁 208。

〔註633〕漢‧何休注，唐‧徐彥疏：《春秋公羊傳注疏》，收入《十三經注疏》（臺北：藝文印書館，2001 年 12 月），頁 208。

〔註634〕魯僖公十五年，「晉侯使郤乞告瑕呂飴甥，且召之。子金教之言曰：『朝國人而以君命賞。且告之曰：『孤雖歸，辱社稷矣，其卜貳圉也。』』眾皆哭，晉於是乎作爰田。」（見晉‧杜預注，唐‧孔穎達等正義：《春秋左傳正義》，收入《十三經注疏》（臺北：藝文印書館，2001 年 12 月），頁 232。）。

〔註635〕晉‧杜預注，唐‧孔穎達等正義：《春秋左傳正義》，收入《十三經注疏》（臺北：藝文印書館，2001 年 12 月），頁 410。

〔註636〕魯宣公十五年，「晉侯賞桓子狄臣千室，亦賞士伯以瓜衍之縣，曰：『吾獲狄土，子之功也。微子，吾喪伯氏矣。』」（晉‧杜預注，唐‧孔穎達等正義：《春秋左傳正義》，收入《十三經注疏》（臺北：藝文印書館，2001 年 12 月），頁 409。）。

〔註637〕晉‧杜預注，唐‧孔穎達等正義：《春秋左傳正義》，收入《十三經注疏》（臺北：藝文印書館，2001 年 12 月），頁 732。

在井田制度中，庶人爲諸侯耕作籍田，除籍田之收穫外，不再收稅。魯國在宣公十五年「初稅畝」前，貴族的主要收入都來自籍田。故《左傳・宣公十五年》曰：「初稅畝，非禮也。穀出不過藉，以豐財也」〔註638〕《穀梁傳・宣公十五年》亦曰：「古者什一，藉而不稅。初稅畝，非禮也。」〔註639〕按照周禮，天子與諸侯有親耕籍田的儀式，〔註640〕且籍田之收穫須用於祭祀。魯桓公六年，季梁曰：「奉盛以告曰：『絜粢豐盛』，謂其三時不害而民和年豐也」〔註641〕古人有「君權神授」的觀念，故君王將籍田之收穫奉獻給祖先及鬼神，向其報告：春、夏、秋三季皆無災害，百姓和睦而收成豐盛，以示治理良好、政績卓著。

2. 用於救濟

《周禮・地官・倉人》謂：「掌粟入之藏，辨九穀之物，以待邦用，若穀不足，則止餘灋用，有餘則藏之，以待凶而頒之。」〔註642〕周代的倉人，管理穀粟之貯藏，若收入之穀物不多，就減省餘財之用；若收入的穀物很多而有剩餘，則將其儲藏，在饑荒時取出來運用。《國語・周語上》虢文公曰：「廩于籍東南，鍾而藏之，而時布之于農。」〔註643〕故籍田之收穫除祭祀外亦布之於農。魯文公十六年，楚國發生大饑荒，戎人攻打楚國西南，直到阜山。《左傳》記載：楚軍「自廬以往，振廩同食。」〔註644〕振廩同食即是打開糧倉讓軍民同食，以振濟災民。

3. 用於嘗新

《禮記・月令》記載周曆六月，夏正四月，「農乃登麥，天子乃以彘嘗麥，

〔註638〕晉・杜預注，唐・孔穎達等正義：《春秋左傳正義》，收入《十三經注疏》（臺北：藝文印書館，2001年12月），頁410。
〔註639〕晉・范甯集解，唐・楊士勛疏：《春秋穀梁傳注疏》，收入《十三經注疏》（臺北：藝文印書館，2001年12月），頁122。
〔註640〕《禮記・祭統》曰：「天子親耕於南郊，以共齊盛……諸侯耕於東郊，亦以共齊盛。」（見漢・鄭玄注，唐・孔穎達等正義：《禮記正義》，收入《十三經注疏》（臺北：藝文印書館，2001年12月），頁831。
〔註641〕晉・杜預注，唐・孔穎達等正義：《春秋左傳正義》，收入《十三經注疏》（臺北：藝文印書館，2001年12月），頁110。
〔註642〕漢・鄭玄注，唐・賈公彥疏：《周禮注疏》，收入《十三經注疏》（臺北：藝文印書館，2001年12月），頁253。
〔註643〕三國・韋昭註：《天聖明道本國語》（臺北：藝文印書館，1974年3月），頁18。
〔註644〕晉・杜預注，唐・孔穎達等正義：《春秋左傳正義》，收入《十三經注疏》（臺北：藝文印書館，2001年12月），頁347。

先薦寢廟。」〔註645〕孟夏，農官獻上新麥，天子讓豬先嘗，並且將豬獻祭於寢廟。鄭玄《注》曰：「麥之新氣尤盛，以彘食之，散其熱也。彘，水畜。」〔註646〕可見嘗新的儀式蘊涵當時陰陽五行的觀念。

《左傳・成公十年》曰：「六月丙午，晉侯欲麥，使甸人獻麥，饋人爲之。」〔註647〕甸人爲管理公田者，故晉侯欲嘗新，使甸人獻麥，饋人加以烹調，此爲籍田收成的另一種用途。

4. 用於賓客

《周禮・天官・大府》曰：「邦中之賦，以待賓客。」〔註648〕國中的地稅是供作招待賓客之用。根據林耀曾之研究，周代供給賓客之物包括：禽獸、魚類、水果、酒、財物及各種生活必須品。〔註649〕魯僖公三十年，燭之武對秦君曰：「若舍鄭以爲東道主，行李之往來，共其乏困。」〔註650〕鄭國願意成爲秦國的東道主，負責接待外交使臣，供應其資費、食糧。

古代接待外交使臣，除了供應食宿之外，還設宴饗並且贈送財物。例如：《左傳・昭公六年》曰：

> 夏，季孫宿如晉，拜莒田也。晉侯享之，有加籩。武子退，使行人告曰：「小國之事大國也，苟免於討，不敢求貺。得貺不過三獻。今豆有加，下臣弗堪，無乃戾也？」韓宣子曰：「寡君以爲驩也。」對曰：「寡君猶未敢，況下臣──君之隸也，敢聞加貺？」固請徹加，而後卒事。晉人以爲知禮，重其好貨。〔註651〕

晉國所設的宴饗有外加的菜餚，季孫宿不敢接受，堅持撤去加菜。晉國認爲其知禮，故贈送許多財貨給他。

〔註645〕漢・鄭玄注，唐・孔穎達等正義：《禮記正義》，收入《十三經注疏》（臺北：藝文印書館，2001年12月），頁307。

〔註646〕漢・鄭玄注，唐・孔穎達等正義：《禮記正義》，收入《十三經注疏》（臺北：藝文印書館，2001年12月），頁307。

〔註647〕晉・杜預注，唐・孔穎達等正義：《春秋左傳正義》，收入《十三經注疏》（臺北：藝文印書館，2001年12月），頁450。

〔註648〕漢・鄭玄注，唐・賈公彥疏：《周禮注疏》，收入《十三經注疏》（臺北：藝文印書館，2001年12月），頁95。

〔註649〕林耀曾：《周禮賦稅考》（臺北：學海出版社，1977年9月），頁132～140。

〔註650〕晉・杜預注，唐・孔穎達等正義：《春秋左傳正義》，收入《十三經注疏》（臺北：藝文印書館，2001年12月），頁285。

〔註651〕晉・杜預注，唐・孔穎達等正義：《春秋左傳正義》，收入《十三經注疏》（臺北：藝文印書館，2001年12月），頁751～752。

5. 用於軍事

春秋中期以後，賦稅大多包含軍賦與田賦。《左傳・襄公二十五年》楚國蔿掩爲司馬，「賦車籍馬，賦車兵、徒卒、甲楯之數」，〔註652〕蔿掩收取之軍賦爲：戰車稅、馬匹稅，以及車兵、步卒所用之兵器和盔甲、盾牌稅。魯昭公四年，鄭子產行「丘賦」杜《注》曰：「丘，十六井，當出馬一匹，牛三頭。今子產別賦其田，如魯之田賦。」〔註653〕可見丘賦包含軍賦與田賦，以十六井爲一丘，共出一匹馬、三頭牛及田賦。

魯襄公十一年，魯國政權旁落季氏之手，季氏「作三軍，三分公室而各有其一。三子各毀其乘。季氏使其乘之人，以其役邑入者無征，不入者倍征。孟氏使半爲臣，若子若弟。叔孫氏使盡爲臣，不然不舍。」〔註654〕季氏以徵收賦稅爲手段，使軍隊盡屬季氏，〔註655〕魯國公室因此逐漸卑弱。

6. 其　它

賦稅主要用於國家大事，但貴族若有額外之開銷亦可以加收賦稅，如：魯哀公十一年，「夏，陳轅頗出奔鄭。初，轅頗爲司徒，賦封田以嫁公女；有餘，以爲己大器。國人逐之，故出。道渴，其族轅咺進稻醴、粱糗、腵脯焉。喜曰：『何其給也？』對曰：『器成而具。』曰：『何不吾諫？』對曰：『懼先行。』」〔註656〕陳國的轅頗爲司徒，對封邑內之土地徵收賦稅來嫁國君之女。婚禮辦完後，財物仍有剩餘，就爲自己鑄造大銅器，結果被國人逐出國。

三、大田之禮

（一）大田之禮的過程

〔註652〕晉・杜預注，唐・孔穎達等正義：《春秋左傳正義》，收入《十三經注疏》（臺北：藝文印書館，2001 年 12 月），頁 624。

〔註653〕晉・杜預注，唐・孔穎達等正義：《春秋左傳正義》，收入《十三經注疏》（臺北：藝文印書館，2001 年 12 月），頁 732。

〔註654〕晉・杜預注，唐・孔穎達等正義：《春秋左傳正義》，收入《十三經注疏》（臺北：藝文印書館，2001 年 12 月），頁 544。

〔註655〕杜預《注》曰：「使軍乘之人率其邑役入季氏者无公征，不入季氏者則公家倍征之，設利病驅使入己。故昭五年傳曰：季氏盡征之。民辟倍征，故盡屬季氏。」（晉・杜預注，唐・孔穎達等正義：《春秋左傳正義》，收入《十三經注疏》（臺北：藝文印書館，2001 年 12 月），頁 544。）。

〔註656〕晉・杜預注，唐・孔穎達等正義：《春秋左傳正義》，收入《十三經注疏》（臺北：藝文印書館，2001 年 12 月），頁 1017。

　　《論語·子路》篇，子曰：「以不教民戰，是謂棄之。」〔註657〕故軍事演習爲國家重大之活動，周代寓兵於農，平時爲民，戰時爲軍，定期加以操練。《左傳·隱公五年》曰：「春蒐、夏苗、秋獮、冬狩，皆於農隙以講事也。三年而治兵，入而振旅。歸而飲至，以數軍實。昭文章，明貴賤，辨等列，順少長，習威儀也。」〔註658〕古人每年四時講武，其活動皆先教練軍隊，再藉田獵演習武藝。《周禮·夏官·大司馬》描述春蒐、夏苗、秋獮、冬狩，其訓練重點各有不同，仲春之訓練名爲「振旅」，由司馬以旗致民，著重辨識「鼓、鐸、鐲、鐃」之用，「以教坐作進退疾徐疏數之節」；仲春之田獵名爲「蒐田」，其活動包括：「表貉」（立表祭祀）、「誓民」（與作戰前之誓師相同）、鳴鼓以火圍攻以及「獻禽」、祭社。仲夏之訓練名爲「教茇舍」，著重於「辨號名之用」，「以辨軍之夜事」；其田獵名爲「苗田」，以車圍攻，「獻禽以享礿」。仲秋之訓練名爲「教治兵」，著重於「辨旗物之用」；其田獵名爲「獮田」，以羅網圍禽，以祀祊。中冬之訓練名爲「教大閱」，先立表以校正軍隊，再建旗集合、陣前誓師、教練進退和作戰；其田獵名爲「狩田」，先建圍獵場、建置軍舍和軍門、排列陣勢、在獵場周圍設置驅逆之車（以驅逐禽獸）、立表祭祀、誓師、進軍狩獵、凱旋、獻禽、慶賞及處罰等。〔註659〕

　　大田之禮的儀式與戰爭緊密結合，四時之演習中又以中冬之「狩田」最爲盛大、完備，其進行之方式與戰爭儀式大致相同。例如：《周禮·夏官·大司馬》曰：「田之日，司馬建旗于後表之中，群吏以旗物鼓鐸鐲鐃，各帥其民而致。質明，弊旗，誅後至者；乃陳車徒如戰之陳，皆坐。群吏聽誓于陳前，斬牲，以左右徇陳，曰：『不用命者斬之！』」〔註660〕田獵時，誅殺後至者，且有誓師之禮，斬牲以循陣，曰：「不用命者斬之！」眞正上戰場時，亦有誓師之儀式。魯哀公二年，晉國趙鞅討伐范氏和中行氏，但齊供糧食給范氏，鄭派兵車運送，趙鞅率兵抵禦，其兵車又少於鄭軍，故趙鞅誓師曰：

〔註657〕魏·何晏等注，宋·邢昺疏：《論語注疏》，收入《十三經注疏》（臺北：藝文印書館，2001年12月），頁120。

〔註658〕晉·杜預注，唐·孔穎達等正義：《春秋左傳正義》，收入《十三經注疏》（臺北：藝文印書館，2001年12月），頁59～60。

〔註659〕參考楊寬：《西周史》（臺北：商務印書館1999年4月），頁661～666以及漢·鄭玄注，唐·賈公彥疏：《周禮注疏》，收入《十三經注疏》（臺北：藝文印書館，2001年12月），頁442～448。

〔註660〕漢·鄭玄注，唐·賈公彥疏：《周禮注疏》，收入《十三經注疏》（臺北：藝文印書館，2001年12月），頁446。

范氏、中行氏反易天明，斬艾百姓，欲擅晉國而滅其君。寡君恃鄭而保焉。今鄭爲不道，棄君助臣，二三子順天明，從君命，經德義，除詬恥，在此行也。克敵者，上大夫受縣，下大夫受郡，士田十萬，庶人工商遂，人臣隸圉免。志父無罪，君實圖之！若其有罪，絞縊以戮，桐棺三寸，不設屬辟，素車樸馬，無入于兆，下卿之罰也。

〔註661〕

趙鞅誓師之辭包含：出師之緣由、克敵者之具體獎賞以及自己戰敗願接受之懲罰。此次誓師，爲晉軍提昇士氣，使其克敵致勝。

《周禮·夏官·大司馬》提到田獵時，「陳車徒如戰之陳」且誅「後至者」及「不用命者」，其具體情形可參見《左傳·魯文公十年》，陳共公與鄭穆公在楚國息邑會見楚穆王，冬季時，會合蔡莊公領兵駐紮在厥貉，欲攻打宋國。宋國無力抵抗，「乃逆楚子，勞且聽命。遂道以田孟諸。宋公爲右盂，鄭伯爲左盂。期思公復遂爲右司馬，子朱及文之無畏爲左司馬，命夙駕載燧。宋公違命，無畏抶其僕以徇。」〔註662〕宋國對楚國表示順服，願爲楚穆王冬獵之前導，宋昭公率領右邊圓陣，鄭穆公率領左導圓陣，沒想到楚國司馬文之無畏爲了宋昭公未能及早駕車侍候，而鞭打駕御兵車之大夫，當場侮辱宋昭公。由此記載亦可知：田獵時，仿效軍隊作戰之陣勢以圍捕野獸，且對違命者加以處罰。

（二）大田之禮的功能

周代的軍隊由「國人」組成，「國人」又被稱爲士，是最低階層之貴族。「士」自幼學習農業生產，平時爲農，戰時爲兵，故大規模之軍事演習皆於農隙時舉行。〔註663〕楊寬曰：「在進行軍事演習的同時，常把建置或變更軍制、選定將帥和執政、制定法律等國家大事，在大會上公布，這都是對『國人』政治權的尊重……同時，他們還享有被選擔任低級官職的權利。」〔註664〕春秋時代，國人的意見就是「民意」，國君施政時，常須參考「民意」，因此重大之國事也藉舉行大田之禮時決定，下文就大田之禮的功能加以討論。

〔註661〕晉·杜預注，唐·孔穎達等正義：《春秋左傳正義》，收入《十三經注疏》（臺北：藝文印書館，2001年12月），頁994～996。

〔註662〕晉·杜預注，唐·孔穎達等正義：《春秋左傳正義》，收入《十三經注疏》（臺北：藝文印書館，2001年12月），頁323。

〔註663〕參考：楊寬：《西周史》（臺北：商務印書館1999年4月），頁395～396。

〔註664〕楊寬：《西周史》（臺北：商務印書館1999年4月），頁396。

1. 明列貴賤，示民以禮

古人因田習兵，在田獵過程中，教導人民尊卑上下的禮節，使軍隊合於法度。《左傳·僖公二十七年》記載晉文公回國後，教導人民信用與道義，想使民作戰，「子犯曰：『民未知禮，未生其共。』於是乎大蒐以示之禮，作執秩以正其官。民聽不惑，而後用之。」〔註665〕在大規模操練軍隊時，長幼有序，貴賤有別，人民在軍禮的訓練下，養成恭敬服從的態度，才能順利達成使命。

《左傳·昭公二十年》曰：「十二月，齊侯田于沛，招虞人以弓，不進。公使執之。辭曰：『昔我先君之田也，旃以招大夫，弓以招士，皮冠以招虞人。臣不見皮冠，故不敢進。』乃舍之。仲尼曰：『守道不如守官。』君子韙之。」〔註666〕虞人為管理山澤之官，故齊侯田獵時召其前來。虞人之言顯示田獵時，招喚各級官員之器物各有不同，用紅旗招大夫，用弓招士，用皮冠招虞人，齊侯不以皮冠招之，故虞人不進。

除了招喚之器物有別外，獵殺野獸之順序亦依貴賤而有先後之區分。《禮記·王制》曰：「天子殺則下大綏，諸侯殺則下小綏，大夫殺則止佐車。佐車止，則百姓田獵。」〔註667〕田獵時，由天子、諸侯及大夫依序射獵，射中後即放下旌旗，暫停打獵，大夫捕殺野獸後，就命令佐車停止驅趕野獸，佐車停止後，才由百姓進行狩獵。《左傳·成公十七年》曰：「屬公田，與婦人先殺而飲酒，後使大夫殺。郤至奉豕，寺人孟張奪之，郤至射而殺之。公曰：『季子欺余！』」〔註668〕晉屬公無禮，先與婦人獵殺野獸，後使大夫殺，且郤至奉豕，遭孟張搶奪，郤至殺死孟張後，晉屬公反以為郤至奪孟張豕，因而引起晉國內亂。

2. 獵補野獸，供作祭祀

《禮記·射義》曰：「天子將祭，必先習射於澤。澤者，所以擇士也。已射於澤，而后射於射宮。射中者得與於祭；不中者不得與於祭。不得與於祭者有讓，削以地；得與於祭者有慶，益以地。進爵絀地是也。」〔註669〕按照

〔註665〕晉·杜預注，唐·孔穎達等正義：《春秋左傳正義》，收入《十三經注疏》（臺北：藝文印書館，2001年12月），頁268。

〔註666〕晉·杜預注，唐·孔穎達等正義：《春秋左傳正義》，收入《十三經注疏》（臺北：藝文印書館，2001年12月），頁858。

〔註667〕漢·鄭玄注，唐·孔穎達等正義：《禮記正義》，收入《十三經注疏》（臺北：藝文印書館，2001年12月），頁237。

〔註668〕晉·杜預注，唐·孔穎達等正義：《春秋左傳正義》，收入《十三經注疏》（臺北：藝文印書館，2001年12月），頁483。

〔註669〕漢·鄭玄注，唐·孔穎達等正義：《禮記正義》，收入《十三經注疏》（臺北：

周禮，周天子祭前須透過射禮選擇參與助祭的諸侯。來朝的臣子先在澤宮預習射箭之禮，後在射宮正式舉行射禮。射中者得參與祭祀且接受獎勵，增加封地；射不中者則受到責備，並削減封地。

「射箭」為貴族教育中很重要的一環，因為射箭的技術會影響田獵及戰場上的表現。《左傳‧襄公三十一年》，子產曰：「譬如田獵，射御貫則能獲禽，若未嘗登車射御，則敗績厭覆是懼，何暇思獲？」〔註670〕春秋時代之田獵採車陣圍攻的方式，若是未曾登車射箭就出發去田獵，只會翻車受傷，根本無暇顧及獵物，惟有駕車射箭技術十分高明者才能成功捕獲獵物。

依照禮制，國君田獵所得之獵物，部份將用於祭祀。《左傳‧昭公四年》楚靈王任中地大會諸侯，「宋大子佐後至，王田於武城，久而弗見。椒舉請辭焉。王使往，曰：『屬有宗祧之事於武城，寡君將墮幣焉，敢謝後見。』」〔註671〕「有宗祧之事於武城」是指「為祭祀宗廟而在武城田獵」，楚王因宋太子後至，故以田獵為藉口加以辭謝。以新獵的禽獸祭祀是國君專用的禮儀，其它階級不能僭越，因此《左傳‧襄公三十年》：豐卷將祭，請田焉。子產弗許，曰：「唯君用鮮，眾給而已」。〔註672〕

《穀梁傳‧桓公四年》曰：「四時之田，皆為宗廟之事也。春曰田，夏曰苗，秋曰蒐，冬曰狩。四時之田用三焉，唯其所先得，一為乾豆，二為賓客，三為充君之庖。」〔註673〕周代將田獵所獲之獵物分為三等，第一等是射中心臟而死之禽獸，可以供作祭祀，第二等是射中髀胳而死之禽獸，其肉可以宴客，第三等是被射中腸部之禽獸，其肉留作家常食用，因此諸侯射箭之準確度，將影響獵獲物之用途。

3. 變更軍制，任命將帥

《周禮‧春官‧大宗伯》曰：「大田之禮，簡眾也。」〔註674〕孔穎達《疏》

藝文印書館，2001年12月），頁1019。

〔註670〕晉‧杜預注，唐‧孔穎達等正義：《春秋左傳正義》，收入《十三經注疏》（臺北：藝文印書館，2001年12月），頁689。

〔註671〕晉‧杜預注，唐‧孔穎達等正義：《春秋左傳正義》，收入《十三經注疏》（臺北：藝文印書館，2001年12月），頁731。

〔註672〕晉‧杜預注，唐‧孔穎達等正義：《春秋左傳正義》，收入《十三經注疏》（臺北：藝文印書館，2001年12月），頁684。

〔註673〕晉‧范甯集解，唐‧楊士勛疏：《春秋穀梁傳注疏》，收入《十三經注疏》（臺北：藝文印書館，2001年12月），頁32。

〔註674〕漢‧鄭玄注，唐‧賈公彥疏：《周禮注疏》，收入《十三經注疏》（臺北：藝文

曰：「戰者，男子之事。因蒐狩以閱之。」〔註675〕「蒐」原爲仲春田獵之名稱，田獵之時，簡閱車徒，故曰「簡眾也」。春秋時，田獵不一定是爲戰爭作準備，〔註676〕軍事操練大多因事而起，故簡閱車徒，也稱爲「蒐」。〔註677〕春秋時代，大多在舉行「蒐禮」時變更軍制、任命將領，如：魯僖公二十七年，楚子及諸侯圍宋，公孫固如晉告急。晉國「於是乎蒐于被廬，作三軍，謀元帥。」〔註678〕此時晉國創建上、中、下三軍。魯僖公三十一年，「秋，晉蒐于清原，作五軍以禦狄。」〔註679〕在「三軍」之外又增加「新上軍」和「新下軍」合爲「五軍」。魯文公六年，「春，晉蒐于夷，舍二軍。使狐射姑將中軍，趙盾佐之。陽處父至自溫，改蒐于董，易中軍。陽子，成季之屬也，故黨於趙氏，且謂趙盾能，曰：『使能，國之利也。』是以上之。宣子於是乎始爲國政」〔註680〕晉國於夷之蒐舍二軍，恢復三軍之編制。趙宣子將中軍且爲晉國的執政者。魯襄公十三年，荀罃、士魴卒，晉侯蒐于緜上以治兵。使士匄將中軍，士匄讓給伯游。使韓起

〔註675〕　印書館，2001 年 12 月），頁 277。

〔註675〕　漢·鄭玄注，唐·賈公彥疏：《周禮注疏》，收入《十三經注疏》（臺北：藝文印書館，2001 年 12 月），頁 277。

〔註676〕　《左傳·桓公六年》孔穎達《疏》曰：「《周禮》雖四時教戰，而遂以田獵。但蒐閱車馬，未必皆因田獵；田獵從禽，未必皆閱車馬。何則？怠慢之主，外作禽荒，豈待教戰方始獵也。公及齊人狩于禚，乃與鄰國共獵，必非自教民戰。以『矢魚于棠』，非教戰之事，主爲遊戲，而斥言公。則狩于郎、禚，亦主爲遊戲，故特書公也。『大蒐』、『大閱』，國之常禮，公身雖在，非爲遊戲，如此之類，例不書公。」（見晉·杜預注，唐·孔穎達等正義：《春秋左傳正義》，收入《十三經注疏》（臺北：藝文印書館，2001 年 12 月），頁 109。）

〔註677〕　例如：魯昭公八年，「秋，大蒐于紅，自根牟至于商、衛，革車千乘。」（晉·杜預注，唐·孔穎達等正義：《春秋左傳正義》，收入《十三經注疏》（臺北：藝文印書館，2001 年 12 月），卷四十四，頁 769。）以及魯成公十六年，「蒐乘、補卒，秣馬、利兵。」（見晉·杜預注，唐·孔穎達等正義：《春秋左傳正義》，收入《十三經注疏》（臺北：藝文印書館，2001 年 12 月），頁 478。）、魯襄公二十六年，晉將遁矣，雍子發命於軍曰：「歸老幼，反孤疾，二人役，歸一人。簡兵蒐乘，秣馬蓐食，師陳焚次，明日將戰。」（見晉·杜預注，唐·孔穎達等正義：《春秋左傳正義》，收入《十三經注疏》（臺北：藝文印書館，2001 年 12 月），頁 636。）。

〔註678〕　晉·杜預注，唐·孔穎達等正義：《春秋左傳正義》，收入《十三經注疏》（臺北：藝文印書館，2001 年 12 月），頁 267。

〔註679〕　晉·杜預注，唐·孔穎達等正義：《春秋左傳正義》，收入《十三經注疏》（臺北：藝文印書館，2001 年 12 月），頁 287。

〔註680〕　晉·杜預注，唐·孔穎達等正義：《春秋左傳正義》，收入《十三經注疏》（臺北：藝文印書館，2001 年 12 月），頁 313。

將上軍，韓起讓給趙武。後使趙武將上軍，韓起佐之；欒魘將下軍，魏絳佐之。新軍無帥，晉侯難其人，使其什吏率其卒乘官屬，以從於下軍，禮也。晉國之民是以大和，諸侯遂睦。〔註681〕楊寬曰：「春秋時代貴族的軍權和政權是合一的，軍隊中的將帥就是政府中的執政，這時『大蒐禮』中對將帥的選定，也就是對執政的選定；卿大夫間對將、帥的推讓，也就是對執政的推讓。」〔註682〕因爲軍政合一，故晉國將領彼此謙讓，將統治權讓給比自己更有能力的賢才，晉國之人民因此團結、和睦。

4. 展現軍力，震懾敵人

舉行「大蒐禮」時，軍隊展現嚴明的紀律及壯盛的軍容可以產生威嚇敵人的作用，因此春秋霸主也曾經不發動戰爭，而以「大蒐禮」震懾小國，使其望而生畏，甘心順服。例如：魯宣公十四年，「夏，晉侯伐鄭，爲邲故也。告於諸侯，蒐焉而還。中行桓子之謀也，曰：『示之以整，使謀而來。』鄭人懼，使子張代子良于楚。鄭伯如楚，謀晉故也。鄭以子良爲有禮，故召之。」〔註683〕晉國校閱軍隊之舉動使鄭國害怕，故鄭伯如楚，且更換人質。

此外，展示「蒐禮」還有安定民心及謀求盟國的作用。例如：魯昭公十八年，「七月，鄭子產爲火故，大爲社，祓禳於四方，振除火災，禮也。乃簡兵大蒐。」〔註684〕國家遇到大災難時，須預防國內動亂及敵國入侵，故子產於火災發生後，簡兵大蒐，以顯示軍力、穩定民心。魯襄公二十四年，「齊侯既伐晉而懼，將欲見楚子。楚子使薳啟彊如齊聘，且請期。齊社，蒐軍實，使客觀之。」〔註685〕齊國欲投靠楚國，先向楚國使者展現堅強的軍事實力，以爭取楚國支持。

5. 制定法律，處理國政

古代遇犯罪案件則「議事以量刑」，至春秋中葉以後，各國才出現成文法，成文法之內容大多來自「大蒐禮」時制定的法規。〔註686〕魯昭公六年，鄭國

〔註681〕晉・杜預注，唐・孔穎達等正義：《春秋左傳正義》，收入《十三經注疏》（臺北：藝文印書館，2001 年 12 月），頁 554～555。

〔註682〕楊寬：《西周史》（臺北：商務印書館 1999 年 4 月），頁 675。

〔註683〕晉・杜預注，唐・孔穎達等正義：《春秋左傳正義》，收入《十三經注疏》（臺北：藝文印書館，2001 年 12 月），頁 404。

〔註684〕晉・杜預注，唐・孔穎達等正義：《春秋左傳正義》，收入《十三經注疏》（臺北：藝文印書館，2001 年 12 月），頁 843。

〔註685〕晉・杜預注，唐・孔穎達等正義：《春秋左傳正義》，收入《十三經注疏》（臺北：藝文印書館，2001 年 12 月），頁 610。

〔註686〕例如：「被廬之蒐」所制定的法律稱爲「被廬之法」（見晉・杜預注，唐・孔

子產鑄刑書；〔註687〕魯昭公二十九年，「晉趙鞅、荀寅帥師城汝濱，遂賦晉國一鼓鐵，以鑄刑鼎，著范宣子所爲刑書焉。」〔註688〕趙鞅、荀寅所爲之刑書就是夷之蒐所公佈之法令，此爲晉國成文法之始，此二則記載顯示：當時之成文法都鑄於鼎上，向人民公佈。

　　春秋時代，國人對政治具有一定之影響力〔註689〕，「大蒐禮」是國人之重要集會，因此國家大事也在此時決定。魯文公六年，「改蒐于董，易中軍。……宣子於是乎始爲國政，制事典，正法罪，辟刑獄，董逋逃，由質要，治舊洿，本秩禮，續常職，出滯淹。既成，以授大傅陽子與大師賈佗，使行諸晉國，以爲常法。」〔註690〕晉國在夷地檢閱軍隊，趙盾在大夫陽處父的幫助下擔任中軍主帥，執掌晉國大權。他制定典章制度、修正法律、清理刑獄案件、追捕潛逃的罪犯、用契約及賬冊作爲出納的憑證、革除政治上的積弊、重新任用賢人遞補官職等，將重要事項列爲常法，要求全國官員經常辦理。除中原各國外，楚國亦在大蒐禮時處理國內大事，如：魯昭公十四年，「楚子使然丹

穎達等正義：《春秋左傳正義》，收入《十三經注疏》（臺北：藝文印書館，2001年12月），頁926。）「大蒐禮」會成爲制定法律、頒佈法律的場所是因爲：國人代表民意，法律須獲得眾人的認同，才能順利執行。例如：襄公十年，「子孔當國，爲載書，以位序、聽政辟。大夫、諸司、門子弗順，將誅之。子產止之，請爲之焚書。子孔不可，曰：『爲書以定國，眾怒而焚之，是眾爲政也，國不亦難乎？』子產曰：『眾怒難犯，專欲難成，合二難以安國，危之道也。不如焚書以安眾，子得所欲，眾亦得安，不亦可乎？專欲無成，犯眾興禍，子必從之！』乃焚書於倉門之外，眾而後定。」（晉・杜預注，唐・孔穎達等正義：《春秋左傳正義》，收入《十三經注疏》（臺北：藝文印書館，2001年12月），頁541～542。）。

〔註687〕晉・杜預注，唐・孔穎達等正義：《春秋左傳正義》，收入《十三經注疏》（臺北：藝文印書館，2001年12月），頁749。

〔註688〕晉・杜預注，唐・孔穎達等正義：《春秋左傳正義》，收入《十三經注疏》（臺北：藝文印書館，2001年12月），頁926。

〔註689〕例如：魯僖公二十八年，「衛侯欲與楚，國人不欲，故出其君，以說于晉。衛侯出居于襄牛。」（晉・杜預注，唐・孔穎達等正義：《春秋左傳正義》，收入《十三經注疏》（臺北：藝文印書館，2001年12月），頁270。）以及魯定公八年，衛侯受辱於晉，「公朝國人，使賈問焉，曰：『若衛叛晉，晉五伐我，病何如矣？』皆曰：『五伐我，猶可以能戰。』賈曰：『然則如叛之，病而後質焉，何遲之有？』乃叛晉。晉人請改盟，弗許。」（晉・杜預注，唐・孔穎達等正義：《春秋左傳正義》，收入《十三經注疏》（臺北：藝文印書館，2001年12月），頁965。）。

〔註690〕晉・杜預注，唐・孔穎達等正義：《春秋左傳正義》，收入《十三經注疏》（臺北：藝文印書館，2001年12月），頁313。

簡上國之兵於宗丘，且撫其民。分貧，振窮；長孤幼，養老疾；收介特，救
災患；宥孤寡，赦罪戾；詰姦慝，舉淹滯；禮新，敘舊；祿勳，合親；任良，
物官。」〔註691〕然丹在宗丘簡閱軍隊時，亦安撫當地百姓，救濟弱勢族群、
寬免孤寡者之賦稅，並且清理刑事案件、任用賢人。因此舉行大蒐禮兼具鞏
固國防及安定內政之功用。

四、大役之禮

　　《周禮・春官・大宗伯》曰：「大役之禮，任眾也。」〔註692〕凡築宮邑、
城牆、高臺、隄防等役民之事，皆為大役禮之範圍。《左傳》中關於土木工程
之記載包括：對城市之建築，如：築城、築邑〔註693〕；對住所之建築，如：
築館、築宮；〔註694〕對享樂之建築：如：築臺、築囿，〔註695〕對墓葬之工程，
如：溝；〔註696〕對水利之建築，如：建溝渠〔註697〕等，這些土木工程反映出

〔註691〕晉・杜預注，唐・孔穎達等正義：《春秋左傳正義》，收入《十三經注疏》（臺
　　　　北：藝文印書館，2001 年 12 月），頁 820。
〔註692〕漢・鄭玄注，唐・賈公彥疏：《周禮注疏》，收入《十三經注疏》（臺北：藝文
　　　　印書館，2001 年 12 月），頁 277。
〔註693〕築城，如：魯桓公十六年，「冬，城向，書時也。」（晉・杜預注，唐・孔穎
　　　　達等正義：《春秋左傳正義》，收入《十三經注疏》（臺北：藝文印書館，2001
　　　　年 12 月），頁 128。）；築邑，如：魯莊公二十八年，「築郿，非都也。凡邑：
　　　　有宗廟先君之主曰都，無曰邑。邑曰築，都曰城。」（晉・杜預注，唐・孔穎
　　　　達等正義：《春秋左傳正義》，收入《十三經注疏》（臺北：藝文印書館，2001
　　　　年 12 月），頁 178。）。
〔註694〕築館，如：魯莊公元年「秋，築王姬之館于外。為外，禮也。」（晉・杜預注，
　　　　唐・孔穎達等正義：《春秋左傳正義》，收入《十三經注疏》（臺北：藝文印書
　　　　館，2001 年 12 月），頁 137。）；築宮，如：魯昭公八年，「晉侯方築虒祁之
　　　　宮。」（晉・杜預注，唐・孔穎達等正義：《春秋左傳正義》，收入《十三經注
　　　　疏》（臺北：藝文印書館，2001 年 12 月），頁 768。）。
〔註695〕築臺，如：魯襄公十七年，「宋皇國父為大宰，為平公築臺，妨於農功。」（晉・
　　　　杜預注，唐・孔穎達等正義：《春秋左傳正義》，收入《十三經注疏》（臺北：
　　　　藝文印書館，2001 年 12 月），頁 575。）；築囿，如：魯成公十八年，「築鹿
　　　　囿，書不時也。」（晉・杜預注，唐・孔穎達等正義：《春秋左傳正義》，收入
　　　　《十三經注疏》（臺北：藝文印書館，2001 年 12 月），頁 489。）。
〔註696〕如：魯定公元年，「六月癸亥，公之喪至自乾侯。戊辰，公即位。季孫使役如
　　　　闞公氏，將溝焉。榮駕鵝曰：『生不能事，死又離之，以自旌也。縱子忍之，
　　　　後必或恥之。』乃止。」（晉・杜預注，唐・孔穎達等正義：《春秋左傳正義》，
　　　　收入《十三經注疏》（臺北：藝文印書館，2001 年 12 月），頁 942。）。
〔註697〕如：魯哀公九年，「秋，吳城邗，溝通江、淮。」（晉・杜預注，唐・孔穎達

各國執政者之施政方向〔註698〕以及人民勞役負擔之輕重，〔註699〕這些工程之用途雖不相同，但施工之季節及負責之官吏大致相同，因《左傳》對築城之敘述最為詳盡，故舉築城為例，加以說明。

（一）施工之季節

中國自古以農立國，農業生產為國家經濟之主要來源，故施工之時間以不妨礙農時為考量。古人對施工之季節非常重視，史書中對於人民服勞役之時間是否合於禮制常加以記載，如：魯隱公七年，「夏，城中丘。書不時也。」〔註700〕、魯隱公九年「夏，城郎。書不時也。」〔註701〕以及魯宣公八年，「城平陽，書時也。」〔註702〕、魯成公九年，「城中城，書時也。」；〔註703〕統治者召集人民服勞役時，須先告於宗廟，例如：魯定公十五年，「冬，城漆，書不時告也。」。〔註704〕

依照周禮，人民服勞役之時間是在農務結束後，因此《左傳・襄公十三年》記載：「冬，城防。書事，時也。於是將早城，臧武仲請俟畢農事，禮也。」〔註705〕古人順應自然規律而行事，故興土木之時節亦觀天象而定，魯莊公二十九年，「冬，十二月，城諸及防，書，時也。凡土功，龍見而畢務，戒事也；

等正義：《春秋左傳正義》，收入《十三經注疏》（臺北：藝文印書館，2001年12月），頁1014。）。

〔註698〕如：魯昭公十九，「春，楚工尹赤遷陰于下陰，令尹子瑕城郟。叔孫昭子曰：『楚不在諸侯矣，其僅自完也，以持其世而已。』」晉・杜預注，唐・孔穎達等正義：《春秋左傳正義》，收入《十三經注疏》（臺北：藝文印書館，2001年12月），頁844。）。

〔註699〕如：魯昭公八年，晉侯築虒祁之宮，師曠曰：「宮室崇侈，民力彫盡，怨讟並作，莫保其性。」（晉・杜預注，唐・孔穎達等正義：《春秋左傳正義》，收入《十三經注疏》（臺北：藝文印書館，2001年12月），頁768。）。

〔註700〕晉・杜預注，唐・孔穎達等正義：《春秋左傳正義》，收入《十三經注疏》（臺北：藝文印書館，2001年12月），頁72。

〔註701〕晉・杜預注，唐・孔穎達等正義：《春秋左傳正義》，收入《十三經注疏》（臺北：藝文印書館，2001年12月），頁76。

〔註702〕晉・杜預注，唐・孔穎達等正義：《春秋左傳正義》，收入《十三經注疏》（臺北：藝文印書館，2001年12月），頁379。

〔註703〕晉・杜預注，唐・孔穎達等正義：《春秋左傳正義》，收入《十三經注疏》（臺北：藝文印書館，2001年12月），頁449。

〔註704〕晉・杜預注，唐・孔穎達等正義：《春秋左傳正義》，收入《十三經注疏》（臺北：藝文印書館，2001年12月），頁986。

〔註705〕晉・杜預注，唐・孔穎達等正義：《春秋左傳正義》，收入《十三經注疏》（臺北：藝文印書館，2001年12月），頁556。

火見而致用，水昏正而栽，日至而畢。」〔註706〕每年冬天，當蒼龍星清晨出現於東方時，就須結束農事，準備興建土木工程。當心宿清晨出現於東方，就應把各種用具送至工地，當室宿在黃昏時出現於南方就要打夯建築，到冬至時，工程應完畢。

（二）築城的步驟

　　《左傳・定公五年》記載楚昭王逃至隨國後，派王孫由于在麇地築城，由于回來報告，「子西問高厚焉，弗知。子西曰：『不能，如辭。城不知高厚，小大何知？』」〔註707〕由子西之言可知——春秋時代，城牆之高度與厚度與城市之大小相配合，且有固定規格。

　　築城詳細的過程見於《左傳》魯昭公三十二年，士彌牟營成周及魯宣公十一年，楚令尹蒍艾獵城沂之記載。魯昭公三十二年，「己丑，士彌牟營成周，計丈數，揣高卑，度厚薄，仞溝洫，物土方，議遠邇，量事期，計徒庸，慮材用，書餱糧，以令役於諸侯。屬役賦丈，書以授帥，而效諸劉子。韓簡子臨之，以為成命。」〔註708〕築城前之準備工作包括：計算工程長度、估計城牆高低及厚薄，丈量壕溝的深度，然後考量用土之數量及取土方位之遠近，再估計完工日期及所需人力、建材及糧食。作好工程規劃後，將勞役及工程地段分配給各諸侯國，再把總表上報給周卿劉子，開始執行。《左傳・定公元年》曰：「城三旬而畢，乃歸諸侯之戍。」〔註709〕築城之工程按照預定計劃於三十日內完工。

　　魯宣公十一年，楚國「令尹蒍艾獵城沂，使封人慮事，以授司徒。量功命日，分財用，平板榦，稱畚築，程土物，議遠邇，略基趾，具餱糧，度有司。事三旬而成，不愆于素。」〔註710〕其築城步驟與諸侯國城成周大致相同，只是敘述過程更詳細，「平板榦」是指建築時，須校平夾牆版及支柱，使城牆

〔註706〕晉・杜預注，唐・孔穎達等正義：《春秋左傳正義》，收入《十三經注疏》（臺北：藝文印書館，2001 年 12 月），頁 178～179。

〔註707〕晉・杜預注，唐・孔穎達等正義：《春秋左傳正義》，收入《十三經注疏》（臺北：藝文印書館，2001 年 12 月），頁 959。

〔註708〕晉・杜預注，唐・孔穎達等正義：《春秋左傳正義》，收入《十三經注疏》（臺北：藝文印書館，2001 年 12 月），頁 932。

〔註709〕晉・杜預注，唐・孔穎達等正義：《春秋左傳正義》，收入《十三經注疏》（臺北：藝文印書館，2001 年 12 月），頁 941。

〔註710〕晉・杜預注，唐・孔穎達等正義：《春秋左傳正義》，收入《十三經注疏》（臺北：藝文印書館，2001 年 12 月），頁 383。

之高低厚薄一致;「略基趾」是指勘察確定城基及城牆之方圓、曲直。兩則記載之施工時間皆爲三旬,且都能如期完工。

（三）築城的目的

1. 防備入侵

城牆爲國之門戶,有區別內外、防止入侵的作用,因此各國皆定期修築城牆。魯成公八年,「晉侯使申公巫臣如吳,假道于莒。與渠丘公立於池上,曰:『城已惡。』莒子曰:『辟陋在夷,其孰以我爲虞?』對曰:『夫狄焉思啓封疆以利社稷者,何國蔑有?唯然,故多大國矣。唯或思或縱也。勇夫重閉,況國乎?』」〔註711〕莒子不聽申公巫臣之勸告,自恃其辟陋在夷,因此隔年,「浹辰之間,楚克其三都」,〔註712〕此其恃陋不備之結果。

春秋時代,各國爭戰頻繁,因此執政者若預知將有外敵入侵,常會提早築城,預作準備。例如:《左傳・莊公二十六年》曰:「夏,士蒍城絳,以深其宮。秋,虢人侵晉。冬,虢人又侵晉。」〔註713〕士蒍於夏季修築絳城,作好防禦工事,秋、冬時,虢人果眞二度入侵。《左傳・僖公六年》曰:「夏,諸侯伐鄭,以其逃首止之盟故也。圍新密,鄭所以不時城也。」〔註714〕鄭文公逃離首止,不參加盟誓。因知諸侯將伐鄭,故於不宜築城之季節建造新城以防入侵。其它爲防範入侵而築城之例,如:魯襄公十九年,魯國修築外城西方之城牆和武城,以防齊國入侵。〔註715〕以及魯昭公四年,楚國蒍尹宜咎城鍾離,薳啓疆城巢以防備吳國攻打,〔註716〕這些防禦工事因事出緊急,無暇顧及農事,常在不宜築城之季節興起勞役。

另一種爲國防而築城的情況,見於《左傳・僖公二十一年》:「夏,大旱。

〔註711〕晉・杜預注,唐・孔穎達等正義:《春秋左傳正義》,收入《十三經注疏》(臺北:藝文印書館,2001年12月),頁446。

〔註712〕晉・杜預注,唐・孔穎達等正義:《春秋左傳正義》,收入《十三經注疏》(臺北:藝文印書館,2001年12月),頁449。

〔註713〕晉・杜預注,唐・孔穎達等正義:《春秋左傳正義》,收入《十三經注疏》(臺北:藝文印書館,2001年12月),頁175。

〔註714〕晉・杜預注,唐・孔穎達等正義:《春秋左傳正義》,收入《十三經注疏》(臺北:藝文印書館,2001年12月),頁214。

〔註715〕晉・杜預注,唐・孔穎達等正義:《春秋左傳正義》,收入《十三經注疏》(臺北:藝文印書館,2001年12月),頁587。

〔註716〕晉・杜預注,唐・孔穎達等正義:《春秋左傳正義》,收入《十三經注疏》(臺北:藝文印書館,2001年12月),頁733。

公欲焚巫、尪。臧文仲曰：『非旱備也。脩城郭、貶食、省用、務穡、勸分，此其務也。』」〔註717〕當國家遭遇天災時，須修城以防敵國入侵，且修城時，以工代賑，服役之人民皆能得食，此亦為救濟凶荒之法。

2. 安置公子或臣民

　　周代實行封建制度，諸侯常將城邑分封給公子或大臣，或是在擴展疆土後，將人民移往新城居住，因此安置公子或臣民為築城的原因之一。《左傳・莊公三十二年》曰：「春，城小穀，為管仲也。」〔註718〕、《左傳・閔公元年》：晉國滅耿、滅霍、滅魏後，「為大子城曲沃，賜趙夙耿，賜畢萬魏」〔註719〕、《左傳・僖公五年》：「晉侯使士蔿為二公子築蒲與屈」，〔註720〕將城邑賜給公子或大臣，既能安置公子、獎賞功臣，又能使其鎮守一方、鞏固國防，可謂一舉兩得。但若分封不當，導致尾大不掉，可能會引起內亂。〔註721〕

　　另一種修城的目的是為了遷移人民。魯昭公二十五年，「楚子使薳射城州屈，復茄人焉；城丘皇，遷訾人焉。使熊相祿郭巢，季然郭卷。」〔註722〕《左傳》作者未明言楚國遷移人民之用意，但是子大叔對此提出批評，他認為民不安其土，民必憂，憂將及王，楚王將死。子大叔的批評代表中國古代「安土重遷」之思想。魯僖公十八年，「梁伯益其國而不能實也，命曰新里，秦取

〔註717〕晉・杜預注，唐・孔穎達等正義：《春秋左傳正義》，收入《十三經注疏》（臺北：藝文印書館，2001年12月），頁241～242。

〔註718〕晉・杜預注，唐・孔穎達等正義：《春秋左傳正義》，收入《十三經注疏》（臺北：藝文印書館，2001年12月），頁181。

〔註719〕晉・杜預注，唐・孔穎達等正義：《春秋左傳正義》，收入《十三經注疏》（臺北：藝文印書館，2001年12月），頁188。

〔註720〕晉・杜預注，唐・孔穎達等正義：《春秋左傳正義》，收入《十三經注疏》（臺北：藝文印書館，2001年12月），頁206。

〔註721〕魯昭公十一年，「楚子城陳、蔡不羹。使弃疾為蔡公。王問於申無宇曰：『弃疾在蔡何如？』對曰：『擇子莫如父，擇臣莫如君。鄭莊公城櫟而寘子元焉，使昭公不立。齊桓公城穀而寘管仲焉，至于今賴之。臣聞五大不在邊，五細不在庭。親不在外，羈不在內。今弃疾在外，鄭丹在內，君其少戒！』」申無宇認為：分封公子及功臣時，應注意「五大不在邊，五細不在庭」，也就是——太子、母弟、貴寵公子、公孫、累世正卿不分封至邊疆；且要避免「賤妨貴、少陵長、遠間親、新間舊、小加大」這五種人在朝庭。但是楚靈王仍將弃疾分封至蔡，導致魯昭公十三年，弃疾以陳蔡作亂。（見晉・杜預注，唐・孔穎達等正義：《春秋左傳正義》，收入《十三經注疏》（臺北：藝文印書館，2001年12月），頁787～788。）

〔註722〕晉・杜預注，唐・孔穎達等正義：《春秋左傳正義》，收入《十三經注疏》（臺北：藝文印書館，2001年12月），頁896。

之。」〔註723〕魯僖公十九年「春，遂城而居之。」〔註724〕梁國國君多築城邑但又無法徙民往居，因此被秦國攻佔、移民。

3. 協助救患

基於「親親」的原則，春秋時代中原各國有互相幫助、援救災患的人道責任，春秋霸主也以濟弱扶傾、救患伐罪爲己務。魯僖公在位期間內憂外患不斷且戎狄不斷入侵，因此魯僖公在位時，諸侯四次爲救患而築城。魯僖公元年，「夏，邢遷于夷儀，諸侯城之，救患也。凡侯伯，救患、分災、討罪，禮也。」〔註725〕、魯僖公二年，「春，諸侯城楚丘而封衛焉。」〔註726〕、魯僖公十四年，「春，諸侯城緣陵而遷杞焉」〔註727〕、魯僖公十六年，「十二月，會于淮，謀鄫，且東略也。城鄫，役人病，有夜登丘而呼曰：『齊有亂！』不果城而還。」〔註728〕在四次救患中，魯僖公十六年，爲鄫國修築都城時，因服勞役之人過於困乏，因此有人放出齊國內亂的謠言，讓修築工程沒有完成。邢、衛、杞、鄫四國中，邢、衛遭狄入侵，且衛國被狄人所滅，故周天子重新冊封衛國；杞國受何國威脅而遷，未有定論，〔註729〕鄫國則受淮夷侵凌，所以諸侯救之。

4. 勤王服役

依照周禮，諸侯有爲王服兵役及勞役之義務，築城爲勞役之首要工作。《左傳・襄公二十四年》曰：「齊人城郟。」〔註730〕郟爲周代之王城，周成

〔註723〕晉・杜預注，唐・孔穎達等正義：《春秋左傳正義》，收入《十三經注疏》（臺北：藝文印書館，2001 年 12 月），頁 238。

〔註724〕晉・杜預注，唐・孔穎達等正義：《春秋左傳正義》，收入《十三經注疏》（臺北：藝文印書館，2001 年 12 月），頁 239。

〔註725〕晉・杜預注，唐・孔穎達等正義：《春秋左傳正義》，收入《十三經注疏》（臺北：藝文印書館，2001 年 12 月），頁 198。

〔註726〕晉・杜預注，唐・孔穎達等正義：《春秋左傳正義》，收入《十三經注疏》（臺北：藝文印書館，2001 年 12 月），頁 199。

〔註727〕晉・杜預注，唐・孔穎達等正義：《春秋左傳正義》，收入《十三經注疏》（臺北：藝文印書館，2001 年 12 月），頁 224。

〔註728〕晉・杜預注，唐・孔穎達等正義：《春秋左傳正義》，收入《十三經注疏》（臺北：藝文印書館，2001 年 12 月），頁 236～237。

〔註729〕楊伯峻引《管子・大匡》篇及公羊傳説明：杞國受宋國、淮夷或徐、莒之威脅而遷，眾説紛紜，不知何者爲眞。（見楊伯峻：《春秋左傳注》（臺北：漢京文化事業，1987 年 1 月），頁 347。）

〔註730〕晉・杜預注，唐・孔穎達等正義：《春秋左傳正義》，收入《十三經注疏》（臺北：藝文印書館，2001 年 12 月），頁 611。

王時定鼎於郟鄏，周公營之，謂之洛邑。周靈王二十二年時，穀洛鬪，毀王宮，故齊國爲王城之。杜《注》曰：「齊叛晉，欲求媚於天子，故爲王城之。」〔註731〕周王室之地位雖衰微，但仍受諸侯尊重，因此齊叛晉後，以城郟求媚於周天子。

周敬王時，因王子朝之亂各諸侯國協助戍守王城，敬王爲免諸侯之勞，故遣使如晉，請城成周。在士彌牟的策畫下定出築城規劃，由晉國韓簡子監督，費時三旬，順利完工。築城時，宋大夫仲幾拒不受命，且令滕、薛、郳等小國代宋出勞役，魯定公元年，工程完畢後，「乃執仲幾以歸。三月，歸諸京師。」。〔註732〕

魯定公六年，晉國爲周王室築城也是因爲王室內亂。「周儋翩率王子朝之徒因鄭人將以作亂于周，鄭於是乎伐馮、滑、胥靡、負黍、狐人、闕外。六月，晉閻沒戍成周，且城胥靡。」〔註733〕晉國大夫閻沒至周王室戍守，在胥靡築城是爲了增加防禦。

5. 其它

春秋時代各國築城之記載很多，其目的皆不相同，例如：魯僖公十九年，梁國滅亡，滅亡之因是因爲「梁伯好土功，亟城而弗處。民罷而弗堪，則曰：『某寇將至。』乃溝公宮。曰：『秦將襲我。』民懼而潰，秦遂取梁。」〔註734〕這是因爲喜好土木工程而築城；另有爲威嚇敵人而築城者，如：魯襄公十年，「諸侯之師城虎牢而戍之，晉師城梧及制，士魴、魏絳戍之。書曰：『戍鄭虎牢』，非鄭地也，言將歸焉。鄭及晉平。」〔註735〕諸侯之師以城虎牢而令鄭國畏懼、妥協。

此外，也有人出於私心而使人築城，爲了報復而使人築城者，如：魯僖公五年，「陳轅宣仲怨鄭申侯之反己於召陵，故勸之城其賜邑，曰：『美城之，

〔註731〕晉・杜預注，唐・孔穎達等正義：《春秋左傳正義》，收入《十三經注疏》（臺北：藝文印書館，2001年12月），頁611。
〔註732〕晉・杜預注，唐・孔穎達等正義：《春秋左傳正義》，收入《十三經注疏》（臺北：藝文印書館，2001年12月），頁941。
〔註733〕晉・杜預注，唐・孔穎達等正義：《春秋左傳正義》，收入《十三經注疏》（臺北：藝文印書館，2001年12月），頁961。
〔註734〕晉・杜預注，唐・孔穎達等正義：《春秋左傳正義》，收入《十三經注疏》（臺北：藝文印書館，2001年12月），頁240。
〔註735〕晉・杜預注，唐・孔穎達等正義：《春秋左傳正義》，收入《十三經注疏》（臺北：藝文印書館，2001年12月），頁542。

大名也，子孫不忘。吾助子請。』乃爲之請於諸侯而城之，美。遂譖諸鄭伯，曰：『美城其賜邑，將以叛也。』申侯由是得罪。」；〔註736〕爲了求媚而使人築城者，如：魯襄公七年，「南遺爲費宰。叔仲昭伯爲隧正，欲善季氏，而求媚於南遺。謂遺：『請城費，吾多與而役。』故季氏城費。」；〔註737〕爲了順從母親而爲舅家築城者，如：魯襄公二十九年，「晉平公，杞出也，故治杞。六月，知悼子合諸侯之大夫以城杞。」；〔註738〕魯昭公元年，「楚公子圍使公子黑肱、伯州犁城犫、櫟、郟。」〔註739〕則是爲了調虎離山，讓二位公子遠離京城，以免與己搶奪君位。築城原爲防禦工事，但在有心之人的謀畫之下，變成一種手段謀求私利的手段。

五、大封之禮

（一）大封之禮的定義

周代行封建制度，西周初年，天子分地賜予諸侯，建立諸侯國。《周禮・春官・大宗伯》曰：「王大封，則先告后土。乃頒祀于邦國、都家、鄉邑。」〔註740〕在封建諸侯之前，周天子須事先祭告后土之神，並頒發應祭祀的典禮給所建的邦國、都家、鄉邑，且名山大澤不在分封範圍內，《禮記・王制》曰：「名山大澤不以封，其餘以爲附庸間田。」〔註741〕名山大川不封給諸侯，剩餘的土地可作爲諸侯的附庸或是將其收穫作爲供給士人俸祿的間田。不將名山大澤分封給諸侯的原因是「與民同財」，〔註742〕若名山大澤屬於諸侯，則人民無法獲得山林川澤之資源，故分封之原則包括：不封名山大澤。

〔註736〕晉・杜預注，唐・孔穎達等正義：《春秋左傳正義》，收入《十三經注疏》（臺北：藝文印書館，2001年12月），頁207。

〔註737〕晉・杜預注，唐・孔穎達等正義：《春秋左傳正義》，收入《十三經注疏》（臺北：藝文印書館，2001年12月），頁518。

〔註738〕晉・杜預注，唐・孔穎達等正義：《春秋左傳正義》，收入《十三經注疏》（臺北：藝文印書館，2001年12月），頁666～667。

〔註739〕晉・杜預注，唐・孔穎達等正義：《春秋左傳正義》，收入《十三經注疏》（臺北：藝文印書館，2001年12月），頁710。

〔註740〕漢・鄭玄注，唐・賈公彥疏：《周禮注疏》，收入《十三經注疏》（臺北：藝文印書館，2001年12月），頁285。

〔註741〕漢・鄭玄注，唐・孔穎達等正義：《禮記正義》，收入《十三經注疏》（臺北：藝文印書館，2001年12月），頁215。

〔註742〕漢・鄭玄注，唐・孔穎達等正義：《禮記正義》，收入《十三經注疏》（臺北：藝文印書館，2001年12月），頁216。

周天子分封後，各諸侯國為了獲得更多利益，不斷擴展疆土、兼併他國土地，因此需要大封之禮。《周禮・春官・大宗伯》曰：「大封之禮，合眾也。」〔註743〕孔穎達《疏》曰：「若諸侯相侵境界，民則隨地遷移者，庶不得合聚。今以兵而正之，則其民合聚，故云：大封之禮，合眾也。」〔註744〕大封之禮起於諸侯相互征伐，人民隨地遷移，不得合聚，因此以軍隊鞏固封疆。

（二）以兵正封疆之例

1. 駐兵守邊

《左傳》中「封」亦有邊境之意，如：《左傳・成公二年》，齊頃公對龍城人曰：「無入而封」，〔註745〕或是將「封疆」合稱，用以代替「國家疆土」，例如：《左傳・定公十年》曰：「封疆社稷」。〔註746〕為保衛國家安全，古人會在冬季修築城牆、鞏固封疆。《禮記・月令・孟冬》曰：「坏城郭，戒門閭，修鍵閉，慎管籥，固封疆，備邊竟，完要塞，謹關梁，塞蹊徑。」〔註747〕對邊疆之整修著重於城郭、門鎖以及關卡、蹊徑之警備。

除了修城之外，統治者更須以德化民、親睦鄰國，才能真正守備邊疆。魯昭公二十三年，楚國令尹在郢都築城，沈尹戌曰：

　　苟不能衛，城無益也。古者，天子守在四夷；天子卑，守在諸侯。

　　諸侯守在四鄰；諸侯卑，守在四竟。……夫正其疆場，脩其土田，

　　險其走集，親其民人，明其伍候，信其鄰國，慎其官守，守其交禮，

　　不僭不貪，不懦不耆，完其守備，以待不虞，又何畏矣？〔註748〕

古代，天子的守衛在四夷，天子地位降低後，守衛在於諸侯；諸侯的守衛在四方鄰國，諸侯的地位降低後，守衛在於四方邊境。若是能劃定疆界、鞏固

〔註743〕漢・鄭玄注，唐・賈公彥疏：《周禮注疏》，收入《十三經注疏》（臺北：藝文印書館，2001 年 12 月），頁 277。

〔註744〕漢・鄭玄注，唐・賈公彥疏：《周禮注疏》，收入《十三經注疏》（臺北：藝文印書館，2001 年 12 月），頁 277。

〔註745〕晉・杜預注，唐・孔穎達等正義：《春秋左傳正義》，收入《十三經注疏》（臺北：藝文印書館，2001 年 12 月），頁 421。

〔註746〕晉・杜預注，唐・孔穎達等正義：《春秋左傳正義》，收入《十三經注疏》（臺北：藝文印書館，2001 年 12 月），頁 979。

〔註747〕漢・鄭玄注，唐・孔穎達等正義：《禮記正義》，收入《十三經注疏》（臺北：藝文印書館，2001 年 12 月），頁 342。

〔註748〕晉・杜預注，唐・孔穎達等正義：《春秋左傳正義》，收入《十三經注疏》（臺北：藝文印書館，2001 年 12 月），頁 879～880。

邊壘、親近百姓、加強守望、不欺鄰國，就能防止意外發生，但若連防守四境都無法辦到，修築城郭也無濟於事。

為免他國入侵，各國邊境都設軍防守。魯成公三年，楚國同意放回知罃時，楚共王問其報答楚王的方式。知罃曰：「若不獲命，而使嗣宗職，次及於事，而帥偏師，以脩封疆。雖遇執事，其弗敢違，其竭力致死，無有二心，以盡臣禮，所以報也。」〔註749〕知罃之父為晉軍將佐，因此知罃若繼承宗子的職位，很可能奉命率軍，保衛邊疆。身為楚國的俘虜，其性命繫於楚王之手，但知罃仍忠勇為國，不肯為保全生命而犧牲國家利益。

邊疆地區之軍隊雖有官員管理，但晉國亦曾為國防因素而分封公子鎮守邊疆。魯莊公二十八年，驪姬嬖，欲立其子，賂外嬖梁五與東關嬖五，使言於晉獻公曰：「曲沃，君之宗也；蒲與二屈，君之疆也；不可以無主。宗邑無主，則民不威；疆場無主，則啟戎心；戎之生心，民慢其政，國之患也。若使大子主曲沃，而重耳、夷吾主蒲與屈，則可以威民而懼戎，且旌君伐。」〔註750〕梁五及東關嬖五以「疆場無主，則啟戎心」為由，遊說晉獻公派遣重耳及夷吾鎮守蒲與屈，而使驪姬之計謀得逞。

2. 擴展疆土

魯成公八年，晉國申公巫臣曰：「夫狡焉思啟封疆以利社稷者，何國蔑有？唯然，故多大國矣。」〔註751〕強國擴展疆土之欲望無窮，因此勢力衰弱之國，隨時有被滅的可能，如：魯襄公八年，「莒人伐我東鄙，以疆鄫田。」〔註752〕莒國攻打魯國東邊，是為了將前年所滅之鄫國田地劃入疆界。強國也常因小國內亂而趁機入侵，如：魯宣公八年，「楚為眾舒叛，故伐舒蓼，滅之。楚子疆之。及滑汭，盟吳、越而還。」〔註753〕楚國因為舒人各國叛亂，所以討伐舒蓼，將其滅亡。楚莊王把舒蓼的土地劃入楚國的疆界，直到滑水的轉彎處，

〔註749〕晉·杜預注，唐·孔穎達等正義：《春秋左傳正義》，收入《十三經注疏》（臺北：藝文印書館，2001 年 12 月），頁 437。

〔註750〕晉·杜預注，唐·孔穎達等正義：《春秋左傳正義》，收入《十三經注疏》（臺北：藝文印書館，2001 年 12 月），頁 177。

〔註751〕晉·杜預注，唐·孔穎達等正義：《春秋左傳正義》，收入《十三經注疏》（臺北：藝文印書館，2001 年 12 月），頁 446。

〔註752〕晉·杜預注，唐·孔穎達等正義：《春秋左傳正義》，收入《十三經注疏》（臺北：藝文印書館，2001 年 12 月），頁 520。

〔註753〕晉·杜預注，唐·孔穎達等正義：《春秋左傳正義》，收入《十三經注疏》（臺北：藝文印書館，2001 年 12 月），頁 379。

並且同吳國、越國結盟才回國。另外，無禮常是征伐的原因，魯文公元年，「秋，晉侯疆戚田，故公孫敖會之。」〔註754〕戚田原爲衛國之地，晉襄公因爲衛國無禮，故先朝見周襄王而後伐衛，將衛地劃入疆界。

　　春秋時代，各國征戰不斷，所以同一塊土地常在不同時期隸屬於不同國家。例如：魯成公四年，「冬，十一月，鄭公孫申帥師疆許田。許人敗諸展陂。鄭伯伐許，取鉏任、泠敦之田。」〔註755〕鄭國於魯成公三年攻打許國，隔年去劃定田界，遭到抵抗，又攻取鉏任、泠敦兩處田地。後來鄭、許兩國至楚國爭訟，鄭國失敗，轉而投靠晉國，但其未放棄攻打許國。魯成公十四年，「八月，鄭子罕伐許，敗焉。戊戌，鄭伯復伐許。庚子，入其郛。許人平以叔申之封。」〔註756〕「叔申之封」即公孫申所劃定之許田，許國因再次戰敗，故將許田割讓給鄭國以求和。

3. 抵抗入侵

　　《周禮・春官・大卜》曰：「卜大封，則眡高作龜。」〔註757〕鄭注曰：「卜大封，謂竟界侵削，卜以兵征之。」〔註758〕各諸侯國間，若國土遭入侵，常請示國君，卜大封後，再決定是否以兵征之。魯桓公十七年，「夏，及齊師戰于奚，疆事也。於是齊人侵魯疆，疆吏來告。公曰：『疆場之事，愼守其一，而備其不虞。姑盡所備焉。事至而戰，又何謁焉？』」〔註759〕魯國與齊國之軍事衝突是因爲齊國侵犯魯國邊境，疆吏前來報告，魯桓公認爲：邊境之事，只要謹愼防守，戒備意外，眞的發生衝突就迎戰，不須向國君請示。

　　相鄰之國常因爭奪土地而發生戰爭，故疆場之邑無法固定。魯昭公元年，虢之會時，魯國季武子伐莒取鄆，楚國主盟，認爲魯國違反盟約，欲誅殺魯

〔註754〕晉・杜預注，唐・孔穎達等正義：《春秋左傳正義》，收入《十三經注疏》（臺北：藝文印書館，2001年12月），頁299。

〔註755〕晉・杜預注，唐・孔穎達等正義：《春秋左傳正義》，收入《十三經注疏》（臺北：藝文印書館，2001年12月），頁439。

〔註756〕晉・杜預注，唐・孔穎達等正義：《春秋左傳正義》，收入《十三經注疏》（臺北：藝文印書館，2001年12月），頁465。

〔註757〕漢・鄭玄注，唐・賈公彥疏：《周禮注疏》，收入《十三經注疏》（臺北：藝文印書館，2001年12月），頁372。

〔註758〕漢・鄭玄注，唐・賈公彥疏：《周禮注疏》，收入《十三經注疏》（臺北：藝文印書館，2001年12月），頁372。

〔註759〕晉・杜預注，唐・孔穎達等正義：《春秋左傳正義》，收入《十三經注疏》（臺北：藝文印書館，2001年12月），頁129。

國使者。晉國趙孟曰：「疆場之邑，一彼一此，何常之有？王、伯之令也，引其封疆，而樹之官，舉之表旗，而著之制令，過則有刑，猶不可壹。……封疆之削，何國蔑有？主齊盟者，誰能辯焉？」〔註760〕後因趙孟之言而不殺叔孫豹，同一年，魯國「叔弓帥師疆鄆田，因莒亂也。」〔註761〕魯國趁莒國內亂而將攻取之鄆地納入魯國疆土。

4. 強國封疆

　　西周初年，周天子裂土封侯，使其分區治理領土，效忠於王。春秋時代，各諸侯國不斷擴展勢力範圍，部份霸主亦會將其領土分封給卿大夫，甚至是他國的臣子。如：魯昭公三年，鄭伯如晉，公孫段相，甚敬而卑，禮無違者。晉侯嘉其有禮，賜其州田。〔註762〕魯昭公七年，公孫段去世後，子產又為豐施歸州田於韓宣子，子產歸還州田是為了避免因為「疆場之言，敝邑獲戾，而豐氏受其大討。」〔註763〕此舉不但有利於兩國邦交，且能消除鄭國豪門的紛爭。

　　另外，強國分封土地庇護別國的政敵，亦有製造動亂的用意在。例如：魯昭公三十年，「吳子使徐人執掩餘，使鍾吾人執燭庸，二公子奔楚。楚子大封，而定其徙，使監馬尹大心逆吳公子，使居養，莠尹然、左司馬沈尹戍城之；取於城父與胡田以與之，將以害吳也。」楚王大封吳國的掩餘、燭庸二位公子，其用意在於培養政敵，打倒吳王，使其伺機作亂，但結果適得其反。

　　春秋時代是以武力決定疆域，因此諸侯的盟主可以會合各國的力量來裁定兩國的疆域甚至是干涉小國的內政。例如：魯襄公十九年，「春，諸侯還自沂上，盟于督揚，曰：『大毋侵小。』執邾悼公，以其伐我故。遂次于泗上，疆我田，取邾田，自漷水歸之于我。晉侯先歸。」〔註764〕晉國率領其它諸侯國攻打齊國後，在督揚結盟，盟會上拘捕邾悼公，劃定魯國田地的疆界，取回

〔註760〕晉・杜預注，唐・孔穎達等正義：《春秋左傳正義》，收入《十三經注疏》（臺北：藝文印書館，2001年12月），頁700。
〔註761〕晉・杜預注，唐・孔穎達等正義：《春秋左傳正義》，收入《十三經注疏》（臺北：藝文印書館，2001年12月），頁705。
〔註762〕晉・杜預注，唐・孔穎達等正義：《春秋左傳正義》，收入《十三經注疏》（臺北：藝文印書館，2001年12月），頁724。
〔註763〕晉・杜預注，唐・孔穎達等正義：《春秋左傳正義》，收入《十三經注疏》（臺北：藝文印書館，2001年12月），頁763。
〔註764〕晉・杜預注，唐・孔穎達等正義：《春秋左傳正義》，收入《十三經注疏》（臺北：藝文印書館，2001年12月），頁584。

那些被邾國佔去的土地，因此漷水以西的土地都歸魯國。又如：魯襄公二十六年，衛國發生內亂，衛卿孫林父以其食邑戚地投靠晉國。衛國人侵襲戚邑，孫氏向晉國控告，「六月，公會晉趙武、宋向戌、鄭良霄、曹人于澶淵，以討衛，疆戚田。取衛西鄙懿氏六十以與孫氏。」〔註765〕澶淵之會中，晉國拘補衛獻公以及甯喜、北宮遺，後來又恐「為臣執君」，人言可畏，而釋放衛君。

　　另一種強國干涉弱國疆土的情況是率師攻打後，迫其遷國。例如：魯哀公元年，「春，楚子圍蔡，報柏舉也。里而栽，廣丈，高倍。夫屯晝夜九日，如子西之素。蔡人男女以辨。使疆于江、汝之間而還。蔡於是乎請遷于吳。」〔註766〕楚國在蔡國都城一里外構築高大的堡壘，使蔡國人望而生畏，主動投降。楚昭王迫使蔡國遷移到長江、汝水之間，宛如楚國的附庸。

第五節　以嘉禮親民賀慶

　　《周禮・春官・大宗伯》：「以嘉禮親萬民：以飲食之禮親宗族兄弟，以婚冠之禮親成男女，以賓射之禮親故舊朋友，以饗燕之禮親四方之賓客，以脤膰之禮親兄弟之國，以賀慶之禮親異姓之國。」〔註767〕嘉禮，顧名思義即是喜慶相歡之禮，用以表達親睦美好之情。嘉禮包含：飲食之禮、婚冠之禮、賓射之禮、饗燕之禮、脤膰之禮與賀慶之禮，皆是因人心所善者而為之制。飲食之禮是古代貴族與宗族兄弟以飲食相親之禮，依親疏遠近之分別，相聚之次數亦有不同；婚冠之禮為婚姻、冠笄之事，古代男子二十而冠，女子許嫁，十五而笄，不許嫁，亦二十而笄，皆責以成人之禮；賓射之禮是貴族與故舊朋友於燕飲之後行射禮，以申歡樂之情；饗燕之禮所饗者為前來朝聘之諸侯或卿大夫，饗燕之次數依賓客之身份等級而有不同；脤膰之禮是以祭肉賜同姓諸侯之禮，故謂親兄弟之國。異姓有大功者，得與兄弟之國同。受祭肉者，即受鬼神之佑助，故以脤膰賜兄弟之國，有同受福祿之意；賀慶之禮，謂諸侯之國有可喜可賀之事，王使人以物慶賀之禮。

〔註765〕晉・杜預注，唐・孔穎達等正義：《春秋左傳正義》，收入《十三經注疏》（臺北：藝文印書館，2001年12月），頁632。

〔註766〕晉・杜預注，唐・孔穎達等正義：《春秋左傳正義》，收入《十三經注疏》（臺北：藝文印書館，2001年12月），頁990。

〔註767〕漢・鄭玄注，唐・賈公彥疏：《周禮注疏》，收入《十三經注疏》（臺北：藝文印書館，2001年12月），頁277～278。

　　《周禮》將嘉禮分爲六種，其中飲食、饗燕、賓射之禮皆與飲食宴會相關，婚冠皆爲成人之禮，脤膰與賀慶皆是遣使人以物慶賀祝福之禮，故本文將其歸納爲饗燕賓射之禮、冠筓婚姻之禮、脤膰賀慶之禮三種，加以討論。

一、饗燕賓射之禮

　　《禮記・禮運》篇記載：「夫禮之初，始諸飲食。其燔黍捭豚，汙尊而抔飲，蕢桴而土鼓，猶若可以致其敬於鬼神。」〔註768〕古代「禮」字與「醴」字相通，主人以醴待賓，故將此儀式稱爲禮。〔註769〕後來禮的範圍逐漸擴大，凡是各種敬神、敬人的儀式以及生活中應遵守之倫理規範都稱爲禮。

　　禮的存在是爲了使人們知所節制、行爲有準則。《禮記・樂記》曰：「射鄉食饗，所以正交接也。」〔註770〕射禮、鄉飲酒禮、飲食之禮以及燕饗之禮是用來使人們相交往時有依循的規範。用來親宗族兄弟的飲食之禮在《左傳》中僅見於魯桓公十六年，衛國的公子壽爲其兄弟急子送行時，用酒使其喝醉，代替其先行而被賊人所殺。〔註771〕然此記載未言兄弟飲酒之詳細禮節，由《周禮》孔《疏》之記載僅知依親疏遠近，族人相聚飲食之次數有所不同，親者稠，疏者稀，如此而已。〔註772〕

　　鄉飲酒禮之記載見於魯昭公十二年，魯國季平子的家宰南蒯因挑起季、叔、仲三家之衝突，而帶著費邑叛逃至齊國。南蒯「將適費，飲鄉人酒。鄉人或歌之曰：『我有圃，生之杞乎！從我者子乎，去我者鄙乎，倍其鄰者恥乎！已乎已乎！非吾黨之士乎！』」〔註773〕鄉飲酒禮在春秋時代確實存在，鄉人之歌代表民意，鄉老們透過歌謠向執政者傳達其心意。《禮記・王制》曰：「習

〔註768〕漢・鄭玄注，唐・孔穎達等正義：《禮記正義》，收入《十三經注疏》（臺北：藝文印書館，2001年12月），頁416。

〔註769〕楊寬：《西周史》（臺北：商務印書館1999年4月），頁732。

〔註770〕漢・鄭玄注，唐・孔穎達等正義：《禮記正義》，收入《十三經注疏》（臺北：藝文印書館，2001年12月），頁667。

〔註771〕晉・杜預注，唐・孔穎達等正義：《春秋左傳正義》，收入《十三經注疏》（臺北：藝文印書館，2001年12月），頁128。

〔註772〕孔《疏》曰：「親者稠，疏者稀，假令親兄弟，歲四度；從父昆弟，歲三度；從祖昆弟，歲二度；族昆弟，歲一度，是其一世降一等。」（見漢・鄭玄注，唐・賈公彥疏：《周禮注疏》，收入《十三經注疏》（臺北：藝文印書館，2001年12月），頁277。）。

〔註773〕晉・杜預注，唐・孔穎達等正義：《春秋左傳正義》，收入《十三經注疏》（臺北：藝文印書館，2001年12月），頁793。

射上功，習鄉上齒。」〔註774〕鄉飲酒禮又有序齒以明長幼之序的功用。《禮記·鄉飲酒義》曰：「六十者坐，五十者立，侍以聽政役，所以明尊長也；六十者三豆，七十者四豆，八十者五豆，九十者六豆，所以明養老也。」〔註775〕鄉飲酒禮以陪侍長者之儀式教民孝悌尊長之道。

　　古代貴族飲酒時有迎賓、獻賓及旅酬、送賓等儀式，《左傳·襄公二十三年》曰：「季武子無適子，公彌長，而愛悼子，欲立之。……訪於臧紇。臧紇曰：『飲我酒，吾爲子立之。』季氏飲大夫酒，臧紇爲客。既獻，臧孫命北面重席，新樽絜之。召悼子，降逆之。大夫皆起。及旅而召公鉏，使與之齒。季孫失色。」〔註776〕在《儀禮·鄉飲酒禮》的記載中：「席於賓東，公三重，大夫再重」，〔註777〕臧孫命「北面重席」又慎重地迎接悼子，給予他大夫的地位。「及旅」是指「旅酬」排定席次時，「介酬眾賓，少長以齒」，〔註778〕將公鉏召來，使與之齒，這是利用飲酒禮中「少長以齒」的時機確立繼承者的例子。下文將分別介紹饗禮及賓射之禮的過程。

（一）戒賓、迎賓之禮〔註779〕

　　戒賓是指主人告知賓客將有宴饗，迎賓則是經過三揖三讓將賓客迎至堂上。舉行享禮時，主人及客人皆有「相」來輔助行禮。「相」必須熟悉外交禮儀，才不致於失禮。魯襄公二十六年「秋，七月，齊侯、鄭伯爲衛侯故如晉，晉侯兼享之。晉侯賦〈嘉樂〉。國景子相齊侯，賦〈蓼蕭〉。子展相鄭伯，賦〈緇衣〉。叔向命晉侯拜二君，曰：『寡君敢拜齊君之安我先君之宗祧也，敢拜鄭君之不貳也。』」〔註780〕在這場宴會中，叔向爲主人之相禮者，子展與國

〔註774〕漢·鄭玄注，唐·孔穎達等正義：《禮記正義》，收入《十三經注疏》（臺北：藝文印書館，2001 年 12 月），頁 256。

〔註775〕漢·鄭玄注，唐·孔穎達等正義：《禮記正義》，收入《十三經注疏》（臺北：藝文印書館，2001 年 12 月），頁 1006。

〔註776〕晉·杜預注，唐·孔穎達等正義：《春秋左傳正義》，收入《十三經注疏》（臺北：藝文印書館，2001 年 12 月），頁 604～605。

〔註777〕漢·鄭玄注，唐·賈公彥疏：《儀禮注疏》，收入《十三經注疏》（臺北：藝文印書館 2001 年 12 月），頁 102。

〔註778〕漢·鄭玄注，唐·孔穎達等正義：《禮記正義》，收入《十三經注疏》（臺北：藝文印書館，2001 年 12 月），頁 1007。

〔註779〕饗禮的過程參考：楊寬：《西周史》（臺北：商務印書館 1999 年 4 月），頁 722～729。

〔註780〕晉·杜預注，唐·孔穎達等正義：《春秋左傳正義》，收入《十三經注疏》（臺北：藝文印書館，2001 年 12 月），頁 633。

景子爲客人之相禮者。

在戒賓儀式中要以賦詩傳達心意，如：魯昭公元年，「夏，四月，趙孟、叔孫豹、曹大夫入于鄭，鄭伯兼享之。子皮戒趙孟，禮終，趙孟賦〈瓠葉〉。子皮遂戒穆叔，且告之。穆叔曰：「趙孟欲一獻，子其從之。」……乃用一獻。」〔註781〕趙孟所賦之詩後三章，依次提到「獻、酢、酬」爲「一獻」之禮，故穆叔知其欲一獻。

饗禮中另設有「執政」，執政是主司其事者，負責賓客之位次。魯昭公十六年，「三月，晉韓起聘于鄭，鄭伯享之。……孔張後至，立於客間，執政禦之；適客後，又禦之；適縣間。」〔註782〕主與賓皆已至，孔張後至。其爲鄭臣，應就原有之位，誤至客間，被執政所拒，誤後退，又至客後，再度被拒，不得已只好至鐘磬之懸間。

（二）獻賓之禮

將賓客迎入後，主人以醴至賓席前進獻，稱爲「獻」；再由賓客至主人席前回敬，稱爲「酢」；接著由主人先飲再用醴再勸賓客用醴，稱爲「酬」。「獻」、「酢」、「酬」的過程一輪，稱爲「一獻」。獻之次數依賓客之尊卑而分等級。春秋時，招待國君用九獻，〔註783〕招待大臣用五獻，〔註784〕更次者用三獻，〔註785〕再次者用一獻。〔註786〕依照古禮，諸侯相見時，因身份地位相等，故自獻，若君宴臣，則使宰獻。如：魯昭公二十七年，冬，「公如齊，齊侯請饗

〔註781〕晉・杜預注，唐・孔穎達等正義：《春秋左傳正義》，收入《十三經注疏》（臺北：藝文印書館，2001 年 12 月），頁 701。

〔註782〕晉・杜預注，唐・孔穎達等正義：《春秋左傳正義》，收入《十三經注疏》（臺北：藝文印書館，2001 年 12 月），，頁 826。

〔註783〕魯僖公二十二年，丁丑，楚子入享于鄭，九獻，庭實旅百，加籩豆六品。（見晉・杜預注，唐・孔穎達等正義：《春秋左傳正義》，收入《十三經注疏》（臺北：藝文印書館，2001 年 12 月），頁 249。）。

〔註784〕魯昭公元年，鄭伯享趙孟，具五獻之籩豆於幕下。（見晉・杜預注，唐・孔穎達等正義：《春秋左傳正義》，收入《十三經注疏》（臺北：藝文印書館，2001 年 12 月），頁 701。）。

〔註785〕魯昭公六年，晉侯享季孫宿，有加籩。武子退，使行人告曰：「小國之事大國也，苟免於討，不敢求貺。得貺不過三獻。今豆有加，下臣弗堪，無乃戾也？」（見晉・杜預注，唐・孔穎達等正義：《春秋左傳正義》，收入《十三經注疏》（臺北：藝文印書館，2001 年 12 月），頁 752。）。

〔註786〕魯昭公元年，鄭伯享趙孟，因趙孟堅持，乃用一獻。（見晉・杜預注，唐・孔穎達等正義：《春秋左傳正義》，收入《十三經注疏》（臺北：藝文印書館，2001 年 12 月），頁 701。）。

之。子家子曰：『朝夕立於其朝，又何饗焉，其飲酒也。』乃飲酒，使宰獻，而請安。」〔註787〕魯昭公出奔至齊國，受到齊侯輕視，齊侯使宰獻，是視魯君爲臣。

饗禮中陳設之食物種類很多，如：魯宣公十六年，周天子曰：「王享有體薦，宴有折俎。公當享，卿當宴。王室之禮也。」〔註788〕天子招待公侯用體薦，以半隻牛、羊、或豬爲正菜；招待世卿用折俎，連肉帶骨置之於俎上，這是王室的禮儀。魯僖公三十年，「冬，王使周公閱來聘，饗有昌歜、白黑、形鹽。辭曰：『國君，文足昭也，武可畏也，則有備物之饗，以象其德；薦五味，羞嘉穀，鹽虎形，以獻其功。吾何以堪之？』」〔註789〕宴會上陳設的食物和獻酒次數相稱，且有其象徵意義。

饗禮中酬賓客要致贈禮品，稱爲「酬幣」。按禮，每一次酬都須有幣。若賓客爲國君，行九獻之禮，則須酬幣九次。如：魯昭公元年，「后子享晉侯，造舟于河，十里舍車，自雍及絳。歸取酬幣，終事八反。」〔註790〕杜注曰：「備九獻之義，始禮自齎其一，故續送其八酬酒幣。」。〔註791〕

（三）作　樂

饗禮在迎送賓客時，都用鐘鼓奏樂，作爲行步的節奏。如：魯成公十二年，「晉郤至如楚聘，且涖盟。楚子享之，子反相，爲地室而縣焉。郤至將登，金奏作於下。」〔註792〕饗禮演奏之音樂等級有一定之規定，例如：〈肆夏〉之三，爲天子享元侯之樂；〈文王〉之三，爲諸侯互相招待之樂；〈鹿鳴〉、〈四牡〉、〈皇皇者華〉爲諸侯招待使者之音樂。〔註793〕依照古禮，使者聽聞不合

〔註787〕晉・杜預注，唐・孔穎達等正義：《春秋左傳正義》，收入《十三經注疏》（臺北：藝文印書館，2001 年 12 月），頁 910。

〔註788〕晉・杜預注，唐・孔穎達等正義：《春秋左傳正義》，收入《十三經注疏》（臺北：藝文印書館，2001 年 12 月），頁 410～411。

〔註789〕晉・杜預注，唐・孔穎達等正義：《春秋左傳正義》，收入《十三經注疏》（臺北：藝文印書館，2001 年 12 月），頁 285。

〔註790〕晉・杜預注，唐・孔穎達等正義：《春秋左傳正義》，收入《十三經注疏》（臺北：藝文印書館，2001 年 12 月），頁 703～704。

〔註791〕晉・杜預注，唐・孔穎達等正義：《春秋左傳正義》，收入《十三經注疏》（臺北：藝文印書館，2001 年 12 月），頁 703。

〔註792〕晉・杜預注，唐・孔穎達等正義：《春秋左傳正義》，收入《十三經注疏》（臺北：藝文印書館，2001 年 12 月），頁 458～459。

〔註793〕晉・杜預注，唐・孔穎達等正義：《春秋左傳正義》，收入《十三經注疏》（臺北：藝文印書館，2001 年 12 月），頁 503～505。

禮制之音樂則不辭、不答來婉拒。

（四）禮樂完備後的宴會及習射

正式的禮樂完備後，主人會再舉行宴會，以使賓客盡歡。如：魯昭公元年，鄭伯享趙孟，禮終乃宴。〔註794〕此時之宴會較無拘束，可以遊戲助興，如：魯昭公十二年，「晉侯以齊侯晏，中行穆子相。投壺，晉侯先，穆子曰：『有酒如淮，有肉如坻。寡君中此，爲諸侯師。』中之。齊侯舉矢，曰：『有酒如澠，有肉如陵。寡人中此，與君代興。』亦中之。」〔註795〕投壺爲古代常見之遊戲，穆子與齊侯之祝辭顯現出兩國稱霸諸侯的野心。

賓射之禮亦在此時舉行，以增添歡樂氣氛。魯襄公二十九年，「范獻子來聘，拜城杞也。公享之，展莊叔執幣。射者三耦。公臣不足，取於家臣。家臣展瑕、展玉父爲一耦；公臣公巫召伯、仲顏莊叔爲一耦，鄫鼓父、黨叔爲一耦。」〔註796〕宴會後之射禮，陪射者要三對。二人爲一耦，三耦先射，主人與賓客後射，每人射四箭。此時能知禮善射之公室臣子已不足六人，故取大夫之家臣補足，由此亦可知魯公室之衰弱、卑下。

二、冠笄婚姻之禮

《禮記·樂記》曰：「昏姻冠笄，所以別男女也。」〔註797〕婚姻、冠、笄之禮的制定，是用來使男女有所區別。早期人類對於生育的原因並不了解，故男女雜處、血緣關係混亂，婦女一旦懷孕就將其視爲鬼神的安排或是女人與精靈的結合。一直到社會文明發展以後，人們明白生育來自男女的結合，才開始用婚姻制度確定某對男女爲夫妻，並且制定通婚的禁忌。

古人將冠禮與婚禮並提，〔註798〕因爲這兩種禮儀代表人生將邁向另一段

〔註794〕晉·杜預注，唐·孔穎達等正義：《春秋左傳正義》，收入《十三經注疏》（臺北：藝文印書館，2001年12月），頁701。

〔註795〕晉·杜預注，唐·孔穎達等正義：《春秋左傳正義》，收入《十三經注疏》（臺北：藝文印書館，2001年12月），頁790。

〔註796〕晉·杜預注，唐·孔穎達等正義：《春秋左傳正義》，收入《十三經注疏》（臺北：藝文印書館，2001年12月），頁667。

〔註797〕漢·鄭玄注，唐·孔穎達等正義：《禮記正義》，收入《十三經注疏》（臺北：藝文印書館，2001年12月），頁667。

〔註798〕《周禮·地官·黨正》以及《周禮·春官·大宗伯》稱「昏冠」；《禮記·禮運》二次提到「冠昏」。（見漢·鄭玄注，唐·賈公彥疏：《周禮注疏》，收入《十三經注疏》（臺北：藝文印書館，2001年12月），頁185、277。）以及

旅程，正式成為社會的一份子。原始部族在行成年禮時，會用非常激烈的方法造成假死與新生的現象，〔註799〕這些部族對青春期的男子設下嚴格的考驗，通過考驗的勇者才會被部族接納為正式的成員而且才有結婚的權利。中國古代亦有冠而後婚的制度，古代貴族在成年以前必須經過一定程序的教育與訓練，《禮記‧內則》記載男子：「十年，出就外傅，居宿於外，學書計。衣不帛襦袴，禮帥初，朝夕學幼儀，請肄簡諒。十有三年，學樂，誦詩，舞勺。成童，舞象，學射、御。二十而冠，始學禮。……三十而有室。」〔註800〕古代對於男子著重於德行、政治、外交、軍事、禮儀的訓練，希望他能從政，處理邦國事務。對於女子的訓練則是：「女子十年不出，姆教婉、娩、聽從，執麻枲，治絲繭，織紝組紃，學女事以共衣服，觀於祭祀，納酒漿、籩豆、菹醢，禮相助奠。十有五年而笄，二十而嫁。」〔註801〕從《禮記‧內則》的記載可知：進入父權社會後，男主外，女主內的分工就已出現。女性所學為紡織、美容、烹飪、祭祀等事務，十五歲許嫁之女子即行成年禮，若未許嫁則二十而笄，故男子成年代表邁入社會的開始，女子成年則是進入婚姻，加入另一個家庭。

（一）冠、笄之禮

《禮記‧冠義》曰：「古者重冠，重冠故行之於廟。行之於廟者，所以尊重事。尊重事，而不敢擅重事，所以自卑而尊先祖也。」〔註802〕在古人的觀

（漢‧鄭玄注，唐‧孔穎達等正義：《禮記正義》，收入《十三經注疏》（臺北：藝文印書館，2001年12月），頁414、439。）。

〔註799〕原始部族行成年禮的方法包括：割禮、仿照魔鬼發出尖銳的聲音、以刀槍刺身體、讓青年被怪物吞噬等，並且要青年的家人遵守各種禁忌，像行喪禮一樣，讓青年死而復生。那些未開化的民族相信：人們在青春期時舉行成年禮的儀式，能預先防止性成熟時發生在兩性之間的危險。（見：弗雷澤（Frazer, J.G.），汪培基譯：《金枝》（The Golden Bough）（上）（臺北：桂冠圖書公司，2004年5月），頁991～1002以及路先‧列維──布留爾（Lucién Lévy-Brühl）：《原始思維》《Первобытное мышление》，Под редакцией проф‧В‧К‧Никольского и А‧В‧Киссина，Атеист，Москва，1930г‧），丁由譯，（臺北：臺灣商務印書館，2001年2月），頁262～263。）。

〔註800〕漢‧鄭玄注，唐‧孔穎達等正義：《禮記正義》，收入《十三經注疏》（臺北：藝文印書館，2001年12月），頁538。

〔註801〕漢‧鄭玄注，唐‧孔穎達等正義：《禮記正義》，收入《十三經注疏》（臺北：藝文印書館，2001年12月），頁539。

〔註802〕漢‧鄭玄注，唐‧孔穎達等正義：《禮記正義》，收入《十三經注疏》（臺北：藝文印書館，2001年12月），頁998。

念中，行冠禮之後，才有參加社會活動的資格，也才能繼承祖先的事業。古人重視冠禮因此在宗廟舉行儀式。在宗廟行冠禮表明此禮之重要以及謙恭而尊先祖之意。

《左傳》中對行冠禮之記載僅見於《左傳·襄公九年》曰：

> 晉侯以公宴于河上。問公年。季武子對曰：「會于沙隨之歲，寡君以生。」晉侯曰：「十二年矣，是謂一終，一星終也。國君十五而生子，冠而生子，禮也。君可以冠矣。大夫盍爲冠具？」武子對曰：「君冠，必以裸享之禮行之，以金石之樂節之，以先君之祧處之。今寡君在行，未可具也，請及兄弟之國而假備焉。」晉侯曰：「諾。」公還，及衛，冠于成公之廟，假鍾磬焉，禮也。〔註803〕

一般貴族男子二十而冠，但《左傳》記載魯襄公十二而冠。依據晉侯之言，國君十五而生子，十二而冠，冠禮後便可成婚生子，故春秋時代之國君應較早婚育。國君之冠禮，比較講究，必須以「裸享之禮」行之。「裸」是一種祭祀時斟酒澆地以降神的儀式，澆地之酒爲特製的香酒，故設有「裸」這個儀式的宴享，賓客皆能嗅到香氣。除了行「裸享之禮外」，國君之冠禮還必須以敲擊鐘磬演奏的音樂來表示節度，且在先君之宗廟舉行。衛國始祖爲康叔，與魯國的始祖周公同是周文王之子，故冠於衛成公之廟，禮也。

1. 行成年禮的過程

原始的冠禮起源於人們對身體的觀察，《禮記·冠義》曰：「禮義之始，在於正容體……故冠而后服備，服備而后容體正，顏色齊，辭令順。」〔註804〕當人進入青春期，身體發育健全後，才能端正容體、控制情緒、用辭令表達心意，因此冠禮有標示「成人」之意。《禮記·冠義》曰：「孝弟忠順之行立，而后可以爲人，可以爲人而后可以治人也，故聖王重禮，故曰：冠者，禮之始也，嘉事之重者也。」〔註805〕古代貴族成人後才有統治人民的權利，婚姻、朝聘、會盟等禮儀也由此時開始，故曰：冠者，禮之始也。

成年是另一段新生命的開始，因此眾人對行成年禮後的青年男女之稱謂也

〔註803〕晉·杜預注，唐·孔穎達等正義：《春秋左傳正義》，收入《十三經注疏》（臺北：藝文印書館，2001年12月），頁529。

〔註804〕漢·鄭玄注，唐·孔穎達等正義：《禮記正義》，收入《十三經注疏》（臺北：藝文印書館，2001年12月），頁998。

〔註805〕漢·鄭玄注，唐·孔穎達等正義：《禮記正義》，收入《十三經注疏》（臺北：藝文印書館，2001年12月），頁998。

有改變。《禮記‧曲禮》曰：「男子二十，冠而字。父前，子名；君前，臣名。女子許嫁，笄而字。」〔註806〕男子行冠禮後，另取「字」作爲日常稱呼，不過子女在父母面前以及臣子在國君面前仍稱名。女子於許嫁之時，以簪盤髮，行笄禮，另取「字」作爲日常稱呼。關於「女子許嫁，笄而字」的記載見於《公羊傳》魯僖公九年，伯姬卒。《傳》曰：「此未適人，何以卒？許嫁矣。婦人許嫁，字而笄之，死則以成人之喪治之。」〔註807〕又如：《公羊傳‧文公十二年》記載子叔姬卒。《傳》曰：「此未適人，何以卒？許嫁矣。婦人許嫁，字而笄之，死則以成人之喪治之。其稱子何？貴也。其貴奈何？母弟也。」〔註808〕女子許嫁後，則字而笄之，標示其成人。及笄後去世，則以成人之喪治之。

　　《禮記‧曲禮上》曰：「女子許嫁，笄而字」〔註809〕《禮記‧雜記》曰：「女雖未許嫁，年二十而笄，禮之，婦人執其禮。燕則鬠首。」〔註810〕女子之成年禮與其婚事有關，女子許嫁，笄而字。若未許嫁，則年二十而笄，由家中成年婦人主持，爲她盤髮加簪。但其在家燕居時，仍然可以將頭髮分束兩側。

　　中國自古重男輕女，故男子行冠禮之過程較爲複雜。行禮前須先選定日期及加冠的賓客，行禮時，嫡長子在阼上舉行，表示其成年後將代爲主人。冠禮的儀式由賓客依序爲男子加緇布冠、皮弁及爵弁，稱爲三加。三加後由賓客敬酒，拜見母親，再由賓客爲其取「字」。最後由主人向賓客敬酒、贈送禮品、送客，才算禮成。〔註811〕

2. 三次加冠的意義

　　主賓爲男子三次加冠，初加緇布冠，冠者進入房中，服玄端爵韠；次加皮弁，冠者進入房中，服素積、素韠；三加爵弁，服纁裳、韎韐。太古時人

〔註806〕漢‧鄭玄注，唐‧孔穎達等正義：《禮記正義》，收入《十三經注疏》（臺北：藝文印書館，2001 年 12 月），頁 39。

〔註807〕漢‧何休注，唐‧徐彥疏：《春秋公羊傳注疏》，收入《十三經注疏》（臺北：藝文印書館，2001 年 12 月），頁 134。

〔註808〕漢‧何休注，唐‧徐彥疏：《春秋公羊傳注疏》，收入《十三經注疏》（臺北：藝文印書館，2001 年 12 月），頁 176。

〔註809〕漢‧鄭玄注，唐‧孔穎達等正義：《禮記正義》，收入《十三經注疏》（臺北：藝文印書館，2001 年 12 月），頁 39。

〔註810〕漢‧鄭玄注，唐‧孔穎達等正義：《禮記正義》，收入《十三經注疏》（臺北：藝文印書館，2001 年 12 月），頁 756。

〔註811〕漢‧鄭玄注，唐‧孔穎達等正義：《禮記正義》，收入《十三經注疏》（臺北：藝文印書館，2001 年 12 月），頁 998。

們戴白布冠，齋戒祭祀時，將其染爲黑色，則爲緇布冠，行過冠禮後即可丟棄。初加緇布冠有不忘古訓之義。〔註812〕周代通行之冠爲黑色絲帛製成的玄冠，玄冠爲改良之緇布冠，又稱委貌，爲出席正式場合時所戴之冠。故初加緇布冠，亦有去除童心，正式參與社會活動的意義。魯昭公元年，劉定公對趙孟曰：「吾與子弁冕端委，以治民、臨諸侯」〔註813〕楊寬曰：「委貌和玄端合稱『端委』或『委端』，到春秋時貴族還常用作禮服，用來參加各種政治活動」〔註814〕因此首次加冠，是授予成年男子從政之權，同意其參與政治、外交活動。《春秋經・桓公五年》曰：「天王使仍叔之子來聘。」〔註815〕《左傳》曰：「仍叔之子，弱也。」〔註816〕古人對於年紀過小的使者不書姓名，只說仍叔之子，因其未行冠禮，無參與公眾事務之權利且童子將命，無速返之心，久留於魯，故書以譏之。

　　冠禮次加皮弁，皮弁即「皮冠」。《左傳》三次提及「皮冠」皆出現於田獵或射箭之時，〔註817〕故皮冠應與軍戎相關，已行冠禮者才能從軍。魯成公二年，楚國令尹子重發動陽橋之役來救援齊國，在此次戰役中，「蔡景公爲左，許靈公爲右。二君弱，皆強冠之。」〔註818〕楚國攻打衛國及魯國，蔡、許二

〔註812〕 漢・鄭玄注，唐・賈公彥疏：《儀禮注疏・士冠禮》，收入《十三經注疏》（臺北：藝文印書館 2001 年 12 月），頁 20。

〔註813〕 晉・杜預注，唐・孔穎達等正義：《春秋左傳正義》，收入《十三經注疏》（臺北：藝文印書館，2001 年 12 月），頁 702。

〔註814〕 楊寬：《西周史》（臺北：商務印書館 1999 年 4 月），頁 750。

〔註815〕 晉・杜預注，唐・孔穎達等正義：《春秋左傳正義》，收入《十三經注疏》（臺北：藝文印書館，2001 年 12 月），頁 105。

〔註816〕 晉・杜預注，唐・孔穎達等正義：《春秋左傳正義》，收入《十三經注疏》（臺北：藝文印書館，2001 年 12 月），頁 107。

〔註817〕 分別見於：魯襄公十四年，「衛獻公戒孫文子、甯惠子食，皆服而朝，日旰不召，而射鴻於囿。二子從之，不釋皮冠而與之言。二子怒。」（見晉・杜預注，唐・孔穎達等正義：《春秋左傳正義》，收入《十三經注疏》（臺北：藝文印書館，2001 年 12 月），頁 560。）、魯昭公十二年，楚靈王狩于州來，「王皮冠，秦復陶，翠被豹舄，執鞭以出。」（見晉・杜預注，唐・孔穎達等正義：《春秋左傳正義》，收入《十三經注疏》（臺北：藝文印書館，2001 年 12 月），頁 793。）、魯昭公二十年，齊侯田于沛，招虞人以弓，不進。公使執之。辭曰：「昔我先君之田也，旃以招大夫，弓以招士，皮冠以招虞人。臣不見皮冠，故不敢進。」乃舍之。（見晉・杜預注，唐・孔穎達等正義：《春秋左傳正義》，收入《十三經注疏》（臺北：藝文印書館，2001 年 12 月），頁 858。）。

〔註818〕 晉・杜預注，唐・孔穎達等正義：《春秋左傳正義》，收入《十三經注疏》（臺北：藝文印書館，2001 年 12 月），頁 429。

國之國君年紀幼小，但楚國爲使二君跟隨作戰，皆強冠之。

　　冠禮三加爵弁，爵弁爲祭服，祀與戎爲國之大事，故行冠禮時加爵弁，是賦予成年男子宗廟祭祀的權利。成年禮又與繼承權相關，《左傳》曾記載齊國因卿大夫無成年繼承者而解散新軍，不以幼子承襲父爵之事。魯襄公十四年，「師歸自伐秦。晉侯舍新軍，禮也。……於是知朔生盈而死，盈生六年而武子卒，彘裘亦幼，皆未可立也。新軍無帥，故舍之。」〔註819〕荀罃去世時，其子知朔早死，其孫知盈又僅六歲，士魴之子彘裘亦幼，新軍無人統帥，故舍之。

　　《儀禮·士冠禮》曰：「三加彌尊，諭其志也。」〔註820〕行冠禮時三次所加之冠，一次比一次更尊貴，這是用來曉諭冠者修德上進的心志。古人對其冠非常重視，《左傳·哀公十五年》：「子路曰：『君子死，冠不免。』結纓而死。」〔註821〕「冠」是身份地位的象徵，子路「結纓而死」顯現出古人珍惜名譽、看重自我，至死方休的精神。

3. 命字的方法

　　男子取字之法如《儀禮·士冠禮》所言：「曰伯某甫。仲、叔、季，唯其所當。」〔註822〕男子取字應包含三個字，首字爲男子在家中之排行，如：伯、仲、叔、季等，第二個字大多取與名相關之字，末一字則以「甫」或「父」來稱呼。但春秋時代，稱男子之字，未必三個字全用，可以省去伯、仲、叔、季等排行，如周公之長子，可以稱爲「禽父」〔註823〕也可以省去甫而稱「伯禽」，〔註824〕其全稱應爲「伯禽父」。另外，也有與官名連稱者，如：「內史叔興父」〔註825〕或省去「父」而稱「內史叔興」。〔註826〕楊寬曰：「西周、春秋

〔註819〕晉·杜預注，唐·孔穎達等正義：《春秋左傳正義》，收入《十三經注疏》（臺北：藝文印書館，2001 年 12 月），頁 562。

〔註820〕漢·鄭玄注，唐·賈公彥疏：《儀禮注疏》，收入《十三經注疏》（臺北：藝文印書館 2001 年 12 月），頁 33。

〔註821〕晉·杜預注，唐·孔穎達等正義：《春秋左傳正義》，收入《十三經注疏》（臺北：藝文印書館，2001 年 12 月），頁 1036。

〔註822〕漢·鄭玄注，唐·賈公彥疏：《儀禮注疏》，收入《十三經注疏》（臺北：藝文印書館 2001 年 12 月），頁 32。

〔註823〕晉·杜預注，唐·孔穎達等正義：《春秋左傳正義》，收入《十三經注疏》（臺北：藝文印書館，2001 年 12 月），頁 794。

〔註824〕晉·杜預注，唐·孔穎達等正義：《春秋左傳正義》，收入《十三經注疏》（臺北：藝文印書館，2001 年 12 月），頁 948。

〔註825〕晉·杜預注，唐·孔穎達等正義：《春秋左傳正義》，收入《十三經注疏》（臺北：藝文印書館，2001 年 12 月），頁 273。

史料中，有稱某父的，有連同官名稱某父的，有連同官名、氏或稱號而稱伯、仲等行輩的，都是『字』的簡稱。……春秋時，多數用『子某』方式取『字』，採用『伯某父』方式的逐漸減少。」〔註827〕採用「子某」方式取字者，如：子產〔註828〕、子般〔註829〕等。命字時加上排行與周代的宗法制度有關，因爲大宗才能繼承爵位，故長幼行輩的排列關係重大。

楊寬在〈「冠禮」新探〉中舉西周、春秋金文之記載爲例，說明女子取字的方式：

> 除了有的冠有國名或氏以外，第一字是長幼行輩的稱呼，第二字是姓，第三字和第四字都作「某母」……也有不作「某母」而作「某女」的……女子取「字」的方式基本上和男子相同，仿效《儀禮》的話，就是：「曰：伯（或作孟）某母（或作女），仲、叔、季，唯其所當。」〔註830〕

女子取字都加上姓，這是爲了避免同姓通婚。《左傳》中見到女子的字有以排行冠於姓上稱呼的如：孟子；〔註831〕以諡號冠於姓上稱呼的如：聲子；〔註832〕有以字冠於姓上稱呼的如：仲子；〔註833〕有以夫家的國名或氏連同姓來稱呼的，如：杞叔姬〔註834〕、蕩伯姬〔註835〕（伯姬爲魯女，爲宋國大夫蕩氏之妻）；丈夫的諡號爲其字者，如：武姜〔註836〕、莊姜。〔註837〕也有少數以娘家的國

〔註826〕晉・杜預注，唐・孔穎達等正義：《春秋左傳正義》，收入《十三經注疏》（臺北：藝文印書館，2001年12月），頁236。

〔註827〕楊寬：《西周史》（臺北：商務印書館1999年4月），頁743。

〔註828〕晉・杜預注，唐・孔穎達等正義：《春秋左傳正義》，收入《十三經注疏》（臺北：藝文印書館，2001年12月），頁828。

〔註829〕晉・杜預注，唐・孔穎達等正義：《春秋左傳正義》，收入《十三經注疏》（臺北：藝文印書館，2001年12月），頁181。

〔註830〕楊寬：《西周史》（臺北：商務印書館1999年4月），頁743－744。

〔註831〕晉・杜預注，唐・孔穎達等正義：《春秋左傳正義》，收入《十三經注疏》（臺北：藝文印書館，2001年12月），頁28。

〔註832〕晉・杜預注，唐・孔穎達等正義：《春秋左傳正義》，收入《十三經注疏》（臺北：藝文印書館，2001年12月），頁29。

〔註833〕晉・杜預注，唐・孔穎達等正義：《春秋左傳正義》，收入《十三經注疏》（臺北：藝文印書館，2001年12月），頁29。

〔註834〕晉・杜預注，唐・孔穎達等正義：《春秋左傳正義》，收入《十三經注疏》（臺北：藝文印書館，2001年12月），頁447。

〔註835〕晉・杜預注，唐・孔穎達等正義：《春秋左傳正義》，收入《十三經注疏》（臺北：藝文印書館，2001年12月），頁262。

〔註836〕晉・杜預注，唐・孔穎達等正義：《春秋左傳正義》，收入《十三經注疏》（臺

名或氏連同姓，作爲女子的簡稱，如：向姜。〔註838〕由女子之字亦可以看出父權社會中，以男性爲尊的傾向。田桓金在〈從《春秋》、《左傳》看先秦時期女性的名字及其文化內涵〉中云：「先秦時期女性有名、有字，死後有諡……女性的名諱實際上不過是一個個簡單的履歷標籤，它從籍貫、家庭背景、血緣關係、婚姻狀況、德行善惡等方面對女性的身份進行標誌。」〔註839〕因此女性的字不一定與名相關，女子的字重視家庭背景、血緣關係、婚姻狀況、德行善惡，反映出當時的女性社會地位以及同姓不婚的禁忌。至於當時男子之字，爲何要加上「父」或「子」的稱呼，女子的字爲何要加上「母」或「女」？楊寬曰：

> 「父」原爲「斧」的初字，就像手執斧形。石斧原是石器時代最重要的利器，到父系家長制時期，主要的勞動生產由成年男子擔任，家族在父系權力下組成，石斧便成爲當時成年男子的象徵物品，故借爲成年男子的稱謂。「母」字的結構，是「女」字中有二點「象乳子」(《說文》)，用以表示女子的成年，故作爲成年女子的稱謂。周族在舉行「成丁禮」取「字」時，男子稱「父」，女子稱「母」，無非表示已具有成年男女的權利和義務。〔註840〕

楊寬以原始部族之生活型態及「父」與「母」之字形來解釋冠笄之禮中取字加上「父」、「母」的原因，其說甚是。西周之「冠笄之禮」雖源於古代「成丁禮」，但「父」、「母」已習慣爲父母親之稱謂，故取字時「某父」、「某母」之稱已逐漸少見。

（二）昏　禮

《禮記·昏義》曰：「敬愼重正而后親之，禮之大體，而所以成男女之別，而立夫婦之義也。男女有別，而后夫婦有義；夫婦有義，而后父子有親；父子有親，而后君臣有正。故曰：昏禮者，禮之本也。」〔註841〕中國古代即有

北：藝文印書館，2001 年 12 月），頁 35。

〔註837〕晉·杜預注，唐·孔穎達等正義：《春秋左傳正義》，收入《十三經注疏》（臺北：藝文印書館，2001 年 12 月），頁 53。

〔註838〕晉·杜預注，唐·孔穎達等正義：《春秋左傳正義》，收入《十三經注疏》（臺北：藝文印書館，2001 年 12 月），頁 42。

〔註839〕田桓金：〈從《春秋》、《左傳》看先秦時期女性的名字及其文化內涵〉，《河北師範大學學報》第 21 卷，第 3 期（1998 年 7 月），頁 52。

〔註840〕楊寬：《西周史》（臺北：商務印書館 1999 年 4 月），頁 746。

〔註841〕漢·鄭玄注，唐·孔穎達等正義：《禮記正義》，收入《十三經注疏》（臺北：藝文印書館，2001 年 12 月），頁 1000。

修身、齊家、治國、平天下的觀念，婚禮使男女結爲夫妻，組成家庭，國是家的擴大，家是國的根本。五倫關係皆以家庭爲基礎而發展起來，故曰：昏禮者，禮之本也。

兩性關係爲人類社會中最根本、自然的人際關係之一。從原始的男女雜處、群婚制到周代訂定嚴謹的婚姻禮儀，使兩性結合更具有莊重、嚴肅的意義。春秋時代的婚姻制度，反映出時人對兩性的態度以及當時的價值觀及倫理觀，影響後世極爲深遠。

1. 婚禮的儀式

周代婚禮中的儀式包括「六禮」、拜見舅姑之禮以及反馬的儀式。《儀禮·士昏禮》記載六禮爲：納采、問名、納吉、納徵、請期、親迎。〔註842〕古代貴族男子擇定結婚對象後，先使媒氏下通其言，女家許之，才備禮至女家議婚，是爲「納采」。納采須以鴈爲贄。古人對鴈十分看重，六禮之中除「納徵」外，皆以鴈爲贄。鴈爲候鳥，隨陽而處，且飛行時，長幼有序從不踰越，有婦人從夫、行止有序之義。再加上鴈鳥失偶，不再擇配，亦有忠貞及白頭偕老之義。〔註843〕《左傳》中未見納采之記載，但《穀梁傳·莊公二十二年》曰：「禮有納采，有問名，有納徵，有告期，四者備而後娶，禮也。」〔註844〕可見春秋時代，確實有納采的儀式存在，只是《左傳》未記載。

問名是男方派使者問女子之名，以歸卜吉凶。《儀禮·士昏禮》曰：「賓執鴈，請問名。主人許。賓入授，如初禮。」〔註845〕問名之儀式與納采相似，包括升堂、致命，授鴈後降階而出。男方具書遣使問名，女方復書告知女兒之生辰及姓名讓男方占卜吉凶，此時婚姻關係仍未確定。

《左傳》並未記載問名之儀式，但是有一則關於周天子求后的記載可供參考。《左傳·襄公十二年》曰：「靈王求后于齊，齊侯問對於晏桓子。桓子對曰：『先王之禮辭有之。天子求后於諸侯，諸侯對曰：『夫婦所生若而人，

〔註842〕漢·鄭玄注，唐·賈公彥疏：《儀禮注疏》，收入《十三經注疏》（臺北：藝文印書館 2001 年 12 月），頁 39～42。

〔註843〕參考：周玉珠：〈從《詩經》看周人的婚姻禮俗〉，《國立虎尾科技大學學報》第一期（2004 年），頁 68～69。

〔註844〕晉·范甯集解，唐·楊士勛疏：《春秋穀梁傳注疏》，收入《十三經注疏》（臺北：藝文印書館，2001 年 12 月），頁 58。

〔註845〕漢·鄭玄注，唐·賈公彥疏：《儀禮注疏》，收入《十三經注疏》（臺北：藝文印書館 2001 年 12 月），頁 40。

妾婦之子若而人。』無女而有姊妹及姑姊妹，則曰：『先守某公之遺女若而人。』
齊侯許婚。王使陰里逆之。」〔註846〕當周天子向諸侯國求娶王后時，諸侯須
將夫人所生之女、妾婦所生之女或是先君之女的名單提供給王室作選擇，對
於這些王后候選人，諸侯不敢擅自毀譽，由王室自行選擇。這是周代婚禮中，
天子擇后的儀式。

　　問名之後有納吉的儀式。男方取得女方的年庚後，至宗廟問卜，若得吉
兆，則備禮告知女方，稱為「納吉」。《左傳》中關於婚姻之占卜有三則，《左
傳・僖公四年》曰：「晉獻公欲以驪姬為夫人，卜之，不吉；筮之，吉。公曰：
『從筮。』卜人曰：『筮短龜長，不如從長。且其繇曰：專之渝，攘公之羭。
一薰一蕕，十年尚猶有臭。』必不可！』弗聽，立之。」〔註847〕當時晉獻公
已娶驪姬，欲立其為夫人，故占卜，占卜之結果，一吉，一凶，而從其吉者。
女方為婚姻占卜者，如：「晉獻公筮嫁伯姬於秦，遇歸妹之睽。」〔註848〕以及
「懿氏卜妻敬仲，其妻占之曰：『吉。』」〔註849〕婚姻用以結兩姓之好，故男
女雙方皆有以占卜問吉凶之例。

　　納吉後，男方即可下聘財於女方，徵者成也，納徵之後，婚姻就算確定。
因為納徵使用幣帛，故「納徵」又稱為「納幣」。魯文公二年，「襄仲如齊納
幣，禮也。凡君即位，好舅甥，修婚姻，娶元妃以奉粢盛，孝也。孝，禮之
始也。」〔註850〕古代諸侯之元配夫人稱為元妃。國君即位後，以婚姻關係與
大國結為姻親，可以增加外援，鞏固地位。且娶妻以奉粢盛，生育子孫使血
統延續亦為孝之表現。

　　婚事確定後，男方擇定迎娶之日告知女方，稱為「請期」。《禮記・昏義》
孔《疏》曰：「請期者，謂男家使人請女家以昏時之期，由男家告於女家，何
必請者，男家不敢自專，執謙敬之辭，故云請也。女氏終聽男家之命，乃告

〔註846〕晉・杜預注，唐・孔穎達等正義：《春秋左傳正義》，收入《十三經注疏》（臺
　　　　北：藝文印書館，2001 年 12 月），頁 548。

〔註847〕晉・杜預注，唐・孔穎達等正義：《春秋左傳正義》，收入《十三經注疏》（臺
　　　　北：藝文印書館，2001 年 12 月），頁 203～204。

〔註848〕晉・杜預注，唐・孔穎達等正義：《春秋左傳正義・僖公十五年》，收入《十
　　　　三經注疏》（臺北：藝文印書館，2001 年 12 月），頁 232。

〔註849〕晉・杜預注，唐・孔穎達等正義：《春秋左傳正義・莊公二十二年》，收入《十
　　　　三經注疏》（臺北：藝文印書館，2001 年 12 月），頁 163。

〔註850〕晉・杜預注，唐・孔穎達等正義：《春秋左傳正義》，收入《十三經注疏》（臺
　　　　北：藝文印書館，2001 年 12 月），頁 304。

之。」〔註851〕請期後，新郎在約定日期親往女家迎娶稱爲「親迎」。諸侯以下，娶妻皆須親迎，諸侯若遇祭祀或軍事可使卿逆婦。〔註852〕天子則由他國主婚，不須親迎。《春秋經》魯桓公八年記載：「祭公來遂逆王后于紀。」孔《疏》曰：「凡昏姻，皆賓主敵體相對行禮。天子嫁女於諸侯，使諸侯爲主，令與夫家爲禮。天子聘后於諸侯，亦使諸侯爲主，令與后家爲禮。……左氏說，王者至尊，無敵體之義，不親迎。」〔註853〕依照《左傳》之記載，未有因天子未親迎而書非禮者，由此可知，周天子娶妻不須親迎。諸侯娶妻也不一定要親迎，國君若有事，應派上卿前往迎娶。《左傳・文公四年》曰：「逆婦姜于齊，卿不行，非禮也。君子是以知出姜之不允於魯也，曰：『貴聘而賤逆之，君而卑之，立而廢之，棄信而壞其主，在國必亂，在家必亡。不允宜哉！《詩》曰：『畏天之威，于時保之』，敬主之謂也。』」〔註854〕古代諸侯之女出嫁，由上卿送行，〔註855〕迎娶國亦應派上卿前往迎娶。魯文公二年，魯國遣上卿至齊國納幣，但迎娶時，上卿不行，故謂「貴聘而賤逆之」，非禮也。魯國以卑賤的禮節迎娶姜氏，反映出齊魯關係由熱絡轉爲冷淡。

　　古代諸侯嫁女時，爲表示殷勤、尊敬，會遣卿大夫隨加聘問，稱爲「致女」，如：魯桓公三年，「冬，齊仲年來聘，致夫人也。」〔註856〕杜《注》曰：「古者女出嫁，又使大夫隨加聘問，存謙敬，序殷勤也。」〔註857〕使大夫隨加聘問的

〔註851〕漢・鄭玄注，唐・孔穎達等正義：《禮記正義》，收入《十三經注疏》（臺北：藝文印書館，2001 年 12 月），頁 1000。

〔註852〕見魯莊公二十四年，《春秋》經記載：「夏，公如齊逆女。」孔穎達《正義》曰：「親逆是正禮，有故得使卿逆。」（晉・杜預注，唐・孔穎達等正義：《春秋左傳正義》，收入《十三經注疏》（臺北：藝文印書館，2001 年 12 月），頁 172）。

〔註853〕晉・杜預注，唐・孔穎達等正義：《春秋左傳正義》，收入《十三經注疏》（臺北：藝文印書館，2001 年 12 月），頁 118〜119。

〔註854〕晉・杜預注，唐・孔穎達等正義：《春秋左傳正義》，收入《十三經注疏》（臺北：藝文印書館，2001 年 12 月），頁 306。

〔註855〕春秋時代，對送嫁者之身份有規定。魯桓公三年，「齊侯送姜氏，非禮也。凡公女嫁于敵國：姊妹，則上卿送之，以禮於先君；公子，則下卿送之。於大國，雖公子，亦上卿送之。於天子，則諸卿皆行，公不自送。於小國，則上大夫送之。」（見晉・杜預注，唐・孔穎達等正義：《春秋左傳正義》，收入《十三經注疏》（臺北：藝文印書館，2001 年 12 月），頁 103〜104。）。

〔註856〕晉・杜預注，唐・孔穎達等正義：《春秋左傳正義》，收入《十三經注疏》（臺北：藝文印書館，2001 年 12 月），頁 104。

〔註857〕晉・杜預注，唐・孔穎達等正義：《春秋左傳正義》，收入《十三經注疏》（臺北：藝文印書館，2001 年 12 月），頁 104。

用意是所嫁之女若不堪事宗廟，則欲以之歸也，故成婚三月後，有「反馬」之禮。魯宣公五年，「冬，來，反馬也。」〔註858〕根據《儀禮・士昏禮》士成婚，爲男子驅車親迎，故無反馬之禮。《左傳》記載「反馬」之事，專指大夫以上貴族之婚禮，因婦車由女方備辦，故新婦成婚三月廟見後，有婦車反歸女家之禮。孔穎達《正義》曰：「禮，送女適於夫氏，留其所送之馬，謙不敢自安於夫，若被出棄，則將乘之以歸，故留之也。至三月廟見，夫婦之情既固，則夫家遣使反其所留之馬，以示與之偕老，不復歸也。」〔註859〕廟見之禮前，爲婚姻適應期，女方若被棄，則乘其送嫁之馬而歸。成婚三月後，夫妻之情穩固，夫家才遣使反其所留之馬，以示與之白頭偕老。《禮記・曾子問》云：

> 孔子曰：「嫁女之家，三月不息燭，思相離也。取婦之家，三月不舉樂，思嗣親也。三月而廟見，稱『來婦』也。擇日而祭於禰，成婦之義也。」曾子問曰：「女未廟見而死，則如之何？」孔子曰：「不遷於祖，不祔於皇姑，婿不杖、不菲、不次，歸葬于女氏之黨，示未成婦也。」〔註860〕

廟見之禮是向祖先報告：「某氏已來成爲媳婦」，擇日而祭於禰，則是向去世的公婆神主獻祭，以盡孝道。若已婚之女子未行廟見之禮而死，則她出殯時，不須朝見祖廟，神主亦不附於祖姑，丈夫也不須爲其執喪棒、穿草履、另住居喪之所。她的靈柩將歸葬娘家之祖墳，表示她還未正式成爲男方的媳婦。可見女子經過婚禮之六禮只是成爲妻子，必須經「廟見之禮」才正式「成婦」。〔註861〕

　　古代貴族婦女結婚後回娘家探視父母或遣使問候父母稱爲「歸寧」。《春秋》稱「歸寧」爲「來」。魯莊公二十七年，「冬，杞伯姬來，歸寧也。凡諸侯之女，歸寧曰來，出曰來歸，夫人歸寧曰如某，出曰歸于某。」〔註862〕魯國國君之女

〔註858〕晉・杜預注，唐・孔穎達等正義：《春秋左傳正義》，收入《十三經注疏》（臺北：藝文印書館，2001年12月），頁376。
〔註859〕晉・杜預注，唐・孔穎達等正義：《春秋左傳正義》，收入《十三經注疏》（臺北：藝文印書館，2001年12月），頁376。
〔註860〕漢・鄭玄注，唐・孔穎達等正義：《禮記正義》，收入《十三經注疏》（臺北：藝文印書館，2001年12月），頁365～366。
〔註861〕胡新生認爲：三月廟見而後成婦是因爲——行廟見之禮前，夫妻不得同居，所以行廟見之禮後，夫妻關係才正式成立。胡氏認爲廟見之禮定在結婚三個月後舉行，是爲了確認嫁進來的女子是否懷有別人的孩子，以確保後代血統的純正，其說當是也。（見：胡新生：〈試論春秋時期貴族婚禮中的三月廟見儀式〉，《東岳論叢》第21卷，第4期（2000年7月），頁98～103。）。
〔註862〕晉・杜預注，唐・孔穎達等正義：《春秋左傳正義》，收入《十三經注疏》（臺

回國省親稱「來」，被出稱「來歸」，魯國夫人回娘家省親稱「如某」，夫人被出稱「歸于某」。《左傳‧襄公十二年》：「秦嬴歸于楚，楚司馬子庚聘于秦為夫人寧，禮也。」〔註863〕孔穎達《正義》曰：「父母既沒，歸寧使卿者；父母並在，則身自歸寧；若父沒母存，身不自歸，則亦使卿寧也。」〔註864〕父母既沒遣使歸寧是出嫁之婦女對母國之關心；父母並在身自歸寧是盡女兒的孝心；父沒母存，身不自歸，亦使卿寧則是則是因為父權社會中「重男輕女」，故母親雖存，女兒卻不自歸而使卿往。

2. 婚姻的類型

（1）媵娣姪婚

媵娣姪之婚制為春秋時期各諸侯國間普遍實行的婚姻方式。魯成公八年，「衛人來媵共姬，禮也。凡諸侯嫁女，同姓媵之，異姓則否。」〔註865〕孔穎達《正義》曰：「莊十九年《公羊傳》曰：『媵者何？諸侯娶一國，則二國往媵之，以姪娣從。姪者何？兄之子也。娣者何？弟也。諸侯一聘九女。』是諸侯娶適夫人及左右媵，各有姪娣也。《傳》曰：『同姓媵之，異姓則否。』是夫人與媵皆同姓之國也。」〔註866〕媵娣姪的婚制是當時的婚姻習慣，一國諸侯嫁女時，同姓之國會主動以女兒陪嫁，陪嫁之女子出身高貴，故其婚後之地位並不卑下。媵娣姪制使諸侯一聘九女，倘若出嫁之公主無法生育，其娣姪仍能為諸侯留下子嗣，例如：魯襄公十九年，「齊侯娶于魯，曰顏懿姬，無子。其姪鬷聲姬，生光，以為大子。」〔註867〕即使正室無子，媵之子仍可以被立為太子，使諸侯之後嗣不致斷絕。

古代國君與他國締結婚姻有增加盟國之功用，媵娣姪制使國君出妻後，仍能與妻子之母國維持婚姻關係。例如：魯文公十二年，「杞桓公來朝，始朝

北：藝文印書館，2001 年 12 月），頁 175。

〔註863〕晉‧杜預注，唐‧孔穎達等正義：《春秋左傳正義》，收入《十三經注疏》（臺北：藝文印書館，2001 年 12 月），頁 549。

〔註864〕晉‧杜預注，唐‧孔穎達等正義：《春秋左傳正義》，收入《十三經注疏》（臺北：藝文印書館，2001 年 12 月），頁 549。

〔註865〕晉‧杜預注，唐‧孔穎達等正義：《春秋左傳正義》，收入《十三經注疏》（臺北：藝文印書館，2001 年 12 月），頁 447。

〔註866〕晉‧杜預注，唐‧孔穎達等正義：《春秋左傳正義》，收入《十三經注疏》（臺北：藝文印書館，2001 年 12 月），頁 445。

〔註867〕晉‧杜預注，唐‧孔穎達等正義：《春秋左傳正義》，收入《十三經注疏》（臺北：藝文印書館，2001 年 12 月），頁 585。

公也。且請絕叔姬而無絕昏，公許之。」〔註868〕杞桓公朝魯，請求與叔姬離婚而讓叔姬之妹繼立爲夫人，魯文公許之，因此叔姬被出後，杞、魯兩國的關係仍未斷絕。

（2）烝、報婚〔註869〕

王貴民曰：「古代以直系晚輩淫長輩爲烝，旁系上下輩之間的婚姻爲報。烝、報原是古代的兩個祭名，之所以用在這裡，推測是將要成事時，須向祖先行此祭禮。」〔註870〕在上古時期，人們的倫理觀念十分模糊，故原始群婚狀態中，有血親通婚的情形存在。發展至春秋時代，古風遺俗仍有殘存，因此有烝、報婚制。「烝」之例，如：《左傳・桓公十六年》曰：「衛宣公烝於夷姜，生急子」〔註871〕孔《疏》曰：「晉獻公烝於齊姜，惠公烝於賈君，皆是淫父之妾。知此亦父妾，故云庶母也。成二年傳稱楚莊王以夏姬『予連尹襄老，襄老死，其子黑要烝焉。』淫母而謂之烝，知烝是上淫。」〔註872〕直系晚輩與長輩通婚爲「烝」。當時人們視「烝、報婚」爲正常婚姻，此種婚姻所生之子女亦可爲繼承人或是嫁給大國爲妻。例如：魯閔公二年，「初，惠公之即位也少，齊人使昭伯烝於宣姜，不可，強之。生齊了、戴公、文公、宋桓夫人、許穆夫人。」〔註873〕「報」之例，如：《左傳・宣公三年》記載：鄭文公報鄭子之妃曰陳嬀，生子華、子臧，〔註874〕這是姪報叔母。王貴民曰：

〔註868〕晉・杜預注，唐・孔穎達等正義：《春秋左傳正義》，收入《十三經注疏》（臺北：藝文印書館，2001年12月），頁330。

〔註869〕烝、報婚在《左傳》的記載中只有六例，且當時人已對此種婚姻提出批評，可見這種婚姻並不是符合當時社會道德規範的普遍制度。只是烝、報婚中的女子可以被立爲正妻且其子女並未受到社會歧視，所以這種婚姻雖未經正常婚聘程序，卻仍然構成長期、穩定、公開的婚姻關係，而與「私通」有所區別，故本文仍將「烝、報婚」列入討論。（參考：呂亞虎：〈東周時期烝、報婚現象考辨〉，《人文雜志》（2004年，第6期），頁138～144；李相興：〈《左傳》中烝、報婚的價值定位〉，《學術探索》（2003年第1期），頁287～289；陳延嘉：〈關於《左傳》中的烝、報婚問題〉，《社會科學戰線》（1994年第3期），頁144～147。）。

〔註870〕王貴民：《中國禮俗史》（臺北：文津出版社，1993年7月），頁50。

〔註871〕晉・杜預注，唐・孔穎達等正義：《春秋左傳正義》，收入《十三經注疏》（臺北：藝文印書館，2001年12月），頁128。

〔註872〕晉・杜預注，唐・孔穎達等正義：《春秋左傳正義》，收入《十三經注疏》（臺北：藝文印書館，2001年12月），頁128。

〔註873〕晉・杜預注，唐・孔穎達等正義：《春秋左傳正義》，收入《十三經注疏》（臺北：藝文印書館，2001年12月），頁191。

〔註874〕晉・杜預注，唐・孔穎達等正義：《春秋左傳正義》，收入《十三經注疏》（臺北：藝文印書館，2001年12月），頁368。

> 從民族到宗族都有一種慣例：妻妾在丈夫亡歿後只能在本族內轉
> 房、收繼，免得女人或財產的流失。後世一些邊裔民族中亦多存在。
> 春秋時代雖然流行，但已經是孑遺，而且改變了性質。事例表明，
> 多半出於貴族的貪淫，並不存在人財的流失問題。〔註875〕

這種古老的婚俗遺存在春秋時代雖然存在，卻已是末流且常招致禍亂。有些「烝、報婚」並非出自當事人之意願而是被國人所迫，有些則是來自貴族貪淫的私慾。子產對父奪子婚之事曾加以評論，其言曰：「其為君也，淫而不父。僑聞之：如是者，恒有子禍。」〔註876〕可見當時已有人對此混亂血統關係之婚制提出批評。

（3）自主婚姻

春秋時代，女子地位低下，但仍有人嚮往愛情而自主婚姻。例如：魯莊公納私相割臂盟誓而投奔他的黨氏之女孟任，生下子般，〔註877〕子般一度被立為國君、魯宣公之弟叔肸，也是未經聘禮娶婦而生聲伯。〔註878〕但是自主婚姻之女子不受人們的尊重且婚姻沒有保障。魯成公十一年，孟僖子與邾莊公會盟，時有泉丘人之女帶鄰居女友一同奔於孟僖子，相與盟誓曰：「有子，無相棄也。」〔註879〕因為社會輿論的關係，自奔者之婚姻沒有保障，因此泉丘之女投奔孟僖子時，須與其盟誓曰：「有子，無相棄也」。王貴民曰：「此類奔婚和淫亂不同，都成婚事、生子女，只是不備禮而已。不過，社會觀念限定：來奔的女人身份是妾，不是妻，在家族、家庭中沒有地位，全賴男子的意向。符合宗法要求，生了兒子才算交了好運。」〔註880〕自奔之女子，雖享有婚姻自主權，可以嫁給自己所愛之男子，但是沒有地位，且生下子嗣才能擺脫被遺棄的命運。

另一個女子自擇婚姻的記載見於《左傳·昭公元年》：鄭國徐吾犯之妹，貌美。已受公孫楚之聘，然公孫黑又強行下聘，子產令徐吾犯之妹自擇夫婿。

〔註875〕王貴民：《中國禮俗史》（臺北：文津出版社，1993 年 7 月），頁 51。

〔註876〕晉·杜預注，唐·孔穎達等正義：《春秋左傳正義》，收入《十三經注疏》（臺北：藝文印書館，2001 年 12 月），頁 652。

〔註877〕晉·杜預注，唐·孔穎達等正義：《春秋左傳正義·莊公三十二年》，收入《十三經注疏》（臺北：藝文印書館，2001 年 12 月），頁 181。

〔註878〕晉·杜預注，唐·孔穎達等正義：《春秋左傳正義·成公十一年》，收入《十三經注疏》（臺北：藝文印書館，2001 年 12 月），頁 456。

〔註879〕晉·杜預注，唐·孔穎達等正義：《春秋左傳正義》，收入《十三經注疏》（臺北：藝文印書館，2001 年 12 月），頁 786。

〔註880〕王貴民：《中國禮俗史》（臺北：文津出版社，1993 年 7 月），頁 56。

結果女方選中公孫楚。〔註881〕這段女子擇夫之記載，頗似後代之比武招親，只是後來公孫黑不服，而與公孫楚發生衝突，使這對新婚夫妻被放逐。

3. 婚姻的禁忌

（1）同姓不婚

周代婚制中有「同姓不婚」的規定，因為宗法制度是以男性之血統來計算輩份、確定後嗣，同姓不婚可防止血親通婚，並且避免後嗣輩份混亂。顧炎武曰：「是知禮不娶同姓者，非但妨嫌，亦以戒獨也，故《曲禮》納女於天子曰備百姓。」〔註882〕與外姓聯姻除妨嫌外，還可以擴大親屬範圍，增加家族資源及力量。

周代為避免同姓通婚，異姓之國常為婚姻對象，甚至形成通婚集團，如：周室與齊、齊與魯、秦與晉。異姓之國通婚超過兩、三代，就會產生很密切的血緣關係，故婦稱夫之父母為舅姑，婿稱妻之父母亦然。例如：《禮記·坊記》曰：「昏禮，婿親迎，見於舅姑。舅姑承子以授婿。」〔註883〕婿稱妻之父母為舅姑是出於長期聯姻後的血緣關係。

《左傳》中同姓不婚之記載見於魯昭公元年，晉侯有疾，叔向問於子產，子產曰：「內官不及同姓，其生不殖。美先盡矣，則相生疾，君子是以惡之。故志曰：『買妾不知其姓，則卜之。』違此二者，古之所慎也。男女辨姓，禮之大司也。今君內實有四姬焉，其無乃是也乎？」〔註884〕晉國為姬姓，晉君又有四個姬姓侍妾，故子產推測其病因來自同姓通婚。春秋時代同姓通婚之例很多，但此禁忌依舊為人所重視，因此魯哀公十二年，「夏，五月，昭夫人孟子卒。昭公娶于吳，故不書姓。死不赴，故不稱夫人。不反哭，故不言葬小君。」〔註885〕孟子為魯昭公之夫人，但死後不發訃告、不稱夫人、不反哭、不言葬小君，是因為吳國與魯國同姓，昭公違背「同姓不婚」的原則而娶吳國之女，故不以小君之禮辦孟子之喪事。

〔註881〕晉·杜預注，唐·孔穎達等正義：《春秋左傳正義》，收入《十三經注疏》（臺北：藝文印書館，2001 年 12 月），頁 702～703。

〔註882〕顧炎武：《日知錄》二上（臺北：臺灣商務印書館，1956 年 4 月），頁 2。

〔註883〕漢·鄭玄注，唐·孔穎達等正義：《禮記正義》，收入《十三經注疏》（臺北：藝文印書館，2001 年 12 月），頁 873。

〔註884〕晉·杜預注，唐·孔穎達等正義：《春秋左傳正義》，收入《十三經注疏》（臺北：藝文印書館，2001 年 12 月），頁 707～708。

〔註885〕晉·杜預注，唐·孔穎達等正義：《春秋左傳正義》，收入《十三經注疏》（臺北：藝文印書館，2001 年 12 月），頁 1025。

（2）居喪不婚

「居喪不婚」的原則可避免人情澆薄。無論是親人或配偶去世，在居喪期間若不感到悲傷而急著辦婚事，未免過於冷漠、無情，因此《禮記·內則》曰：女子「十有五年而笄，二十而嫁；有故，二十三年而嫁。」〔註886〕「有故」是指父母去世，爲服三年之喪，二十三歲而嫁。春秋時代，無論男、女居喪皆不議論婚事。魯昭公二年，晉少姜卒。魯昭公三年，齊侯使晏嬰請繼室于晉，叔向答曰：「寡君之願也。寡君不能獨任其社稷之事，未有伉儷，在縗絰之中，是以未敢請。」〔註887〕少姜本非正夫人，故晉君未有伉儷。少姜卒，晉侯在縗絰之中不便求婚，由此亦可知當時有「居喪不婚」的習俗。

喪爲凶事，婚爲喜事，「居喪不婚」的原則還考慮到週遭親人的感受。顧炎武曰：「《傳》曰：『父必三年然後娶，達子之志也。』假令娶於三年之內，將使爲之子者，何服以見？何情以處乎？理有所不可也。」〔註888〕《儀禮·喪服》記載：父親仍在，母親去世，子爲母服杖期，及心喪三年。因爲父爲至尊，父尙在，子不敢伸展個人對母親尊敬之禮，故屈從於父而服喪一年。父親必須在妻子去世三年後，才可以續娶，這是使子女之心喪三年可以表達。假使三年內續娶他人，爲人子者何服以見？何情以處？因此，居喪不婚是先人制禮時合乎人情的考量。

（3）先祖後配

婚禮爲繁衍後嗣、承繼祖業之大事，故諸侯迎娶新娘回國後有告廟之禮，以示敬重祖先。若未告廟而先同居是欺騙祖先，無敬神之心，當時的人認爲：這樣的婚姻將不受祖先福祐，無法蕃育子孫爲善。

《左傳·隱公八年》曰：「四月甲辰，鄭公子忽如陳逆婦嬀。辛亥，以嬀氏歸。甲寅，入于鄭。陳鍼子送女，先配而後祖。鍼子曰：『是不爲夫婦，誣其祖矣。非禮也，何以能育？』」〔註889〕楊伯峻曰：「鄭公子忽率婦返國，當先祭祖廟，報告其迎娶歸來之事，然後同居，乃公子忽先同居而後祭祖。……

〔註886〕漢·鄭玄注，唐·孔穎達等正義：《禮記正義》，收入《十三經注疏》（臺北：藝文印書館，2001 年 12 月），頁 539。

〔註887〕晉·杜預注，唐·孔穎達等正義：《春秋左傳正義》，收入《十三經注疏》（臺北：藝文印書館，2001 年 12 月），頁 722。

〔註888〕顧炎武：《日知錄》（臺北：臺灣商務印書館，1956 年 4 月）一下，頁 97～98。

〔註889〕晉·杜預注，唐·孔穎達等正義：《春秋左傳正義》，收入《十三經注疏》（臺北：藝文印書館，2001 年 12 月），頁 74。

若要名爲夫婦，必須一切依夫婦婚娶之禮而行。公子忽先配後祖，違背禮節，因此難以謂之夫婦。」〔註890〕婚禮中，「三月告廟」是非常重要的禮儀，這個儀式不僅代表爲人子者對先祖的尊敬，更有考察新婦德行、謹愼擇婦的意義，因此，鄭公子忽先配後祖，已成夫婦後才祭告祖先，不但違背禮節而且欺瞞祖先，所以陳鍼子譏之曰：非禮也！

三、脤膰賀慶之禮

（一）脤膰之禮

　　《周禮・春官・人宗伯》曰：「以脤膰之禮親兄弟之國。」〔註891〕兄弟之國即同姓諸侯。周與魯、衛、晉、鄭等國皆姓姬，故天子於四時祭祀後，賜祭肉給同姓諸侯使其同受福祿。賈《疏》曰：「脤是社稷之肉，膰是宗廟之肉。」〔註892〕《公羊傳・定公十四年》：「《經》曰：天王使石尙來歸脤。《傳》曰：石尙者何？天子之士也。脤者何？俎實也。腥曰脤，熟曰膰。」〔註893〕脤爲祭社稷生肉，膰爲祭宗廟之熟肉。祭社稷用生肉應是上古社稷血食觀念的遺留，故用生肉；宗廟所祭爲先祖，故用熟肉。

　　古代出兵前須祭社，祭畢以社肉分賜諸人，以示同受福祐，謂之受脤。《左傳・閔公二年》曰：「帥師者，受命於廟，受脤於社，有常服矣。」〔註894〕魯成公十三年，魯成公及諸侯朝見周天子，遂從劉康公、成肅公會晉侯伐秦。「成子受脤于社，不敬。劉子曰：『……國之大事，在祀與戎。祀有執膰，戎有受脤，神之大節也。今成子惰，棄其命矣，其不反乎！』」〔註895〕無論是受脤或執膰皆是透過祭肉與鬼神交際之大節，接受者應恭敬、謙卑才能受到福佑，成肅公惰，故劉子預測其將不反。

〔註890〕楊伯峻：《春秋左傳注》（臺北：漢京文化事業，1987年1月）一，頁59。

〔註891〕漢・鄭玄注，唐・賈公彥疏：《周禮注疏》，收入《十三經注疏》（臺北：藝文印書館，2001年12月）頁278。

〔註892〕漢・鄭玄注，唐・賈公彥疏：《周禮注疏》，收入《十三經注疏》（臺北：藝文印書館，2001年12月），頁278。

〔註893〕漢・何休注，唐・徐彥疏：《春秋公羊傳注疏》，收入《十三經注疏》（臺北：藝文印書館，2001年12月），頁833～834。

〔註894〕晉・杜預注，唐・孔穎達等正義：《春秋左傳正義》，收入《十三經注疏》（臺北：藝文印書館，2001年12月），頁192～193。

〔註895〕晉・杜預注，唐・孔穎達等正義：《春秋左傳正義》，收入《十三經注疏》（臺北：藝文印書館，2001年12月），頁460。

在古代，臣子接受國君祭祀之肉稱爲「受脈」，臣子祭祀後將祭肉獻給國君稱爲「歸脈」。如：《左傳·昭公十六年》子產言孔張：「立於朝而祀於家，有祿於國，有賦於軍，喪、祭有職，受脈、歸脈。其祭在廟，已有著位。」〔註896〕《禮記·祭法》言：「諸侯自爲立社曰侯社，大夫以下成羣立社曰置社。」〔註897〕故大夫亦有其社，祭社後歸肉於公，是爲歸脈。依禮，臣子祭祀後皆會將祭肉獻給君王，非限於祭社。如：魯僖公四年，「姬謂大子曰：『君夢齊姜，必速祭之！』大子祭于曲沃，歸胙于公。」〔註898〕胙爲祭肉，大子祭齊姜故「歸胙于公」。將祭肉送給國君，一樣有同受福佑之意。

「脈膰」原爲親同姓諸侯之禮，不以賜異姓，但春秋時代二王之後以及異姓有功者亦得脈膰之賜。其中，宋國爲殷商的後代，地位十分特殊，故周天子祭宗廟後，亦會賜祭肉給宋國。《左傳·僖公二十四年》曰：「宋，先代之後也，於周爲客，天子有事，膰焉；有喪，拜焉。」〔註899〕宋國因承繼殷商的血統而被周朝視爲賓客，周天子以敵體待之，故「有事，膰焉；有喪，拜焉」。另一個異姓諸侯接受賜胙的例子見於《左傳·僖公九年》：葵丘之盟，「王使宰孔賜齊侯胙，曰：『天子有事于文、武，使孔賜伯舅胙。』」〔註900〕當時齊國強大，能號令諸侯，且有功於王室，故天子尊之，將其等同兄弟之國而賜胙。

天子賜胙給諸侯，諸侯祭祀後，亦致胙於卿大夫。魯昭公二十七年，「楚郤宛之難，國言未已，進胙者莫不謗令尹。」〔註901〕「進胙者」爲祭祀後分致眾人膰肉者。膰肉須平均分配給參與祭祀之臣子，否則會被視爲無禮。《孟子·告子下》曰：「孔子爲魯司寇，不用；從而祭，燔肉不至。不稅冕而行。」〔註902〕孔子擔任魯國司寇，不受到重用。跟隨國君祭祀，祭後膰肉不至，孔

〔註896〕晉·杜預注，唐·孔穎達等正義：《春秋左傳正義》，收入《十三經注疏》（臺北：藝文印書館，2001年12月），頁826～827。

〔註897〕漢·鄭玄注，唐·孔穎達等正義：《禮記正義》，收入《十三經注疏》（臺北：藝文印書館，2001年12月），頁801。

〔註898〕晉·杜預注，唐·孔穎達等正義：《春秋左傳正義》，收入《十三經注疏》（臺北：藝文印書館，2001年12月），頁204。

〔註899〕晉·杜預注，唐·孔穎達等正義：《春秋左傳正義》，收入《十三經注疏》（臺北：藝文印書館，2001年12月），頁258。

〔註900〕晉·杜預注，唐·孔穎達等正義：《春秋左傳正義》，收入《十三經注疏》（臺北：藝文印書館，2001年12月），頁218。

〔註901〕晉·杜預注，唐·孔穎達等正義：《春秋左傳正義》，收入《十三經注疏》（臺北：藝文印書館，2001年12月），頁909。

〔註902〕漢·趙岐注，宋·孫奭疏：《孟子注疏》，收入《十三經注疏》（臺北：藝文印

子受此無禮對待，不稅冕而行。

分送祭肉以及食用祭肉皆有一定期限。《論語・鄉黨》曰：「祭於公，不宿肉。祭肉不出三日，出三日，不食之矣。」〔註903〕邢昺《疏》曰：「『祭於公，不宿肉』者，謂助祭於君，所得牲體，歸則班賜，不留神惠經宿也。『祭肉不出三日，出三日，不食之矣』者，謂自其家祭，肉過三日不食，是褻慢鬼神之餘也。」〔註904〕祭祀之牲體當天便分送給人，不待隔日，因爲祭肉爲鬼神之餘，當天分送有不留神惠之意。分得的祭肉不留超過三天，超過三天，肉不新鮮不能食用，就是褻慢鬼神之餘。

（二）賀慶之禮

《周禮・春官・大宗伯》曰：「以賀慶之禮親異姓之國。」〔註905〕諸侯國有可慶賀之喜事，王使人以物賀慶之，《周禮》舉異姓之國以包同姓之國。春秋時代，賀慶之禮大多是小國攜帶禮物前往大國祝賀。大國有喜事時，前往祝賀之國家越多顯示其國際地位越高、外交實力越強。故大國常威逼小國前來賀慶，小國不至，則率兵攻打，以示懲罰。例如：魯昭公七年，楚靈王建章華之臺，希望諸侯來參加落成典禮。楚國太宰薳啓彊對魯昭公曰：「今君若步玉趾，辱見寡君，寵靈楚國，以信蜀之役，致君之嘉惠，是寡君既受貺矣，何蜀之敢望？其先君鬼神實嘉賴之，豈唯寡君？君若不來，使臣請問行期，寡君將承質幣而見于蜀，以請先君之貺。」〔註906〕薳啓彊用軍事征伐威逼魯國，昭公只好前往祝賀。章華之臺落成，楚國只召來魯君觀禮，顯示出楚國在國際外交上之孤立以及不得人心。事實上，中原大國有可慶賀之事，週圍的小國都會主動前來拜賀，若大國有喜事，小國不賀，會被視爲無禮而遭受懲罰。例如：魯莊公十年，「齊侯之出也，過譚，譚不禮焉。及其入也，諸侯皆賀，譚又不至。多，齊師滅譚，譚無禮也。」〔註907〕譚國因

書館，2001 年 12 月），頁 214。

〔註903〕魏・何晏等注，宋・邢昺疏：《論語注疏》，收入《十三經注疏》（臺北：藝文印書館，2001 年 12 月），頁 89。

〔註904〕魏・何晏等注，宋・邢昺疏：《論語注疏》，收入《十三經注疏》（臺北：藝文印書館，2001 年 12 月），頁 90。

〔註905〕漢・鄭玄注，唐・賈公彥疏：《周禮注疏》，收入《十三經注疏》（臺北：藝文印書館，2001 年 12 月），頁 278。

〔註906〕晉・杜預注，唐・孔穎達等正義：《春秋左傳正義》，收入《十三經注疏》（臺北：藝文印書館，2001 年 12 月），頁 760。

〔註907〕晉・杜預注，唐・孔穎達等正義：《春秋左傳正義》，收入《十三經注疏》（臺

為之前齊侯逃亡時未加禮遇，齊侯即位時又未祝賀而被齊所滅。

依照《左傳》之記載，在諸侯賀慶之禮前，有喜事之國會有告慶之禮。例如：魯成公二年，「晉侯使鞏朔獻齊捷于周。……王使委於三吏，禮之如侯伯克敵使大夫告慶之禮，降於卿禮一等。」〔註 908〕可見當時諸侯克敵可以向天子告慶。又如：魯哀公元年，「吳王夫差敗越于夫椒，報檇李也。遂入越。……吳入越，不書，吳不告慶、越不告敗也。」〔註 909〕春秋時代，若有諸侯克敵後，遣使來「告慶」，則書於史書上。告慶之禮的過程未見記載，不知其內容。魯文公十一年，「襄仲聘于宋，且言司城蕩意諸而復之。因賀楚師之不害也。」〔註 910〕魯國上卿襄仲至宋國聘問，同時請求宋國能讓司城蕩意諸復位。此次聘問還恭賀宋國未受到楚國攻打的戰禍。

《左傳》之中，諸侯祝賀周天子之記載，僅見於魯襄公二十四年，「齊人城郟。穆叔如周聘，且賀城。」〔註 911〕郟地之城為齊人為周天子所建，所以魯國穆叔至成周聘問，同時祝賀築城完工。其它賀慶之禮的對象大多為晉國，如：魯成公十年，「冬，季文子如晉，賀遷也。」〔註 912〕這是祝賀晉國遷都新田、又如：魯昭公三年，「秋，七月，鄭罕虎如晉，賀夫人。」〔註 913〕這是拜賀晉平公娶夫人。以及，魯昭公八年，「叔弓如晉，賀虒祁也。游吉相鄭伯以如晉，亦賀虒祁也。史趙見子大叔，曰：『甚哉其相蒙也！可弔也，而又賀之。』子大叔曰：『若何弔也？其非唯我賀，將天下實賀。』」〔註 914〕晉侯興建虒祁之宮，耗盡財力、民不聊生。但是宮殿完工，小國不敢不前來祝賀。史趙認

北：藝文印書館，2001 年 12 月），頁 147。

〔註 908〕晉‧杜預注，唐‧孔穎達等正義：《春秋左傳正義》，收入《十三經注疏》（臺北：藝文印書館，2001 年 12 月），頁 431。

〔註 909〕晉‧杜預注，唐‧孔穎達等正義：《春秋左傳正義》，收入《十三經注疏》（臺北：藝文印書館，2001 年 12 月），頁 990～992。

〔註 910〕晉‧杜預注，唐‧孔穎達等正義：《春秋左傳正義》，收入《十三經注疏》（臺北：藝文印書館，2001 年 12 月），頁 328。

〔註 911〕晉‧杜預注，唐‧孔穎達等正義：《春秋左傳正義》，收入《十三經注疏》（臺北：藝文印書館，2001 年 12 月），頁 611。

〔註 912〕晉‧杜預注，唐‧孔穎達等正義：《春秋左傳正義》，收入《十三經注疏》（臺北：藝文印書館，2001 年 12 月），頁 442。

〔註 913〕晉‧杜預注，唐‧孔穎達等正義：《春秋左傳正義》，收入《十三經注疏》（臺北：藝文印書館，2001 年 12 月），頁 725。

〔註 914〕晉‧杜預注，唐‧孔穎達等正義：《春秋左傳正義》，收入《十三經注疏》（臺北：藝文印書館，2001 年 12 月），頁 769。

為大興土木導致民怨實是可弔之事，諸侯前來祝賀是相當諷刺的事。游吉的回答暗示：晉侯窮奢極欲以至諸侯叛離的地步。

　　賀慶之禮所祝賀之事大概分為軍事、婚姻、國君即位以及建築物落成。小國賀慶時須攜帶財貨，在人力、物力上都造成很大的負擔。春秋末年，中原地區各諸侯國賀慶之對象大多是晉國，但晉侯放縱私欲、驕奢自大導致天怒民怨，各諸侯國雖不敢表露不滿，但內心都充滿怨憤。賀慶之禮發展至此，已非制禮者「親異姓之國」的原意，而是大國勒索小國的眾多名目之一。

第五章 結 論

　　中國素有禮儀之邦的美稱，禮在中國文化中，佔有十分重要的地位。《禮記・曲禮上》曰：

> 道德仁義，非禮不成；教訓正俗，非禮不備；分爭辨訟，非禮不決；
> 君臣上下、父子兄弟，非禮不定；宦學事師，非禮不親；班朝治軍、
> 涖官行法，非禮威嚴不行；禱祠祭祀、供給鬼神，非禮不誠不莊，
> 是以君子恭敬撙節退讓以明禮。〔註1〕

先秦時期，「禮」與「法」相通。「禮」，是人們立身、行事的準則，具有區分階級、教化人心的功用。古人透過禮來實踐道德仁義、移風易俗、分辨曲直，以及確認尊卑、上下的關係，在繁瑣的儀節中，人們以恭敬、謙讓的態度來學習禮儀、熟悉禮儀，也逐漸被禮儀薰陶而提昇道德涵養。《禮記・王制》篇記載：天子巡守，「命典禮，考時月、定日、同律、禮樂、制度、衣服、正之。山川神祇有不舉者爲不敬，不敬者君削以地；宗廟有不順者爲不孝，不孝者，君絀以爵；變禮易樂者爲不從，不從者君流；革制度衣服者爲畔，畔者君討。」〔註2〕因此，周代禮儀的制定是爲了管理諸侯、成就王業、維持宗法封建制度的運行，但其根源則來自先民在自然環境中摸索出來的生活準則以及人們心中對合宜行爲的渴望。

　　春秋時代，人們已十分重視禮在形式與精神上的區別，不僅對行禮時的

〔註1〕 漢・鄭玄注，唐・孔穎達等正義：《禮記正義》，收入《十三經注疏》（臺北：藝文印書館，2001 年 12 月），頁 14～15。
〔註2〕 漢・鄭玄注，唐・孔穎達等正義：《禮記正義》，收入《十三經注疏》（臺北：藝文印書館，2001 年 12 月），頁 226。

動作、態度有所要求，更看重行禮者的精神內涵。眞正精通禮儀者，必須熟悉儀節、動儀、情感皆合於法度，且能忠於職份，發揮禮儀的最大功用才算是知禮。先秦時期的禮儀十分繁雜，依照尊卑、姓別之不同，規定亦有不同，人們希望透過禮儀建構出彼此尊重、親密、和諧的群己關係，因此在動儀、禮容、禮辭及器物上都有詳細的規定。禮在社會上的作用，大體不出「君臣、父子、夫婦、兄弟、朋友」這五倫的範圍，《左傳》對五倫的記載，以「君臣」關係最爲重要，其它四倫與此相衝突時，往往以「君臣」關係爲重。君臣關係是父子關係的延伸，君王對臣子須誠信體恤、賞罰分明，臣子對君王則必須絕對服從、堅守職份。《左傳》記載的父子關係除了血脈相連的親密感情外，又兼有傳承官職、繼承宗廟的責任，因此父親對兒子的倫理親情常伴隨著繼志述事與延續宗族的期待。夫妻關係首重分工，「男主外，女主內」，相互扶持。兄弟和朋友則須彼此尊重、互相勉勵。五倫中，除「兄弟」和「朋友」地位較平等外，其它三倫皆有上下、尊卑之關係，透過在下位者對長上的恭敬服從，政治上的階級關係才得以確立，倫理關係才不致混亂。

在五禮之中，《左傳》記載的吉禮反映出春秋時代的人們對自然之觀察以及天人相應的原始思惟。古人觀察自然之變化以預測災難、透過祭祀來淨化心靈，並且對週遭環境中無形的力量傳達感激之情。凶禮則爲哀悼死亡、救助災難之禮，這些禮儀展現當時國際救援的機制以及人們尊重死者、安慰生者的心意。賓禮爲外交禮儀，無論是大國或小國皆須運用賓禮來締結同盟、協調糾紛、爲自己的國家爭取更大的生存空間。軍禮爲國防之禮，舉凡國防、戶政、經濟、建設皆與軍禮相關，春秋時代的軍禮顯現出古人對軍力及道德禮義同樣重視，因此兵力強大的國家還必須遵守禮儀才能使其它國家信服。嘉禮爲喜慶相歡之禮，內容非常龐雜，古人將倫理規範與社會責任融入嘉禮之中，對參與者寄予最深的祝福。

《左傳》對五禮的記載相當詳細，且全書常以「禮也」、「非禮也」評斷人、事，呈現出以禮爲中心的價值觀。但是，春秋時代，王室衰微，諸侯相爭，僭越禮法之事，層出不窮。〔註3〕再加上周代儀節過於繁複，許多大臣都

〔註3〕 大夫僭用諸侯之禮者，如：魯成公二年，新築人仲叔于奚救孫桓子，桓子是以免。既，衛人賞之以邑，辭，請曲縣、繁纓以朝。許之。（漢·鄭玄注，唐·孔穎達等正義：《禮記正義》，收入《十三經注疏》（臺北：藝文印書館，2001年12月），頁422。）；諸侯僭用天子之禮者，如：魯成二年，八月，宋文公卒，始厚葬，用蜃炭，益車馬，始用殉，重器備。槨有四阿，棺有翰、檜。（漢·

不能通曉。例如：魯宣公十六年，「晉侯使士會平王室，定王享之。原襄公相禮。殽烝。武季私問其故。王聞之，召武子曰：『季氏！而弗聞乎？王享有體薦，宴有折俎。公當享，卿當宴。王室之禮也。』武子歸而講求典禮，以修晉國之法。」〔註4〕晉國的士會爲大國之卿大夫，卻對宴會中的「殽烝」不明白，而私問其故。可見當時諸侯國已喪失部份禮儀制度，許多大臣都無法熟知禮節。其它如：賓射之禮〔註5〕、郊勞之禮〔註6〕甚至燕饗賦詩等活動〔註7〕也逐漸不爲人所知。在這樣一個動蕩不安的時代裡，廣大的人民在殘暴的統治下過著痛苦不堪的生活。許多偉大的政治家如：魯國臧文仲、齊國晏嬰、鄭國子產等人，莫不貢獻心力、革新政治，以求改善人民的生活。《左傳》對禮的高度重視，傳達出亂世中的人們對安頓身心的渴望，他們將「周禮」視爲理想的藍圖，希望透過禮儀來挽救時弊、淨化人心。

　　禮儀的演變是一種流動的過程，許多古老的儀式在不斷傳承中改變或消失，又有許多新的禮儀因應時代需求而產生。《左傳》詳細記載當時的各種禮儀，爲我們留下極爲珍貴的文化遺產，部份傳統的儀式今日依然存在，但是禁錮在儀式下的精神底蘊卻常被人們忽略。《左傳》談論的各種禮儀，帶領我們回顧中華文化的根源，透過古人的視野，讓我們深刻體會到家族中生命與生命緊密相連的關係，以及人對群體的責任。古人順應自然的脈動行事，無論是婚禮、喪禮、築城、田獵，甚至是醫藥與音樂都與天地運行的節奏相合。當生命融入自然之中，個體不再是孤獨的存在，人類心靈深處由然而生的尊

鄭玄注，唐・孔穎達等正義：《禮記正義》，收入《十三經注疏》（臺北：藝文印書館，2001年12月），頁427。）。

〔註4〕　晉・杜預注，唐・孔穎達等正義：《春秋左傳正義》，收入《十三經注疏》（臺北：藝文印書館，2001年12月），頁410～411。

〔註5〕　魯襄公二十九年，魯襄公享范獻子，行賓射之禮，結果「公臣不足，取於家臣。」（晉・杜預注，唐・孔穎達等正義：《春秋左傳正義》，收入《十三經注疏》（臺北：藝文印書館，2001年12月），頁667。）。

〔註6〕　魯昭公七年，三月，公如楚。鄭伯勞于師之梁。孟僖子爲介，不能相儀。及楚，不能答郊勞。（晉・杜預注，唐・孔穎達等正義：《春秋左傳正義》，收入《十三經注疏》（臺北：藝文印書館，2001年12月），頁760～761。）。

〔註7〕　根據筆者的統計：在《左傳》記載中，春秋時代以魯襄公及魯昭公時引詩最多，其中襄公時引詩共七十八首，昭公時引詩共七十首，佔《左傳》引詩數量之一半以上，這兩個朝代應爲朝聘引詩風氣最盛之時代，也是春秋時魯國貴族階層文化涵養較高之時代。昭公二十五年之後，即無燕饗賦詩之記載，亦可據此推斷出春秋時代引詩賦詩之風大約消失於此時。

重與感激就是最原始的信仰。探究古禮中豐富而深刻的文化意義讓我們明白制禮者闡揚道德、敦厚民情的深刻用心；發現古今禮儀之差異，更提醒我們應轉換觀點，以開放的心靈，去體認不同時空背景下這些禮儀存在的意義。西方學者弗雷澤（Frazer，J.G.）曾說：

> 我們是站在前人建立的基礎之上的……人類付出長期的、痛苦的努力才達到我們現在所具有的水平。……一個時代對於新知識積累的總和所貢獻的數量是很小的，更不用說一個人，所能增添的數量了。忽視那些大量積累起來的知識，吹噓我們自己可能增加上去的點滴知識，這種做法除了不知感恩之外，還暴露出愚蠢或不誠實。〔註8〕

在科技發達、醫藥進步的現代，人類的壽命不斷延長，生命的品質卻沒有相對提昇。在快速進步、時刻競爭的時代裡，人們變得冷漠而現實，離婚率居高不下、因焦慮或憂鬱而生病的人口也逐漸增多，面對淡漠疏離的人際關係，或許我們該重新思索古禮的意義，從中發掘出對社會大眾有長遠助益的道理和情義。

〔註8〕 弗雷澤（Frazer，J.G.），汪培基譯：《金枝》（The Golden Bough）（上）（臺北：桂冠圖書公司，2004 年 5 月），頁 394～395。

徵引文獻

一、古籍專書

1. 《春秋左傳正義》，晉・杜預注，唐・孔穎達等正義，《十三經注疏》，臺北：藝文印書館。
2. 《春秋左傳詁》，清・洪亮吉，《續經解春秋類彙編》，臺北：藝文印書館。
3. 《左氏春秋考證》，清・劉逢祿，《皇清經解本》，臺北：藝文印書館。
4. 《周禮注疏》，漢・鄭玄注，唐・賈公彥疏，《十三經注疏》，臺北：藝文印書館。
5. 《儀禮注疏》，漢・鄭玄注，唐・賈公彥疏，《十三經注疏》，臺北：藝文印書館。
6. 《禮記正義》，漢・鄭玄注，唐・孔穎達等正義，《十三經注疏》，臺北：藝文印書館。
7. 《儀禮喪服馬王注》，漢・馬融、王肅《百部叢書集成・問經堂叢書》，臺北：藝文印書館。
8. 《儀禮經傳通解》，宋・朱熹，《文淵閣四庫全書》，臺北：商務印書館。
9. 《讀禮通考》，清・徐乾學，《文淵閣四庫全書》，臺北：商務印書館。
10. 《大戴禮記解詁》，清・王聘珍，北京：中華書局。
11. 《五禮通考》，清・秦蕙田，臺北：聖環出版社。
12. 《禮記集解》，清・孫希旦，沈嘯寰、王星賢點校，臺北：文史哲出版社。
13. 《儀禮正義》，清・胡培翬撰，段熙仲點校，上海：江蘇古籍出版社。
14. 《儀禮通論》，清・姚際恆著，陳祖武點校，北京：中國社會科學出版社。
15. 《春秋公羊傳注疏》，漢・何休注，唐・徐彥疏，《十三經注疏》，臺北：藝文印書館。

16. 《春秋穀梁傳注疏》，晉・范甯集解，唐・楊士勛疏，《十三經注疏》，臺北：藝文印書館。

17. 《周易正義》，魏・王弼、韓康伯注，唐・孔穎達等正義，《十三經注疏》，臺北：藝文印書館。

18. 《論語注疏》，魏・何晏等注，宋・邢昺疏，《十三經注疏》，臺北：藝文印書館。

19. 《孟子注疏》，漢・趙岐注，宋・孫奭疏，《十三經注疏》，臺北：藝文印書館。

20. 《爾雅》，晉・郭璞注，宋邢昺疏，《十三經注疏》，臺北：藝文印書館。

21. 《論語集解義疏》，魏・何晏集解，梁・皇侃義疏，臺北：藝文印書館。

22. 《尚書正義》，漢・孔安國傳，唐・孔穎達等正義，《十三經注疏》，臺北：藝文印書館。

23. 《毛詩正義》，漢・毛亨傳，漢・鄭玄箋，唐・孔穎達等正義，《十三經注疏》，臺北：藝文印書館。

24. 《文淵閣四庫全書》，清・永瑢、紀昀等撰，據國立故宮博物院藏本影印，臺北：臺灣商務印書館。

25. 《經義考》，清・朱彝尊，《四部備要》，臺北：中華書局。

26. 《經義述聞等三種》，清・王引之等，《國學名著珍本彙刊》，臺北：中華書局。

27. 《天聖明道本國語》，（嘉慶庚申讀未見書齋重雕），三國・韋昭註，臺北：藝文印書館。

28. 《史記會注考證》，瀧川龜太郎著，台北：文史哲出版社。

29. 《漢書》，漢・班固撰，唐・顏師古注，北京：中華書局。

30. 《說文解字》，漢・許慎著，清・段玉裁注，臺北：萬卷樓圖書公司。

31. 《荀子集解》，清・王先謙集解，臺北：藝文印書館。

32. 《墨子閒詁》，清・孫詒讓撰，臺北：河洛圖書出版社。

33. 《呂氏春秋》，秦・呂不韋輯，清・畢沅輯校，北京：中華書局。

34. 《淮南子集釋》，漢・高誘注，何寧點校，北京：中華書局。

35. 《四書集註》，宋・朱熹註，臺北：學海出版社。

36. 《古今偽書考》，清・姚際恆，臺北：開明書局。

37. 《日知錄》，清・顧炎武著，臺北：臺灣商務印書館。

38. 《全上古三代秦漢三國六朝文》，清・嚴可均校輯，北京：中華書局。

39. 《左傳會箋》，（日）竹添光鴻箋，臺北：天工書局。

40. 《經學歷史》，清・皮錫瑞，臺北：藝文印書館。

41. 《古書真偽及其年代》，清·梁啓超著，臺北：中華書局。

二、現代專書

（一）國內著作

1. 《兩漢經學今古文平議》，錢穆著，香港：新亞研究所，1958 年 8 月。
2. 《中國藝術精神》，徐復觀著，臺北：臺灣學生書局，1966 年 2 月。
3. 《中國人性論史——先秦篇》，徐復觀著，臺北：臺灣商務印書館，1969 年 1 月。
4. 《偽書通考》，張心澂著，臺北：宏業書局，1970 年 6 月。
5. 《周禮賦稅考》，林耀曾著，臺北：學海出版社，1977 年 9 月。
6. 《中國經學史的基礎》，徐復觀著，臺北：臺灣學生書局，1982 年 5 月。
7. 《春秋左傳注》，楊伯峻著，臺北：漢京文化事業，1984 年 1 月。
8. 《續偽書通考》，鄭良樹著，臺北：臺灣學生書局，1984 年 6 月。
9. 《周禮研究》，侯家駒著，臺北：聯經出版社，1987 年 6 月。
10. 《中國婚俗》，吳存浩著，山東：人民出版社，1987 年 9 月。
11. 《士與中國文化》，余英時著，上海：人民出版社，1987 年 12 月。
12. 《殷虛卜辭綜述》，陳夢家著，北京：中華書局，1988 年 1 月。
13. 《中國婚姻習俗之研究》，阮昌銳著，臺北：臺灣省立博物館出版，1989 年 5 月。
14. 《姓名與社會生活》，金良年著，臺北：文津出版社，1989 年 12 月。
15. 《中國人的性格》，李亦園／楊國樞著，臺北：桂冠圖書公司，1990 年 3 月。
16. 《先秦兩漢冥界及神仙思想探原》，蕭登福著，臺北：文津出版社，1990 年 8 月。
17. 《古史論集》，金景芳著，長春：吉林大學出版社，1991 年 7 月。
18. 《從左傳論春秋時代之政治倫理》，李新霖著，臺北：文津出版社，1991 年 8 月。
19. 《中國喪葬禮俗》，徐吉軍／賀云翔著，浙江：人民出版社，1991 年 10 月。
20. 《中國古代氣象史稿》，謝世俊著，四川：重慶出版社，1992 年 7 月。
21. 《中國古禮研究》，鄒昌林著，臺北：文津出版社，1992 年 9 月。
22. 《文化的圖像——文化發展的人類學探討》，李亦園著，臺北：允晨文化出版社，1992 年 11 月。
23. 《中國禮俗史》，王貴民著，臺北：文津出版社，1993 年 7 月。

24. 《周代禮俗研究》，常金倉著，臺北：文津出版社，1993 年 2 月。

25. 《周代祭祀研究》，張鶴泉著，臺北：文津出版社，1993 年 5 月。

26. 《墓葬與生死——中國古代宗教之省思》，蒲慕州著，臺北：聯經出版社，1993 年 6 月。

27. 《中國婚姻史》，蘇冰／魏林著，臺北：文津出版社，1994 年 4 月。

28. 《西漢經學源流》，王葆玹著，臺北：東大圖書公司，1994 年 6 月。

29. 《周禮夏官的軍禮思想》，鄭定國著，臺北：文史哲出版社，1995 年 9 月。

30. 《周禮今註今譯》，林尹註譯，臺北：臺灣商務印書館，1997 年 6 月。

31. 《古代祭禮中之政教觀》，林素英著，臺北：文津出版社，1997 年 9 月。

32. 《中國古代社會——文字與人類學的透視》，許進雄著，臺北：臺灣商務印書館，1998 年 11 月。

33. 《西周史》，楊寬著，臺北：商務印書館 1999 年 4 月。

34. 《左傳學論集》，單周堯著，臺北：文史哲出版社，2000 年 2 月。

35. 《喪服制度的文化意義——以《儀禮·喪服》爲討論中心》，林素英著，臺北：文津出版社，2000 年 10 月。

36. 《中國經學史》，馬宗霍著，臺北：臺灣商務印書館，2000 年 11 月。

37. 《語用學與《左傳》外交賦詩》，陳致宏著，臺北：萬卷樓圖書公司，2000 年 12 月。

38. 《十三經注疏分段標點》，周何等編，臺北：新文豐出版社，2001 年 6 月。

39. 《中國古代禮俗》，王煒民著，臺北：臺灣商務印書館，2001 年 6 月。

40. 《追尋中華古代文明的蹤跡——李學勤先生學術活動五十年紀念文集》，文集編委會主編，上海：復旦大學出版社，2002 年 9 月。

41. 《中國青銅時代》，張光直著，臺北：聯經出版社，2002 年 9 月。

42. 《郭沫若全集》，郭沫若著作編輯出版委員會編，北京：科學出版社，2002 年 10 月。

43. 《皇權、禮儀與經典詮釋：中國古代政治史研究》，甘懷眞著，臺北：喜馬拉雅基金會，2003 年 2 月。

44. 《追尋與傳釋——左繡對左傳的接受》，蔡妙眞著，臺北：萬卷樓圖書公司，2003 年 8 月。

45. 《中國上下五千年——婚姻與民俗》，黃瑋玲著，臺北：棉花田出版社，2003 年 8 月。

46. 《中國古代禮儀文明》，彭林著，北京：中華書局，2004 年 1 月。

47. 《儒學與中國宗教傳統》，陳詠明著，臺北：臺灣商務印書館，2004 年 1 月。

48. 《詩經之經義與文學述論》，江師乾益著，臺北：文史哲出版社，2004 年 2 月。

49. 《擇吉與中國文化》，劉道超著，北京：人民出版社，2004 年 7 月。

50. 《左傳詳解詞典》，陳克炯著，鄭州：中州古籍出版社，2004 年 9 月。

51. 《圖說春秋戰國》，龔書鐸、劉德麟主編，臺北：鳳凰出版社，2006 年 11 月。

（二）西文著作

1. 《禮物：舊社會中交換的形式與功能》，（The Gift: Forms and Functions of Exchange in Arahic Societies）牟斯（Marcel Mauss）著，汪珍宜／何翠萍譯，臺北：遠流出版社，1989 年 7 月。

2. 《文化人類學》，（Cultural Anthropology A Contemporary Perspective）基辛（R．Keesinz）著，張恭啟／于嘉雲譯，臺北：巨流圖書公司，1992 年 6 月。

3. 《宗教生活的基本形式》，（The Elementary Forms of the Religious Life）涂爾幹（Emile Durkheim）著，芮傳明、趙學元譯，臺北：桂冠出版社，1992 年 9 月。

4. 《圖騰與禁忌》，（Totem and Taboo）佛洛伊德（Freud Sigmund）著 楊庸一譯 臺北：志文出版社，2000 年 6 月。

5. 《原始思維》，（《Первобытное мышление》，Под редакцией проф・В・К・Никольского и А・В・Киссина，Атеист，Москва，1930г・）路先・列維－布留爾（Lucién Lévy-Brühl）著，丁由譯，臺北：臺灣商務印書館，2001 年 2 月。

6. 《金枝》，（The Golden Bough：A Study in Magic and Religion）弗雷澤（J.G.Frazer）著，汪培基譯，臺北：桂冠圖書公司，2004 年 5 月。

三、期刊論文

1. 楊樹森：〈焚巫・祭月・祈雨──《詩・月出》新探〉，《吉林大學社會科學學報》第 1 期（1994 年）。

2. 金景芳：〈古籍考辨四題〉，《歷史研究》第 1 期（1994 年）。

3. 晁福林：〈試論春秋時期的社神與社祭〉，《齊魯學刊》第 2 期（1995 年）。

4. 張星德：〈紅山文化女神之性質及地位考〉，《遼海文物學刊》第 2 期（1995 年）。

5. 金景芳：〈談禮〉，《歷史研究》第 6 期（1996 年）。

6. 吳存浩：〈西周時代葬俗試論〉，《民俗研究》總第 42 期（1997 年第 2 期）。

7. 蕭安富:〈東周秦漢時期的懼刑心理及其對喪葬習俗的影響〉,《中華文化論壇》第 4 期（1998 年）。

8. 鄭慧生:〈中國古代的喪葬制度〉,《許昌師專學報》（社會科學版）第 17 卷第 2 期（1998 年第 2 期）。

9. 陳采勤:〈試論《周禮》的荒政制度〉,《學術月刊》第 2 期（1998 年）。

10. 葛志毅:〈周代凶禮管窺〉,《中華文化論壇》第 2 期（1999 年）。

11. 王世舜:〈略論《尚書》的整理與研究〉,《聊城師範學院學報》（哲學社會科學版）第 1 期（2000 年）。

12. 徐杰令:〈春秋戰爭禮考論〉,《東北師大學報》（哲學社會科學版）第 2 期,（2000 年總第 184 期）。

13. 陳蒲清:〈《尚書·洪範》作于周朝初年考〉,《湖南師範大學社會科學學報》第 32 卷第 1 期,（2003 年 1 月）。

14. 王連龍:〈近二十年來《尚書》研究綜述〉,《吉林師範大學學報》（人文社會科學版）第 5 期,（2003 年 10 月）。

15. 張高評:〈臺灣近五十年來春秋經傳研究綜述（下）〉,《漢學研究通訊》23 卷 3 期（總 91 期）（2004 年 8 月）。

16. 霍然:〈論殷商風與祭祀樂舞的文化底蘊〉,《殷都學刊》第 4 期（2004 年 9 月）。

17. 張高評:〈臺灣近五十年來春秋經傳研究綜述（下）〉,《漢學研究通訊》23 卷 4 期（總 92 期）（2004 年 11 月）。

18. 沈長雲、李晶:〈春秋官制與《周禮》比較研究——《周禮》成書年代再探討〉,《歷史研究》第 6 期（2004 年）。

19. 陳高志:〈《左傳》與軍禮〉,《內湖高工學報》,（2005 年 4 月）。

20. 黃永堂:〈試論先秦農業祭祀〉,《貴州文史叢刊》第 4 期（2005 年）。

21. 徐子峰:〈新石器時代中晃期中國女神問題略論〉,《遼寧師範大學學報（社會科學版）第 28 卷第 1 期（2005 年 1 月）。

22. 鍾亞軍:〈土地神之原型——社與社神的形成和發展〉,《寧夏社會科學》第 1 期（2005 年 1 月）。

四、學位論文

1. 〈《左傳》《國語》引詩之研究〉夏鐵生,臺灣大學中國文學研究所碩士論文,1966 年。

2. 〈春秋吉禮考辨〉,周師一田,臺灣師範大學中研所碩士論文,1967 年。

3. 〈周代祖先祭祀制度〉章景明,臺灣大學中研所博士論文,1967 年。

4. 〈《左傳》引詩研究〉白中道,臺灣大學中國文學研究所碩士論文,1968

年。

5. 〈《春秋左氏》議禮考述〉小林茂，臺灣師範大學國文研究所碩士論文，1971 年。

6. 〈《春秋左傳》傳賓禮嘉禮考〉宋鼎宗，臺灣師範大學國文研究所碩士論文，1971 年。

7. 〈《左傳》中關於禮的史料之分析〉白慕唐，臺灣大學歷史學研究所碩士論文，1972 年。

8. 〈三國兩晉南北朝《春秋左傳》學佚書考〉，沈師秋雄，臺灣師範大學國文研究所博士論文 1981 年。

9. 〈《左傳》人物名號研究〉方炫琛，政治大學中國文學研究所博士論文，1983 年。

10. 〈《左傳》賦詩引詩之研究〉奚敏芳，臺灣師範大學國文研究所碩士論文，1982 年。

11. 〈《左傳》倫理精神研究〉楊美玲，高雄師範大學中國文學研究所碩士論文，1983 年。

12. 〈《春秋左氏傳》會盟研究〉廖秀珍，臺灣師範大學國文研究所碩士論文，1983 年。

13. 〈周代宗廟祭禮之研究〉梁煌儀，政治大學中國文學研究所博士論文，1986 年。

14. 〈饗禮考辨〉，周聰俊，臺灣師範大學國研所博士論文，1988 年。

15. 〈論《春秋左氏傳》的形成—從左丘明到劉歆〉李平，政治大學歷史研究所碩士論文，1988 年。

16. 〈《左傳》稱詩研究〉張素卿，臺灣大學中國文學研究所碩士論文，1990 年。

17. 〈從古代的生命禮儀透視其生死觀——以《禮記》為主的現代詮釋〉林素英，臺灣師範大學國研所碩士論文，1993 年。

18. 〈劉師培《春秋左傳》學之研究〉宋惠如，中央大學中國文學研究所碩士論文，1996 年。

19. 〈《左傳》禮意研究〉劉師瑞箏，臺灣師範大學國研所博士論文，1997 年。

20. 〈敘事與解釋——《左傳》經解研究〉張素卿，臺灣大學中國文學研究所博士論文，1997 年。

21. 〈《左傳》職官考述〉許秀霞，臺灣師範大學國文研究所博士論文，1999 年。

22. 〈語用學與《左傳》外交辭令〉陳致宏，成功大學中文研究所碩士論文，

1999 年。

23. 〈高本漢《左傳注釋》研究〉，黃翠芬，臺灣師範大學國文研究所博士論文，1999 年。

24. 〈春秋朝聘研究〉郁台紅，玄奘人文社會學院中國語文研究所碩士論文，2003 年。

25. 〈先秦稱詩及其《詩經》詮釋之研究〉鄭靖暄，臺灣大學中國文學研究所碩士論文，2004 年。

26. 〈葉夢得《春秋傳》研究〉姜義泰，中興大學中國文學研究所碩士論文，2005 年。

27. 〈《左傳》忠義史觀研究〉紀慶豐，玄奘大學中國語文研究所碩士論文，2005 年。

28. 〈先秦時期的樂教思想研究〉黃如敏，雲林科技大學漢學資料整理研究所碩士論文，2005 年。

29. 〈《周禮》與《司馬法》軍禮比較研究〉熊曉惠，逢甲大學中國文學系碩士論文，2006 年。

30. 〈先秦摯見禮探論〉莊麗卿，中興大學中國文學研究所碩士論文，2007 年。

五、網路資源

1. 故宮【寒泉】古典文獻全文檢索資料庫
   http://libnt.npm.gov.tw/s25/index.htm

2. 國家圖書館全球資訊網 http://www.ncl.edu.tw/

3. 全國博碩士論文資訊網 http://etds.ncl.edu.tw/theabs/index.jsp

4. 中國期刊全文資料庫 http://cnki.csis.com.tw/